U0165520

國際私法研究會叢書（五）

國際民事程序法論文集 下

國際私法研究會叢書編輯委員會 主編

徐慧怡、賴淳良、何佳芳、許兆慶、李後政、林恩瑋、賴來焜、
小林貴典、吳盈德、許耀明、張美榕 著

五南圖書出版公司 印行

緬懷馬漢寶老師

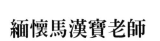

（1926～2022）

人生有情淚沾臆，江水江花豈終級

序

　　爰國際私法的成立背景與條件，因國際交往之開展、各國法律之互異、外人權利之享有、內國法權之獨立、空間效力之衝突及內外國法之並用，國際私法於焉產生。隨著我國與外國之不平等條約廢除、領事裁判權得以收復；1918年政府制定國際私法之立法「法律適用條例」，比起「民法」還早十餘年；1953年修正爲「涉外民事法律適用法」不分章節，共計31條，強調「一般安定性」機械的硬性選法法則。國際間經貿發展，文化科技交流，侵權行爲因陸海空及環境跨國災難，涉外婚姻及憲法兩性平等原則等諸多社會因素，建議司法院成立「涉外民事法律適用法研究修正委員會」，經多年努力，於2010年5月26日公布，公布日後一年施行，條文有八章63條，重視「具體妥當性」機動的彈性選法法則。

　　近三十年臺灣地區除規範「國際私法」外，亦援引「區際衝突法」理論，1992年9月施行「臺灣地區與大陸地區人民關係條例」，其中第三章「民事」，採逐條式、細密性之規範原則；1997年4月公布「香港澳門關係條例」，其中第三章「民事」，立法方式捨逐條細密性立法，改採——條文概括式立法，即區際私法採「類推適用」國際私法。

　　國際私法學研究範圍或實例處理流程十段論，擇其要有三步驟，即裁判管轄權、法律適用（準據法選擇）及司法協助（判決承認與執行）。咱們「涉外民事法律適用法修正草案（初稿）」計五章144條，第二章「涉外民事事件之程序」，分「涉外民事事件之管轄」及「當事人能力與訴訟能力」兩

節；第四章「外國法院確定判決或裁定之承認與執行」。嗣因種種原因，僅立法通過「法律適用」章為主要條文。本「國際民事程序法論文集」（上）（下）兩書，即是咱臺灣國際私法研究會的會員們共同努力創作，集中在「裁判管轄權」及「司法互助」問題，以彌補立法不足，一則可提供司法審判法官及律師解決司法實務困難；二則可提供大學學生及教師在教師研究學習議題；三則可提供立法者未來立法程序及技術之草案獻策。咱們共同努力完善國際民事程序法制與優化法律環境！

國際私法研究會會長　賴來焜

2022年12月於陽明山麓

目錄

PART 3　身分事件之國際管轄

PART 5　國際訴訟競合

1　國際裁判管轄權之積極衝突——先繫屬優先　　林恩瑋　**167**

2　國際的訴訟競合　　李後政　**189**

PART 6　外國判決承認・執行

PART 3

身分事件之國際管轄

1

從涉外離婚案件看離婚國際裁判管轄權之規定
——兼評家事事件法之相關規定[*]

徐慧怡

壹、前言

我國涉外民事法律適用法在2010年5月26日修正公布，2011年5月26日施行，期間歷經十數年[1]，除了因應現實需要，增加新條文外，身分法修法之原則與政策，除刪除有關贅夫婚之規定外，主要乃是參考國際上現階段有關身分法之思潮，即貫徹兩性平權、考量子女最佳利益，與尊重當事人意思自主等原則，以為修法之最高指導原則，並透過階段適用之方式，例示關係較切之原則[2]。

其中，就涉外離婚案件之原因，新法刪除過去採累積適用之方式[3]，即舊法第14條之規定，需依起訴時夫之本國法及中華民國法律，均認其事實為離婚原因者，始得宣告離婚，且放棄採取內國人之保護規定，改採離婚之原因與效力規定一致之方式，是以不再僅適用夫之本國法，基於兩性平權原則與彈性選

---

[*] 原刊登於中華國際法與超國界法評論第10卷第2期，2014年12月，頁95-122。

[1] 司法院在委託學者專家研擬修正條文後，提交國際私法研究修正委員會，於1998年10月30日正式召開第一次會議逐條討論。

[2] 徐慧怡，論涉外民事法律適用法修正草案中有關身分法之內容與檢討，月旦法學雜誌第147期，2007年8月，頁221。

[3] 國際私法中對於同一涉外關係，依一國國際私法之規定，常須適用數種準據法，此種多數準據法之適用，其方式有稱為併行適用、累積適用或選擇適用等，劉鐵錚、陳榮傳，國際私法論，三民書局，2013年，頁238-39；有稱此方式為累積適用、分配適用與選擇適用或以準據法或連繫因素間之先後優劣決定次序，較先或較優者為原則之準據法，較劣者作為補充之準據法，李後政，兩岸民事關係條例與審判實務，永然，1994年，頁279-281。

法政策，明文在「國籍」、「住所」與「關係最切」三個順位之選法階段中，規定適用法律之順序。換言之，在傳統屬人法中以國籍為連繫因素之我國，既無法擺脫認為國籍為最重要連繫因素之觀念，然夫妻異其國籍時，如何適用法律，無可避免地又必須將住所列入考量，遂有目前之立法模式，既將國籍列入，復又加入住所；既希望可以彈性選法，復又擔心彈性選法之過程讓身分關係處於不確定之狀態，遂有階段適用之立法模式。

　　「住所」一向在國際私法上，除屬人法兩大原則外，在國內與國際裁判管轄權上均扮演重要之角色。涉外民事法律適用法修法後，住所在身分事件之連繫因素中，其角色不再僅是舊法中當事人無國籍時之補充地位；反之，住所已成為決定屬人事項準據法之第二選擇次序，尤其是觀察修法後我國法院有關涉外離婚之判決，發現因多數夫妻之國籍均不相同，「住所」被適用之機會遠大於國籍。其次，過去我國在涉外離婚事件中，對於國際裁判管轄權之規定，多以依法理類推援引舊民事訴訟法第568條之規定加以解決，然因法理之發展仍在持續中，學者間尚有不同之見解，實務上則往往不討論管轄權之有無，且錯認住所之定義等情形，導致連繫因素之決定與法律適用之正確性均成問題。家事事件法於2012年1月11公布，並於同年6月1日施行[4]，其中，第53條明定婚姻事件之國際裁判管轄權，復因家事事件法公布施行後約半年，始刪除民事訴訟法中第九章有關之人事訴訟程序[5]，是以觀察涉外民事法律適用法修法後有關判決，其是否更貼近兩性平權，並兼顧身分穩定之目的，實有必要；其判決結果是否因家事事件法之公布，明確國際裁判管轄權，促使當事人之權益獲得更進一步之保障，值得討論，尤其是家事事件法明文規定婚姻事件之國際裁判管轄權，其規定是否妥適，是否已解決過去依法理決定國際裁判管轄權時之爭議，更值得檢視。是以本文擬以涉外民事法律適用法修法後之離婚判決為中

---

[4] 家事事件法總說明「其主要目的，乃是將過去散見於民事訴訟法、非訟事件法中之民事訴訟程序、人事訴訟程序、調解程序及非訟事件程序等對家事事件之處理規定，加以統整立法，使家事調解程序、人事訴訟程序、家事非訟程序及家事強制執行程序合併一元化，並依家事事件多種類行所具特性、需求之不同，於酌採職權探知主義，以發現真時之同時，亦重新調整或採認適用於家事事件審理之程序法理。」

[5] 中華民國102年5月8日總統令刪除民事訴訟法第568～640條條文及第九編編名、第九編第一章～第四章章名；並自公布日施行。

心，觀察法院在適用新法之趨向，檢視住所在準據法中之角色，並討論家事事件法相關國際裁判管轄權之條文。

貳、典型涉外離婚案例分析

本文蒐集從2010年涉外民事法律適用法修法後之離婚案例至2013年，共15例。其中，除一例為高等法院之判決外[6]，因修法後之涉外民事適用法施行時間尚短，故其餘均為地院之判決[7]，且有四個案例為家事事件法施行後之裁判。為便於討論，以下即就蒐集之案例中，選擇其中一典型案例加以介紹，並於隨後分析其與其他相關案例異同之處，分別加以討論。

一、典型案例之態樣

以下以典型之臺灣臺南地方法院100年度婚字第419號民事判決為例，依事實、程序與法院判決加以整理，依序摘要如下：

(一)案例事實

原告主張：被告係越南國人，兩造於西元2006年4月7日在越南國結婚，被告來臺與原告同居於原告之戶籍地即臺南市將軍區苓和里12鄰苓和118之1號。惟兩造因個性不合，經常爭吵，被告亦嫌棄原告所賺薪資少，詎被告竟於來臺六、七個月後離家出走，迄今音訊全無、行蹤不明，原告曾向被告之姐姐打聽

6　臺灣高等法院101年度婚字第256號民事判決。

7　臺灣士林地方法院99年度婚字第280號民事判決、臺灣臺中地方法院99年度婚字第1117號民事判決、臺灣花蓮地方法院100年度婚字第108號民事判決、臺灣臺北地方法院100年度婚字第115號民事判決、臺灣臺南地方法院100年度婚字第419號民事判決、臺灣臺南地方法院100年度婚字第435號民事判決、臺灣高雄地方法院100年度婚字第529號民事判決、臺灣臺中地方法院100年度婚字第751號民事判決、臺灣彰化地方法院100年度婚字第83號民事判決、臺灣臺中地方法院100年度婚字第968號民事判決、臺灣基隆地方法院101年度婚字第103號家事判決、臺灣苗栗地方法院101年度婚字第132號家事判決、臺灣宜蘭地方法院101年度婚字第102號民事裁定、臺灣臺北地方法院101年度婚字第60號家事裁定。

被告之消息，仍無所獲，是被告所為顯係惡意遺棄原告於繼續狀態中，原告為此爰依民法第1052條第1項第5款之規定，訴請離婚等語。

(二) 程序方面

被告未於言詞辯論期日到場，核無民事訴訟法第386條所列各款情形，爰依原告之聲請，由其一造辯論而為判決。

(三) 法院判決

按離婚及其效力，依協議時或起訴時夫妻共同之本國法，無共同之本國法時，依共同之住所地法，無共同之住所地法時，依與夫妻婚姻關係最切地之法律。涉外民事法律適用法第50條定有明文。查本件原告為我國國民，被告係越南國國民，兩造無共同本國法，惟婚後曾共同在臺居住。依上規定，本件離婚事件應適用兩造共同之住所地法即中華民國法律，合先敘明。

又，夫妻之住所，由雙方共同協議之；夫妻之一方以惡意遺棄他方在繼續狀態中，他方得向法院請求離婚，民法第1002條第1項前段、第1052條第1項第5款分別定有明文。查本件被告入境臺灣與原告同居在原告之戶籍地，足認兩造係以原告在臺之住所為協議之住所地，兩造應於該處履行同居義務，詎被告於2007年11月17日出境後，迄今未再返臺與原告同居，被告既未舉證證明有何拒絕同居之正當理由，即屬無正當理由拒絕與原告同居，客觀上已有違背同居義務之事實，亦堪認被告有拒絕與原告同居之主觀情事，揆諸前開判例意旨，被告顯係惡意遺棄原告在繼續狀態中，從而，原告依據民法第1052條第1項第5款之規定訴請離婚，即屬正當，依法應予准許。

二、案例之共同與差異點分析

從上述案例可以得知，原告為我國籍之夫，而被告為外國籍之妻，妻於共同生活後無故離去住所並出境，即至法院判決時均未再返臺出庭。法院在判決中，未提及管轄權之問題，直接適用涉外民事法律適用法第50條規定，以夫妻共同之住所地為連繫因素，即我國，再適用我國民法裁判離婚條文之規定，由原告一造辯論而為判決。

　　觀諸其餘13個地院之判決，其雖分布於臺灣各地方法院[8]，顯示此類離婚案件並未集中於某一特定地點，非為某一特定地域之特殊情形，且其案例事實大致相去不遠。詳言之，在當事人部分，除臺北地方法院之案例原告為妻，且分別為東加王國籍與日本國籍，臺灣高等法院被上訴人（一審被告）為加拿大國籍外[9]，其餘案例原告均為我國籍之夫，被告則為外國籍之妻，且其中以越南國籍被告最多，其次則為印尼國籍[10]。在離婚之事實部分，雙方當事人於結婚時，多約定或前來臺灣定居，且離婚時，所有被告均已離去共同之住所，且多數均已出境，行蹤不明[11]，其出境時間距離離婚判決之時，長則十三年[12]，短則七個月[13]，尚有一案例，配偶自始至終未曾入境臺灣[14]。此外，為了證明

8　本文案例除臺中地方法院三案，臺南地方法院與臺北地方法院二案外，宜蘭地方法院、基隆地方法院、士林地方法院、苗栗地方法院、彰化地方法院、高雄地方法院與花蓮地方法院均有一案。

9　臺灣臺北地方法院100年度婚字第115號民事判決、臺灣臺北地方法院101年度婚字第60號家事裁定、臺灣高等法院101年度婚字第256號民事判決。

10　越南國籍與印尼國籍之比例為8：3，包括其中一件法院未提及國籍，然從被告知姓氏推斷應為越南國籍。

11　僅二案尚未出境，其一為臺灣苗栗地方法院101年度婚字第132號家事判決，根據判決內容「……被告係於100年9月24日入境臺灣，並無出境紀錄，顯示仍在臺灣境內，本院再依職權向內政部入出國移民署調取被告之協尋紀錄，經該署以102年1月28日移署專一謀字第0000000000號函覆之『外人註參註記主檔資料——明細內容』顯示，原告於100年11月9日向內政部入出國移民署報案協尋，被告於斯時即被列為行方不明人士，迄今未有尋獲結果。」其二，則為臺灣高等法院101年度婚字第256號民事判決。

12　臺灣臺北地方法院100年度婚字第115號民事判決「兩造因個性不合，時有爭執，被告自87年間搬離住所後，下落不明，迄今已逾13年。」、臺灣基隆地方法院101年度婚字第103號家事判決「……被告嗣來臺與原告同住，惟被告來臺約2個月後竟趁原告外出工作之際，離家出走並出境臺灣，迄今已逾12年。」

13　臺灣臺中地方法院100年度婚字第751號民事判決「原告我國夫與被告越南社會主義共和國（下稱越南國）妻離婚，於民國96年8月13日在越南國結婚，並約定被告應在臺灣與原告共同生活，且以原告之住所為共同住所，嗣原告於同年12月10日在臺灣戶政機關辦妥結婚登記手續，被告亦來臺與原告共同生活，兩造並育有未成年子女被告自99年5月21日偕同女離境返回越南後，自此未再入境臺灣。」

14　臺灣臺南地方法院100年度婚字第435號民事判決「兩造於民國99年5月19日於越南結婚，並約定被告於婚後應來臺與原告同居，惟被告均藉口其生病無法來臺，經原告屢催無效，且被告自半年前起更拒接原告之電話，致兩造婚後實際上並未共同生活，徒有夫妻

當事人早已離境，法院在證據部分，均依職權函內政部入出國及移民署，調查被告之入出境紀錄，顯示被告自出境臺灣後，再無任何入境臺灣之資料[15]。

　　法院在調查事實後，即開始適用法律。其中，在程序法部分，無論被告是否仍在臺灣，均未於言辭辯論時出庭，故法院依法為一造缺席判決，至於法院是否有管轄權，如何送達在境外之當事人，判決中則多未說明。僅有一案例，法院提及「本院依職權囑託外交部條約法律司向被告送達訴訟文書，業經被告親自收受乙節，復有該司100年12月15日條二字第10002257290號函暨所附送達證書、郵件回執各1件在卷可稽。」惟該被告「經合法通知未到庭爭執，亦未提出書狀作何有利於己之主張以供本院斟酌。」[16]

　　在適用涉外民事法律適用法時，15個案例無論論理之過程為何，有高達13個案例以我國之法律為準據法，其理由絕大多數均以夫妻雙方曾約定妻至我國定居，且曾定居在臺，故應適用「共同之住所地法」，僅一例認為應適用我國之法律，乃因臺灣為其婚姻關係最切之地[17]。最後，在適用實體法時，法院除高等法院之案例同時牽涉家庭暴力，不應准許裁判離婚[18]，與因管轄權問題被裁定駁回[19]等三案例外，所有地院案例均依民法第1052條第1項第5款之惡意遺棄，或第2項之重大事由判決離婚。

三、小結

　　分析上述各案例之後，可知目前我國法院面對涉外離婚案件，形式上之

之名而無夫妻之實。」

[15] 如臺灣臺北地方法院100年度婚字第115號民事判決、臺灣臺南地方法院100年度婚字第419號民事判決、臺灣高雄地方法院100年度婚字第529號民事判決等是。

[16] 臺灣臺中地方法院100年度婚字第751號民事判決。

[17] 臺灣彰化地方法院100年度婚字第83號民事判決。

[18] 臺灣高等法院101年度婚字第256號民事判決「……上訴人之主張，尚非可採，被上訴人之抗辯，則屬有據。從而，被上訴人本於民法第一千零五十二條第一項第三款、第二項本文規定，請求判准兩造離婚，不應准許，原審所為上訴人敗訴之判決，尚無不合，上訴意旨指摘原判決不當，求予廢棄改判，為無理由。」

[19] 臺灣宜蘭地方法院101年度婚字第102號民事裁定、臺灣臺北地方法院101年度婚字第60號家事裁定。

討論，多已符合涉外案件適用法律之分析模式，即依序（一）確認當事人之國籍[20]；（二）雖未明白敘述，然可確知法官乃依其所訴之法律基礎加以定性，即依法庭地之法律概念將之定性為離婚案件；（三）適用涉外民事法律適用法第50條，依該規定確認連繫因素；（四）確認連繫因素為共同之住所後，即適用法律；（五）因各法院之連繫因素均為住所地，住所均被認定在我國，從而適用我民法之規定；與（六）因適用之法律非外國法，故未再討論是否有一國數法、反致或外國法適用之限制等問題。

　　縱上所述，可以顯見對於涉外案件之處理，目前我國法院已具有相當之專業與成熟度。惟上述案例中，法院多未討論國際裁判管轄權之問題，無論是過去類推援引民事訴訟法或目前適用家事事件法時[21]，均有此現象，尤其是家事事件法剛施行，觀察法院究竟如何解讀其規定，相當重要。

參、涉外離婚案件與國際裁判管轄權

一、國際裁判管轄權之理論

　　涉外案件討論管轄權之問題，相對於國內之特別管轄權，國際私法稱之

---

[20] 惟臺灣宜蘭地方法院101年度婚字第102號民事裁定並未說明當事人之國籍，臺灣臺中地方法院100年度婚字第968號民事判決中，除未說明當事人之國籍，亦未論理說明為何適用我國法，僅將涉外民事法律適用法之條文與民法親屬編之條文敘述後，即適用我國法准予離婚。

[21] 前述2011年前之案例，法院均未討論管轄權之問題，2012年家事事件法施行後，法院雖提及家事事件法，然均有僅提及依家事事件法第51條之規定，而家事事件法第51條之內容為「家事訴訟事件，除本法別有規定者外，準用民事訴訟法之規定。」故實質上，亦未討論管轄權之問題。如臺灣基隆地方法院101年度婚字第103號家事判決「據上結論，本件原告之訴為有理由，依家事事件法第五十一條、民事訴訟法第三百八十五條第一項前段、第七十八條，判決如主文。」、臺灣苗栗地方法院101年度婚字第132號家事判決「依家事事件法第五十一條、民事訴訟法第三百八十五條第一項前段、第七十八條，判決如主文。」、臺灣高等法院101年度婚字第256號民事判決「據上論結，本件上訴為無理由，依家事事件法第五十一條、民事訴訟法第四四九條第一項、第七十八條，判決如主文。」、臺灣苗栗地方法院101年度婚字第132號家事判決「依家事事件法第五十一條、民事訴訟法第三百八十五條第一項前段、第七十八條，判決如主文。」等是。

為一般或國際管轄權。其中，又分為直接與間接一般管轄權[22]。直接一般管轄權，又稱國際裁判管轄權，指法庭地國受理涉外案件時，決定其對該案件是否有管轄權之問題；間接一般管轄權則指對於外國之確定判決是否承認與執行之問題。我國涉外民事法律適用法除死亡宣告與監護宣告可解釋為包括國際裁判管轄權之規定外，新法與舊法對之均未直接明文規定[23]，且除某些條文散見在相關法律規定，例如民事訴訟法第182條之2條有關外國已繫屬案件起訴之停止[24]、第402條有關外國判決的承認與執行[25]等外，對於國際裁判管轄權之規定，則多依法理加以適用；換言之，依涉外民事法律適用法第1條（舊法第30條）之規定「涉外民事，本法未規定者，適用他法律之規定，其他法律無規定者，依法理。」是以國際裁判管轄權在其他法律無規定之情形下，有關國際裁判管轄權之理論，均以法理加以處理。其主要之學說如下：

（一）逆推知說

此說主張依照民事訴訟法關於「特別管轄權」之規定，若我國法院其中某一法院有該案之管轄權，即可逆推知我國有一般管轄權。換言之，國內民事訴訟法關於土地管轄權（審判籍）或特別審判籍在我國，則我國亦有國際裁判

---

[22] 蘇遠成，國際私法，五南圖書，1993年，頁125。

[23] 學者認為涉外民事法律適用法有關死亡宣告與監護宣告之條文解釋上應包括管轄權之規定，蘇遠成，同註22，頁165、180；馬漢寶，國際私法各論，自版，2007年，頁321-325；劉鐵錚、陳榮傳，同註3，頁670。然亦有反對之意見者，林秀雄，論涉外死亡宣告之國際裁判管轄權，收於國際私法論文集，五南圖書，1996年，頁59。

[24] 民事訴訟法第182條之2：「當事人就已繫屬於外國法院之事件更行起訴，如有相當理由足認該事件之外國法院判決在中華民國有承認其效力之可能，並於被告在外國應訴無重大不便者，法院得在外國法院判決確定前，以裁定停止訴訟程序。但兩造合意願由中華民國法院裁判者，不在此限。法院為前項裁定前，應使當事人有陳述意見之機會。」

[25] 民事訴訟法第402條：「外國法院之確定判決，有下列各款情形之一者，不認其效力：
一、依中華民國之法律，外國法院無管轄權者。
二、敗訴之被告未應訴者。但開始訴訟之通知或命令已於相當時期在該國合法送達，或依中華民國法律上之協助送達者，不在此限。
三、判決之內容或訴訟程序，有背中華民國之公共秩序或善良風俗者。
四、無相互之承認者。
前項規定，於外國法院之確定裁定準用之。」

管轄權[26]。蓋因我國民事訴訟法之管轄規定有間接劃分我國法院對於涉外事件管轄權之規定，某涉外民事訴訟事件如應歸我國之其中一法院管轄者，我國法院就該涉外案件有一般管轄權[27]。此為日本早期之有力學說，然有認為其因站在國家主義型基本理念格局過於狹隘，欠缺考慮超越國際私法生活關係之特殊性，忽略涉外案件與國內案件之訴訟程序、語言不同、出庭困難、移送制度不存在等，均為內國案件所無之問題，原封不動適用國內民事訴訟法，確有不當之處，且若案件與國內毫無牽連，其判決亦難獲他國之承認[28]。

（二）修正類推說

此說主張國內民事訴訟法與國際民事訴訟兩者對於裁判之適正、公平、迅速、效率等之要求並無不同，而民事訴訟法乃規範國內之民事訴訟，而非國際間之民事訴訟，因此不得直接自民事訴訟法逆推知一般管轄權。在國際裁判管轄權無明文規定之情況下，應以法理補充成文規定之欠缺，故應類推適用國內民事訴訟法關於人或場所之管轄規定，而類推時，應考量國內社會與國際社會間之社會條件差別，而作部分之修正類推[29]。如民事訴訟法第1條第2項規定，「被告在中華民國現無住所或住所不明者，以其在中華民國之居所，視為住所，無居所或居所不明者，以其在中華民國最後之住所視為其住所。」此乃補充普通審判籍之規定，係為防止被告並無住所或居所，致任何國家之法院均無管轄權之情形而設，若被告在外國已有住所，則不得類推，應解釋為被告在外國並無普通之審判籍存在時，始可適用[30]。

---

[26] 林秀雄，國際裁判管轄權—以財產關係案件為中心，收於國際私法理論與實踐（一）——劉鐵錚教授六秩華誕祝壽論文集，學林，1998年，頁124。

[27] 蘇遠成，同註22，頁130-131

[28] 林秀雄，同註26，頁128。

[29] 林秀雄，同註26，頁125。

[30] 蘇遠成，同註22，頁132。

（三）利益衡量說（利益衡量後的修正類推適用說）

此說主張應從衡量當事人之方便、公平或訴訟經濟之觀點，以決定國際裁判管轄權之歸屬，亦即應以利益衡量的立場，導出類推適用之結果。而利益衡量之標準應考量以下數個要素：1. 訴訟當事人之便利、公平與預見可能性；2. 裁判之迅速及效率，當事人間之公平性與應訴之方便與否；3. 調查證據、訊問證人之便利性暨可及性；4. 判決之實效性，即是否有得執行之財產與被外國承認之問題；5. 訴訟地對案件關聯性或利害關係之強度；及6. 與適用法選擇之關聯[31]。

我國實務上多採修正類推說[32]，學者則多以修正類推說或利益衡量說為主[33]，認為修正類推說與利益衡量說並無衝突，即主要類推民事訴訟法或非訟事件法之規定。是以在家事事件法施行前，離婚案件乃類推舊民事訴訟法第568條之規定。

二、涉外離婚之國際裁判管轄權

根據舊民事訴訟法第568條：「婚姻無效或撤銷婚姻，與確認婚姻成立或不成立及離婚或夫妻同居之訴，專屬夫妻之住所地或夫、妻死亡時住所地之法院管轄。但訴之原因事實發生於夫或妻之居所地者，得由各該居所地之法院管轄。

夫妻之住所地法院不能行使職權或在中華民國無住所或其住所不明者，準用第一條第一項中段及第二項之規定。

夫或妻為中華民國人，不能依前二項規定，定管轄之法院者，由中央政府所在地之法院管轄。」

根據上述條文，在涉外離婚案件上，依修正類推說或利益衡量說之理論，

---

[31] 林秀雄，同註26，頁126。

[32] 如最高法院年81年度台上字第2517號民事判決、最高法院87年度台上字第1672號民事判決、最高法院93年度台上字第1943號民事判決與最高法院95年度台抗字第2號民事裁定。

[33] 學者有認為修正類推說與利益衡量說並無衝突，林秀雄，同註26，頁128；李後政，外國法院確定判決裁判之承認要件及效力問題，收於國際私法論文集，五南圖書，1996年，頁190-191。

均應先決定法庭地國是否有國際裁判管轄權，至於法庭地國有管轄權後，其土地管轄為何，乃為其次之問題，且非國際管轄所討論之議題。然實際運作上，若離婚夫妻之住所地，夫、妻死亡時之住所地法院或訴之原因事實發生之居所地[34]，有在我國之領域內者，則類推我國法院對該案件有管轄權。惟在修正類推之舊民事訴訟法第568條下，涉外離婚管轄亦產生一些爭議，換言之，所謂夫妻之「住所」是否必須為「共同住所」，民事訴訟法中離婚之管轄權為專屬管轄，在修正類推說或利益衡量說理論下，國際裁判管轄權是否亦為專屬管轄，均有進一步討論之餘地。

(一) 夫妻之住所地是否必須同一

　　當在類推舊民事訴訟法第568條第1項管轄法院為「專屬夫妻」住所地時，究應指專屬夫妻「共同」之住所地，抑或「夫或妻」之住所地，曾引發討論。依民法第1002條規定：「夫妻之住所，由雙方共同協議之；未為協議或協議不成時，得聲請法院定之。法院為前項裁定前，以夫妻共同戶籍地推定為其住所。」是以夫妻住所是否必屬同一？臺灣高等法院暨所屬法院2008年法律座談會，曾提出討論，其中甲案認為民國75年修正民法第1002條時，特揭櫫「依民法第20條第2項『一人不得同時有兩住所』之規定，其將法律修正為『專屬於夫妻之住所地或夫、妻死亡時住所地』」之立法理由，是以民事訴訟法第568條第1項前段所稱之「專屬夫妻之住所地」，係指專屬夫妻「共同」住所地之法院而言，此觀該條項文字未規定為「專屬夫或妻之住所地」或「專屬夫、

---

[34] 有關訴之原因事實發生地之討論，臺灣高等法院暨所屬法院於88年法律座談會針對板橋地方法院提出之法律問題「夫妻之共同住所原賃居在A地，嗣妻因遭夫慣行毆打，乃將其戶籍遷回娘家B地，並攜子女回娘家B地居住，妻再外出北上暫租C地工作，而夫隨後亦退租並將戶籍遷回南部祖籍D地，並定居於D地，如妻主張受不堪同居之虐待向訴之原因事實發生地之A地之法院提起離婚之訴，A地法院有無管轄權？」討論之結果，採廣義說（含以前之居所說；肯定說），認為「民事訴訟法第五百六十八條第一項但書之規定，立法理由乃著眼於訴之原因事實發生地之法院較易調查婚姻事件，故於同條項前段之專屬管轄外，增設該任意管轄之規定，縱原告於訴之原因事實發生後遷移居所，致起訴時之住所管轄法院非該原因事實發生地之法院，仍無影響原因事實發生地法院因地點接近較易調查之客觀情事，且原告既選擇向該訴之原因事實發生地即原告以前居所地之法院起訴，自無不可。故題示情形，A地法院應有管轄權。」88年法律座談會彙編，頁115-116。

妻之住所地」，且依修正條文法院為前項裁定前，以「夫妻共同戶籍地推定為其住所」之規定自明[35]。乙案則認為按民法第20條第1項規定：「依一定之事實，足認以久住之意思，住於一定地域者，即為設定住所於該地。」換言之，個人意思決定為住所設立之要件，且大法官會議釋字第452號解釋理由書謂：「人民有居住之自由，乃指人民有選擇其住所之自由權。……」故縱然夫妻於法律上應互負同居義務，但夫妻之住所不必同一，其各自住所不同，並無不可[36]。最後座談會提出並採折衷說，認為如夫妻有共同之住所地，則該條文即指夫妻之共同住所地。如夫妻無共同之住所地，則夫或妻之住所地，均屬該條所指之住所地[37]。

　　按大法官會議釋字第452號解釋理由書中提及「夫妻住所之設定與夫妻應履行同居之義務尚有不同，住所乃決定各項法律行為之中心地，非民法所定履行同居義務之唯一處所。夫妻縱未設定住所，仍應以永久共同生活為目的，而互負履行同居之義務。」學者有更進一步認為「人民選擇住所之自由權，乃憲法所保障之自由權之一，不應被法院過度干涉，本條規定夫妻無法達成協議時，得由法院決定，則不啻由立法者授與本院以剝奪憲法所保障之人民選擇住所之自由權，此種立法是否妥當不無問題。又，於法案未為裁定前，為便於公文書之送達或其他需共同住所為認定之情形，而規定於此種情形下，推定以夫妻共同戶籍地為住所，惟夫妻之戶籍地各異時，如何處理，則無明文，此時仍須回歸適用民法總則以認定夫妻之住所[38]」。本文贊成此見解，蓋民法第1002條修法之背景實含有落實男女平等之思考，使其不致因舊法規定「妻以夫之住所為住所」，使成年之妻因婚後在住所之決定權上，從未婚時期得有完全行為

---

[35] 最高法院95年度台抗字第595號裁定；臺灣高等法院暨所屬法院2008年法律座談會民事類提案第38號（甲說），經表決結果採甲說1票。

[36] 臺灣高等法院94年度家抗字第251號裁定、臺灣澎湖地方法院87年度婚字第13號判決；臺灣高等法院暨所屬法院2008年法律座談會民事類提案第38號（乙說），經表決結果採乙說2票。另相類似判決及法律座談會有88年法律座談會彙編，頁93-97、98-106、107-109；89年法律座談會彙編，頁179-196。

[37] 臺灣高等法院暨所屬法院2008年法律座談會民事類提案第38號（丙說），經表決結果採丙說52票。

[38] 林秀雄，親屬法講義，元照，2011年，頁116。

能力決定其意定住所，隨結婚而被限制能力，並受制於夫之法定住所；且實際上夫妻因無法合意住所、工作關係分別住所、一方攜子女越區設籍就學、擁有二棟房產時為繳納自用住宅稅夫妻因而分別戶籍等異其住所或異其戶籍之情形比比皆是。當夫妻感情不睦離婚前，多數一方配偶更均已離去共同住所，不願再與他方共同居住，國內之離婚案件多此情形[39]，本文前述提出之涉外離婚案件亦是如此。是以當一方離去住所不願再與他方共同居住時，依民法第20條第1項有關住所定義之反面解釋，即當離去之一方已無以原來之住所為住所之意思時，其原來之住所自然非其目前之住所，充其量應僅為過去之住所而已，至於其目前住所為何，則必須依其目前之意思再行決定。

(二) 是否屬於專屬管轄

依舊民事訴訟法第568條之規定，國內離婚案件之管轄乃為專屬管轄，涉外之離婚案件類推適用民事訴訟法之條文後，理論亦應屬專屬管轄。然根據修正類推適用說或利益衡量說之理論，認為在具體個案上，如確有發生不公平、不妥當之特殊情事時，自仍得加以修正、補充或否定該專屬管轄之規定，而涉外離婚案件，事關身分關係之穩定性，解釋上應以非專屬管轄為當[40]。

實務上對於涉外離婚之管轄，採類推適用說，然類推後之結果是否專屬管轄，依早期最高法院87年度台上字第1672號判決「能否謂無民事訴訟法第五百六十八條第一項規定之類推適用，認該夫妻之住所地或居所地之外國法院有管轄權，即有再研求之餘地。」此判決用語之意思為何，實難辨識[41]。本文

---

[39] 根據2010年之統計數字，裁判離婚之事由遺棄占31.9%，抽象事由占60.3%，實務上法院在判斷是否具有抽象離婚事由時，往往提及雙方分居之事實以為判斷「是否難以維持婚姻」之考量因素之一，徐慧怡，離婚制度與社會變遷，月旦法學雜誌第191期，2011年4月，頁56-57；而法院在裁判時往往無視當事人對於第1052條第1項具體事由之主張，直接跳過不加以討論，逕行認定是否符合第2項之規定，徐慧怡、吳從周，裁判離婚事由及其訴訟程序之實務問題，月旦法學教室第80期，2009年6月，頁29-30。

[40] 蘇遠成，同註22，頁320；蔡華凱，涉外婚姻訴訟事件之國際裁判管轄暨外國離婚裁判之承認，國立中正大學法學集刊第20期，2006年4月，頁208-209。

[41] 學者蔡華凱與博士論文作者唐寶敏於此有不同之解讀，蔡華凱，同註40，頁189；唐寶敏，外國民事裁判之承認，政治大學法律學系研究所博士論文，2010年，頁85。

以為該解釋上似乎與「應解釋為夫妻之一方為我國人者，我國法院雖有其一般管轄權，但其管轄權並非專屬管轄權，夫之住所如設在外國，該外國法院尚有其管轄權，始屬允當[42]。」相似，故應認為非屬專屬管轄之意。

　　至於在採非專屬管轄之見解下，其類推後之管轄範圍為何，則難有定論。換言之，有認為涉外婚姻訴訟既非專屬管轄事件，理論上可由當事人合意約定國際管轄權，被告之普通審判籍亦可作為國際管轄權之基礎[43]；有認為在非屬我國民事訴訟法第568條所定之外國法院所為離婚裁判，若係因被告不抗辯管轄權而為應訴，基於身分關係穩定性之考量，及裁判離婚對世性之尊重，避免跛行（腳）婚現象之發生，在符合利益衡量說中應加以考量之相關因素後，該外國離婚裁判在我國得例外被承認，即例外修正涉外婚姻事件之專屬管轄，僅得因被告之應訴而加以排除，使該外國法院取得國際管轄權，至於合意或以原就被之普通審判籍仍不被承認為管轄權之基礎[44]。惟實務上最高法院93年度台上字第1943號民事判決則更進一步，以當事人之國籍為管轄權之基礎，認為「夫妻之本國法院有國際管轄權」[45]，惟此種見解，在前述討論民事訴訟法第1條第2項規定補充普通審判籍之規定時，已被排除類推適用，遑論在專屬之離婚管轄權上。本文以為涉外離婚案件，事關身分關係之穩定性，欲離婚之夫妻住所事實上多已無共同住所，解釋上應以非專屬管轄為當，既為非專屬管轄事件，理論上當可由配偶雙方合意約定國際裁判管轄權，且若夫妻得有管轄權之合意，進一步可避免被告在涉外訴訟上因管轄法院遙遠無法出庭或有不可預期之危機，程序上更受保護。

---

[42] 蘇遠成，同註22，頁320。

[43] 蔡華凱，同註40，頁208-209。

[44] 認為外國判決以合意管轄與以原就被原則之管轄權，違反民事訴訟法第568條所定專屬管轄之規定，係缺席裁判，符合同法第401條第1項第1款所定不予承認知要件，在我國自不得被承認；唐寶敏，同註41，頁86。

[45] 最高法院93年度台上字第1943號民事判決：「按涉外婚姻事件之國際管轄權，涉外民事法律適用法未有規定，應類推適用民事訴訟法第五百六十八條第一項規定，認除夫妻之本國法院有國際管轄權外，夫妻住所地之外國法院及訴之原因事實發生地之外國法院亦有國際管轄權。」

肆、涉外離婚案件與家事事件法之管轄權

　　家事事件法中，對於管轄權之規定，共有17個條文，分別散見於各編之章節內[46]。其中，有關確認婚姻無效、撤銷婚姻、離婚、確認婚姻關係存在或不存在事件之管轄，跳脫過去舊民事訴訟法第568條之規定形式，分別規定於第三編第二章婚姻事件程序中之第52條與第53條二個條文內，然對於兩願離婚無效與撤銷之訴，則一如舊民事訴訟法，均未加以規定[47]。

一、離婚國內管轄權

　　根據家事事件法第52條規定，「確認婚姻無效、撤銷婚姻、離婚、確認婚姻關係存在或不存在事件，專屬下列法院管轄：

一、夫妻之住所地法院。

二、夫妻經常共同居所地法院。

三、訴之原因事實發生之夫或妻居所地法院。

　　當事人得以書面合意定管轄法院，不受前項規定之限制。

　　第一項事件夫或妻死亡者，專屬於夫或妻死亡時住所地之法院管轄。

---

[46] 家事事件法中有關管轄之規定：第三編有關確認婚姻無效、撤銷婚姻、離婚、確認婚姻關係存在或不存在事件，規定於第二章婚姻事件程序第52、53條；有關親子關係事件，規定於第三章親子關係事件程序第61條；有關因繼承回復、遺產分割、特留分、遺贈、確認遺囑眞僞或繼承人間因繼承所生請求事件，則規定於第四章繼承訴訟事件第70條。第四篇爲家事非訟程序，其中，有關婚姻非訟事件之管轄，規定於第二章第98條準用第52、53條之規定；有關親子非訟事件，規定於第三章第104條；有關收養子女事件，規定於第四章第114條；有關未成年監護事件，規定於第五章第120條；有關親屬間扶養事件，規定於第六章第125條；有關繼承事件，規定於第七章第127條；有關失蹤人財產管理事件，規定於第八章第142條；有關宣告死亡事件，規定於第九章第154條；有關監護宣告事件，規定於第十章第164條；有關輔助宣告事件，規定於第十一章第177條；有關親屬會議事件，規定於第十二章第181條；最後，有關保護安置事件，則規定於第十三章第184、185條。

[47] 家事事件一如過去之民事訴訟法，對於兩願離婚無效與撤銷之訴，均未規定，學者有主張對於離婚有效或無效之爭執，固得依確認婚姻關係存否之訴，予以解決，但兩願離婚之撤銷，於未來立法仍以明定有撤銷兩願離婚事件爲宜：郭振恭，評析家事事件法甲類及乙類家事訴訟事件，月旦法學雜誌第208期，2012年9月，頁168。

不能依前三項規定定法院管轄者，由被告住、居所地之法院管轄。被告之住、居所不明者，由中央政府所在地之法院管轄。」

此條文乃規定國內與婚姻有關事件之管轄權。根據條文內容，婚姻事件之管轄法院除著重於婚姻生活中心之夫妻住所地，與原因事實發生之夫或妻居所地法院或夫或妻死亡時之住所地外，尚包括夫妻「經常共同居所地」、合意管轄與以原就被之普通審判籍，而此均為過去舊民事訴訟法第568條未曾涵蓋之範疇。是根據此條文之文義顯示，婚姻事件之管轄既非屬夫妻之共同住所法院始有管轄權，亦非為專屬管轄，茲分述如下：

(一) 非夫妻之共同住所始有管轄權

有關家事事件法第52條第1項第1款「夫妻住所地」是否為「夫妻共同住所地」，或得為「夫、妻之住所地」問題，家事事件法第52條之立法意旨指出「所謂夫妻之住所，因民法第一千零二條規定：『夫妻之住所，由雙方共同協議之；未為協議或協議不成時，得聲請法院定之。法院為前項裁定前，以夫妻共同戶籍地推定為其住所。』故原則上夫妻住所為同一。然現今婚姻形態多樣，婚姻事件中有爭執而提起訴訟之夫妻，或經常居住於共同戶籍地，或無法依上開民法規定達成協議，亦未聲請法院定住所地，或常已各自分離居住，故為因應時代變遷及婚姻態樣多元化現象，此條文除以夫妻之住所地為管轄法院外，其經常共同居所地、訴之原因事實發生之夫或妻居所地之法院，亦有管轄權。」可知，本條條文雖未於條文文義中顯示包括夫妻各自之住所地，然其立法意旨上既肯認「時代變遷，婚姻態樣多元」，復承認「夫妻常已各自分離」，既各自分離，即難期待有共同住所，甚或經常共同居所，解釋上應認為立法者有意呼應過去對舊民事訴訟法第568條所生「共同住所」疑義之見解，故應解為夫妻之住所不必同一，各自之住所地法院均有管轄權。

(二) 非專屬管轄

其次，根據家事事件法第52條之文義，第1項與第3項為專屬管轄，前者為夫妻之住所地、經常共同居所地與訴之原因事實發生之夫或妻居所地法院，

後者指夫或妻死亡時之住所地法院。然其於第2項增訂合意管轄之規定[48]，第4項增訂「以原就被」原則，其立法意旨認為前者為乃基於對當事人程序選擇權之尊重及保障，於當事人有合意之專屬管轄法院時，不論係合意前項專屬管轄法院中之一法院或數法院者，或合意非前項所列各款專屬管轄法院者，均承認該合意管轄之效力[49]；後者則為避免前三項規定不備，並參照舊民事訴訟法第568條立法例，使被告住、居所地之法院有管轄。被告之住、居所不明者，由中央政府所在地之法院管轄。

　　家事事件法之立法說明中，認為婚姻事件之管轄，乃為專屬管轄與合意管轄之競合，其固解決前述國際裁判管轄權中有關類推後之範疇問題。然事實上，離婚事件是否屬於專屬管轄，學者與實務均持否定之見解，前已提及。將合意管轄納入婚姻事件之管轄範疇，且可合意於「非前項所列各款專屬管轄法院者」，復將「以原就被」之普通審判籍納入條文規定，家事事件法第52條之管轄規定，其實即已非專屬管轄權。

二、離婚國際裁判管轄權

　　根據家事事件法第53條第1項規定：「婚姻事件有下列各款情形之一者，由中華民國法院審判管轄：

一、夫妻之一方為中華民國人。

二、夫妻均非中華民國人而於中華民國境內有住所或持續一年以上有共同居所。

三、夫妻之一方為無國籍人而於中華民國境內有經常居所。

四、夫妻之一方於中華民國境內持續一年以上有經常居所。但中華民國法院之裁判顯不為夫或妻所屬國之法律承認者，不在此限。」

　　根據此條文之規定，乃涉及夫妻之一方為中華民國國人、夫妻均非中華民

---

[48] 根據家事事件法總說明，此合意管轄法院，乃參酌民事訴訟法第24條第1項規定，指第一審法院。

[49] 最高法院庭長認為「此項規定違背專屬管轄不適用合意管轄之規定，欠缺理論之基礎，是否允當，非無商榷之餘地」。吳明軒，試論家事事件法之得失（上），月旦法學雜誌第205期，2012年6月，頁110。

國人，或夫妻之一方為無國籍人，在我國有涉外婚姻之事件時之管轄權規定。換言之，夫妻只要一方為我國國民，縱使在我國無住居所，我國對該案件亦有管轄權[50]。此條文用語中之「婚姻事件有下列各款情形之一者，由中華民國法院審判管轄。」其所規範者為「由中華民國法院審判管轄」，而非「由住所或居所地之法院管轄」，即指國際管轄權，而非內國之土地管轄規定[51]，必也依本條規定決定我國有國際管轄權後，再另依第52條土地管轄之規定，判斷應由我國之何法院管轄該事件。是以此條文乃為我國第1條明文規定國際裁判管轄權之規定[52]。

　　根據家事事件法之立法意旨，將國際裁判管轄權明文規定於家事事件法之目的，乃因該涉外婚姻事件涉及我國國民權利保護問題，且為求國籍與住所之調和，並避免當事人輕率起訴或有隨意選擇法庭（forum shopping）之情形，故於第1項第2款規定於夫妻均非華民國人而於中華民國境內有住所或持續一年以上有共同居所者，亦使我國法院對該涉外婚姻事件有國際管轄權。為兼顧無國籍者權益，第3款規定如夫妻之一方或雙方為無國籍人，復無第1項第2款所示之住所或共同居所，而在我國起訴或應訴時，放寬其在我國境內經常居所期間之限制，以保障其訴訟權。最後，就夫妻均為外國人者，其中一方於我國境內持續一年以上有經常居所者，雖夫妻無第1項第2款所示之住所或共同居所，為便利當事人提起訴訟，亦使我國法院對該涉外婚姻事件有國際裁判管轄權。

---

[50] 至於由何地管轄，將依照第52條之規定。

[51] 家事事件法第53條逐條說明「一、於夫妻任一方為非中華民國人或無國籍人時，究由何國法院行使審判管轄權，我國目前尚無相關規定，為免爭議，爰參酌德國民事訴訟法第六〇六條之一，規定我國法院就特定情形之涉外婚姻事件有管轄權。至於依本條規定決定我國有國際管轄權後，應由我國之何法院管轄該事件，則另依前條土地管轄之規定判斷之。」

[52] 另，家事事件法第69條有關親子關係事件之管轄規定，準用第53條之規定；家事事件法第98條有關婚姻非訟事件之管轄規定，準用第53條之規定；家事事件法第114條第1項有關收養事件規定「認可收養子女事件，專屬收養人或被收養人住所地之法院管轄；收養人在中華民國無住所者，由被收養人住所地之法院管轄。」該項後段專屬被收養人住所地之法院管轄，根據家事事件法逐條說明，乃「考量外國人或華僑收養我國兒童之情形，因收養人在我國多無住所，為保護被收養者之權益，復設本條第一項後段之規定，以資兼顧。」其文義雖非「我國法院審判管轄」，實然兼有國際管轄與土地管轄之雙重功能。

惟如我國裁判顯不為夫或妻所屬國之法律承認者，基於尊重對造所屬國之原則，防止片面身分關係之發生，並節省訴訟勞力，於毋庸特別加以調查即明顯可知不受承認之情形，例外使我國法院就該事件無國際裁判管轄權。至於何種情形使得謂為「經常」居所，則委由法院依個案具體事實判斷之[53]。

家事事件法明文規定婚姻事件之國際裁判管轄權，因應婚姻關係國際化之需求，相對於涉外民事法律適用法歷經十數年修法，仍未能將國際裁判管轄權之規定納入條文，是屬創舉。然其仍有美中不足之處，分述如下：

（一）觀其第52條規定為內國婚姻案件之土地管轄，第53條則為一方為外國人或無國籍人時之國際管轄規定，二者之間為獨立之條文，非補充規定。是以涉外案件在國際裁判管轄權之規定上，僅婚姻與收養事件有明文規定，其他涉外家事案件均付諸闕如，法院仍須依前述修正類推說或利益衡量說之理論加以判斷。

（二）夫妻雙方均為我國國民，其離婚事件若在我國境內訴訟，依照第52條之土地管轄規定，確無問題，然若雙方均為我國籍之夫妻在外國離婚，對其離婚判決之效力有爭議，請求我國法院加以承認時，則非當然為第53條之國際管轄規定之範疇，而須依照目前國際裁判管轄之理論加以類推第52條規定，家事事件法對國際裁判管轄之規範不夠完整。

（三）家事事件法第52條包括合意與專屬管轄之競合管轄，我國籍夫妻在外國離婚之法院，若屬雙方合意之管轄法院，根據民事訴訟法第403條之規定，類推第52條將屬於有管轄權之法院；然若夫妻一方為外國人或無國籍者在外國離婚，同樣請求我國法院承認其離婚判決時，則依照第53條條文之規定，並無合意管轄之空間，此種限制之後果，造成內國人民與其涉及外國人或無國籍人之規定不同，是否公平有待商榷。

三、不便利法庭原則？

根據家事事件法第53條第2項規定：「被告在我國應訴顯有不便時，我國法院對其婚姻事件無審判管轄權。」立法意旨認為此乃參酌民事訴訟法第182

---

[53] 家事事件法第53條逐條說明。

條之2之立法例，其目的在「保障被告之程序權，避免被告應訴困難」。此條
文在立法意旨上與實務運作時，均發生解釋之問題。

（一）蓋觀諸民事訴訟法第182條之2之立法說明「為求訴訟經濟，保障當事人
之程序利益，並避免裁判歧異，明定當事人就已繫屬於外國法院之事件
更行起訴時，於一定條件下，法院得在外國法院判決確定前，裁定停止
訴訟程序。但為尊重當事人之程序選擇權，並明定兩造當事人亦得合意
由中華民國法院裁判。」二條條文規範之對象不相同，蓋後者乃當事人
重行起訴，案件已同時繫屬在至少二個以上之法院，且我國法院僅能裁
定停止訴訟程序，當事人並得合意管轄，前者則無論是否已有法院得受
理案件，我國法院均無管轄權，是以二者在程序利益上並不相同。

（二）為何被告在我國應訴顯有不便時，我國法院對其婚姻事件即無管轄權？
其是否欲解決離境配偶無法知悉被訴，致無法到庭，造成一造缺席判決
之問題？根據民事訴訟法第145條規定「於外國為送達者，應囑託該國
管轄機關或駐在該國之中華民國使領館或其他機構、團體為之。」當事
人一造離境時，法院對於被告均委託駐外機構送達，駐外單位在執行
送達後將回證函覆法院。若因各種原因，於外國為送達，不能依第145
條之規定辦理，或預知雖依該條無法送達，依民事訴訟法第149條之規
定，受訴法院得依聲請或職權，為公示送達。至於公示送達之方式，依
民事訴訟法第151條規定，法院或於我國國內登報一天，或公告於各法
院之網頁上。無論離境之配偶已收受送達開庭通知書之文件，或無法收
受，由法院公示送達後，若未出席開庭，依照民事訴訟法第385條規定
「言詞辯論期日，當事人之一造不到場者，得依到場當事人之聲請，由
其一造辯論而為判決；不到場之當事人，經再次通知而仍不到場者，並
得依職權由一造辯論而為判決。」法院即得依聲請或職權，由一造辯論
而為缺席判決。

對於離境之配偶而言，從公示送達之方式觀之，的確難以知悉該訴訟之
提起，即便在網路上發現，或經由親友告知，其不欲返臺應訴之意願從
案例中或可知悉。

對此無意返臺應訴之配偶，是否有以此規定加以保護之必要，應再行研

究，否則公示送達與一造缺席判決之條文將形同虛設。

（三）近來我國法院有將此條文解讀為「不便利法庭原則」（Doctrine of Forum Non Conveniens）之規定者[54]，其規定是否即為此定義，使得此條文成為我國第一個有關不便利法庭原則之規定，值得進一步討論。所謂「不便利法庭原則」，為美國法下獨特制度，就原告於極不便利於被告或法院之法庭提起訴訟時，提供被告之救濟方法。涉外民事事件，在一國之內常有數個法院，甚至數個國家之法院，對其可行使管轄權，對該事件原告選擇於何處訴訟，將對判決結果產生決定性之影響。蓋原告在選擇起訴法院時，在有管轄權之法院間，考量應訴之便利性、法庭地之程序、起訴之成本、法庭地所適用之法律、證據取得之難易及法院裁量心證等因素後，均會選擇對自己較方便或有利之法庭，此舉雖然形成原告隨意選擇法庭之情形，然此對原告而言，本來即為法律上享有之權利。惟原告選擇之法院如對被告產生極端不方便或不利之結果，原告選擇之法院雖具備管轄權，似仍應有限制之必要[55]。美國在1981年*Piper Aircraft Co. v. Reyno*[56]一案中，聯邦最高法院將不便利法庭原則，從聯邦案件得依此原則駁回訴訟[57]、依職權移送管轄[58]，擴張至涉外案件，

---

[54] 臺灣臺北地方法院101年度婚字第60號家事裁定，認為「家事事件法第五十三條第一項第一款雖明定夫妻之一方為中華民國人，婚姻事件由中華民國法院審判管轄，惟同條第二項亦明定：被告在中華民國應訴顯有不便者，不適用前項之規定，即揭櫫此項『不便利法庭原則』，而本件被告在日本之監獄執行中，在我國法院應訴顯有不便，應認我國法院對本件訴訟並無審判管轄權」。

[55] 羅昌發，論美國法下之不便利法庭原則，收於國際私法論文集，五南圖書，1996年，頁79。

[56] Piper Aircraft Co. v. Reyno, 454 U.S. 235 (1981).

[57] Gulf Oil Corp. v. Gilbert, 330 U. S. 501 (1947)，此為美國最早援引不便利法庭原則之案例，指出不便利法庭原則乃以有管轄權存在為前提，若法院考量私的利益與公的利益後，認為構成不便利法庭，可以駁回訴訟。

[58] 1949年美國國會通過立法，授權聯邦地方法院基於當事人與證人之便利與裁判之公平，得依職權將訴訟移送至其他有管轄權之法院，28 U.S.C.A §1404(a) (West 1976) "For the convenience of parties and witnesses, in the interest of justice, a district court may transfer any civil action to any other district or division where it might have been brought."

認為縱使結果有可能使該案適用較不利之法律，仍須適用不便利法庭原則；反之，若被告無法證明在原告所選擇之該地方法院訴訟對訴訟當事人或對法院有相當不便利，則被告所主張之駁回即不會被接受[59]。

我國法律無如美國有類似之原則[60]，學者對於適用不便利法庭原則之原理，仍多持肯定之見解。然相較於美國，法院在決定適用不便利法庭原則時，應考量之因素則較美國嚴格。詳言之，法院應考量下列因素：（一）需有便利之法庭存在，原告得在其他法域得到充足之救濟；（二）法庭應考慮另一法庭所為判決之效力，應一如其所為之判決；（三）原告是否會因另一法庭適用不同於其所適用之法律而不利；與（四）原告有選擇管轄法院之權利，除有利之反對因素外，不應受妨礙，而此反對因素如事實發生在另一法域、傳喚遠地證人到庭作證之不變、缺少強制性程序之命令證人到庭等，及其他調查、證明及適用外國法將增加當事人及法庭之訴訟負擔等是[61]。至於我國目前實務，在法無明文之情形下，除少數裁判外[62]，多持保守之立場[63]，以避免援引此項原則。

根據家事事件法第53條第2項規定，法院無須考量是否有其他便利之法庭存在，另一法庭之判決效力為何，原告是否應適用法律不同而遭受不利，傳喚證人等調查是否困難等因素。事實上，就前述離婚案件而言，離婚之事實

---

[59] Piper Aircraft Co, *supra* note 56, at 235-257.

[60] 晚近，在Sinochem Inrernational Co. Ltd. v. Malaysia International Shipping Corporation, 127 S. Ct.1184 (2007)一案中，針對跨國民事訴訟受訴法院是否需先確認受訴法院對該案件具有一般管轄權，美國聯邦最高法院採取務實之態度，作出與過去*Gulf Oil Corp.*一案相反之見解，認為強求聯邦地方法院面對跨國民事訴訟，先處理管轄權存否之爭議，無疑將加重繁忙法院之負擔，並將導致案件之遲滯，詳言之，若受訴法院可明確審認其對訟爭案件欠缺管轄權者，無論此為事物管轄或對人管轄，法院均應以無管轄權為由駁回原告之訴，不得以不便利法庭原則為由，而駁回訴訟；若是具備事物管轄或對人管轄之基礎難以判定，且不便利管轄原則之相關考量因素明確時，則法院基於相對經濟與實用之理由駁回訴訟，即屬正當。

[61] 劉鐵錚，國際私法論叢，三民書局，1991年，頁265。

[62] 如臺灣臺北地方法院90年度訴更字第20號民事裁定。

[63] 如臺灣高等法院90年度抗更字第4346號民事裁定、臺灣高等法院91年度抗更字第38號民事裁定。

均發生在我國法域，證人與證據均在我國，被告亦無需證明其出庭不便利，是以若認其為不便利法庭原則之規定，則此規定顯然過於簡略。既非不便利法庭原則，條文僅以「應訴顯有不便」，我國法院即無管轄權，則何謂應訴顯有不便，即成為法院考量時之重要課題。換言之，是否被告出國後，要求其再回到臺灣應訴即為應訴「顯有不便」？事實上有心離境之配偶，多數均無意願再回臺應訴，有實務工作者曾舉一例，認為「夫妻之一方為中華民國國民人，於中華民國境內有共同住所或經常居所，我國法院對之有審判權。祇須他方離開中華民國，不願來臺應訴，將使本條之規定歸於無效，後果堪慮[64]」。面對此種離婚案件，無論第53條第1項國際管轄權立法之美意為何，也無論前述住所之討論結論為何，恐怕我國法院對該類離婚案件終將無權管轄，而我國之一方配偶將被迫前往他國提起訴訟之窘境。衍生結果，國人將面臨經濟考量、訴訟費用、語言隔閡，與訴訟國實體法與國際私法規定不明等問題，其能否前往該國提起訴訟，訴訟結果如何均將成為未知數，身分問題可能懸而不決之機率大增，此不但與希望透過國際私法之適用讓身分問題在各國均能穩定、避免跛行後果之目的有違，且比較外籍配偶主動離境，不願返臺應訴，臺籍配偶之權益更須嚴肅面對，至於將司法審判權拱手讓人是否妥適，答案更是不言可喻[65]。

伍、代結論：案例檢視

一、舊民事訴訟法時期與國際裁判管轄權

　　依上述討論之結論，舊民事訴訟法第568條有關管轄權中之夫妻住所，應解為夫或妻之住所；決定住所之標準，則應回復依民法第20條住所定義之規定。而在據修正類推適用說或利益衡量說理論之解釋下，離婚之國際管轄應以

---

[64] 是以認為本條第1項所規定之標準，尚稱合理，惟第2項之規定可能將第1項規定之美意破壞無遺；吳明軒，同註49，頁110。

[65] 雖然外籍配偶有否能力應訴，有無能力了解送達之訴訟文書之內容等程序文題，相當棘手，但比較外籍配偶主動離境，不願返臺應訴，臺籍配偶之權益，與身分關係不宜久懸未定等問題，後者權益更須嚴肅面對。

非專屬管轄為妥。

　　從本文前述提出之案例中，發現在家事事件法施行之前，法院多未討論我國是否有管轄權，即當然認定我國法院有管轄權。詳言之，法院不曾討論配偶之一方其離去住所之時間有多久，是否已無回去原住所之意願，一概以曾約定以臺灣之住所為住所或曾到戶籍地定居，即認為應適用共同之住所地法；依此類推，就法院認定其具有管轄權基礎，由此或可推斷法院認為其為共同住所地之管轄法院。事實上，根據上述「住所無須同一」之結論，其僅需類推其為夫之住所地或原因事實發生地之居所地之法院即可，上述案例夫之住所地均在我國各縣市，我國法院有管轄權並無錯誤，然認定為共同住所地之後果，將導致後續連繫因素之認定錯誤，進而影響準據法之適用。更有甚者，在臺南地院之案例中[66]，妻尚未到臺灣居住過，該案法院亦適用共同之住所地法，假設其亦以此推定國際管轄權，則結果將顯不恰當。蓋依民法住所之定義需「住於一定地域」，雖不一定需要永久居住、長久居住或居住一定之時日，但至少需有居住之事實存在，尚未居住過之地可否即可認定為住所地，誠有爭議[67]。

　　其次，連繫因素若非共同之住所地法，根據涉外民事法律適用法第50條之規定，雙方既無共同之國籍，又無共同之住所，則應適用關係最切地之法律。關係最切之地是否在我國，從前述多數案例觀之，答案或許肯定；然我國為關係最切地之原因，是因為我國配偶之國籍或是現在住所地所在，或夫妻過去之住所地所在，則需視各個案件事實差異而有所不同。假設另有案例之夫妻曾於外國居住相當時日後始返臺定居，返臺定居短暫數月後，一方配偶即因故即離開臺灣多年，不願或未曾返回，則此時關係最切之地，恐非曾經短暫居住之臺灣，而是過去之住所地。是以上述各個案例即便目前之結論正確，推理之過程仍不容一絲紊亂，否則將影響未來之判斷。彰化地方法院在近來之判決中，分

---

[66] 臺灣臺南地方法院100年度婚字第435號：「（一）……約定被告於婚後應來臺與原告同居，惟被告均藉口其生病無法來臺，經原告屢催無效，且被告自半年前起更拒接原告之電話，致兩造婚後實際上並未共同生活，（二）……查本件原告為中華民國國民，被告係越南國國民，兩造無共同本國法，惟婚後曾約定要共同在臺居住。依上規定，本件離婚事件應適用兩造共同之住所地法即中華民國法律，合先敘明。」

[67] 徐慧怡，美國法律衝突法中「住所」意義之檢視，中興法學第40期，1996年3月，頁253-256。

析雙方當事人之住所與來臺居住之時間，認為「本件原告為中華民國人民，被告為印尼國人民，兩造並無共同之住所地，彼等結婚後，被告並於西元2009年（即民國98年）2月18日簽署聲明書，聲明其申請中華民國戶籍登記時決定採用『○○○』為中文姓名等情，有原告提出被告立具之聲明書影本足憑，另參諸被告於婚後亦一度在98年4月15日入境與原告同住，足見中華民國為與兩造夫妻婚姻關係最密切之地。」該法院隨即適用關係最切之法律，非住所地法，此判決論理正確，非常可貴，然此法院亦未說明其國際管轄權之基礎為何，相當可惜[68]。

二、家事事件法施行後與國際裁判管轄權

　　家事事件法施行後，特別將婚姻事件之管轄權分別於第52條與第53條制定國內之管轄權與國際裁判管轄權。其國內管轄權之規定，將過去舊民事訴訟法第568條中夫妻是否住所必須同一之問題，與類推適用以決定之國際審判籍中，是否屬於專屬管轄，與非專屬管轄時之範疇問題，一併解決，使得第52條之內容包括住所、居所，同時也包括合意管轄與以原就被之普通審判籍，實則已非專屬管轄權之規定；第53條則將一方配偶非我國籍，或雙方均非我國籍者之國際裁判管轄明文規定，企圖解決我國目前社會婚姻現狀，立意相當令人佩服。惟涉外案件並非僅因國籍不同而存在，同國籍者亦可能出現在國內涉訟之涉外婚姻事件，僅規範因國籍不同者之國際管轄權，致使我國國民相關之涉外婚姻事件仍須透過法理來類推家事事件法之規定，誠屬美中不足。

　　最後，有關家事事件法第53條第2項規定，僅以被告應訴顯有困難，我國即放棄管轄權，是否得宜，相當可議。所幸日前實務上在適用該條項時，有以「被告係日本國籍，分居事實亦發生於日本，被告婚後未曾入境我國，且現於日本愛知縣之監所服刑。」雖然原告為我國國民，法院認我國法院對本件訴訟並無審判管轄權[69]；或以「被告在我國入監服刑假釋出獄後，目前仍遭管制

---

[68] 臺灣彰化地方法院100年度婚字第83號民事判決。

[69] 臺灣臺北地方法院101年度婚字第60號家事裁定「兩造之夫妻住所地應係日本橫濱，分居事實亦發生於日本，若逕認由原告之本國法院管轄，無異增加當事人及本國法庭訴訟之負擔，對被告訴訟權之保護，亦非周延，且兩造婚後同住於日本，若由我國法院管轄，

不得入境，顯然有應訴不便之情，自應裁定駁回原告之訴[70]。」二項判決之法院，在適用該項規定時，均相當謹慎，是為萬幸！

無論於調查證據或訴訟程序之進行，將無端耗費本國法院之勞力、時間與費用，對法庭地納稅人之負擔，亦不公平。且參酌101年6月1日施行之家事事件法第五十三條第一項第一款雖明定夫妻之一方為中華民國人，婚姻事件由中華民國法院審判管轄，惟同條第二項亦明定：被告在中華民國應訴顯有不便者，不適用前項之規定，即揭櫫此項『不便利法庭原則』，而本件被告在日本之監獄執行中，在我國法院應訴顯有不便，應認我國法院對本件訴訟並無審判管轄權。」

[70] 臺灣宜蘭地方法院101年度婚字第102號民事裁定「依現行作業規定並無針對民事是類案件得暫時解除管制之相關規定，礙難解除當事人管制入境……，足見被告自100年9月22日出境後，目前仍遭管制不得入境，顯然有應訴不便之情，依前揭家事事件法第五十三條第二項規定，我國就本件離婚訴訟並無國際審判管轄權存在。從而，原告向本國法院提起本件訴訟，其起訴不備要件，且因管轄法院為外國法院而無法補正，自應裁定駁回原告之訴。」

2

從兒童權利論跨國拐帶子女之防止[*]

賴淳良

壹、前言

　　子女是父母心頭肉，跨國連理走到盡頭，迎面而來的是子女扶養與探視的難題。空間的阻隔、高昂的交通費用、國境的管制，讓離婚父母探望子女的渴望，猶如飄忽在天空中的白雲，也阻礙了子女依照聯合國兒童權利第7條以下親子關係維繫權的落實。如果拖著疲憊的身子，結束一天的工作，滿心期盼回家與子女共進一頓晚餐，卻得到子女已經身處國外的驚人「新聞」，內心的恐慌、憤恨勢將成為難以抹滅的傷痕。而掛念在子女心中的親情思念，也可能化為枕邊長期的嗚咽。

　　跨國婚姻在臺灣已經不再是刊登報紙頭條的新聞，西方國家為了防免兒童遭不法拐帶，於1980年簽署海牙「有關國際間兒童拐帶事務之公約」（CONVENTION ON THE CIVIL ASPECTS OF INTERNATIONAL CHILD ABDUCTION；以下簡稱兒童拐帶公約），之後再於1996年簽署海牙有關保護兒童之親子責任與舉措之管轄、準據法、承認、執行及合作公約（CONVENTION ON JURISDICTION, APPLICABLE LAW, RECOGNITION, ENFORCEMENT AND CO-OPERATION IN RESPECT OF PARENTAL RESPONSIBILITY AND MEASURES FOR THE PROTECTION OF CHILDREN；以下簡稱海牙親子責任公約）[1]。身處亞洲的我們，是否也有防免類似悲劇上演的國際法律制度設計？

　　臺灣於2014年制定兒童權利公約施行法，將聯合國兒童權利公約納為國內

---

[*] 原刊登於中華國際法與超國界法評論第14卷，2018年12月，頁13-44。

[1] 公約於2002年1月1日生效，根據海牙國際私法會議官網記載，截至2015年8月18日計有41個締約國。歐陸、英國、美國均為締約國，亞洲國家則有澳洲。

法，承擔兒童權利公約所規定之義務。而兒童權利公約第11條明文規定各國應採取措施排除非法拐帶兒童，並制止使兒童無法返家的行為。本文以臺灣若干實例為基礎，探討兒童權利的內涵，進而從兒童權利保障的觀點，介紹防止拐帶兒童公約的制度設計，期盼有助於亞洲類似機制的建立。

貳、跨國兒童拐帶之實例

臺灣日趨增多的跨國婚姻，不但有臺美聯姻、臺英、臺日聯姻，也有臺越婚姻、臺印（尼）婚姻。臺灣並不是海牙兒童拐帶公約的締約國，無法透過該公約的制度處理拐帶兒童的問題[2]。但是2012年公布施行的家事事件法，於第85條以下新設暫時處分制度，允許離婚後親子責任歸屬等非訟事件，可以由法院核發禁止父母一方擅自帶離兒童出境的暫時處分，實際上發揮防止兒童拐帶的制度功能。從2015年到2016年間地方法院裁判中，有幾件此類暫時處分。

臺灣新北地方法院105年度家暫字第14號暫時處分事件，聲請人主張：聲請人與相對人為夫妻，育有未成年子女，因為親子責任事件正由法院審理中。因為相對人可能攜同子女返回越南娘家，因此聲請核發暫時處分，法院裁准，內容為「本院……號離婚等（含未成年子女親權酌定、扶養費）事件撤回、和（調）解成立或裁判確定前，兩造所生未成年子女，非經聲請人同意，不得出境。」

臺灣新北地方法院105年度家暫字第24號暫時處分事件，聲請人主張：兩造係夫妻，育有兩名女兒，相對人有日本國籍，四人原本同住於新北市新莊區，相對人規劃二位女兒到日本讀書，寒假期間已經攜帶二位女兒至日本大阪，又擅自將重要資料如土地及建物謄本、現金存款的定存單及存薄儲金薄帶

---

[2] 臺灣實際發生之兒童拐帶案件，請參見陳隆修，父母責任、管轄規則與實體法方法論相關議題研析，收於國際私法——管轄與選法理論之交錯，五南圖書，2009年，頁223以下；陳榮傳，國際私法實用——涉外民事案例研析，五南圖書，2015年，頁353-373；蔡華凱，我國具有國際管轄權？——論臺美間爭奪子女事件，收於二十一世紀法學新境界——柯澤東教授七秩華誕祝壽論文集，元照，2008年，頁666-701。

走，為此聲請禁止相對人攜帶女兒出境的暫時處分。法院審理後，裁定「本院停止親權事件撤回、和（調）解成立或裁判確定前，兩造所生未成年子女，非經聲請人同意，不得出境。」

臺灣臺北地方法院104年度家暫字第49號暫時處分事件，聲請人主張：兩造係夫妻，婚後定居美國，育有子女二人，聲請人因父親罹患癌症，攜帶兒子返回臺灣，相對人屢以返臺攜帶兒子出境要脅，甚至於美國提出訴訟，聲請美國法院命聲請人將兒子帶回美國，為免相對人將兒子帶離臺灣，故聲請禁止相對人攜帶兒子出境之暫時處分。法院審理後認為根據相對人提出之美國離婚判決顯示，相對人並無任何照顧不當之情事，兩造同意每週日晚上9點半以SKYPE與未成年子女互相進行視訊互動，難認相對人不將另為一位未成年子女帶回臺灣，就聲請人本案聲請之確保有何急迫情形，因此認為聲請人聲請暫時處分並無必要，駁回聲請。

臺灣臺中地方法院104年度家暫字第107號暫時處分事件，聲請人主張：兩造人於2006年結婚，婚後育有未成年子女二人，聲請人提起離婚及親子責任事件，因相對人有美國國籍，且曾多次到學校，要求子女一起回美國，因此聲請禁止相對人攜帶未成年子女出境。法院審理後裁定「本院離婚及酌定未成年子女親權事件裁判確定或終結前，禁止兩造所生子女出境」。

臺灣彰化地方法院104年度家暫字第37號暫時處分事件，聲請人主張兩造於2004年結婚，兩造育有未成年子女，相對人有美國籍，嗣兩造於2013年協議離婚，約定親子責任歸屬。二名未成年子女於兩造離婚後均與聲請人同住，相對人目前與一位日本年輕女友交往中，有意於1月間攜同未成年子女甲搬回美國定居，並與該日本女友結婚，因此聲請禁止相對人將未成年子女甲帶離彰化縣市或出境。法院審理後裁定「於本院停止親權並改定監護人事件裁判確定、撤回或其他事由終結前，禁止兩造所生未成年子女出境」。

臺灣高雄少年及家事法院104年度家暫字第183號暫時處分事件，聲請人主張：聲請人為我國及英國籍之人，相對人為英國籍人，兩人於2010年間在英國結婚，並育有未成年子女，一家人於2014年間遷至中國上海生活，嗣後因兩造感情不睦，聲請人乃於2015年帶同子女返回臺灣，並提出離婚等訴訟，子女雖有我國國籍，惟因相對人無故拒絕配合出具同意書，致聲請人無法單獨辦

理戶籍登記及申辦定居證，亦無法辦理就學或全民健保等相關事宜，為此聲請於裁判確定前為由聲請人承擔親子責任之暫時處分。相對人抗辯：子女為英國公民，遭聲請人不法攜帶至臺灣前，未曾有長久居留臺灣之事實，其語言、朋友、就學等文化因素均與臺灣無太大關連性，臺灣並非其慣居地，應參照海牙公約精神，將子女送返英國，以避免聲請人藉不法移置之行為，達其任擇法院目的；相對人雖不同意子女入籍或定居臺灣，然已經投保全球醫療保險；且既有英國國籍，得享有該國免費醫療及教育福利，居留臺灣其並無任何利益等語置辯。法院最後裁定「子女權利義務之行使或負擔暫由聲請人單獨任之」。

　　而兒童福利聯盟文教基金會於2016年9月9日在臺北召開一場「未成年子女遭親屬擅帶離家失蹤研討會」。並報導兒福聯盟從2014年2月到2016年6月止，接獲跨國跨境協尋案件共計58件，提出協助相關單位之公文有外交部41件，海基會16件，入出境管理局1件。其中10件由家屬自行帶回，已回復訪視案件有34件，尚有24件協尋訪視案件沒有回覆。

參、拐帶可能侵害的兒童權利

　　臺灣於2014年制定聯合國兒童權利公約施行法，並自同年11月24日起施行，兒童權利公約正式成為臺灣法律的一部分，並依其權利保障之性質，取得相當於法律甚或高於法律的地位[3]。不同於傳統僅著眼父母親權的觀點，兒童權利公約以兒童權利為核心，注重兒童應享有的文化認同權、在符合兒童背景環境下生活的權利以及陳述意見的權利等[4]。以下介紹當兒童遭不法拐帶時，可能侵害的兒童權利。

---

[3] 賴淳良，兒童權利公約於跨國親子事件審理之影響，收於2015年海峽兩岸國際私法學術研討會論文集，重慶，頁101以下。

[4] Rhona Schuz, The Hague Child Abduction Convention and Child's Rights, 12 Transnat'l L. & Contemp. Probs 393 (2002), p. 397.

一、親子關係維繫權

此項權利包含三項內容，分別是兒童權利公約第7條所規定受父母照顧的權利、第9條所規定不與父母分離，並得單獨與父母一方會面交往的權利、第10條第2項所規定為使父母與子女得會面交往，應允許出境以及入境[5]。

親子關係維繫權，係以兒童為權利主體，賦予兒童請求國家機關採取措施，確保兒童同時受到父母照護的權利，兒童不再只是親權之客體，也不僅將兒童列為受照顧的人而已。因此離婚後父母探視子女，不再僅僅是父母的權利而已，也是兒童要求受到父母照顧的親子關係維繫權。這些親子關係維繫權，既屬兒童權利之一，其他人即不得任何加以阻礙侵犯。近年更有學者提倡兒童的人際網絡權（relationship rights），係鑑於兒童與成年人不同，通常欠缺完全的自我照顧的能力，無法以適當的方法取得維生的資源，也可能無法有效面對驟然改變的生活環境，必須仰賴其他成年人。最能給予兒童充分照顧的成年人，應該設定為生物上的父母親，然後還可以仰賴祖父母、伯叔姑姨、兄弟姊妹等親屬，再若不然，可以仰賴善心人士或國家機關的介入。因此保護兒童的核心任務，在於為兒童建立一套緊密有效且可以充分發揮照顧兒童成長的人際網絡，此即兒童的人際網絡權[6]，以期建立兒童的多層保護網。

二、受最佳福祉保障的權利

受最佳福祉保障的權利分為積極的權利及消極的權利，前者係指取得生活必需品的權利，後者係指不受虐待、傷害以及不法拐帶的權利。

兒童最佳福祉的保障究竟是權利，或者只是一個原則，在理論上有爭論，有下列兩種見解[7]：

---

[5] 高玉泉、蔡沛倫，兒童權利公約逐條釋義，衛生福利部社會及家庭署出版，2016年，頁73以下。

[6] James G. Dwyer, A Taxonomy of Children's Existing Rights in States Decision Making About their Relationship, 11 Wm. & Mary Bill Rts. J. 845 (2003), Fn. 3.

[7] Rhona Schuz, *supra* note 4, at 402.

（一）自由權利理論

　　認為充足一項獨立權利的要件必須是權利的擁有者可以為法律上的宣稱或主張，也可以作出選擇性的決定，並有權利要求相對人作出相應的舉動及決定，但是兒童最佳福祉保障並沒有這項具體內涵，僅僅只要求照顧兒童的福祉而已，因此還不足以成為獨立的權利。

（二）利益權利理論

　　認為只要有足以辨別的利益，並有相應的責任時，即可充足權利的要件，並不以權利擁有者可以獨自作出決定為必要。雖然保障兒童最佳福祉的判斷，不能完全仰賴兒童本身，而必須由成人們代為決定，但是因為已經有足以辨別的利益，而且也可以要求成人們負起責任，即已經充足成為一項權利的要件，而成為獨立的權利。

　　有學者認為兒童權利公約第3條之規定，意在賦予兒童一種特定之權利，使兒童最佳福祉受到保障，並非僅僅是一項原則而已[8]。也有學者認為兒童最大利益原則是一種綱領，一種原則的闡述[9]。也有學者引述兒童權利公約一般評論，而認為兒童最佳福祉有三種面向，分別是一種權利、一項原則，也是一項程序規則[10]。

三、意願受尊重的權利

　　兒童權利公約第12條第1項規定「締約國應確保有表示現意見能力的兒童得就涉及本身之事項陳述意見，且應依照兒童的年齡以及成熟度，衡酌意見的重要度。」此即兒童意願受尊重的權利[11]。

　　意願受尊重權與陳述意見權雖然緊密相連，卻有不同的意涵。陳述意見權

---

[8]　Rhona Schuz, *supra* note 4, at 402.

[9]　王勇民，兒童權利保護的國際法研究，法律出版社，2010年，頁95以下。

[10]　高玉泉、蔡沛倫，同註5，頁20。此外兒童權利公約中子女最佳福祉的討論，尚可請見施慧玲，從聯合國兒童權利公約到子女最佳利益原則—兼談法律資訊之應用與臺日比較法研究方法，臺灣國際法期刊第8卷第2期，2011年6月，頁95-150。

[11]　高玉泉、蔡沛倫，同註5，頁93。

係指應聽取兒童的意見，讓兒童有陳述自己意見的機會。意願受尊重的權利則指兒童所表達的意願應受到尊重，至多僅能在有妨害兒童最佳福祉原則下，限制兒童的意願，否則均應尊重兒童的真實意願。有學者甚至認為兒童也應擁有自我決定權，亦即涉及兒童本身之事務，應由兒童自己作出最後的決定。只要兒童達到一定的年齡，有一定的成熟度，了解所作出決定隱含的深遠影響，即應賦予兒童自我決定的權利[12]。因此意願受尊重權與陳述意見權並不相同。

　　意願受尊重的權利賦予兒童參與決定形成程序的權利，公約規定應衡酌兒童年齡與成熟度以決定兒童意願的重要度。兒童的年齡與成熟度屬於兩種各自獨立的判斷標準，有些兒童雖然年齡小，但是因為家庭環境因素，必須由兒童自行獨立求生，其成熟度高，自應給予比較高度的意願尊重。正由於個案情形有異，各國經濟發展情形、風俗習慣不同，表達意願的能力也隨著兒童生長環境而有不同。僅能委由各國依照個案情形決定之[13]。

　　兒童的意願或者作出的決定，違反兒童的最佳福祉時，應如何處理，有待思量。Freeman所提出的「自由放任父權主義」（liberal paternalism），認為惟有兒童表達的意願或作出的決定，有埋葬兒童未來生活選擇可能性或者對於兒童利益造成無可逆轉的損害時，才可以由他人在最小的限度內干預排除兒童的意見以及決定。而在以色列法院實務上，仍有不同的意見，有法院認為應尊重成熟兒童的意願，有法院認為兒童意願只是眾多因考量的因素之一而已[14]。

四、陳述意見的權利

　　兒童權利公約第12條第2項規定保障兒童陳述意見的權利。該規定之內容為「為此，應提供兒童於影響本身事務之所有司法及行政程序中，直接或透過代表人、其他適當之人陳述意見之機會」。兒童權利公約賦予兒童陳述意見權之理由，有下列三種：

（一）協助決定者決定何者有利於兒童。因為如果能讓兒童陳述意見，並納入

---

[12] Rhona Schuz, *supra* note 4, at 404; 高玉泉、蔡沛倫，同註5，頁95。

[13] 王勇民，同註9，頁131以下。

[14] Rhona Schuz, *supra* note 4, at 405-406.

考量，可能更有助於確認兒童最佳福祉。

（二）使兒童感受到參與。因為讓兒童參與其中，可以有效降低兒童的挫折感與無力感，可以使兒童更容易接受可能的不理想後果。

（三）落實尊重兒童意見的具體方法。

三種理由的差異在於，兒童之意見不再重要時，是否仍然應該讓兒童陳述意見。此由兒童權利公約第12條第2項緊接著同條第1項，且第2項開頭就規定「為此」，顯然係在落實第1項所規定兒童意見受尊重的權利，因此有學者認為兒童陳述意見之權利，係在落實兒童意願受尊重的權利，縱然兒童陳述意見可能不利於兒童本身，仍然必須讓兒童有陳述意見的機會[15]。

負責保護兒童的政府官員、兒童心理專家或者其他專業人士的報告雖然有高度參考價值，但是由兒童權利公約之規定可以得知，其他專家的報告僅具有補充性，無法完全取代兒童本身的陳述。特別是當心理專家事法院委派或者由父母親出資委請者，更應確保兒童有陳述意見的權利[16]。

英國負責審理家事上訴案件之上訴法院於2005年 *Mabon v. Mabon* 一案中肯認有一定成熟度的兒童有權要求在法官面前陳述自己的意見。該案是一件涉及父母分居後，六名子女應該與母親或父親同住的案件。法院審理中過程，由英國「兒童及家事法庭諮詢及服務中心」（Children and Family Court Advisory and Support Service, CAFCASS）指定一位程序監理人，在程序中代表六名子女。法院完成調查事實的程序，進入言詞辯論程序時，其中年紀較長的三名子女，分別是17歲、15歲以及13歲，聲請自己出庭陳述意見。第一審法院駁回該聲請，理由是造成程序延宕、也會因為呈現訴訟資料所無法避免的粗暴，帶給兒童非預期的情緒傷痛。上訴後，上訴法院廢棄原裁定，理由是認為應該區分事實調查程序以及言詞辯論程序之不同，也必須注意英國家事審判系統中所採用的兒童程序監理人制度，能夠在「串聯模式」（Tandem Model）下，經由選任有合格社工專業以及程序經驗的人擔任程序監理人，再由其選任一位律師，兼顧兒童福祉、兒童陳述意見權可能存在的衝突。上訴法院最後決定由於兒童

---

[15] Rhona Schuz, *supra* note 4, at 405.

[16] Rhona Schuz, *supra* note 4, at 405-406.

權利公約第12條已經明文規定兒童陳述意見的權利，在邁入21世紀時，應該更尊重兒童自主意思，並確保兒童參與決定形成的權利。

由於兒童往往對於司法程序或行政程序陌生，無法有效表達意見，因此有必要為兒童選任一位代理人，例如律師擔任兒童陳述意見的代理人。雖然各國普遍由父母本身或者由父母為兒童選任律師充任代理人，但是也有國家例如以色列[17]、英國、德國設立了獨立的代理人制度，擔任兒童的代理人。

臺灣2012年家事事件法臺灣家事事件法第108條第1項經規定在親子責任及扶養費等親子非訟事件中，應使兒童有陳述意見的機會，並且規定可以請兒童心理或專業人士參與，此外同法第106條第2項也規定，判斷兒童最佳利益時，也應該使兒童有陳述意見的權利，並於特別於第15條以下設計了程序監理人的制度。

又為了避免使兒童陷入「忠誠衝突」的困境中，陳述意見的內容，應避免僅僅問及「於父母離婚後，希望由何人照顧」的問題，而應盡量地以親子責任的實際狀況、兒童需求等事項，使兒童充分陳述。包含兒童認知父母的工作、兒童自己的可能模仿對象、就讀學校、居住環境的期望、其他親友網絡的狀況、上學補習的規劃、假日的旅遊玩伴、使用的語言習慣、遊戲運動的喜好等。甚至也應該讓兒童明確了解，法院不會以陳述內容為決定的唯一依據[18]。

兒童權利公約所保障兒童陳述意見權利，除了司法程序之外，也包含在行政程序中。臺灣除了家事事件法中之親子非訟事件外，另外訂有兒童及少年福利與權益保障法，其中第二章第14條以下規定身分權益、第四章第43條以下規定各種保護措施，卻沒有比較詳細保障兒童陳述意見權利的規定。僅得依照行政程序法規定，特別是第102條以下之規定保障，恐有不足。因為保護措施中，包含安置、寄養以及停止親權的聲請，均非行政處分，行政機關於決定時，也應依照兒童權利公約之規定，保障兒童陳述意見的權利。

---

[17] Rhona Schuz, *supra* note 4, at 406.

[18] Rhona Schuz, *supra* note 4, at 424.

肆、防止兒童拐帶機制之比較法觀察

一、美國

　　美國聯邦政府為了阻絕兒童拐帶，於1980年制定聯邦「防止親子綁架法」（Parental kidnapping Prevention Act, PKPA）。美國統一州法委員會為落實聯邦防止親子綁架法以及1997年兒童照護管轄與執行統一法案，於2007年第115次年會中提出防止拐帶兒童統一法草案（Uniform Child Abduction Prevention Act, UCAPA）供各州納為各州法律。該草案於2007年時，有德州等七個州接納成為州法，截至2017年11月22日為止，有17州主要是中西部以及南部各州接納成為州法[19]。在該部法案中，其中第8條(c)項臚列法院得依聲請或依職權核發防止拐帶兒童的各種命令（abduction prevention order），包含限制兒童旅行區域、直接或間接命令相對人應為之作為或不作為、要求當事人於兒童所前往之國家（州）註記命令、兒童護照、執行兒童照護或會面交往、依照聲請核發命相對人取得外國相同親子責任內容之裁定。其中限制兒童旅行區域之命令中，內容有限制的旅行區域、居住處所的地址以及可在特定時間聯繫的電話號碼、所有旅行文件的影本。直接或間接行為人應為之作為或不作為，內容包含未經聲請人書面同意不得將兒童帶離州境、美國國境或特定地理區域；不得為違反親子照護責任的行為；不得從學校或類似機構帶離兒童；除非在特定地點，在特定監督機制下之會面交往外，不得接近兒童。有關兒童護照則可以有諸多內容，包含由聲請人將兒童的姓名列入美國國務院護照核發警示計畫（passport alert program）內；命相對人向法院或聲請人代理人提出兒童之所有護照，也包含任何以父母與兒童共同為名之護照；禁止相對人代理兒童聲請新的或更換護照或簽證。

　　美國統一兒童照護管轄以及執行法案第208條規定，除第204條所規定之緊急管轄或其他州法有特別規定者外，法院因當事人不當行為（unjustifiable

---

[19] http://www.uniformlaws.org/Act.aspx?title=Child%20Abduction%20Prevention（最後瀏覽日：2017.11.20）。

conduct）而取得管轄權，應（shall）拒絕管轄，但兒童之父母或承擔親子責任者默示同意、或依第201條至第203條之規定擁有管轄權之法院裁定認為由現法院審理較為適當、或者沒有其他法院管轄時，不在此限。所謂不當行為，係指移置（remove）、隱匿（secret）、阻絕（retain）、限制（restrict）兒童等而言[20]。

　　美國防止兒童拐帶統一法案與海牙防止兒童拐帶公約目的雖然相同，但是防止拐帶的機制確有相當大的不同，海牙公約採取立即帶返兒童的方式，美國則採取由法院核發各種裁定的方式預防。

二、海牙兒童拐帶公約

　　國際間為了防制兒童拐帶事件之發生，於1980年通過兒童拐帶公約，截至2016年9月7日止，共計有95個簽約國，包含美國、加拿大、日本[21]、韓國、澳洲、紐西蘭，新加坡、菲律賓等國。而多數亞洲國家如印尼、馬來西亞、越南、泰國等還不是簽約國。海牙國際私法會議，又於1996年通過海牙親子責任公約，其中第50條明文規定1980年兒童拐帶公約仍然繼續有效，而且親子責任公約的規定不得解釋為有害於防止拐帶兒童公約的實踐[22]。足見海牙防止拐帶兒童公約仍然是國際間重要防止拐帶兒童的國際文件，所建構的機制仍具有參考的價值。

　　不過海牙兒童拐帶公約僅適用於未滿16歲之兒童（公約第4條）。根據公約2011年全球報告的記載[23]，在2008年當時有81個締約國，其中有60個國家對於相關申請事項有所回應，共有2,321個聲申請案件，其中有1,961件申請返還

---

[20] Andrea Charlow, There's no Place like Home: Temporary Absences in the UCCJEA Home State, 28 Am Acad. Matrim. Law 25 (2015), p. 35.

[21] 日本加入海牙兒童拐帶公約之準備以及過程，參見何佳芳，論慣居地在臺灣之應用—從相關公約及日本立法談起，收於2015年海峽兩岸國際私法學術研討會論文集，重慶，頁533以下。

[22] 兩公約之適用優先性，請參見蔡華凱，我國具有國際裁判管轄權？—論臺美間爭奪子女事件，收於二十一世紀法學發展新境界—柯澤東教授七秩華誕祝壽論文集，元照，2008年，頁681。

[23] https://assets.hcch.net/upload/wop/abduct2011pd08ae.pdf（最後瀏覽日：2017.11.20）。

兒童，有230件申請探視。其中拒絕返還者有85件，自動返還366件，經法院裁定者有508件。

公約第1條載明兩個目標，一是立即帶返不法移置的兒童，一是確保締約國監護權與探視權的法律受到其他國家有效尊重。設定兩個目標有三項理由，第一個理由是將兒童帶離已經習慣的環境對兒童有害，第二理由是必須防止拐帶再度發生，第三個理由是由兒童原慣居地法院審理能保護兒童的最佳福祉。

海牙防止拐帶兒童公約，雖然有上述目標，不過公約序言以及本文並未提及「兒童權利」，從海牙防止拐帶兒童公約所規定不法移置，不法帶離等名詞，侵害探視權等用語，均係以父母親權為本位，以父母的監護權受侵害為思考起點，建構如何盡速回復監護權受侵害之原狀，而不是以兒童權利為本位思考[24]。以下即以公約架構為基礎，討論跨國兒童拐帶之防制。

三、新加坡

發生在2000年*Jens Christian Thorsen v. Amjit Kaur*一案，涉及一位新加坡籍母親與丹麥籍父親之間爭奪所生5歲兒子的問題，這對夫妻1997年離婚，當時新加坡法院裁定由丹麥籍父親承擔照護孩子的責任，母親可以探視。隨後父親將小孩帶回丹麥，但是雙方約定在1999年12月帶著孩子回到新加坡，讓母親可以探視。不過丹麥籍父親沒有依照約定帶回小孩，母親在2000年4月前往丹麥，明查暗訪找到父子，將孩子帶回新加坡，並且在新加坡法院提起親子責任之訴訟事件。母親提出聲請的理由中主張相對人違反先前法院的裁定，擅自將小孩帶回丹麥，也沒有依照裁定告知小孩的住處，相對人的行為已經侵害了聲請人的探視權。丹麥籍父親抗辯在本案裁定之前有權帶小孩回丹麥，聲請人之行為係屬不法且不能寬恕。新加坡法院裁定認為在本案親子責任事件終結前，相對人不能再帶小孩回到丹麥。

另外一件發生在2004年被稱為*AB v. AC*的案件，該案是一對挪威籍的丈夫與新加坡籍的妻子，於1998年在新加坡結婚，生下兒子，隨後兩人帶著兒子搬回挪威居住。2001年下半年，夫妻感情生變，向挪威法院聲請離婚。兩人在

---

[24] Rhona Schuz, *supra* note 4, at 408.

2002年1月31日達成協議，約定共同承擔親子責任，法院允許離婚。2003年2月，新加坡籍妻子違反挪威法院裁定，帶著兒子回到新加坡，隨即向新加坡法院聲請由聲請人照護兒子。挪威籍父親也向新加坡法院聲請確認兩造於2002年1月31日的協議有效、允許帶孩子回到挪威並由其照護、禁止妻子或其他協助之人帶小孩離開新加坡。挪威籍父親並主張妻子照顧兒子的聲請違反一事不再理原則，應予駁回。法院認可挪威籍父親一事不再理的抗辯，駁回新加坡籍妻子照顧兒子的聲請。並於理由中引述雖然新加坡不是海牙兒童拐帶公約的締約國，但仍應尊重公約所揭示由兒童慣居地法院決定兒童最佳福祉的原則，以避免片面帶離兒童離開原慣居地。

新加坡學者有認為兩相比較，2004年的判決更能遵從海牙兒童拐帶公約之意旨，採行立即返還原則，由兒童原慣居地法院決定如何照顧兒童，也最符合兒童最佳福祉原則[25]。

伍、跨國拐帶兒童之防制

一、拐帶兒童之構成

構成拐帶有三項要素，第一是監護權受到侵害，第二是遭不法移置，第三是帶離原慣居地。

(一) 監護權受到侵害

海牙防止拐帶兒童公約第3條明文構成拐帶必須是「侵害移置或留置前，依兒童慣居地法律規定賦予個人、機構或任何團體之單獨或共同監護權」且「移置或留置前，監護權確實在單獨或共同行使中，或者若非因移置或留置將行使中」。

然而監護權的內容各國不同，甚至連名稱也有不同。有監護權、父母

---

[25] Chan Wing Cheong, The Law in Singapore on Child Abduction, 2004 Sing. J. Legal Stud. 444 (2004), pp. 458-461.

對於子女權利之行使與義務之負擔，父母子女關係等名稱，也有以親子責任
（parental responsibility）稱之者。由於監護權之侵害為不法拐帶的要素，如果
沒有一致性的內涵，可能導致各國各說各話，因此海牙兒童拐帶公約發展出自
主概念，其主要內涵是照顧兒童及決定兒童住所的權利[26]。只要父母照護兒童
的權利或指定兒童住所的權利受到侵害，即可認為屬於監護權的侵害，不須再
透過選法規則或特定的實體法理解此處所稱之監護權[27]。

　　此處所稱之監護權並不限於父母一方擁有全部的權利內容可屬之，只要有
一方擁有照顧兒童的權利，而該權利因為他人將兒童拐帶離開而無法行使即屬
之。而且監護權也不限於永久享有的，雖然僅僅是暫時享有，也可能因為拐帶
而受到侵害[28]。

　　至於監護權取得的原因，包含因法律規定或法院裁判而取得者，也包含因
合意取得之監護權，後者如離婚協議。至於取得監護權的裁判，不限於終局的
本案裁判，即使是法院所為的暫時處分也屬於此處所稱之監護權[29]。如果在法
院之裁判中或是離婚協議中約定，他方享有將兒童帶離特定區域的同意權，也
被認為屬於此處之監護權。

　　沒有法律上監護權，卻實際上照顧兒童，承擔親子責任者例如生父，是
否可以透過防止拐帶兒童公約請求帶返兒童。由於若干國家並不承認生父有監
護權，可能產生生父實際上照顧兒童，兒童也與生父建立良好的親子關係，卻
因為生母擅自移置或留置兒童，而侵害到兒童的親子維繫權。因此英國法院
認為海牙兒童拐帶公約之規定，存在著漏洞，應從寬解釋監護權，只要實際
上承擔責任、行使權利之人，在顧及兒童福祉的範圍內，縱然沒有正式經由法

[26] James Fawcett & Janeen M. Carruthers, Cheshire, North & Fawcett, Private International Law, U.K.: Oxford University Press, 2008, 24th ed., p. 1107; 杜煥芳、黃旭宇，論跨境誘拐兒童中的監護權—以海牙誘拐公約的解釋為中心，武大國際法評論第15卷第2期，2015年11月，頁244以下。

[27] James Fawcett & Janeen M. Carruthers, *supra* note 26, at 1108.

[28] James Fawcett & Janeen M. Carruthers, *supra* note 26, at 1107; 杜煥芳、黃旭宇，同註26，頁245。

[29] James Fawcett & Janeen M. Carruthers, *supra* note 26, at 1107.

定程序取得監護權，仍然屬於本條之監護權[30]。英國1994年一件的案件中，生母與生父一同居住在澳洲，照顧兩人所生的小孩，卻遲遲沒有辦理結婚，有一天生母把小孩帶回英國，生父遂要求帶返小孩。該案中，英國法院之少數意見認為依照澳洲的法律，生父對於小孩並沒有任何權利，生母將小孩帶回英國，並不構成監護權之侵害。但是該案多數意見卻認為該案的生母是海洛因成癮者，而且有商店偷竊癮，而生父雖然只是有暫時的（provisional）、有限的（conditional）、初始（inchoate）的監護權，仍屬有監護權，因此仍然判命帶返小孩[31]。

　　探視權（access rights）受侵害可否啟動帶返子女的程序，有下列不同的見解[32]：

1. 否定說：認為探視權並非監護權（custody rights），因此不能以探視權受侵害為理由啟動帶返子女的程序[33]。發生在1999年美國與香港間的 *Croll v. Croll* 一案即屬於探視權受侵害聲請帶返子女的案例。該案中丈夫Stephen與妻子Mei Yee於1982年在香港結婚，並且住在香港，1990年生下女兒，還繼續住在香港，1998年夫妻分居，女兒與母親同住，父親則聲稱每週三次前往探視女兒，並陪伴課後活動。1998年美國丈夫在香港地方法院提起離婚請求，1999年2月23日香港法院核發暫時處分（interim order），裁定由香港的母親照顧女兒，美國父親則可以探視。在暫時處分內，另外裁定禁止在女兒滿18歲之前帶離香港，除非承諾於法院要求帶回該名子女時，即立刻著手帶回，或者經他方書面同意帶離一段期間；裁定也允許父母親之任何一方[34]，可以向香港移民局（immigration department）聲請禁止核發子女的護照。1999年4月7日父親到女兒的學校，等候探視下課的女兒，學校老師卻告知女兒已經兩天沒有上課了，回到女兒的公寓，發現已經人去樓空，以電話聯絡住在紐

---

[30] Rhona Schuz, *supra* note 4, at 409.

[31] David McClean, International Child Abduction-Some Recent Trends, Child and Family Law Quarterly, vol. 9, no. 4 (1997), p. 390.

[32] Rhona Schuz, *supra* note 4, at 410-412.

[33] James Fawcett & Janeen M. Carruthers, *supra* note 26, at 1104.

[34] 即禁止離境令（ne exeat clause）。

約妻子的父母親，沒有任何回應後，丈夫依照律師的建議，先向香港警察局申報人口失蹤。接著回到紐約，在律師的協助下，向紐約法院提出依照兒童拐帶公約帶返子女的請求。在審理過程中，妻子陳稱帶子女到紐約是為了準備就學，有經過丈夫的同意，也已經買了6月回香港的機票，不過也陳述確實有久居紐約的計畫。美國聯邦南紐約地方法院核發帶返子女的命令[35]。上訴後，第二巡迴區上訴法院認為海牙兒童拐帶公約，雖然也規定保護探視權受侵害的救濟方法，但是並不包含帶返子女，因此駁回本案丈夫的聲請[36]。英國法院1996年*S v. H*一案中，也否決以探視權受侵害為理由聲請帶返子女，該案母親是英國人，生父是義大利人，兩人未婚生子後住在義大利，義大利法院將子女的親子責任判歸母親承擔，生父有探視權，之後母親將小孩帶回英國，生父聲請帶返子女，理由是生父有如前述的初始監護權，不過法院認為生夫並未與母子同住，並未共同照料小孩，因此駁回聲請[37]。

2. 肯定說：此說從寬解釋海牙兒童拐帶公約所規定之監護權，認為應包含探視權。法院核發的禁止離境令，實質上賦予父母一方有變更子女住所的否決權，具有監護權的性質。紐西蘭上訴法院1999年的一件判決中，更認為會面交往權（rights of visitations）構成一種「持續性照顧並掌握子女」的權利，縱使被稱為探視權，也不會改變此性質。海牙兒童拐帶公約區分監護權與探視權，而有不同的保護程序，目的均僅是在確保子女維繫與父母關係的權利，而子女此類權利的保護必須仰賴慣居地法院之裁定。雖然此可能產生限制一方行動自由的不當後果，但是兒童之親子關係維繫權與父母行動自由衝突時，理應由法院作出平衡的裁定，而不是任由一方隨意改變子女住所，侵害兒童親子關係維繫權。

從海牙兒童拐帶公約之文義解釋，並從公約區分監護權及探視權的體系解釋，雖然能得到探視權侵害不得啟動帶返子女程序的結論，但如果從保障兒童權利的觀點，無論是監護權或是探視權都是兒童親子關係維繫權的重要內

---

[35] 66 F. Supp. 2d 554 (S.D.N.Y. 1999).

[36] Croll v. Croll 299, F2d 133 (2nd Cir. 2000).

[37] David McClean, *supra* note 31, at 391.

容，均應獲得充足的保障。自應從保障兒童親子關係維繫權的觀點，同等重視監護權與探視權。

又監護權必須現在行使中，方構成監護權之侵害，如果擁有監護權之一方，並沒有實際行使照顧兒童的權利，即不得主張監護權受到侵害，避免使帶返的裁定，成為「熱火貼冷灶」的決定（dead decision）[38]。不過，監護權的實際行使，並不會嚴格解釋，限於天天照顧兒童，而是只要一定程度的會面，並已妥當安排日常生活即可。因此如果父母一方事前同意他人帶走兒童，或者事後默認，也不得再啟動帶返兒童程序。此所謂監護權在行使中，固然指父母親一方而言，但已經有許多見解認為，並不能解釋為一旦父母親同意或默認，帶返兒童的程序即立即關閉，無法再行啟動，仍應從確保兒童最佳福祉，落實兒童親子關係維繫權的觀點出發，若認為帶返兒童符合最佳福祉，也能確保親子關係維繫權，仍應允許啟動該程序。而且父母任何一方均不能代表兒童同意，或者拋棄親子關係維繫權[39]。

以監護權受侵害構成拐帶的要素，忽略了兒童權利的面向。因此有學者提出一種理論認為，應從兒童權利的觀點重新界定監護權受侵害的意義，而指向兒童與父母維繫的權利受到侵害，如果移置或留置侵害兒童與父母見面探視的機會，除非已經被禁止，否則即應視為不法移置或留置。此由兒童權利公約第9條規定親子關係維繫權，並於第10條規定兒童有與家人團聚的權利，包含入境與出境。第11條並且規定締約國應該採取必要的措施防制兒童拐帶。足見兒童權利公約的體系下，已經從親子關係維繫權的觀點規制兒童拐帶。因此監護權的侵害，從兒童權利公約的觀點而言，應改為從兒童親子維繫權受侵害的觀點，重新界定與思考。

最後應再說明者，雖然監護權屬於自主概念，但是該權利的內容、歸屬以及範圍仍然必須依照選法規則定之。國際間目前多以兒童慣居地法院定之[40]。

---

[38] David McClean, *supra* note 31, at 390.

[39] Rhona Schuz, *supra* note 4, at 413.

[40] James Fawcett & Janeen M. Carruthers, *supra* note 26, at 1107.

（二）不法移置或留置

　　所謂移置係指兒童被帶離原慣居地國的國境而言，留置則係指兒童原本短暫停留在原慣居地國以外之處所，當期限屆滿應返回原慣居地時，卻沒有返回而言，兩者行為內涵不同，概念也相異[41]。

（三）帶離原慣居地

　　海牙兒童拐帶公約第3條明文規定，構成不法拐帶的第三項要件是將兒童帶離原慣居地。慣居地為海牙國際私法會議普遍採用的連繫因素，也成為國際管轄的管轄因素。依照海牙國際私法會議的慣例，海牙兒童拐帶公約並未定義慣居地。不過慣居地不同於住所，慣居地的概念是事實的概念[42]，並不需要法律的填充。歐盟2005年布魯塞爾第二規約增補之實務指引（Practice Guide）進一步供若干參考的因素，特別指出慣居地的概念並非以特定國家的內國法為判斷的準據，而是必須由法官依循規約的目的，逐案依據個別事實因素決定之。一般而言，慣居地必須有一定的持續性，當兒童取得新慣居地時，必須注意是否已經喪失原慣居地，而且只要個案事實因素符合，不能排除兒童在抵達該地當日即取得慣居地。至於年紀很小的嬰兒，如果無法依照規約第12條所列之實質連結原則以及同意且有利原則判斷慣居地時，規約第13條規定以嬰兒所在地為國際管轄法院[43]。由以上歐盟布魯塞爾第二規約增補的規定，可知兒童的慣居地有幾項特點：第一，慣居地並非定義性概念，由法院逐案依照各個事實狀況判斷之；第二，慣居地的認定必須符合規約的目的；第三，判斷的時間因素是事件繫屬時；第四，必須注意慣居地認定的連接性，避免使兒童成為無慣居地之人。至於停留多久時間可以取得慣居地，雖然有學者曾經整理歐美各國實務見解後，建議以六個月為慣居地之時間因素，不過並未被普遍接受[44]。

---

[41] James Fawcett & Janeen M. Carruthers, *supra* note 26, at 1105.

[42] James Fawcett & Janeen M. Carruthers, *supra* note 26, at 1105.

[43] David McClean & Kisch Beevers, Morris The Conflict of Laws, U.K. London, Thomas Reuters Limited, 7th ed., 2009, pp. 292-293.

[44] 黃國昌，國際民事管轄權之理論與實務，元照，2009年，頁215。

　　臺灣涉民法雖然未明文採取慣居地之連繫因素，但2012年家事事件法第52條第1項第2款以及第53條第1巷第3、4款規定了「經常居所」的法律用語。則慣居地的概念，並不應被視為完全被排除在臺灣法律體系之外。而由於各項國際法律文件以及多數法例多採取兒童慣居地為跨國親子責任管轄因素，且極力促使締約國尊重兒童慣居地法院的國際管轄，當兒童不法遭不法移置時，均以是否遭帶離原慣居地為判斷因素。再者，依照1989年聯合國兒童權利公約所揭示之保障兒童人際網絡權觀之，解釋兒童住所地也應捨棄完全由父母親決定兒童住所的思維，改從保障兒童權利的觀點判斷之。如果兒童在某地已經因為時間之經過而發展出適宜的人際網絡，與父母親同住、有兄弟姊妹，上學正常，應認為該地即為兒童之慣居地，不應再以住所概念為由，任由父母片面變更之[45]。因此縱然在臺灣，若欲建立防制不法拐帶兒童的機制，也應該以兒童遭帶離「原慣居地」為構成不法拐帶的要件，而非以遭帶離「住所」為要件。

二、立即帶返原則

　　海牙兒童拐帶公約第2條設定立即帶返原則，要求締約國必須採取一切適當舉措立即帶返兒童，另外設有例外不須立即帶返的情形。以下分就強制帶返與裁量帶返，說明立即帶返原則之適用。

（一）強制帶返

　　兒童被帶離原慣居地至程序開始止，若低於一年，兒童所在地之司法或行政機關應即帶返兒童（公約第12條第1項）。如果兒童已經被帶離慣居地超過一年，而且已經適應新環境，方可拒絕帶返（公約第12條第2項）。

　　其中所謂適應（settlement）新環境中的「適應」，並不僅指調整（adjustment）而已，而是除了兒童之身體生理上已經與該社區、該環境建立必要的連繫之外，還必須心理或情緒上有一種持續的安定感、穩定感。而所謂新環境包含場所、居家住處、學校、人群、朋友、活動等，但不能考慮兒童與

---

[45] 較爲詳細的討論，請參見賴淳良，同註3，頁112以下。

拐帶者的關係[46]。

英國法院2004年*Cannon v. Cannon*一案中將兒童被拐帶超過一年而已經適應新環境的事由分為三種類型。第一種類型是主張監護權受到侵害的父母，得知兒童被拐帶，卻沒有採取立即的行動，此時法院裁定是否帶返時，除了考慮兒童對於新環境的適應之外，也應該納入聲請帶返之人遲延採取行動的程度以及遲延的理由；第二種類型是拐帶者藏匿兒童導致時間超過一年，此時法院在計算一年的時間，不能完全無視拐帶者的藏匿行動，反而應該將藏匿的時間從一年的期間扣除。也就是如果拐帶者有了偷雞摸狗的行動，有了欺騙的行為，那麼要證明兒童心理或情緒上已經適應新環境，其困難度將大大提升。甚至可以認為拐帶者背德詐騙的行為，已經成為認定新環境不適合兒童成長的重要因素；第三種類型是操縱性的遲延，即拐帶者透過精密的籌劃，使得帶返程序啟動的時間超過一年。此時法院須更細密的審查拐帶者所主張新環境的適應，是否來自於藏匿或欺騙的行為[47]。

（二）裁量帶返

各國法院於下列情形，得裁量決定是否命令帶返兒童回原慣居地，亦即得拒絕帶返兒童。海牙兒童拐帶公約臚列各種裁量帶返的情形，不過解釋裁量帶返的事由，必須本於兒童的最佳福祉，並且合於帶返兒童制度的功能。裁量帶返的事由是例外情形，應從嚴解釋。

1. 未實際行使監護權，或者曾經明示或默示同意移置或留置（公約第13條第1項a款）

被侵害監護人之父母一方同意，並不是拐帶兒童的要件，而是法院裁量帶返的考慮因素之一而已。亦即，縱使兒童離開原慣居地，係得到有監護權一方父母的同意，法院仍得裁量下令帶返兒童。此所謂同意，應不限於書面，但必須是明確而無疑義的證據。又如果以詭騙或隱匿資訊的方式取得同意，應認為根本沒有取得同意，因此仍構成不法拐帶。同意與默示不同，同意係指在移置

---

[46] James Fawcett & Janeen M. Carruthers, *supra* note 26, at 1109.

[47] James Fawcett & Janeen M. Carruthers, *supra* note 26, at 1109-1110.

或留置之前表示允許之意，默示則係指移置或留置一段時間後，仍然沒有任何異議。是否構成默示，時間長短以及受侵害監護權一方的主觀意圖都是重要判斷的要素。以時間為例，四個月內未表示異議，並不構成默示，但如果超過一年，極有可能被認為是默示。而主觀意圖的判斷，係指受侵害監護權一方之種種行為，已經足以使帶離兒童之一方相信不會再要求帶返兒童了。由於跨國兒童拐帶，常常使受監護權侵害之一方陷入孤立無援、情緒激動的狀態，而無法適當地表示異議，因此如果在沒有獲得妥當司法協助、法律諮詢或其他協助，以至於未立即異議，並不能認為構成默示[48]。

　　本款所規定之「默示」在認定上，有不同的見解[49]：

(1)依據當事人主觀意圖而定。英國上訴法院進一步地分為積極默示以及消極默示，前者只要遭拐帶一方有積極的客觀行為，足以被認定已經默示他方帶走兒童，即構成積極默示，不須檢視遭拐帶一方之主觀意圖為何。而消極默示則必須進一步檢視遭拐帶一方者之主觀意圖。在法國最高法院1992年所處理*Horlander v. Horlander*一案中，妻子從美國將小孩拐帶到法國，丈夫向法國提出帶返小孩的聲請，妻子同時在法國提起離婚訴訟，丈夫同意暫停帶返小孩的程序，並且先進行離婚程序。結果巴黎上訴法院認為丈夫已經默示小孩留在法國，而法國最高法院並不贊同上訴法院的見解。

(2)綜合判斷各種因素，並從禁反言原則判斷之。因為當事人的默示，很難再判斷當事人之主觀意圖，必須從禁反言的法理推斷之。亦即必須從被拐帶者一方所說的話、所作的事，是否已經足以認定不再主張帶返兒童，也不再主張啟動帶返兒童的程序。美國俄亥俄州處理一件案件，可以作為判斷的參考。該案是英國妻子與在德國服役的美國士兵生子，英國妻子把孩子帶回英國後，拒絕再回到美國，妻子隨後在英國聲請親子責任程序事件，丈夫沒有出庭表示意見，反而將美國公民重要的社會福利證交給妻子，並委託代理人前往英國代為處理小孩教育、健康以及社會福利等事宜。丈夫的行為被認為已經是默示。

---

[48] James Fawcett & Janeen M. Carruthers, *supra* note 26, at 1113-1114.

[49] David McClean, *supra* note 31, at 395-398.

2. 帶返將置兒童於重大身心危害，或其他無法容忍的困境中（公約第13條第1項b款）

所謂造成兒童重大身心危害達無法容忍之困境，必須是危害已經是實質（substantial）且重大（grave），亦即經過比較帶返與不帶返兩種方案，依照客觀評估，可堪認定下令帶返將造成兒童重大身心危害。評估時應檢視所有的因素，也包含財務上支持、居住環境以及語言使用習慣等。各國司法實務，英國法院曾經以原慣居地之父親嚴重憂鬱並且酗酒為理由，拒絕帶返兒童回加拿大。也曾經以原慣居地之父母有家庭暴力情形，而拒絕帶返兒童回美國。不過各國的法院實務，均將此項拒絕帶返兒童的理由視為極端的例外。例如英國法院並不會因為澳洲的住處有嚴重的居家問題，而拒絕帶返兒童。也不會因為回到慣居地可能面對逮捕或入監執行，而拒絕帶返兒童。也曾經受理聲請將兒童帶返戰火中的以色列，仍然作出帶返的決定。而蘇格蘭法院也不會因為兒童的祖父母完全不懂兒童使用的英文，而拒絕帶返。甚至，雖然拐帶者之配偶控訴原慣居地之兒童父親可能有性侵害，法院仍然以原慣居地法院可以提供良好保護為理由，下令帶返兒童。換言之，此項事由的考量，並不是完全植基於兒童福祉，而應考量是否應命立即帶返兒童，以方便兒童原慣居地之法院就如何照顧兒童福祉作出最後決定。所以，不應允許拐帶者可以藉著拐帶行為，創造出一個比兒童原慣居地更良好的環境，再以此為理由拒絕帶返兒童[50]。

此外父母之一方有家庭暴力的行為，雖然不是直接對兒童施以身體上危害，卻可能造成兒童心理上的重大危害，法院是否應命帶返，有不同見解：

(1)肯定說：仍應命帶返。至於兒童的安全應充分相信兒童原慣居地法院能妥善處理，慣居地法院並且可以提供訊息、住處以及必要的法律協助。而如果命帶返的法院仍有疑慮，可以在帶返的裁定中附加條件，確保兒童的安全。

(2)否定說：認為受理帶返聲請的法院應先確保帶返兒童的安全。因為依照海牙兒童拐帶公約第7條第b款及第h款的規定，締約國有義務採取必要的暫時處分確保兒童不會受到進一步的傷害，採取所有必要且適當的措施確保兒

---

[50] James Fawcett & Janeen M. Carruthers, *supra* note 26, at 1116-1117.

童安全。

　　採取肯定說的國家法院中，也有些法院裁定帶返時，在裁定中附加許多確保兒童安全的條件與負擔，例如英國法院在1989年一件案件中，法院裁定命帶返子女，但是同時命帶返的父親必須撤回對於母親所提出的藐視法庭控訴、負擔飛機及交通費用、扶養費用、學費、提供住處及車輛等。但是也有國家的法院認為帶返案件中，法院僅能審理應否帶返的事項，不能附加條件，也因此縱然附加條件，也不能在外國取得執行力，因為會侵犯原慣居地法院的職權。1994年在澳洲所發生*McOwan v. McOwan*一案便是附加條件失敗的案例，該案母親將孩子從澳洲帶回英國，父親向英國法院聲請帶返澳洲，並同意在澳洲提出母子一戶獨立的住處、不會接近侵入該住處、不會聲請執行澳洲法院原本核發的監護裁判。不過當母親帶著小孩回到澳洲後，丈夫便拒絕讓妻子進入屋內居住，而且立即聲請續行執行監護裁定。澳洲法院也明白表示，缺乏任何依據要求丈夫履行帶返命令中所附的條件。也有另外一種解決的方法，便是由原慣居地法院針對監護裁定作出事宜的變更時，才讓帶返裁定發生效力[51]。紐西蘭上訴法院1996年的一件案件，法院也僅能委由丹麥以及紐西蘭的權責機構負起確保兒童安全的義務，該案妻子從丹麥將小孩帶回紐西蘭，並聲稱丈夫有嚴重性侵害5歲女兒的犯行，但是紐西蘭法院仍僅能裁定帶返小孩到丹麥，再由丹麥法院就親子責任之內容重新裁定安排[52]。

　　採取否定說的國家，雖然以海牙兒童拐帶公約第7條的依據，卻仍然對如何確保兒童安全的做法無法達成一致的想法。澳洲法院在1994年處理一件帶返子女的案件中，法官於裁定中表達將兒童帶返原慣居地的安全憂慮。該案是妻子從希臘把小孩帶回澳洲，她主張在希臘無法得任何法律協助、沒有辦法找工作也不符應徵工作的資格、沒有住家、沒有家具以及任何生活必需品、不符合各種社會福利的取得資格，也沒有任何積蓄，而丈夫有家庭暴力，且持續中[53]。

---

[51] David McClean, *supra* note 31, at 393.

[52] David McClean, *supra* note 31, at 394.

[53] David McClean, *supra* note 31, at 393-394.

3. 兒童不同意帶返，而兒童已經達到成熟表達意見的年齡（公約第13條第3項）

考慮兒童不同意帶返的意願，有三項重要的要素。第一是拒絕帶返是否偽裝假造的；第二是以兒童的年齡以及成熟度；第三是帶返或續留比較適當[54]。其中兒童的年齡有法院認為6歲到7歲半已經足夠，也有法院認為8歲已經足夠。

4. 帶返兒童將違反所在地國保障人權與基本自由的原則（公約第20條）。不過本條規定在實務上，少有成功的案例[55]

法院經審酌認為有以上所述情形，並裁定拒絕帶返兒童時，可能造成拒絕帶返的裁定與原慣居地法院所為親子責任內容的安排衝突，歐盟布魯塞爾第二規約增補第11條第8項明文規定，原慣居地法院之裁定有最終的決定權，該法院所為之裁定也應該受到其他國家法院的承認並執行[56]。

海牙兒童拐帶公約的目標在防止拐帶兒童，並完成立即帶返，而不是一項保障人權為本旨的公約。裁量帶返授權法院審酌調查有無所列各款情事，必然延緩帶返程序，與公約目標形成衝突不一致的狀態。然而當兒童權利愈來愈受到重視時，海牙兒童拐帶公約的內容可能也必須在保障兒童權利的觀點下理解。尤其兒童權利公約成為具有法律效力的文件後，兒童拐帶的防止，不能停留在立即帶返的機制而已，還必須考慮保障兒童的各項人權[57]。

三、兒童陳述意見權

海牙兒童拐帶公約將帶返兒童分為強制帶返與裁量帶返。於強制帶返的情形，公約第12條並未規定必須讓兒童有陳述意見的機會。而在裁量帶返的情

---

[54] James Fawcett & Janeen M. Carruthers, *supra* note 26, at 1111.

[55] D. Marrianne Blaire, Merle H. Weiner, Barbara Stark & Solangel Maldonado, Family Law in the World Community-Cases, Materials, and Problems in Comparative and International Family Law, 2nd ed., 2009, p. 486.

[56] James Fawcett & Janeen M. Carruthers, *supra* note 26, at 1120-1121.

[57] Adrian Briggs, Private International Law in English Courts, U.K.: Oxford University Press, 2014, para. 13.81.

形，也僅規定兒童不同意帶返時，可以由法院決定拒絕帶返兒童，並未規定必
須將兒童意見納入考量的因素。亦即海牙兒童拐帶公約帶返兒童的程序，並未
充分納入兒童陳述意見權與意願受尊重權。縱使是海牙兒童拐帶公約第13條第
3項規定兒童不同意帶返的情形，也並未要求法院依職權詢問兒童的意見，必
須由父母一方提出兒童有反對帶返的意見時，法院才會調查。

　　反之，兒童權利公約第12條卻是明文規定締約國必須確保兒童有陳述意見
的權利，且不以父母提出為必要。

　　海牙兒童拐帶公約與兒童權利公約，兩項公約的規定內容存在差異，不過
實務運作上卻沒有太大衝突，因為幾乎父母親均提出兒童反對帶返或渴望帶返
的意見，法院也都必須讓兒童有陳述意見的機會[58]。

　　兒童陳述意見權的保障，不能以政府官員、兒童心理專家或其他證人的
證詞取代之，已如前述。但是有些國家，並不要求法官必須直接面對兒童，聽
取兒童陳述意見，例如在英格蘭，因為認為法院內專責保障兒童福祉的官員
（Court Welfare Officer），已經能同時扮演評估兒童福祉以及傳達兒童意見的
雙重角色，不需要法官直接面對兒童。另外有些國家，包含法國、美國以及以
色列，由法官直接面對兒童，聽取兒童陳述意見，已經是普遍的做法[59]。而就
法官是否必須直接面對兒童，聽取兒童意見，有不同意見：

（一）否定說

　　否定說認為法官並不一定需要直接面對兒童，聽取兒童陳述意見。因為根
據統計，兒童遭拐帶之後，往往必須依附拐帶者，拐帶者很容易對兒童洗腦，
使兒童陳述的意見完全有利於拐帶者。而且聽取兒童意見並不一定可以改變決
定，特別是強制帶返的情形。因此聽取兒童陳述意見往往形成程序的浪費與延
宕。

---

[58] Rhona Schuz, *supra* note 4, at 418.

[59] Rhona Schuz, *supra* note 4, at 421.

（二）肯定說

　　肯定說認為法官必須直接面對兒童，聽兒童陳述意見。因為兒童是否成熟及兒童意見的重要程度，均應由法官直接接觸兒童，自己判斷，不能委由其他專家以報告替代之。而且評估兒童福祉的官員應該專注於專業評估，不應以兒童意見為理由，推託評估報告的必要性。縱使屬於強制帶返，或者兒童意見已經不會影響帶返的決定，仍然應該讓兒童親自陳述意見，讓兒童有參與程序的機會，了解事情的發展以及變化，使兒童更容易接受最後的決定。因此除非兒童顯然無法陳述意見，例如1歲以下嬰兒，否則不能以顯無必要為理由，拒絕面對兒童，聽取兒童本人陳述意見。

　　臺灣家事事件法第108條、第106條第2項已經保障兒童陳述意見的權利，並且規定必須依照兒童的年齡以及識別能力，使其有表達意見的機會。此項規定是否應解釋為必須由法官直接面對兒童，聽取兒童意見，容有疑義。從立法過程觀之，2015年修正前非訟事件法第128條原本規定子女滿7歲者，法院應聽取其意見。之後，因為家事事件法第14條第2項規定滿7歲即有程序能力，因此既刪除非訟事件法之規定，也沒有於親子非訟事件中增訂聽取意見陳述之年齡規定。則滿7歲以上兒童，既有程序能力，應認定應受兒童權利公約保障陳述意見權，法官應直接聽取兒童陳述意見。至於未滿7歲兒童，如果有顯然無法陳述意見的情形，例如1歲以下嬰兒，始例外地毋庸由法院直接聽取兒童陳述意見。

　　司法實務上，也有判決認為兒童陳述意見權的保障為程序不可或缺的一環。最高法院104年台簡抗字第191號判決審理一件臺越夫妻所生子女改定監護權案件，子女已經被帶回越南，丈夫向臺灣新北地方法院聲請改定監護權，認為仍應通知兒童參與程序表示意見[60]。

　　為了保障兒童陳述意見權，避免家事調查官或者受法院囑託進行訪視的人員，在調查或訪視過程中，直接詢問兒童，使得兒童陷入一再重複陳述的困境，允宜於依照家事事件法第17條囑託調查或者依照第18條第1項、家事事件審理細則第34條命調查特定事項時，應載明僅就兒童陳述意見需要的環境、協

---

[60] 請參見李太正，家事事件法之理論與實務，元照，2016年3版，頁123。

助、人員陪同、父母隨行等事項提出報告即可，而不包含兒童本人意見之陳述內容。

　　兒童可否自行啟動帶返原慣居地的程序，雖然海牙兒童拐帶公約並沒有直接規定，但是有學者主張從兒童權利公約第12條第1項規定兒童就影響其權益事項應有表示意見的權利，應允許兒童也可以自行啟動帶返原慣居地的程序[61]。雖然允許兒童自行啟動帶返程序，可能快速破壞兒童與拐帶兒童者間現存的照顧關係，而必須有相應的保護措施，但既然兒童權利公約保障兒童陳述意見的權利，賦予兒童啟動帶返程序的權利，方能更加落實兒童權利公約。不過由於兒童是否具有聲請人適格，依照國際私法上程序依法院地法原則，必須視各地民事程序的規定而定，海牙兒童拐帶公約也不適宜作出統一的規定。

　　臺灣的法律中，包含家事事件法，並未直接規定帶返兒童事件，未來若設計帶返兒童的家事事件，參考家事事件法第104條所列各款親子非訟事件以及第3條第6款、第104條第1項第6款之規定，應屬於家事非訟事件。再依照家事事件法第97條準用非訟事件法第10條之規定，並未排除兒童得自己擔任聲請人，自行啟動家事非訟程序。且家事事件法第14條第2項及第3項分別規定，有關兒童人身自由事件，滿7歲之未成年人以及有意思能力者，均有啟動家事非訟程序的程序能力。解釋上，應可認為兒童有自行啟動的權限。以色列家事法院法第3條也規定未成年人均有啟動家事事件程序的權限[62]。

四、兒童意願受尊重權

　　海牙兒童拐帶公約第13條第3項雖然裁量帶返應納入兒童意願，但並未明確規定兒童所表達意願的重要度，僅僅規定依照兒童的年齡以及成熟度於以衡酌。如何衡酌，有下列不同見解[63]：

（一）以符合公約儘速帶返原則從嚴解釋之。此說認為海牙兒童拐帶公約之基本精神是儘速帶返遭拐帶的兒童，因此所有例外的情形均應從嚴解釋，

---

[61] Rhona Schuz, *supra* note 4, at 420.

[62] Rhona Schuz, *supra* note 4, at 421.

[63] Rhona Schuz, *supra* note 4, at 424.

兒童意願的尊重也應為同一之解釋，而且帶返程序並非親子責任歸屬的本案言詞辯論程序，讓兒童表達意願也不應延遲帶返程序之進行。

（二）應優先確保兒童意願受尊重權利。兒童拐帶公約所設計之帶返程序，雖然採取從速進行的原則，但程序的進行仍不得侵害兒童願意受尊重的權利，縱然帶返原慣居地可能僅是暫時性的。

海牙兒童拐帶公約第13條第3項規定以兒童的年齡以及成熟度判斷兒童意願，並未規定納入其他因素，此與兒童權利公約第12條之規定略有不同。但是實務上還是有法院納入尚未能成熟表達意見兒童之意願，此種態度充分尊重兒童的意願，讓兒童意願的重要性高於其他因素[64]。

以色列司法實務上，以兒童表達拒絕帶返原慣居地之意願，通常均以無證據證明兒童拒絕的意願、兒童表達的意願並非出自己意或者非出於真實意願為理由，拒絕接納兒童意願，而不是以兒童的意願不成熟為理由拒絕之。在一件9歲以及10歲女童表達希望留在以色列的案件中，以色列法院認為兒童無法完全考量所有的狀況，因此其表達希望能留在以色列的意願，並沒有被採納，法院仍然裁定帶返原慣居地。上訴後，上訴法院認為不應該因為兒童被拐帶而剝奪兒童的意願受尊重權，縱使兒童同意被拐帶，也應該讓兒童的意願有再受尊重的機會，也不能以必須盡速處理為理由，剝奪兒童意願受尊重的權利。該案在上訴到最高法院，最高法院贊同地方法院的見解，認為例外情形應從嚴解釋，海牙兒童拐帶公約第12條之從速帶返的原則，並未侵害兒童的意願受尊重權利[65]。

五、帶返程序

（一）專責機構

帶返兒童回到慣居地，必須仰賴各國通力合作。為了強化聯絡管道，各國必須指定一個專責機構。海牙兒童拐帶公約第6條因此定有明文。海牙兒童拐帶公約各締約國指定的專責機構並不相同，例如美國指定國務院、加拿大指

---

[64] Rhona Schuz, *supra* note 4, at 426.

[65] Rhona Schuz, *supra* note 4, at 425.

定司法部、德國指定聯邦司法部、英國指定司法部（Lord Chancellor）、日本指定外務省、菲律賓指定司法部、韓國指定司法部、新加坡指定社會家庭發展部、澳洲指定司法部之家庭署等[66]。

專責機構的職責，參考海牙兒童拐帶公約第7條之規定，包含以下各項：

1. 尋找被不法移置或留置之兒童。
2. 採取必要的暫時措施，使兒童或利害關係人免於損害。
3. 盡力使兒童出於自願被帶返、謀求爭議和平解決。
4. 交換兒童社會背景等相關資料。
5. 提供該國適用公約之主要法律資訊。
6. 啟動司法或行政程序，完成兒童帶程序。在適當案件中妥適安排，以確保探視權之有效運作
7. 提供必要的行政措施，以確保兒童之安全返還。
8. 聯繫關於公約之運作事項，並儘可能減少履約障礙。

(二) 帶返之申請

啟動帶返兒童的程序，係由主張遭拐帶兒童的父母向自己內國的專責機構提出申請，再由該機構向被要求帶返國家的專責機構提出。也可以直接向兒童現在所地之國家提出申請[67]。申請帶返必須記載足以識別兒童的資料，並敘述應帶返的理由。依照海牙兒童拐帶公約第8條第2項規定申請書應該記載：「a.申請人、兒童、不法移送或留置兒童者之身分資料。b.兒童之出生日期。c.兒童應予以返還之理由。d.兒童現可能所在地。申請書並且可以附上e.申請得一併提出公認證之裁判或契約。f.兒童慣居地專責機構或其他適格機關、適格個人所發，關於該國相關法規之證書。g.其他相關文件。」

兒童所在地國之專責機構受理申請後，應盡力找尋兒童的下落，確定兒童已經不在該國境內，而有相當理由相信在其他國家時，海牙兒童拐帶公約第9條規定，應將該申請轉交該國專責機構。

---

[66] https://www.hcch.net/en/states/authorities/details3（最後瀏覽日：2016.9.9）。

[67] 伍偉華，海牙國際私法公約之研究，政治大學法律學研究所碩士論文，1999年，頁169。

　　當找到拐帶的兒童後，專責機構應採取必要且妥當的措施，使兒童自願地返回原慣居地，海牙兒童拐帶公約第10條也明訂為各締約國之義務。而如果必須向法院提出裁判之聲請時，專責機構也應該啟動法院的程序，或者協助當事人向法院提出聲請，包含程序中必要的協助。

　　專責機構負起帶返兒童程序之穿針引線功能，以兒童被從澳洲拐帶至英國為例，主張兒童遭拐帶的父母，備具記載兒童特徵、聲請帶返的理由以及兒童可能去處的文件，向澳洲或其他任何締約國的專責機構提出，再經由該機構轉送英國的專責機構。英國的專責機構即必須採取一切適當的措施尋找兒童的下落、防止兒童受到更多的傷害、勸諭自行帶返兒童回澳洲等。英國專責機關並應該啟動司法或行政程序協助兒童帶返澳洲，而且英國法院不能審查親子責任或監護權的本案事項，而僅得審查是否符合帶返的要件[68]。由此可知，專責機構並非法院，也非裁定帶返兒童的機構[69]。

(三) 帶返之審理及裁判

　　是否應將兒童帶返原慣居地，通常必須由法院審理裁定之。

　　受理帶返程序的國家，應該以國內法所規定，採取最快速的程序處理。海牙兒童拐帶公約第11條第1項有詳細的規定，同條第2項甚至還規定應該在六個星期之內作出決定，如果遲遲無法完成，必須說明遲延的理由。帶返程序要求如此迅速進行的考慮，即在於避免受理帶返聲請的國家法院以照顧兒童福祉為理由，審查其他因素，延遲兒童帶返，因為海牙公約認為有權決定兒童福祉的法院應該是兒童原慣居地之法院，因此必須將兒童盡速地帶返原慣居地，並由該法院決定如何照顧兒童[70]。

　　兒童所在地法院審理帶返案件時，僅得審查是否有強制帶返或裁量帶返之事，不得審查親子責任的內容。因為親子責任歸屬之事件，應專屬兒童慣居地之法院裁判之，其他法院均不應審查之，以落實貫徹立即帶返原則，避免因為

---

[68] James Fawcett & Janeen M. Carruthers, *supra* note 26, at 1109.

[69] 伍偉華，同註67，頁168。

[70] James Fawcett & Janeen M. Carruthers, *supra* note 26, at 1119.

本案親子責任之審理，延宕帶返程序。就此，海牙兒童拐帶公約第16條亦訂有明文。

(四) 帶返之執行

又法院的裁定必須是確實有效而且可執行的裁定[71]。臺灣目前的制度中，並沒有帶返兒童的程序，但家事事件法第104條第1項第5款訂有交付子女的親子非訟事件程序，姑且不論交付子女事件所審查的內容與帶返子女程序有相當出入，交付子女之裁定縱然由法院宣示或送達，仍然必須由當事人依照強制執行法第4條聲請強制執行，程序較為繁複，可能造成兒童較長時間停留的情形，導致兒童在程序過程中，因為時間的經過，逐漸與當地社區、人群、學校同學朋友建立人際網絡後，又面臨必須帶返的窘境。未來如欲建立帶返程序，有必要重新思考縮短程序裁定時間以及執行時間，甚而考慮依照家事事件法第82條第1項告知裁定，並立即生效執行的可能性。

帶返程序必須注意保護兒童，免受傷害。以南非憲法法院於2000年受理一件從加拿大拐帶子女到南非的*Sonderup v. Tondeli*案件[72]為例，法院帶返兒童的裁定中，除了詳細安排兒童由拐帶之母親帶回加拿大時，所需要的會面安排、機票、船票、住宿等費用之外，也注意到帶返加拿大之後，兒童就學、住處等環境的安排[73]。

(五) 駁回帶返兒童裁判及後續程序

如果受理聲請帶返兒童的法院，裁定駁回帶返的聲請時，為了使親子責任有進一步確定或釐清的機會，歐盟布魯塞爾第二規約第11條第7項進而規定，拒絕帶返的法院必須立即備妥裁定的影本，通知兒童原慣居地之法院，而且除非原慣居地法院已經受理親子責任事件，否則拒絕帶返的法院應告知原本在兒童原慣居地照顧兒童之人，並協助其在通知起三個月內在原慣居地法院提出親

---

[71] James Fawcett & Janeen M. Carruthers, *supra* note 26, at 1119.

[72] http://www.saflii.org/za/cases/ZACC/2000/26.html（最後瀏覽日：2017.11.20）。

[73] 賴淳良，同註3，頁121以下。

子責任之聲請。由原慣居地法院決定是否變更原親子責任之內容，甚或變更兒童的慣居地。

　　由於兒童原慣居地法院就親子責任的全部內容有完全的決定權，也包含兒童應否帶返的決定。兒童慣居地法院既然也有權決定兒童應否帶返，便可能發生該法院作出不同決定的情形。為此，歐盟布魯塞爾第二規約增補第11條第8項採取兒童原慣居地法院裁判優位且最終的原則，規定「縱有依照海牙公約第13條所核發毋庸帶返兒童的裁判，依本規約有管轄權國家之法院於之後核發要求帶返兒童的裁判，應依照本規約第三章第四節執行，以完成兒童之帶返」。

六、資料庫的建立

　　加強資訊的流通、經驗的分享、強化國際合作，海牙國際私法會議常設事務局於1999年建構了國際拐帶兒童資料庫（International child abduction database, INCADAT）[74]。資料庫提供英文、法文、西班牙文三種語言。內容包含海牙兒童拐帶公約的案例，並且委由一位學者代表簡短整理出各國的案例，並依照公約的條號逐一排列，提供各國法官、權責機構官員以及司法實務從業人員使用。

七、司法互助：外國帶返子女裁定之執行

　　兒童原慣居地法院裁定命帶返兒童，應具有優位且最終決定的地位，其他國家應承認並執行該裁判，歐盟布魯塞爾第二規約增補第11條第8項訂有明文。此項裁定之執行，在歐盟布魯塞爾規約下，並不需要再為任何認可裁定，只要該裁定具備給予兒童、父母陳述意見之權利，確保其聽審請求權，並於裁定中敘明符合海牙兒童拐帶公約第13條所定裁量帶返情事之理由及證據，其他國家即應立即執行，不應再以任何理由拒絕承認。

　　而由於兒童原慣居地法院審理時必須確保兒童以及父母陳述意見之權利，因此透過國際間司法協助，以視訊會議或電訊會議的方式，聽取兒童及父母的

---

[74] http://www.incadat.com（最後瀏覽日：2016.11.5）。

意見，也成為必要之舉[75]。

　　臺灣的非訟事件法並未規定外國非訟裁定之執行程序，家事事件法也規定外國家事非訟裁定的執行程序。如果一體適用強制執行法第4條之1的許可執行之訴，恐怕不符合立即帶返原則，有待檢討。而家事事件法第12條已經明文規定可以使用有聲音、影像相互傳送之科技設備審理，有待進一步與各國洽商司法協助，落實跨國視訊審理的各項作業需求。

陸、結論

　　我國司法實務上，受理若干因為有拐帶子女之虞而聲請核發暫時處分的家事事件，多數案件均依照聲請人之聲請核發暫時處分。由法院的裁定後，無法得知法院對於國際管轄、子女陳述意見權、意願受尊重權的看法如何。如果在審理過程中，能更周延地考慮以兒童慣居地為國際管轄因素、讓兒童有陳述意見、表達意願的機會，進而確保兒童人際網絡權，落實兒童權利公約，當更能妥適地處理兒童拐帶的問題。

　　在我國立法制度以及國際司法互助上，也應該考慮是否採納海牙兒童拐帶公約的制度，與有密切往來的各國建立防止兒童拐帶的有效制度。

　　許所有的人們能有一個安全而穩定的家園，可能是各國法律從業人員可以共同努力的志業，國際私法的研究者、實務工作者也是責無旁貸。兒童被迫與父母分離，對父母與兒童都是一種磨難。本文從比較法上觀察海牙兒童拐帶公約以及美國的法制，期盼從專責機構、帶返程序、各國司法互助的機制，建構亞洲防止兒童拐帶機制的可能思考方向，並且引入兒童親子關係維繫權、陳述意見權、意願受尊重權、最佳福祉保障等觀點，希望能周全地完善防止兒童拐帶機制的建立。

---

[75] James Fawcett & Janeen M. Carruthers, *supra* note 26, at 1121-1122.

3

從日本跨國子女交付請求之最新立法論「慣常居所地」在國際審判管轄規則上之應用*

何佳芳

壹、前言

為因應社會急速變化之需要，我國在2012年1月11日公布家事事件法，並於同年6月1日施行。該法第53條第1項對涉外婚姻事件之國際審判管轄權定有四款成立因素，其中第3款及第4款皆以「經常居所」作為我國法院成立國際審判管轄權的判斷基準，然而此「經常居所」為我國實體法上概念所無，其定義為何？其與住所或居所之區別何在？究應為法的概念抑或僅為事實的概念？相關問題尚待進一步探討。

無獨有偶，為因應日趨增加的跨國子女親權行使與交付問題，日本政府從2011年起即積極研議簽署及加入相關國際性公約，2013年在日本最受注目的議題之一，就是有關加入海牙國際私法會議（Hague Conference on International Private Law[1]）所制定之1980年「關於國際兒童誘拐民事問題公約」（Convention on the Civil Aspect of International Child Abduction[2]，簡稱1980年海牙子女誘拐公約）之問題。由於該公約之規範目的在於「確保迅速交還被非法移送或留置於任何締約國境內之兒童」，同時「確保在某一締約國依法享有的監護權或探望權在另一締約國獲得有效尊重」[3]，因此公約之基本規範即為迅速將被非法移送或留置在締約國之子女返回至其「慣常居所地」，

---

* 原刊登於玄奘法律學報第24期，2015年12月，頁45-83。

1 http://www.hcch.net/index_en.php（最後瀏覽日：2015.6.18）。

2 http://www.hcch.net/index_en.php?act=conventions.text&cid=24（最後瀏覽日：2015.6.18）。

3 參見公約第1條。

而排除有關監護權之認定爭執，亦不以有交還子女之法院裁判為必要[4]。由於日本實體法中亦不存在「慣常居所地（日本稱之為『常居所』）」之定義，因此，在將該公約內國化的過程中，同樣面臨了有關應如何認定子女慣常居所地之問題，而其相關論述及今後之發展，對於我國將來在慣常居所地之應用及認定上，應能提供相當之助益。

貳、跨國子女交付請求與相關國際公約

一、跨國子女親權行使與交付問題

隨著國際交流的頻繁，跨國婚姻已成為當前國際社會的普遍現象，根據內政部入出國及移民署公布統計資料[5]所示，自民國76年1月至102年10月底，我國申請登記之外籍配偶人數已累積超過48萬人次，再加上於外國結婚而未於我國登記者，因國際性婚姻所生之法律關係在現今社會已屢見不鮮[6]。又，隨著現代社會離婚率日益增高，有關越洋爭奪子女監護權（親權）與交付子女之請求等涉外事件時有所聞[7]。

在爭奪監護權之過程中，父母之一方常會為了取得管轄以及審判上之優勢，而強制地、片面地將子女帶離其原來的生活中心地，而前往對其較有利之他國尋求酌定或改定監護權之裁判。此時，受訴法院站在保護子女利益的角度上，通常會肯認以子女現時所在地作為該事件之審判籍，進而對其行使國際審判管轄權。如此的判斷方式，等於變相鼓勵父母一方先下手為強，先以不法之方式將子女置於己方單獨掌控之範圍內，再以合法之方法取得有利於己之監護

---

[4] 參見公約第8條至第20條。

[5] http://www.immigration.gov.tw/ct.asp?xItem=1292323&ctNode=29699&mp=1（最後瀏覽日：2015.6.18）。

[6] 以2014年為例，我國該年一年中登記結婚之外籍配偶對數有19,701對，占總結婚對數的13.2%（亦即，每7.6對新人中，有一對涉外婚姻），而登記離婚之外籍配偶則有11,479對，占總離婚對數的21.58%（亦即，每4.6對中，有一對涉外離婚）。

[7] 例如臺巴親屬爭奪吳憶樺監護權事件，或臺美間爭奪阮玫芬之女監護權事件等。

判決，因此造成國際社會中父母誘拐子女之行為盛行。事實上，在監護權歸屬之紛爭中，站在子女最佳利益的立場上，此時首要任務應是盡力安定子女之生活、儘速在子女所熟悉之原生長環境中解決其監護權歸屬之判斷。有鑑於此，各國間莫不積極透過各種國（區）際公約或內國立法就其相關規制、執行程序與協力機制等進行規範與協商。

二、相關國際公約之訂立

　　如上所述，由於涉外身分關係逐年增加，跨國爭奪子女事件頻傳，經常受到國內外媒體的強烈關注，為因應日益增加的跨國身分事件糾紛，各國間皆積極謀求迅速且有效的解決方法，相關涉外親子關係的議題，近年來在國際社會間不斷地被討論。尤其針對跨國子女親權行使與交付問題，由於其紛爭類型眾多、涉及之法律議題範圍廣大，因此備受各界重視。其中最具代表性者，當屬海牙國際私法會議所制定的一系列公約。

（一）海牙國際私法會議於子女親權行使與交付議題上的努力

　　海牙國際私法會議向來致力於國際私法規則的統一工作，期望藉由各種國際私法公約的簽署，逐漸使各國國際私法規則得以統一。例如，1954年海牙國際私法會議即制定了「民事訴訟程序公約」（Convention of 1 March 1954 on civil procedure[8]），其後並陸續完成1970年的「關於從國外調取民事或商事證據的公約」（Convention of 18 March 1970 on the Taking of Evidence Abroad in Civil or Commercial Matters[9]）、2005年「管轄合意公約」（Convention of 30 June 2005 on Choice of Court Agreements[10]）等。事實上，其不僅針對國際民商事事件進行規則統一化，更積極致力於有關國際身分爭訟的國際民事程序與準據法規則的訂定。

　　針對涉外身分爭訟之國際民事程序中，尤其就有關涉外離婚事件、涉外離

---

[8]　http://www.hcch.net/index_en.php?act=conventions.text&cid=33（最後瀏覽日：2015.6.18）。

[9]　http://www.hcch.net/index_en.php?act=conventions.text&cid=82（最後瀏覽日：2015.6.18）。

[10]　http://www.hcch.net/index_en.php?act=conventions.text&cid=98（最後瀏覽日：2015.6.18）。

婚附帶請求未成年子女親權行使事件、涉外爭奪未成年子女事件之國際審判管轄權與判決之承認執行的國際規範，海牙國際私法會議於1970年即訂有「承認外國離婚與法定分居公約」（Hague Convention on the Recognition of Divorces and Legal Separations[11]）。而有關子女親權行使的問題更是海牙國際私法會議所著重討論之點，相關公約除了1961年10月5日之「關於未成年人保護的管轄權和法律適用公約」（Convention of 5 October 1961 Concerning the Powers of Authorities and the Law Applicable in Respect of the Protection of Minors[12]）以外，近年來最受國際社會矚目者，當屬1980年「關於國際兒童誘拐民事問題公約」（Convention on the Civil Aspect of International Child Abduction[13]，以下簡稱「1980年海牙子女誘拐公約」），以及1996年「關於兒童保護之親權責任的管轄權、準據法、承認、執行與合作公約」（Convention on Jurisdiction, Applicable Law, Recognition, Enforcement and Co-operation in Respect of Parental Responsibility and Measures for the Protection of Children[14]，以下簡稱「1996年海牙兒童保護公約」）。

(二)1980年海牙子女誘拐公約與1996年海牙兒童保護公約

1. 1980年海牙子女誘拐公約

　　其中，1980年海牙子女誘拐公約之目的在透過海牙會議建立一國際合作與監督機制，避免未成年子女在國際間被不法移送、留置而受到侵害，提供確保未成年子女迅速返還的程序。本公約規範目的在於「迅速地將被不法移置或留置在締約國之子女返回其慣常居所地」，因此其基本規範原則即為迅速回復子女在被誘拐前的事實上狀態（factual status）。該公約原則上不對誘拐者作處置，其所強調者係建立將被誘拐之子女送回其原慣常居所地國的民事程序，而非在決定實體監護權歸屬，亦與外國監護判決之承認與執行無關。亦即，其

---

[11] http://www.hcch.net/index_en.php?act=conventions.text&cid=80（最後瀏覽日：2015.6.18）。

[12] http://www.hcch.net/index_en.php?act=conventions.text&cid=39（最後瀏覽日：2015.6.18）。

[13] http://www.hcch.net/index_en.php?act=conventions.text&cid=24（最後瀏覽日：2015.6.18）。

[14] http://www.hcch.net/index_en.php?act=conventions.text&cid=70（最後瀏覽日：2015.6.18）。

並不尋求解決有關監護權判斷之爭執，亦不以有法院交還子女之裁判存在為必要。同時，為落實迅速返還子女之目標，公約亦建構了因應不法移送或留置之配套措施，例如專責機構的建立、保護安置制度與緊急管轄等。

　　該公約強調各締約國應遵行公約意旨，針對有關監護權或探視權等事項，皆應以子女最佳利益（The Best Interests of the Child principles）為中心，並建立保障子女迅速返還至原慣常居所地原則，以保護兒童免於在國際間受不法移送或留置。

　　本公約廣泛為各國所接受，截至2014年4月1日，已有93國簽署了本公約，除了大部分的歐美國家多已加入外，幾個亞洲鄰國包括海牙會議成員國的日本、韓國、新加坡、斯里蘭卡和中國的香港與澳門地區，以及非成員國的泰國亦皆已陸續簽署本公約。例如韓國係在2012年12月簽署該公約，並在2013年3月開始生效。而日本則是在2014年1月簽署，同年4月開始生效[15]。

2. 1996年海牙兒童保護公約

　　至於1996年海牙兒童保護公約之規範範圍甚廣，幾乎涵蓋了所有父母子女間之關係，以及子女人身或財產之照顧、保護等事項。其規範目的則係為改善兒童保護之跨國需求，希望避免有關保護子女等措施之管轄權、準據法、承認與執行等法律制度上的衝突。該公約亦以子女最佳利益為最主要考量，強調國際合作對保護子女之重要性。其規範範圍即如同公約名稱所示，主要涉及有關子女保護之親權責任的管轄權判斷、準據法選擇、外國裁判或措施之承認與執行，以及國際合作等問題。該公約之內容主要係針對1961年「關於未成年人保護的管轄權和法律適用公約」之修正，同時參照聯合國於1989年11月20日所發布之「兒童權利公約」（UN Convention on the Rights of the Child[16]）之部分規定，進而作成該公約。依其第1條規定，該公約目的包括：(1)決定何國有管轄權以保障子女人身、財產安全；(2)決定以何法律行使管轄權；(3)決定父母責任之準據法；(4)提供締約國間關於保護措施之承認、執行；(5)建立締約國主

---

[15] http://www.hcch.net/index_en.php?act=conventions.status&cid=24（最後瀏覽日：2015.6.18）。

[16] https://treaties.un.org/pages/viewdetails.aspx?src=treaty&mtdsg_no=iv-11&chapter=4&lang=en（最後瀏覽日：2015.6.18）。

管機關間之合作，盡可能達成公約目的。

　　公約內容分為七章，共計63個條文，第一章規範公約之範圍，分別就公約目的、適用主體、適用範圍加以規定。第二章特設管轄權規範，建立子女慣常居所地國管轄原則、不便利法庭原則、婚姻受訴法院為管轄原則、緊急管轄權以及一事不再理原則。第三章規範準據法，包括管轄權決定準據法原則、適用子女慣常居所地國法律原則、排除反致、外國法適用限制等。第四章為子女保護措施之承認與執行的規範，採原則承認、程序依被請求國法、被請求國實質審查禁止原則。第五章則針對國際合作加以規範。第六章為一般條款，規定相關文件送交程序、一國數法時準據法之選擇、1996年公約與其他公約之關係等。第七章乃附則。可說是現行有關跨國身分關係事件相關國際民事訴訟程序範圍最廣，內容最詳盡的國際性公約。有詳加探討之必要。

　　上述各公約之規定及其審議過程中所進行之議論，對於有關跨國子女親權行使與交付問題之解決，提供了許多研究題材及方向。

參、日本的最新立法與加入海牙公約之法制準備

　　隨著日本在2011年進行了民事訴訟法之修正，針對涉外財產事件制定了國際審判管轄規則的明文，有關涉外財產事件之國際審判管轄的議論需求性已較之前減少，因此學說論述逐漸轉向以涉外身分關係為中心。由於2011年5月20日，日本國會通過「有關開始著手進行締結關於國際子女誘拐民事問題公約（亦即『1980年海牙子女誘拐公約』）」之閣議，因此涉外親子關係，尤其是涉外子女親權行使問題（包括國際審判管轄的判斷、準據法的選擇與適用，以及跨國子女交付與判決承認執行等）更是備受重視。

一、海牙公約之加入與跨國子女交付請求程序之立法

（一）海牙1980年子女誘拐公約之加入計畫

　　有鑑於跨國子女親權行使與交付問題之重要性，日本政府積極簽署及加入

各類國際性公約，2013年在日本最受注目的議題之一，就是有關加入「1980年子女誘拐公約」之問題。

　　日本內閣在2011年5月20日的閣議中明確指示為配合該公約之締結與加入，應立即著手進行研擬為實施該公約內容所必要之法律案，並要求相關行政機關應協力配合。法務省法制審議會隨即設置了「子女返還程序關係部會」，並於同年7月13日召開第一次會議，研議國內相關法制之修正及增訂之必要與可能性[17]。

(二)跨國子女交付請求與返還程序

　　法務省法制審議會所設置之「子女返還程序關係部會」，在歷經半年共計召開12次的密集會議後，先後完成「有關為實施『關於國際子女誘拐民事問題公約』之子女返還程序等整備之中間整理[18]」和「有關為實施『關於國際子女誘拐民事問題公約』之子女返還程序等整備之要綱案基礎[19]」。最終於2012年1月23日完成了「有關為實施『關於國際子女誘拐民事問題公約』之子女返還程序等整備之要綱案[20]」。

　　隨後於同年3月9日向第180回通常國會提出「請求確認『關於國際子女誘拐民事問題公約』之締結（平成24年條約第7號，簡稱『公約承認案』）」和「有關實施『關於國際子女誘拐民事問題公約』之法律案（平成24年閣法第72號，簡稱『公約實施法案』）」。

　　然而，由於審議程序等問題，此二提案未能順利於該年度通過，而延至

---

[17] http://www.moj.go.jp/shingi1/shingi04900079.html（最後瀏覽日：2015.6.18）。

[18] 「国際的な子の奪取の民事上の側面に関する条約（仮称）」を実施するための子の返還手続等の整備に関する中間取りまとめ（案），http://www.moj.go.jp/shingi1/shingi03500013.html（最後瀏覽日：2015.6.18）。

[19] 「国際的な子の奪取の民事上の側面に関する条約（仮称）」を実施するための子の返還手続等の整備に関する要綱案のたたき臺（案），http://www.moj.go.jp/shingi1/shingi03500013.html（最後瀏覽日：2015.6.18）。

[20] 「国際的な子の奪取の民事上の側面に関する条約（仮称）」を実施するための子の返還手続等の整備に関する要綱案（案），http://www.moj.go.jp/shingi1/shingi04900114.html（最後瀏覽日：2015.6.18）。

2013年的第183次通常國會中重新提出該公約承認案與公約實施法案。其中，公約承認案於2013年5月獲得通過，而公約實施法案則於同年6月通過成為正式的法律規範——「有關實施關於國際子女誘拐民事問題公約之法律（平成25年6月19日法律第48號），以下稱『海牙公約實施法』[21]」。其後，日本遂於2014年1月簽署該公約，並於同年4月開始生效。

二、日本「海牙公約實施法」之內容及相關規定

日本於2013年6月制定通過之「海牙公約實施法」，主要係為配合加入1980年海牙子女誘拐公約後，針對締約國間子女誘拐民事問題之因應與解決，因此其內容主要係針對「返還子女」進行規範。該法所定條文共計153條，並進而依其所涉及之事由分為七章。

在「第一章　總則（§1～§2）」中，該法第1條即開宗明義說明其立法目的，該條規定：「本法為確保定有對於應將遭不法移送或不法留置之子女返還於其慣常居所國等規定之有關實施關於國際子女誘拐民事問題公約（以下稱『公約』）能正確地被實施，故指定我國中央專責機構並規定其權限等，同時為能將子女迅速地返還至其慣常居所國，亦設有相關必要裁判程序等規定，期能達成落實子女利益之目的。」其後，並於同法第2條針對該「海牙公約實施法」中所提及之部分用語（包括：公約締約國、子女、移送、留置、慣常居所地國、子女之返還等）進行定義。

而在「第二章　有關返還子女及子女會面交往之協助（§3～§25）」，首先於同法第3條明定以日本外交部作為1980年海牙子女誘拐公約第6條所稱之中央專責機構，接著規定有關返還子女與有關子女會面交往之協助，並分別依「在外國請求返還」與「在日本請求返還」定其聲請程序。

該法最受關注、規範亦最為繁複者當屬「第三章　有關返還子女事件之程序等（§26～§133）」，本章規範條文共108條，占全體條文的三分之二。該法第26條首先針對「基於1980年海牙子女誘拐公約所為之子女返還」進行

---

[21] 国際的な子の奪取の民事上の側面に関する条約の実施に関する法律（平成25年6月19日法律第48号）。

定義，其規定：「因被移送或被留置於日本而使其對於子女之監護權受到侵害者，得依本法之規定，向家庭裁判所（家事法院）請求命現正對子女實行監護之人將子女返還至其慣常居所地國。」

　　而在子女之返還事由（要件）部分，該法第27條規定：

「當子女之返還聲請完全該當下述各款事由（要件）時，法院應命返還子女。

一、子女未滿16歲。

二、子女現在於日本國內。

三、依慣常居所地國法令，該移送或留置行為對於聲請人就其子女之監護權構成侵害。

四、在該移送或留置行為開始時，（子女之）慣常居所地國為公約締約國。」

　　由於顧慮到在某些特定情形下，即使符合上述四款要件，但命令返還子女將被認為不符合「子女利益」，因此，同法第28條針對「拒絕返還子女之事由」設有特別規定。該條第1項本文明定，若有下列各款事由，則法院「原則上」不得作出返還子女之命令：

（一）返還子女之聲請在該移送或留置行為開始時起已經過一年後始為之，且子女已適應新的生活環境者。

（二）聲請人在該移送或留置行為開始時，對於子女並未現實行使監護權（排除若無該移送或留置行為聲請人即得對子女現實行使監護權之情形）。

（三）聲請人在該移送或留置行為開始前已經同意，或在該移送或留置行為開始後曾經承諾該移送或留置行為者。

（四）將子女返還於其慣常居所地國對子女之身心將造成危害或使其置於其他難以忍受之狀況等重大危險者。

（五）依據子女年齡及其發展程度認為適合由法院考量其意願之場合，而該子女拒絕返回其慣常居所地國者。

（六）將子女返還至其慣常居所地國之決定將違反日本關於人權及基本自由保護之基本原則者。

　　然而，站在「子女利益」之保護的基礎上，同項但書仍開放部分情形（包括上述（一）至（三）和（五）），在充分考量一切情事後，若仍然認為將子女返還至其慣常居所地國較能符合「子女利益」時，則法院仍得作出返還子女

之命令。又，針對上述（四）所謂「重大危險」，同條第2項亦提供了三款情事，以供參考。

接著，在本章「第三節返還子女聲請事件之程序」中，該法參照日本民事訴訟法及家事事件程序法之體例，設置了有關管轄（§32～§37）、法院職員之迴避（§38～§42）、當事人能力及程序行為能力（§43～46）、程序參加（§47～§49）、程序代理人及補佐人（§50～§54）、程序費用（§55～§59）、返還子女聲請事件之審理（§60～§68）、電子情報處理組織所為之聲請（§69）、第一審法院中返還子女聲請事件之程序（§70～§100）、抗告等不服聲請（§101～§116）、終局裁定之變更（§117、§118）、再審（§119、§120）等規定。

其後，於第四章及第五章則分別就「有關返還子女執行程序民事執行法之特則（§134～§143）」以及「有關家事事件程序之特則（§144～§149）」進行規範，以避免將來實行公約時與現行內國程序法之既有規定相牴觸。最後，第六章及第七章則是針對相關「罰鍰之執行（§150）」與「雜則（§151～§153）」加以規定。

三、「慣常居所地」之認定基準

如上所述，日本「海牙公約實施法」第2條針對該法所提及之部分用語進行了定義，其中包括「慣常居所地國」的定義。該法第2條規定：「本法所定以下各款所列之用語，其意義依各款定之。」其中第5款針對「慣常居所地國」，該法將之定義為：「被移送時或留置開始前，該子女具有慣常居所之國」，且「該國須為公約之締約國」，同時「在依公約第39條第1項或第40條第1項規定為聲明之場合中，依該聲明而適用公約之該國的領域之一部或領域內所屬之地域者」。

從本款規定可知，日本「海牙公約實施法」僅就「慣常居所地國」進行定義，而對於何謂「慣常居所地」則未明文加以說明。就此問題，日本的相關規定及議論敘述如下。

（一）民事局長通達

　　有關「慣常居所地」之認定標準問題，由於日本在1989年修訂當時作為其國際私法選法規則之「法例[22]」時，大量採用「慣常居所地」作為連繫因素，但日本成文法上對於「慣常居所地」卻不存在任何明文定義，因此，日本法務省為避免僅具形式審查權之戶籍機關窗口在面臨必須認定慣常居所之場合時產生困難，進而制定法務省民事局長通達「有關法例一部改正之法律之施行所生戶籍事務之處理／法例の一部を改正する法律の施行に伴う戶籍事務の取扱いについて（平成元年10月2日民二第3900号）[23]」，作為戶籍實務上有關慣常居所地之認定依據，其後並就相關內容陸續加以修訂補充，相關內容簡要敘述如下。

1. 平成元年10月2日法務省民二第3900號民事局長通達

　　如上所述，法務省為避免僅具形式審查權之戶籍窗口在必須認定慣常居所之場合時產生困難，故作出此通達，明定其認定基準。其中就在日本與在外國有慣常居所之情形予以區別，依照日本人與外國人之居住年數、期間及居住目的等，作為慣常居所之認定標準。依該通達規定：

(1)日本人在日本有住民登記者，除特別情形外，出國後五年內，仍認其在日本有慣常居所。

(2)外國人依照出入境管理辦法或難民法所訂居留資格之不同，分別須在日本居住滿一年或五年以上者，始得認其在日本有慣常居所。

(3)對於在外國之慣常居所，其認定標準為一般情形下，日本人以在該外國居住滿五年以上，始取得於該地之慣常居所，但於部分特殊情形，則得於住滿一年以上，即認其取得慣常所。而針對外國人在外國之慣常居所的認定，亦準用前述之基準[24]。

---

[22] 法例の一部を改正する法律（平成元年法律第27号）。

[23] 平成元年10月2日民二第3900号民事局長通達（改正平成2年5月1日民二第1835号、平成4年1月6日民二第155号、平成13年6月15日民一第1544号、平成24年6月25日民一第1550号），http://c-faculty.chuo-u.ac.jp/~okuda/shiryoshu/heisei1_tsutatsu.html（最後瀏覽日：2015.6.18）。

[24] 事實上，其規範相當複雜，礙於篇幅之緣故，本文僅為簡單之介紹，有關當事人在外國

2. 平成2年5月1日法務省民二第1835號民事局長通達

　　其後，法務省為統一慣常居所之判斷，避免判決結果發生歧異，特別再度發布此通達，公告慣常居所具體的認定標準及認定方法，除了就個案應考量當事人及關係人居住年數、居住目的、居住狀況等要素外，更以書面之戶籍等資料，作為事實的基礎；使全國一致地採行形式上之審理。其中規定若日本人在日本有住民登記，即認定其在日本有慣常居所，而原則上外國人在日本需滯留滿五年以上，或外國人在日本有永久居住之目的，而居住滿一年以上，始認為在日本有慣常居所；但外國人以觀光之目的而滯留者，不得認定在日本有慣常居所。此外，其用於認定慣常居所之資料限於書面，例如：護照、住民登記卡，外國人登記證明書等[25]。

　　上述通達雖然對於慣常居所之認定提供了具體的判斷標準，然而一般認為此些規定僅為戶籍行政之內部規範，對於實際為裁判之法官並無拘束力[26]。因

時，通達有進一步要求應依滯留之目的，定其居住之期間，例如：

1. 當事人在外國有永久居住之目的：若該當事人在外國有永久居住或類似目的之情形，登記居住滿一年以上，即認定其在該國有慣常居所。
2. 當事人因觀光或表演目的而滯留：於此類情形中，無論居住時間長短，均不得認定其在該國有慣常居所。
3. 當事人非基於永久居住目的或觀光目的而居住在外國：例如本國公司派駐外國，基於研究、營業之目的而居住在該外國之人，原則上需居住五年始認定有慣常居所。若該國對於外國人之停留，需辦理登記時，其登記為認定慣常居所之要件。
4. 當事人為外交官：外交官因係國家政策性派遣駐在外國，不得認定在該外國有慣常居所。
5. 當事人為非法入境者：非法入境者等，因無居住之證明，亦不能認定在該國有慣常居所。

此外，亦有規範在日本之韓國人、中國人及其子孫，不論居住時間，均認為在日本有慣常居所。又其他在日本出生之外國人者，亦同；但若其出國離開日本，則依再入境時滯留之目的而作判斷。相關內容請參閱澤木敬郎、道垣內正人，國際私法入門，有斐閣，2000年10月4版再訂版，頁95-96；野村美明編著，ケースで学ぶ国際私法，法律文化社，2008年5月，頁24-25；櫻田嘉章、道垣內正人編，注釈国際私法第2巻，有斐閣，2011年12月，頁282-283。

[25] 詳請參閱南敏文，改正法例の解説（五，完），法曹時報第43卷第9號，法曹會，1991年9月，頁47-48；澤木敬郎、南敏文編，新し国際私法—改正法例と基本通達，日本加除出版株式會社，1990年4月，頁202-203。

[26] 松岡博，国際関係私法入門，有斐閣，2013年12月25日3版，頁44；南敏文，常居所‧最

此，仍有賴實務及學說進一步加以議論及認定。

(二)實務裁判

1. 水戶家庭裁判所平成3年3月4日審判[27]

　　本案為離婚調解聲請事件，聲請人X為法國籍，相對人Y夫為英國籍，兩人育有一子A具有英、法雙重國籍。X妻雖曾於日本居住達三年半，但其後離開日本，在闊別六年多後（此六年間，XY一家三口駕駛遊艇環遊世界）於去年返日至今，居住於日本的期間不到十個月，因此，法院認定聲請人X在日本並不具有（舊）法例第14條及第16條所稱之慣常居所。相對於此，法院認為Y夫在最近二十年間，除與Y和A一家三口駕駛遊艇環遊世界之六年外，於日本生活時間長達十餘年，且並未於日本以外之地定居，故認定其於日本有慣常居所。在此判決中，法院並未提及上述民事局長通達之判斷標準，而係依據個案事實，具體地、分別地認定X與Y之慣常居所。

2. 大阪家裁平成26年11月19日裁定（斯里蘭卡爭子案）[28]

　　本件為日本加入1980年海牙子女誘拐公約後，第一件依據該公約請求返還子女之事件。本件聲請人X夫與相對人Y妻皆為日本人，原住於西日本，2010年其女A誕生。2013年2月由於X之工作緣故，全家移居斯里蘭卡。2014年6月，全家一時歸國，預定8月底回斯里蘭卡，9月讓A繼續在斯里蘭卡上學。然而，同年7月Y告知X，其不願意再帶A回斯里蘭卡，其認為在斯里蘭卡成長會對A構成不利的影響，因此堅持要將A留在日本。同年9月，X即依據海牙公約提出返還聲請。同年11月，法院裁定Y之行為已構成對A的不法留置，因此作成返還命令，要求Y應將A返還回其慣常居所地國——斯里蘭卡。其後Y提出抗告，但於平成27年2月遭高院抗告駁回確定。

密接関係地，別冊ジュリスト185号（国際私法判例百選 新法対応補正版），有斐閣，2007年1月，頁11。

[27] 家庭裁判月報第45卷第12號，頁57。

[28] 相關裁判內容尚未公布，案件事實係參閱報章新聞及相關記事。http://oyako-law.org/index.php?.%E5%B9%B3%E6%88%9026%E5%B9%B411%E6%9C%8819%E6%97%A5%E3%80%81%E6%AF%8E%E6%97%A5%E6%96%B0%E8%81%9E（最後瀏覽日：2015.6.18）。

本件法院在認定子女慣常居所時，不但未引用上述民事局長通達，甚至直接違反通達針對日本人在外國須居住滿五年以上，始取得於該地之慣常居所的規定，而認定A於移居斯里蘭卡的兩年間，已在該國取得慣常居所地。因此，依據上述「海牙公約實施法」之規定，命令Y應將A返還回其慣常居所地國之斯里蘭卡[29]。

由以上案例可知，基本上日本法院在認定慣常居所時，多係依據各個案件事實，具體地、綜合地分析該事件所涉及之諸要素，且多以客觀之居住事實為主要考量對象，雖然部分裁判亦會一併考慮當事人之主觀意思，但大部分的裁判多不會提及上述通達，甚至有部分裁判會明白表示不受上述民事局長通達之拘束，例如橫濱地判平成3年10月31日判決[30]、神戶地判平成6年2月22日[31]等。

(三) 學說見解

有關慣常居所地之認定基準，日本學界有部分見解認為慣常居所僅為客觀的事實認定，不涉及法律概念。亦即，慣常居所非如住所般為「法的概念」，其僅為「事實的概念」，因此，有關慣常居所之有無應屬單純事實的確認問題，故無加以定義之必要[32]。

然而，日本多數學者則主張慣常居所應非單純的事實概念，其仍具有作為法解釋對象之法的概念的性質，故有進一步定義及解釋之必要[33]。且慣常居所

---

[29] 由於日本已加入1980年海牙子女誘拐公約，因此本件X不須如以往般，先經（訴訟或協議）離婚，再就子女親權行使進行協商或判斷，而得直接依據「海牙公約實施法」，請求返還子女至斯里蘭卡，且按照海牙公約規定，法院必須在六週內作出決定。相較於以往程序，實大幅縮減子女之滯留期間，可迅速使子女返回原來之生活模式。

[30] 家庭裁判月報第44卷第12號，頁105。

[31] 家庭裁判月報第47卷第4號，頁60。

[32] 笠原俊宏，常居所の認定基準，国際私法の争点，有斐閣，1996年7月，頁81；笠原俊宏，国際家族法新論（補訂版），文眞堂，2011年7月，頁40。

[33] 姝場準一，法例の改正規定と常居所基準説の論拠について，国際法外交雑誌第90卷第2號，国際法学会，1991年6月，頁10；櫻田嘉章，国際私法，有斐閣，2006年11月5版，頁77；櫻田嘉章等編，同註24，頁278-279；池原季雄，国際私法総論・国籍法法律学全集，有斐閣，1973年7月，頁169。

係當事人於一定期間（相當長期間）內於某地有安定居住的事實狀態，如其僅有短暫時間的居住，則不足以形成該當事人與場所間的密接關係，故其與居所有所不同[34]。

　　至於在要件方面，除了上述一定居住事實之客觀要件外，在認定慣常居所時，是否須考量本人意思等主觀要件？否定說者主張慣常居所與住所最大的區別即在於其不須有久住的意思，只須有常時居住的客觀事實為已足，因此在認定慣常居所時，應排除其主觀要素，僅就客觀事實加以考量[35]。相對於此，通說認為在認定慣常居所時不可能完全排除當事人主觀意思[36]，例如無論當事人有多麼長期間的居住事實，若其係因受限於外力的強制，本身無居住的意思，仍不應認定其成立慣常居所[37]。亦即，除了客觀的居住事實，其仍須具有在該地居住相當期間的主觀意思，且此主觀意思必須是可以從外部、客觀地加以認定之「得客觀認識之意思」，例如外國人將其在日本的短期停留資格（簽證）變更為長期停留可能的資格（簽證），或在日本購買可供居住使用的不動產，或在日本投資了需要長時間才能回收的營業資本等，皆屬於用以判定慣常居所之「得客觀認識之意思」[38]。因此，一般認為在判斷慣常居所地時，雖以一定期間之客觀居住事實作為認定基礎，但仍不得完全排除當事人主觀意思之考量[39]。

---

[34] 村岡二郎，遺言の方式の準拠法に関する法律の解説，法曹時報第16卷第7號，1964年7月，頁80；南敏文，改正法例の解説，法曹会，1992年5月，頁47；木棚照一、松岡博、渡辺惺之，國際私法概論，有斐閣，2007年6月5版，頁50；櫻田嘉章，同註33，頁85。

[35] 村岡二郎，同註34，頁80-81；笠原俊宏，同註32，頁81；笠原俊宏，同註32，頁39-40。

[36] 山田鐐一、早田芳郎編，演習國際私法（新版），有斐閣，1992年6月，頁29-30。

[37] 木棚照一、松岡博編，基本法コンメンタール國際私法，日本評論社，1994年5月，頁147。

[38] 請參閱池原季雄，同註33，頁168-169；国際法学会編，国際法辭典，鹿島出版會，1975年7月，頁337（西賢）；櫻田嘉章等編，同註24，頁335-336；木棚照一等，同註34，頁50-51；松岡博，同註26，頁114；廣江健司，国際民事関係法，成文堂，2008年5月，頁180；道垣内正人，ポイント國際私法（總論），有斐閣，2007年4月2版，頁154-157。

[39] 櫻田嘉章等編，同註24，頁282。

肆、我國有關慣常居所地認定之問題點與課題

一、慣常居所地之概念

(一) 慣常居所地之意義

當前國際私法關係千變萬化，昨日屬於單純國內法之案件，今日即一躍成為涉外國際私法案件。因之，國際私法之適用範圍日新月異，已非傳統連繫因素或單純的選法規則得以概括適用解決。為因應此些國際社會快速發展所形成之涉外法律案件類型，即有新興連繫因素產生。

以住所地或國籍為屬人法之連繫因素，無論於歷史上、政治上、法律傳統上，甚或單就其本身之素質而言，實各有利弊，無怪乎兩者之對立時期如此久遠，而造成國際私法長期分裂之局面。然而，國際私法設計的主要目的之一，係在追求判決一致，即無論當事人於何國法院起訴，所受之判決結果皆係相同的理想。其中法律適用的一致即是使各國法院對同一案件，皆能依據同一法律之規定予以判決[40]。故屬人法連繫因素的統一向為國際私法學者努力的目標。近年來由於海牙會議（Hague Conventions）每每提倡以「慣常居所地」（Habitual Residence，或稱慣居地、習慣居所地或經常居所地）作為屬人法之連繫因素，而此新興連繫因素又能為歐陸國家及英美法國家於不同程度上所接受，且其被接受之程度亦愈來愈廣泛，故「慣常居所地」似乎可作為國際私法學者長久以來夢寐以求之「住所地」及「國籍」之折衷[41]。

或許因我國尚未明文採用慣常居所地作為連繫因素之故，有關慣常居所之認定標準等議題，我國學界就此著墨相對較少[42]。反觀海牙國際私法公約常見

---

[40] 請參閱陳榮傳，國際私法上的適應或調整問題，法學叢刊第145期，1992年1月，頁111。

[41] 參看陳隆修，論國際私法上屬人法之連繫因素，東海學報第29卷，1988年6月，頁252。

[42] 相關論述請參閱林凱，論屬人法之新連接因素—習慣居所，收於國際私法理論與實踐（二）—劉鐵錚教授六秩華誕祝壽論文集，學林，1998年9月，頁209-317；劉鐵錚等著，瑞士新國際私法之研究，三民書局，1991年10月，頁35；陳隆修，比較國際私法，五南圖書，1989年10月，頁91-92；林益山，慣居地在國際私法上之適用，臺灣本土法學雜誌第

以「慣常居所地」代替住所或居所作為連繫因素，但海牙國際私法會議卻未曾
對慣常居所下過任何明確定義，一般認為其原因應係為避免僵硬之定義，與各
國法制不能相容，致難以獲得各國之接受[43]。因此，對於慣常居所的涵義，各
國多在國內法中各自規定，而其確定的方法亦各不相同。然而，各國對於慣常
居所之概念，雖非完全一致，但至少對於慣常居所為1.時常居住；2.持續相當
時間；3.可藉由外觀上客觀地加以認定三點，並無歧異。如1979年「匈牙利國
際私法」第12條第2款規定：慣常居所是個人無永久居住的意思，而長期居住
的地方。1989年「瑞士聯邦國際私法」第20條規定：慣常居所為當事人在某國
居住有一定期限的處所，即使該處所極為短暫。

(二) 慣常居所與住所、居所之區別

　　常與「慣常居所」相比較的是「住所」和「居所」。對於住所，比較一致
的意見是「以久住的意思，住於一定之地域者」稱之。對於居所，一般多認為
是為特定目的而暫時居住的處所。由此可見，「住所」、「居所」和「慣常居
所」三者都有「居住的處所之意」，因此，人們便會對這三者在概念上產生疑
問。

　　一般認為衡量當事人的某一「居住的處所」是否屬於「慣常居所」，應
當從當事人是否是「慣常的」、「實際的」居住這些客觀因素來進行[44]，而所
謂「慣常的」即是以居住持續的時間作為衡量標準，所謂「實際的」則是以當
事人居住的處所的事實作為衡量標準。此外，亦有主張慣常居所地之居住品質
（quality of residence）較時間之長短重要[45]，亦即欲取得慣常居所地並不須於
當地居住一特定之最低限度時日，居住時間之長短只為考慮因素之一，其他個
人上及職業上之因素仍應被加以考慮。因此，我們可以說慣常居所地為一介於
住所地與居所地之觀念。其與居所地不同之處，在於其須有著較久居住之品

　　28期，2001年11月，頁98-101。

[43] 陳隆修，同註42，頁91。

[44] See Morris & North, Cases and Materials On private International law, 11th ed., 1987, p. 30.

[45] See Hack v. Hack (1976) 6 F-am Law 177.

質；然而較之住所地又不須有著久住之意思。

二、我國實務對於「慣常居所地」之判斷：以「臺美爭女案」為例

在實務裁判上，或許因我國法無明文，而少有裁判論及慣常居所之判斷標準。但隨著國際交流日益頻繁，跨國婚姻在我國亦已屢見不鮮，有關越洋爭奪子女監護權（親權）與交付子女等請求更是時有所聞。例如喧騰一時的臺巴親屬爭奪吳憶樺監護權事件，或臺美間爭奪阮玟芬之女親權事件等，至今仍然令人印象深刻。我國身為國際社會之一員，對此跨國身分關係愈趨緊密的時代潮流，實難以阻擋亦無法置身事外。即使我國未加入上述海牙公約或其他國際公約，但此些公約廣為接受之基本原理、原則等，仍有可能以「法理」等形式直接地或間接地對我國構成影響。例如，上述臺美爭女案就是一典型案例。

（一）案件說明

我國籍女子X與美國籍男子Y於美國認識而同居，惟並無婚姻關係，X於2003年10月在美國紐約州產下一女A。Y曾向美國紐約州家事法院聲請確認其為A之生父，並於2004年1月28日經該法院判決確定Y為A之生父在案。於該案審理期間，Y曾向法院聲請限制X離開美國國境，並經紐約州家事法庭裁定准許在案。為確認X與Y間對於A之監護權以及探視權等事，Y乃向美國紐約州家事法院起訴請求，經法院於2004年11月29日以判決將A之監護權判由Y行使，並命X交付子女。

上述美國法院審理期間，X因恐無法取得A之監護權，遂違法將A攜離美國境內，於2004年9月7日返回我國。其後，Y向我國法院聲請假處分，禁止X再將A帶離我國（臺中地院94年度家全字第22號民事裁定），並於我國起訴承認前開紐約州法院判決並准予強制執行（臺中地院94年家訴字第253號判決）。

2006年5月5日，Y依據臺北地院95年執字第11977號民事裁定進行強制執行程序欲將A帶回美國，不過由於沒有A的中華民國護照，導致在桃園機場無法離境。

X復向我國法院提起聲請改定監護人，並聲請假處分禁止Y攜A離臺（95

年度家全字第35號民事裁定），隨後該改定監護人之聲請事件經臺北地院95年度監字第84號裁定判歸X監護，Y對此提起抗告及再抗告，但皆陸續遭臺北地院96年度家抗字第60號民事裁定，以及臺灣高院97年度非抗字第81號民事裁定駁回，其後，本件確定。

(二)裁判要旨與分析

　　第一審[46]受訴法院臺北地方法院首先針對我國法院就本件是否具有國際管轄權一事，提及「**按諸公元1989年11月20日聯合國所通過（於1990年9月2日生效）之兒童權利公約（Convention onthe Rights ofthe Child, CRC）第3條、第9條、第16條，法院審理對於未成年子女權利義務之行使或負擔予以改定事件時，未成年人之利益應予最大保護之原則，實已成為普世價值，我國法院即應遵行**」。其後，更進一步表示「**本院爰參酌聯合國兒童權利公約上開規定、非訟事件法第130條準用第122條關於未成年子女權利義務行使負擔事件管轄權之規範意旨、民法第1055條、第1055條之1、非訟事件法第125條，以子女最佳利益為審酌標準之揭示，並考量前揭未成年子女丙○○（亦即，上述事實中的A）之最佳利益、當事人間公平與法院審判之迅速便利等情，認為本件之國際管轄權，應由未成年子女丙○○之現所在地國，即我國法院管轄，最為妥適**」。此外，針對相對人所為抗辯聲請人係以不法方式將A帶離美國，依「1996年海牙兒童保護公約」之精神，我國應無管轄權等主張，法院表示：「**按海牙公約第7條第1項之意旨，首在避免父母爭奪子女監護權時，以擅自帶離子女之方式改變國際管轄權，以尋找較有利於己之法律；次在避免兒童之監護權人怠於行使其權利，避免在子女已熟悉新環境後，始爭執監護權，徒增子女適應上之掙扎與痛苦。要者，父母親權之維護，並非上開海牙公約之唯一目的。子女之利益，仍應優先於父母之親權而到保護。**」最後，其強調「**本件縱依海牙公約定其國際管轄權之分配，依據公約第7條第1項後段亦應由兩造未成年子女丙○○目前之慣居國，即我國法院管轄，相對人辯稱應由變動慣居地前之所在國法院管轄，即非可探**」。

---

[46] 臺灣臺北地方法院95年度監字第84號民事裁定。理由中之底線為筆者所自加。

　　由此些裁判理由即可說明，即使我國未曾加入聯合國兒童權利公約或1996年海牙兒童保護公約，但當公約內含的某些原則已廣為國際社會所接受，實已成為普世價值時，其亦有可能以「法理」的方式進而對我國實務裁判構成影響。

　　然而，由於我國實務與學界對於此些公約及其相關內涵的議論與研討普遍不足，因此在部分理解與認定上常見錯誤情形產生，例如本案抗告審[47]對於海牙公約所規範之子女慣常居所地在本案中究應屬何地，其認為：「**查兩造子女丙○○具有我國國籍，其於民國92年10月21日在美國出生，不滿十一個月之際，即於民國93年9月7日隨同相對人返回臺灣居住，距原審裁判時已經超過三年，衡情生活成長已經融入當地自然環境、人文環境、生活方式、語言、文化、飲食習慣等，並已建立起人際關係，應認為臺灣為丙○○之慣居地。**」然而，本判決對於「慣常居所地」之認定方式，僅考慮其在臺之時間長短，及現居狀態，而未顧及該子女係受不法移送並留置在臺，其將不法留置之時間亦一併算入認定慣常居所地之時間，進而認為我國為子女慣常居所地，因此我國法院對該監護改定事件有國際管轄權，如此的判斷方式不僅違反公約所欲達成之「禁止庇護國為實體裁判」原則，更有背於「儘速將受不法移送或留置之子女返還其（原）慣常居所地國」之公約目的[48]。

三、家事事件法之「經常居所」

(一) 家事事件法之立法及有關國際審判管轄之規定

　　為因應社會急速變化之需要，司法院自2000年起即開始著手研擬作為處理家事事件專法的「家事事件法」，直至2011年12月12日終經立法院三讀通過，並於2012年6月1日正式施行。

　　值得注意的是，家事事件法創設了異國婚姻家事的「國際審判管轄權」，該法第53條對涉外婚姻事件之國際審判管轄權定有其成立之因素，同時，針對

---

[47] 臺灣臺北地方法院96年度家抗字第60號民事裁定。

[48] 相同見解，請參閱蔡華凱，再論臺美間爭奪子女事件，法學新論第11期，2009年6月，頁22。

涉外親子關係事件及婚姻非訟事件，同法第69條及第98條亦有準用第53條有關國際審判管轄權之規定。此規範成為我國對於涉外事件之國際審判管轄權首度明文之規定。相較於其他涉外民事或商事等財產事件，該條文之訂定，大幅增加我國法院判斷涉外婚姻事件及親子關係事件之國際審判管轄權的預見可能性，立法者對於涉外身分事件之關注與重視，實值得讚許[49]。

該法第53條第1項第3款及第4款規定「夫妻之一方為無國籍人而於中華民國境內有經常居所」或「夫妻之一方於中華民國境內持續一年以上有經常居所」時，我國法院就此事件有國際審判管轄權，其立法理由在於若夫妻之一方或雙方為無國籍人，復無第1項第2款所示之住所或共同居所，而在我國起訴或應訴時，因考量到其為無國籍人，遂放寬其在我國境內經常居所期間之限制，而對於夫妻均為外國人者，其中一方於我國境內持續一年以上有經常居所者，雖夫妻無第1項第2款所示之住所或共同居所，為便利當事人提起訴訟，亦使我國法院對該涉外婚姻事件有國際審判管轄權。

立法者為保障當事人之訴訟權，在符合一定要件下，適度放寬我國法院之審判管轄權，自有其必要，而其採用有別於我國實體法上住所及居所的「經常居所」作為管轄基準，應係參考近年來的國際立法趨勢，其用心應予肯定。然而，針對第1項第3款及第4款中，何種情形始得謂為「經常」，立法說明中未提供任何判斷標準，僅表示應委由法院依個案具體事實判斷之。

(二)實務裁判就「經常居所」之認定：最高法院103年度台抗字第1020號民事裁定

由於家事事件法施行至今未滿三年，因此實務上涉及「經常居所」認定之

---

[49] 然而，依據家事事件法第53條規定，今後跨國婚姻所涉事件中，只要夫妻一方是中華民國人，或一方於我國境內有經常居所者，我國法院即得因此取得審判管轄權，而對該涉外婚姻事件加以審理。因此，若原告一方為我國人民或為無國籍但在我國有經常居所之人，其對於住所在外國之被告配偶，即可依據此條規定，在我國提起確認婚姻、撤銷婚姻或判決離婚等訴訟。然而，如此擴大我國法院國際審判管轄權之規定，是否符合國際審判管轄權之分配法理，可否為世界潮流所接受，尚有議論空間。且基於間接管轄的原理，我國依此管轄基礎所為之判決，將來在他國是否能被承認或執行，亦值得進一步探討。但礙於篇幅之限制，在此僅得暫時割愛，擬將來再為文探討。

裁判不多，僅以最高法院103年度台抗字第1020號民事裁定為例，加以分析說明。

　　本案涉及假扣押聲請事件，兩造為夫妻，均為美國人，因相對人Y與訴外人A通姦，將聲請人X遺棄於美國，並將夫妻財產之一部（約美金965,000元）移轉至臺灣。X已向美國喬治亞州GWINNET郡高等法院（下稱美國法院）提起離婚暨夫妻剩餘財產分配之訴，待勝訴後將在我國進行強制執行，X主張由於Y之隱匿財產行為堪認日後有不能強制執行或甚難執行之虞，因此向我國臺北地方法院（下稱臺北地院）聲請對相對人Y之財產在新臺幣3,000萬元範圍內為假扣押。經臺北地院司法事務官裁定駁回（下稱原處分）後，X對之不服，提出異議，再經臺北地院裁定駁回異議（103年度執事聲字第260號裁定），爰提起抗告，求予廢棄原處分及裁定。

　　抗告法院之臺灣高等法院（103年度家抗字第71號裁定）則以：「**按程序法應適用法院地法為國際私法之大原則，本件再抗告人聲請假扣押事件，屬程序事項，自應適用法院地法，即我國法律之規定。又涉外民事，本法未規定者，適用其他法律之規定；關於假扣押之聲請，由本案管轄法院或假扣押標的所在地之地方法院管轄；本案管轄法院，為訴訟已繫屬或應繫屬之第一審法院，涉外民事法律適用法第一條前段、民事訴訟法第五百二十四條第一項、第二項本文分別定有明文。因我國涉外民事法律適用法並無聲請假扣押法院管轄之規定，故就具體事件受訴法院是否有管轄權，應依我國民事訴訟法管轄之規定定之。查本件兩造均係外國人，屬涉外事件。惟再抗告人自承：伊已向美國法院提起上開訴訟，且基於本案管轄法院之管轄原因而聲請本件假扣押等節，依上規定，本件假扣押聲請之本案訴訟既繫屬於美國法院，臺北地院對本件假扣押之聲請，並無管轄權，且不能移送於其管轄法院，再抗告人向臺北地院為假扣押之聲請，自有未合。**」因此認定我國法院對此無管轄權，而維持臺北地院所為之裁定，駁回其抗告。X對此提起再抗告。

　　就此，最高法院表示：「**按夫妻之一方於中華民國境內持續一年以上有經常居所，婚姻事件由中華民國法院審判管轄，此觀家事事件法第五十三條第一項第四款本文規定即明。揆其立法意旨，乃就夫妻均為外國人，其中一方於我國境內持續一年以上有經常居所者，雖該夫妻無家事事件法第五十三條第一**

項第二款所示之住所或共同居所，爲便利當事人提起訴訟，亦使我國法院對該涉外婚姻事件有國際審判管轄權。至何種情形始得謂爲『經常』，則委由法院依個案具體事實判斷之。」其後，就有關「經常居所」之具體認定部分，理由中提及：「查再抗告人一再主張：兩造雖均爲美國人，然相對人於臺灣經商近三十年，每年在臺灣居住時間超過六個月以上，在臺北市松山區有經常居所，依家事事件法第五十三條第一項第四款本文規定，臺北地院爲本件假扣押之本案管轄法院，伊隨時可向臺北地院起訴等節，並提出兩造護照、沈○妹之戶口名簿、○○開發科技股份有限公司公司資料、相對人入出境證明及地址變更確認通知爲證，倘非虛妄，再抗告人似非不得向臺北地院提起本件假扣押之本案訴訟。……原法院未遑細究，遽以本件假扣押聲請之本案訴訟因繫屬於美國法院，臺北地院對本件假扣押無本案管轄權，而未進一步查明再抗告人就假扣押之請求及原因，是否已盡釋明之責，即遽認再抗告人向臺北地院爲假扣押之聲請，於法未合，進而爲再抗告人不利之裁定，依上說明，不惟速斷，且有不適用家事事件法第五十三條第一項第四款本文、民事訴訟法第五百二十四條第二項本文規定而足以影響裁定之適用法規顯有錯誤情事，並所涉及之法律見解，亦具有原則上之重要性。再抗告論旨，執以指摘原裁定不當，求予廢棄，非無理由。」因此，裁定廢棄原裁定，發回臺灣高等法院。

　　由上列最高法院之理由論述可知，目前我國法院針對「經常居所」之認定，主要考量居住時間之長短及居住之事實等客觀因素，並未論及當事人之主觀因素，由於本案Y在臺經商長達三十年，每年在臺居住時間亦超過六個月以上，因此認定其在我國有經常居所。而我國目前其他涉及經常居所認定之裁判，亦多採用如同本案之基準，僅就居住事實及時間長短等客觀因素予以考量。例如，臺灣臺中地方法院102年度家親聲字第17號家事裁定：「**查本件相對人及未成年子女甲於民國100年12月21日起即在中華民國生活，並居住於臺中市○區○○路00號7樓之3，迄今已逾1年等情，有聲請人提出之入出國日期證明書2份爲證**」，故認定相對人及未成年子女甲應符合「於中華民國境內持續1年以上有經常居所者」之要件。又如臺灣桃園地方法院102年度婚字第559號民事裁定，雖然該裁定主要係針對家事事件法第52條第1項第2款「夫妻經常共同居所地」之認定，但裁判中亦提及：「**兩造於民國98年間結婚，被告係大**

陸地區人民，兩造結婚後並未約定共同住居所，然因被告家人不願被告離開大陸地區，原告婚後便去大陸與被告共同生活，至101年7月14日返臺，被告未曾來臺與原告共同生活，僅曾短暫來臺旅遊，且未在臺設籍等事實，為原告所自承，並有被告入出國日期紀錄附卷可參，顯見兩造未於臺灣地區（即中華民國有效管轄區域內）有共同設定之住所，亦無經常居所。」由此些裁判可知，我國實務對於經常居所之認定，應較傾向為事實的認定，僅就其客觀因素加以判斷，而不考慮當事人之主觀意思。

伍、結論

　　由以上討論可知，不論是海牙公約所稱之「慣常居所地」或我國家事事件法所謂「經常居所」，實仍須透過受訴法院視具體個案之特殊情事，逐案個別地予以認定。在跨國事件中，由於受訴法院往往會以其法庭地法之標準，認定「慣常居所地」之所在，因此仍有造成判決結果歧異之可能。海牙公約以「慣常居所地」作為連繫因素，卻未予以明確之定義，而賦予受訴法院相當大之解釋空間與彈性，此固然較為契合各國法制，且易於吸引各國接受，但其同時造成相當大之不確定性，而有礙於法的安定與預見可能性，實未必有利於國際間私法案件處理之一致性。

　　「慣常居所地」之意義，究竟應從主觀或自客觀認定，抑或應同時自主客觀二方面認定？淺見以為應僅就客觀認定為已足，尤其自1980年海牙誘拐子女公約觀之，該公約之主旨在於儘速將被不法移送之子女返還至其原本熟習及習慣之慣常居所地，以免其因更換環境，造成心理傷害，而此種心理上之傷害，應與該子女客觀上住居於一地之久暫有關，而與其意思能力或其父母之主觀意欲無關，因此，應以客觀說較為妥適。再者，慣常居所地之所以廣為海牙公約所採用，正因其不須費力調查當事人主觀上是否有永久居住之意思，而得僅就其客觀上常住之事實加以認定，其在判斷標準上實較住所之認定來得便利且明確。

　　以慣常居所取代住所或作為住所之補充這一趨勢的出現，是現代民事關

係主體流動性加強的必然結果。這一趨勢有利於各國對涉外民事案件管轄權規定及選法規則之統一，因為自然人慣常居所的確定，相對於住所而言要容易得多。雖然慣常居所地尚為一新觀念，吾人似乎不必機械性地給予其一個如住所班嚴格的定義，以便其可以適應各種不同的功能，但對於慣常居所之解釋仍不宜過寬，要體現出「經常、慣常」這一特徵，或許亦可考慮對居住之期限加以法律上之規定，以度爭議。

參考文獻

一、中文部分

（一）書籍

陳隆修，比較國際私法，五南圖書，1989年10月。

劉鐵錚等著，瑞士新國際私法之研究，三民書局，1991年10月。

（二）期刊、專書論文

林益山，慣居地在國際私法上之適用，臺灣本土法學雜誌第28期，2001年11月。

林凱，論屬人法之新連接因素—習慣居所，收於國際私法理論與實踐（二）—劉鐵錚教
　　授六秩華誕祝壽論文集，學林，1998年9月

陳隆修，論國際私法上屬人法之連繫因素，東海學報第29卷，1988年6月。

陳榮傳，國際私法上的適應或調整問題，法學叢刊第145期，1992年1月。

蔡華凱，再論臺美間爭奪子女事件，法學新論第11期，2009年6月。

二、日文部分

（一）書籍

山田鐐一、早田芳郎編，演習国際私法（新版），有斐閣，1992年6月。

木棚照一、松岡博編，基本法コンメンタール国際私法，日本評論社，1994年5月。

木棚照一、松岡博・渡辺惺之，国際私法概論，有斐閣，2007年6月5版。

池原季雄，国際私法総論・国籍法法律学全集，有斐閣，1973年7月。

国際法学会編，国際法辞典，鹿島出版會，1975年7月。

松岡博，国際関係私法入門，有斐閣，2013年12月25日3版。

南敏文編，新し国際私法—改正法例と基本通達，日本加除出版株式會社，1990年4月。

南敏文，改正法例の解説，法曹会，1992年5月。

笠原俊宏，国際家族法新論（補訂版），文真堂，2011年7月。

野村美明編著，ケースで学ぶ国際私法，法律文化社，2008年5月。

道垣内正人，ポイント国際私法（総論），有斐閣，2007年4月2版。

廣江健司，国際民事関係法，成文堂，2008年5月。

澤木敬郎、道垣内正人，国際私法入門，有斐閣，2000年10月4版再訂版。

澤木敬郎、南敏文編，新し国際私法—改正法例と基本通達，日本加除出版株式會社，1990年4月。

櫻田嘉章，国際私法，有斐閣，2006年11月5版。

櫻田嘉章、道垣内正人編，注釈国際私法第2巻，有斐閣，2011年12月。

（二）期刊、專書論文

村岡二郎，遺言の方式の準拠法に関する法律の解説，法曹時報第16巻第7號，1964年7月。

南敏文，改正法例の解説（五，完），法曹時報第43巻第9號，法曹會，1991年9月。

南敏文，常居所・最密接関係地，別冊ジュリスト185号（国際私法判例百選 新法対応補正版），有斐閣，2007年1月。

烌場準一，法例の改正規定と常居所基準説の論拠について，国際法外交雑誌第90巻第2號，国際法学会，1991年6月。

笠原俊宏，常居所の認定基準，国際私法の争点，有斐閣，1996年7月。

三、西文部分

Morris & North, Cases and Materials On private International law, 11th ed., 1987.

PART 4

國際管轄權之排除
——不便利法庭或特別情事原則

1

國際私法上「不便利法庭原則」與
「特別情事原則」之研析
——以最高法院104年度台抗字第589號裁定為中心[*]

許兆慶

壹、前言

　　國際私法研究之領域[1]，晚近多數見解認兼及「國際裁判管轄」、「法律適用（準據法選擇）」及「外國確定判決（仲裁判斷）之承認與執行」等三大領域[2]。我國學界針對國際私法之關注，一向偏重於準據法選擇（Choice-of-law）領域，對於「國際裁判管轄權」與「外國確定判決之承認與執行」等領域，文獻、研究相對有限，但從訴訟實務角度觀察，國際裁判管轄問題，往往已經決定訴訟之勝負[3]，此由許多司法裁判案例之裁判結果觀之即明。某一涉

---

[*] 原刊登於中華國際法與超國界法評論第13卷第1期，2017年6月，頁49-79。

[1] 各國國際私法權威教科書詳細資料之整理與分類，詳參見賴來焜，基礎國際私法學，三民書局，2004年，頁1。

[2] 陳隆修，國際私法管轄權評論，五南圖書，1986，頁4；蔡華凱，國際裁判管轄總論之研究——以財產關係訴訟為中心，國立中正大學法學集刊第17期，2004年10月，頁1以下；石黑一憲，國際私法と國際民事訴訟法との交錯，有信堂高文社，1988年，頁185；CHESHIRE & NORTH, PRIVATE INTERNATIONAL LAW 7 (UK: Oxford University Press, 2004); SYMEON C. SYMEONIDES ET AL., CONFLICT OF LAWS: AMERICAN, COMPARATIVE, INTERNATIONAL 2-4 (Eagan, Minnesota: Thomson West, 2003); J. G. COLLIER, CONFLICT OF LAWS 3 (UK: Cambridge University Press, 2001); RUSSELL J. WEINTRAUB, COMMENTARY ON THE CONFLICT OF LAWS 1 (New York: Foundation Press, 2001); WILLIS L. M. REESE, MAURICE ROSENBERG & PETER HAY, CONFLICT OF LAWS - CASES AND MATERIALS 1-3 (London: Foundation PR Ltd., 1990).

[3] 國際裁判管轄權有無之判定，影響訴訟勝負之關鍵事項包括（但不限於）：適用民事程序法之不同、訴訟使用語言之差異、訴訟之勞費與成本、強制律師代理之須否、證據調查程序與舉證責任分配的差異、適用之國際私法準據法選法規則不同等，各項因素均足

外私法事件，應由何國法院裁判，乃屬國際裁判管轄權之問題；受訴法院是否得進行審判，承審法院應先審認法庭地國（forum state）對系爭事件是否具備合理之國際裁判管轄基礎。

不便利法庭原則（forum non conveniens）源自英美法，係指受訴法院雖然具備管轄權，但衡量由另一個具備管轄權之法院審理較為便利時，得行使裁量權駁回原告之訴或停止訴訟程序之制度，基本上可說是「有管轄權但不適合行使」；而特別情事原則係日本司法實務所發展形成之國際裁判管轄規則，對於決定國際裁判管轄之有無，認應依據期待當事人間的公平、裁判適當、迅速之理念，由法理決定之；若有明顯違背當事人間之實質公平、審判之適正、程序之迅速經濟等特別情事，則應否定受訴法院之國際裁判管轄，因此，若有此特別情事，則屬「無管轄權」。

最高法院104年度台抗字第589號裁定揭示，我國涉外民事法律適用法並無關於管轄權之規定，事實審法院依當事人間之公平、裁判之正當與迅速法理，審酌再抗告人Y公司實際營業行為地點、保險連繫地、當事人與法庭地法之關連性，認我國法院有管轄權，於法無違。事實審法院理由要領略以：本件由我國法院管轄，對相對人並不致造成不當之負擔，並依權利保障迅速及訴訟經濟原則，均符合當事人及公眾之利益，且不違反公平正義原則，則我國就本件訴訟自非**不便利法庭**，是本件既無明顯違背當事人間之實質公平及程序之迅速經濟等**特別情事**，應認我國法院有管轄權。

本件裁定一方面認我國非不便利法庭，另一方面認本件由我國審理無明顯違背當事人間之實質公平及程序之迅速經濟等特別情事，應認我國法院有管轄權，似將兩個不同基礎的管轄規則混為一談。但本裁定似為最高法院第一件明確肯認事實審法院運用法理說及特別情事原則判斷我國國際裁判管轄權之案例，與日本特別情事原則的發展歷程相似，是否代表最高法院已經決定放棄過去學說上採類推適用說的多數見解[4]，並將採納以法理說及特別情事原則作為

以影響訴訟之勝負。詳參見蔡華凱，侵權行為的國際裁判管轄—歐盟的立法與判例研究，國立中正大學法學集刊第14期，2004年1月，頁243-299。

4　劉鐵錚、陳榮傳，國際私法論，三民書局，2000年，頁604；林益山，國際裁判管轄權衝突之研究，收於國際私法新論，自版，1995年，頁102、124-128；陳啓垂，英美法上「法

審認我國國際裁判管轄權有無之基礎[5]？誠值研究與觀察。

　　本文第一部分爲前言，第二部分簡析最高法院104年度台抗字第589號裁定歷審裁定要旨作爲探討之基礎，第三部分淺介涉外事件之處理程序與國際裁判管轄權之決定，第四部分闡述不便利法庭原則與特別情事原則之意涵，第五部分則針對最高法院104年度台抗字第589號裁定有關國際裁判管轄權之認定所持理由以及未來對司法實務之影響加以評析。

貳、最高法院104年度台抗字第589號裁定簡析

一、事實概要

　　訴外人萬納杜籍A公司於民國99年間就其所有船舶惠川輪與我國籍原告X訂立船體險保險契約，嗣於保險期間內，萬納杜籍被告Y公司所屬之惠發輪船長我國籍Y1與值班船員中國籍Y2、越南籍Y3疏未遵守「國際海上避碰規則」之規定，致碰撞惠川輪之左舷，終致惠川輪進水沉沒（下稱系爭事故）。原告X公司依保險契約理賠A公司後依法代位對被告Y公司、Y1、Y2、Y3請求損害

院不便利原則」的引進—涉外民事法律適用法修正草案增訂第十條「不便管轄」的評論，臺灣本土法學雜誌第30期，2002年1月，頁58、60。

[5]　最高法院有關我國法院應如何認定國際裁判管轄之基礎，似尚無定論，本文討論之104年度台抗字第589號裁定似採法理說及特別情事原則作爲判斷我國法院管轄權有無之基礎。然而，最高法院104年度台抗字第1004號裁定意旨略以：「按關於涉外事件之國際管轄權誰屬，涉外民事法律適用法固未明文規定，惟受訴法院尚非不得就具體情事，類推適用國內法之相關規定，以定其訴訟之管轄。又我國民事訴訟法第十五條所謂因侵權行爲涉訟者，指本於侵權行爲請求損害賠償或防止侵害之訴，或以侵權行爲爲原因之積極或消極確認之訴等是。特別法就特殊侵權行爲類型，如無管轄之特別規定，亦有上開規定之適用。故在我國法院提起涉外民事訴訟，請求確認被告本於侵權行爲對於原告請求排除侵害之權利不存在者，應類推適用我國民事訴訟法第一條、第二條、第十五條第一項及第二十一條規定，認被告住所地或法人主事務所、主營業所所在地及侵權行爲地（包括實施行爲地及結果發生地）之法院，俱有管轄權。」顯仍採取向來的多數見解——類推適用說。

賠償[6]。被告Y公司則以我國法院無國際裁判管轄權資為抗辯。

二、本件爭點

我國法院就本件是否具備國際裁判管轄權？

三、歷審所持見解

(一)臺灣高雄地方法院102年度海商字第3號裁定

裁定結論：原告之訴駁回。（認我國法院不具備國際裁判管轄權）

理由要領：

1. 法院欲行使一般管轄之合理基礎應指該案件中之一定事實與法庭地國有某種牽連關係存在，使法院審理該案件應屬合理，而不違反公平正義原則，尚不宜逕行類推適用國內各該管轄之規定。從而，若有明顯違背當事人間之實質公平、審判之適正、程序之迅速經濟等特別情事，則應否定我國法院就該涉外民事事件之國際民事裁判管轄[7]。本件欠缺一定事實與我國產生牽連關

---

[6] X公司於本件抗告至二審時撤回對Y2、Y3之訴訟。

[7] 茲摘要裁判要旨如下：內國法院對於涉外民事事件有無國際民事裁判管轄，乃訴訟提起之程序要件，屬法院之職權調查事項；法院應依內國法之規定或概念決定爭執法律關係之性質（定性）後，以確定內國對訟爭事件有國際民事裁判管轄，始得受理。惟我國有關國際管轄權之規定，除涉外民事法律適用法就外國人之禁治產及死亡宣告有明文規定外，餘則未予規定；而民事訴訟法及海商法關於管轄之規定係就內國民事訴訟事件劃分各法院管轄權範圍，各該法條所稱之管轄法院即專指中華民國各級法院而言。但因案件含有涉外成分，如一國之管轄權不具合理基礎，不僅容易引起國際爭執，縱使判決確定，亦難為外國法院所承認，致無法於外國為強制執行，進而失去訴訟之功能及目的，故學說上認為一國法院行使一般管轄權之合理基礎，應指該案件中之一定事實與法庭地國有某種牽連關係存在，使法院審理該案件應屬合理，而不違反公平正義原則。法院受理涉外民事事件審核有無國際民事裁判管轄時，除應審之個案之原因事實及訴訟標的法律關係外，尚應就該個案所涉及之國際民事訴訟利益與特定國家（法域）關連性等為綜合考量，並參酌援引內國民事訴訟管轄之規定及國際民事裁判管轄規則之法理，基於當事人間之實質公平、審判之適正、程序之迅速經濟等程序保障概念，為判斷之基礎，尚不宜逕行類推適用國內各該管轄之規定。從而，若有明顯違背當事人間之實質公平、審判之適正、程序之迅速經濟等特別情事，則應否定我國法院就該涉外民事事件之國際民事裁判管轄。

係[8]；本事件惠發輪雖屬於權宜船，仍不足以遽認該船實際營業地在我國[9]；
於數被告之住所地雖不同，但有共同之特別管轄權者，爲符合當事人之實質
公平、審判之適正、程序之迅速經濟，兼顧裁判之一致性等法理，應排除普
通審判籍而由共同管轄法院爲審理，本件共同管轄應係惠發輪發生事故後之
最初到達港口即斐濟港或惠發輪之扣押地，方有管轄權[10]。

---

[8] 茲摘要裁判要旨如下：被告Y2爲中國籍人、Y3爲越南籍人，其二人在國内均無住居所，
系爭事故發生地點位於南美洲與法屬玻里尼西亞間之南太平洋上之公海領域，其距離最
近陸地爲法屬玻里尼西亞之島嶼約390浬，惠川輪沉沒後，惠發輪第一到達港爲斐濟。此
外，惠發號漁船於99年間加入UKP & I Club，亦未經UKP & I Club授權在臺通訊代表處處
理系爭事故，無法提供相關資訊，是本件除被告Y1之住所地在我國外，其餘被告之住居
所、營業地、系爭事故發生地、事後船舶第一到達地，均不在我國境内，且惠發輪嗣後
並未進入我國領域，亦未遭我國扣押。被告Y公司在國内並未經特許或爲任何登記，亦無
設立辦事處或營業所，尚不得以其將國内前鎮地址及電話作爲聯絡方式，即認其在國内
設有營業。就關連性而言，除被告Y1住所地在國内尚有關連外，其餘關連性均甚爲薄
弱。自程序進行之效益觀之，本件Y1以外之被告，分別爲萬納杜、中國、越南等國籍，
其等之基本資料，自101年9月10日起訴後至今，均未能藉由本件司法程序加以查明；而系
爭事故發生後最初到達港爲斐濟，並即時在斐濟進行蒐證及調查，相關證據均留存在國
外，且惠發號漁船加入之UKP & I Club，亦未授權在臺通訊代表處處理系爭事故，無法提
供相關資訊，顯見調查證據之程序耗費時日而不可得。再依訴訟之利益來看，惠發輪未
曾進入我國領海或經我國扣押，即使原告獲得勝訴判決，亦無從就惠發輪實行對於Y公司
之債權；況本件訴訟係因船舶碰撞而生，對於被告數人而言，關於損害賠償原因事實及
責任之認定，亦不宜割裂加以認定及判斷。

[9] 茲摘要裁判要旨如下：所謂權宜船係指船舶所有人爲逃避本國財稅、船員及船舶管理、
營運等方面之嚴格管制或限制，或爲增加國際漁業管理機構分配給個別國家的捕撈限
額、或爲躲避國際漁業管理法規等因素，而選擇與自己並無連繫因素之國家，作爲船舶
登記之旗幟；即被告Y公司雖設立登記在萬納杜國，惟與Y公司之營業毫不相干，依本件
之實際營業狀況，至多可認國内前鎮地址爲Y公司之聯絡地，無論船舶出發或停泊港、作
業區域、行政管理或業務接洽，均無從認定係在國内，僅依其爲權宜船、國内有聯絡地
址，即遽認實際營業地在我國，實屬牽強。

[10] 茲摘要裁判要旨如下：依内國法係關於船舶碰撞之民事管轄規定而言，我國民事訴訟案
件關於内國普通審判籍，原則上採以原就被原則，以被告之住所地、法人或團體之主事
務所或主營業所所在地之法院管轄，以保護被告利益，防止原告濫訴。又對於在國内現
無住所或住所不明之人，因財產權涉訟者，得由被告可扣押之財產或請求標的所在地之
法院管轄，民事訴訟法第1條、第2條第2項、第3條第1項分別已有明文；至内國特別審
籍部分，民事訴訟法第15條第2項規定，因船舶碰撞或其他海上事故請求損害賠償而涉訟
者，得由受損害之船舶最初到達地，或加害船舶被扣留地，或其船籍港之法院管轄；海

2. 我國雖就被告Y1部分具有國際民事裁判管轄，惟審酌本件原告主張之原因事實，及船舶碰撞侵權行為之法律關係，關係船舶之國籍（含船籍港）並非我國，碰撞發生地為公海，加害船舶並未於碰撞事故後到達我國，亦未經我國法院扣押，我國也不是受損害船舶於碰撞事故後之最初到達地；且兩造迄未合意由我國法院管轄，本件船舶碰撞事故之事實真相、相關操船人員之見聞及因應措施為何、有無善盡注意義務或採取適當之避碰作為、惠川輪是否同有過失等要件事實均有不明，相關證據調查陷於膠著，顯見由我國受理本件涉外船舶碰撞事故之審判，極度戕害程序迅速經濟、適正審判及當事人間實質公平之程序保障，本件由我國法院進行審理，將致調查取證困難、訴訟利益甚微、訴訟程序不經濟、對非我國籍之被告程序保障嚴重不足，復為避免致生裁判歧異之危險，亦不應單獨就具有普通審判籍之被告陳文南進行審理，應認我國法院對本件訴訟之被告並無國際裁判管轄權。且參酌本件如單就具有普通審判籍之被告Y1部分強為審判而與其他被告割裂處理，將導致判決歧異之可能性等特別情事，自應否定我國法院對於本件有國際民事裁判管轄。

對於一審法院認定我國法院無國際裁判管轄權之結果，原告不服提起抗告。

商法第101條各款則規定，被告之住所或營業所所在地、碰撞發生地、被告船舶船籍港、船舶扣押地、當事人合意地之法院均有管轄權。而依特別法優於普通法之法理，船舶碰撞固然應優先適用海商法關於特別審判籍之管轄規定，然而「共同訴訟之被告數人，其住所不在一法院管轄區域內者，各該住所在地之法院俱有管轄權。但依第四條至前條規定有共同管轄法院者，由該法院管轄」。民事訴訟法第20條亦明文之：是倘有共同之特別審判籍，即不再適用各被告住所地法院均有管轄權之普通審判籍規定。本件優先適用之海商法，並無如同民事訴訟法第20條之共同管轄規定，然非不得參照民事訴訟法之特別審判籍與共同管轄規定之法理，於數被告之住所地雖不同，但有共同之特別管轄權者，為符合當事人之實質公平、審判之適正、程序之迅速經濟，兼顧裁判之一致性等法理，應排除普通審判籍而由共同管轄法院為審理。從而，參酌我國民事訴訟法及海商法關於船舶碰撞之管轄規定，兩造並無合意管轄，且除被告Y1之住所地在國內外，其餘被告之住所或營業所所在地、碰撞發生地（公海上）、被告船舶船籍港（雖設籍萬納杜，惟與其營業無關）、事故後最初到達港（斐濟）、船舶扣押地（無證據可認惠發輪已進入我國領域或經我國扣押）等均不在國內，及依民事訴訟法關於民事訴訟法第20條但書關於特別審判籍之共同管轄排除普通審判籍規定之法理，本件共同管轄應係惠發輪於系爭事故發生後之最初到達港斐濟、或惠發輪之扣押地，方有管轄權。

(二) 臺灣高等法院高雄分院103年度重抗字第42號裁定

裁定結論：原裁定廢棄。（認我國法院有管轄權）

理由要領：

1. 法院審酌有無管轄權應斟酌個案原因事實、訴訟標的之法律關係、個案所涉及之國際民事訴訟利益、特定國家關連性、當事人間之實質公平、程序之迅速經濟等概念，為衡量判斷之依據法院受理涉外民商事事件審核有無國際民事裁判管轄權時，除應斟酌個案原因事實及訴訟標的之法律關係外，尚應就該個案所涉及之國際民事訴訟利益與特定國家（法域）關連性等為綜合考量，並參酌內國民事訴訟管轄規定及國際民事裁判管轄規則之法理，基於當事人間之實質公平、程序之迅速經濟等概念，為衡量判斷之依據。故除有由我國法院行使管轄權，係明顯違背當事人間之實質公平及程序之迅速經濟等特別情事外，原則上均應認我國法院有管轄權。

2. 被告Y1於我國受有薪資給付，系爭事故發生後亦在我國辦理理賠及受領保險金、加害船舶船長、受害船舶船長均住高雄並無無法進行調查之情事。本件由我國法院管轄，對相對人並不致造成不當之負擔，並依權利保障迅速及訴訟經濟原則，均符合當事人及公眾之利益，且不違反公平正義原則，則**我國就本件訴訟自非不便利法庭，是本件既無明顯違背當事人間之實質公平及程序之迅速經濟等特別情事**，揆諸前開說明意旨，即應認我國法院有管轄權。

   對於高分院裁定認定我國法院具備國際裁判管轄權之結果，Y公司不服提起再抗告。

(三) 最高法院104年度台抗字第589號裁定

裁定結論：（Y公司）再抗告駁回，我國法院具備國際裁判管轄權。

理由要領：按我國涉外民事法律適用法並無關於管轄權之規定，原法院依當事人間之公平、裁判之正當與迅速法理，審酌再抗告人Y公司實際營業行為地點、保險連繫地、當事人與法庭地法之關連性，認我國法院有管轄權，於法無違。

參、涉外事件之處理程序[11]與國際裁判管轄權之決定

一、涉外事件之處理程序

(一)是否為涉外私法事件之判斷

1. 是否為涉外事件

　　凡案件之事實牽涉外國者，則構成一涉外事件；換言之，一案件具有所謂「涉外成分」（foreign element）[12]者，即為涉外事件；因此，訟爭事件之主體、客體或法律關係牽涉外國，抑或當事人約定以外國法為準據法者，均可謂為涉外事件。就本件而言，雙方當事人中，X為我國法人，Y則為萬納杜籍法人，Y1、Y2、Y3分別為我國籍、中國籍、越南籍自然人，案件法律關係之主體牽涉外國人，是本件為涉外案件，應屬無疑。

2. 是否為私法事件

　　訟爭事件是否私法事件，基本上係以原告訴狀所記載之事實上與法律上主張是否為私權爭議為主要判斷基礎。本件原告係訴請被告給付損害賠償，換言之，依原告請求內容，兩造間之訟爭標的屬私權之紛爭，是本件應屬私法案件，亦無疑義。

(二)判斷涉外私法事件之意義

　　國際私法之本質究屬程序法或實體法抑或法律適用法，學說見解論述固異[13]，然涉外民商案件之判定，涉及到兩項法院針對訟爭事件進入實體審理前

---

[11] 關於國際私法案件之處理程序，詳見馬漢寶，談國際私法案件之處理，軍法專刊第28卷第11期，1982年11月，頁1以下；劉鐵錚，反致條款與判決一致，政大法學評論第14期，1976年10月，頁48以下；柯澤東著，吳光平增修，國際私法，元照，2016年，頁35。

[12] 一般而言，涉外成分（或稱涉外因素）之種類，可得而言者，約有下列數端：1.牽涉外國人者；2.牽涉外國地者；3.牽涉外國人及外國地者。見馬漢寶，國際私法總論，自版，1990年11版，頁2；劉鐵錚、陳榮傳，同註4，頁4-5。

[13] 我國文獻似無明主國際私法為實體法者。至國內學者採程序法說者，如劉鐵錚、陳榮傳，同註4，頁18；林益山，同註4，頁10。採法律適用說者，例如柯澤東，國際私法，翰

主要必須加以確定之先決問題，亦即國際裁判管轄審認之必要性與國際私法是
否應加適用之問題[14]。詳言之，若判定非涉外民商事件，則逕依法庭地民事訴
訟法適用法庭地民商實體法爲裁判準據即可，然而若判定爲涉外民商事件，合
應先審認我國法院國際裁判管轄權之存否，若具備國際裁判管轄權，並應先依
涉外民事法律適用法定其應適用之法律，事實審法院若忽略此先決問題而逕
適用法庭地實體法爲裁判基礎者，其判決當然違背法令[15]；甚至在涉及港澳之
民商事件，法院未依香港澳門關係條例類推適用涉外民事法律適用法之規定
確定準據法而逕依我國實體法判決者，最高法院亦認該判決當然違背法令[16]。

蘆，1999年，頁31；曾陳明汝，國際私法原理，自版，1994年，頁11。此外，尚有學者採
「適用法則」說，認國際私法乃係一種適用法則（Rechtsanwendbarkeitsnormen），在性質
上偏於程序法，而與實體法有區別……國際私法猶如法律施行法，並不直接處理案件之
本身，而僅間接指示案件所應適用之法律爲何，參看馬漢寶，同註12，頁16-17。晚近則
有學者總和國際私法性質之各面象，提出所謂「綜合性法說」者，見賴來焜，當代國際
私法學之基礎理論，自版，2001年，（總）頁182-184。

[14] 本件地方法院裁定理由略以：「內國法院對於涉外民事事件有無國際民事裁判管轄，乃
訴訟提起之程序要件，屬法院之職權調查事項；法院應依內國法之規定或概念決定爭
執法律關係之性質（定性）後，以確定內國對爭事件有國際民事裁判管轄，始得受
理。」除肯認應依法庭地國法作爲定性之標準外，亦明確指出定性之範圍除準據法之選
擇階段有之以外，於決定國際裁判管轄之有無階段，亦應依法庭地國法就案件性質爲定
性，誠值肯定。

[15] 例如最高法院104年度台上字第1695號判決：「按民事事件涉及外國者，爲涉外民事事
件，應依涉外民事法律適用法定其應適用本國或外國之法律。所稱涉外，係指構成民事
事件事實，包括當事人、法律行爲地、事實發生地等連繫因素，與外國具有牽連關係者
而言。查被上訴人係外國法人，其所主張之買賣關係涉及國際貿易，依上說明，自應依
涉外民事法律適用法之規定，確定其準據法。原審未遵循選法之程序並說明本件應適用
我國法所憑依據，即逕認被上訴人得依我國民法第三百六十七條、第三百六十九條之規
定請求上訴人給付買賣價金，進而爲上訴人敗訴之判決，自有判決不備理由之違法。」
又最高法院91年度台上字第95號判決：「查上訴人非本國法人，本件應屬涉外民事事件。
原審未依涉外民事法律適用法之規定確定其準據法，遽爲判決，尚有疏略。」餘如最高
法院93年度台上字第2121號民事判決、92年度台上字第150號民事判決、90年度台上字第
1232號民事判決、90年度台上字第516號民事判決、89年度台上字第671號民事判決、88年
度台上字第3073號民事判決等均同此旨。

[16] 最高法院104年度台上字第1791號民事判決：「查上訴人係香港人，其所主張之借貸關係
或不當得利地涉及香港及臺灣，依上說明，自應依香港澳門關係條例類推適用涉外民事
法律適用法之規定，確定其準據法。原審未遵循選法之程序並說明本件應適用我國法所

學者間有主張當事人未主張外國法之適用者，承審法院應逕以法院地法為裁判準據[17]，然而我國最高法院至今之有力見解仍認，涉外事件之承審法院未先適用國際私法而逕適用我國民商實體法為裁判者，其判決當然違背法令，得為上訴第三審之理由，實例上，至今仍常見最高法院以二審判決就涉外事件未先適用國際私法而逕適用我國法為實體裁判為廢棄發回更審之理由[18]。在現行法制下，最高法院針對涉外事件強調國際私法之強制適用性應值贊同，但上開學說建議，於實務上則有極大便利性，我國法院若欲採行此一方式，為強化合理性，本文建議得於審理過程藉由闡明權之行使或爭點之整理，以取得兩造同意適用法庭地法為準據法之合意，即可獲得以法庭地法為準據法之合理化基礎[19]。晚近有學者提出國際私法強制適用性軟化之提議，建議法院在訴訟過程中得藉由闡明權之行使，使兩造達成選定（法庭地法作為）準據法之合意，於實務運作上，深具實用意義[20]。

憑依據，即依我國民法消費借貸、不當得利之規定認定上訴人不得請求被上訴人給付，進而為上訴人不利之論斷，自有判決不備理由之違法。」

[17] 參看柯澤東，同註13，頁165-167。

[18] 查被上訴人為外國法人，本件應屬涉外民事事件。原審未依涉外民事法律適用法之規定確定其準據法，遽依我國法律而為上訴人不利之判決，自有可議。上訴論旨，指摘原判決違背法令，求予廢棄，非無理由（參看最高法院96年度台上字第486號民事判決、96年度台上字第651號民事判決、95年度台上字第1166號民事判決、94年度台上字第1765號民事判決、94年度台上字第1721號民事判決等）。

[19] 實務上最高法院91年度台上字第1508號民事判決給付電匯款事件，事實審法院於更審程序審理時，達成兩造同意以我國法律為準據法之合意，藉以限縮爭點，最高法院對於事實審法院協調當事人達成事後選定我國法為準據法之合意，亦表贊同；此一「事後選法」之合法性於該案事後的再審程序審理時，再經最高法院肯認，詳參最高法院92年度台再字第22號民事判決。我國法院受理涉外事件，遇有當事人未選定準據法之情形時，此一模式可作為我國法院運用之參考。

[20] 詳參蔡華凱，外國法的主張、適用與證明—兼論國際私法選法強行性之緩和，東海法學研究第24期，2006年6月，頁175-240。

二、國際裁判管轄權之決定

(一) 國際裁判管轄權之意涵

　　某一涉外私法事件，應由何國法院裁判，乃屬國際裁判管轄權之問題；析言之，涉外私法案件所涉管轄權問題有二層次：首先，承審法院應先審認法庭地國對系爭案件是否有國際裁判管轄權，倘屬肯定，承審法院始進而判定該法院是否係法庭地國內有管轄權之法院；前者乃法域的管轄權或稱國際裁判權，後者則為國內訴訟法上的管轄權或逕稱國內裁判權[21]；國際私法領域所研究者，當係指前者而言。

(二) 國際裁判管轄權之決定

1. 按我國現行法關於國際裁判管轄權，除民事訴訟法第402條第1項第1款間接國際管轄權之規定，用以作為外國確定判決於我國承認與執行之消極審查要件外，並無我國法院受理涉外私法事件審查國際裁判管轄權有無之直接管轄權相關明文規定，而各國法院受理涉外私法事件時，關於國際裁判管轄權有無之問題，除若干區域性公約、區域性立法或內國立法例外，仍乏普世認同

---

[21] 我國學者多數引述法國學者稱謂前者爲「一般管轄權」，稱後者爲「特別管轄權」之分類方式，見林秀雄，國際裁判管轄權—以財產關係案件爲中心，收於國際私法理論與實踐（一）—劉鐵錚教授六秩華誕祝壽論文集，學林，1998年，頁119-135；簡清忠，美國法上公司國際管轄權問題之研究，收於國際私法理論與實踐（二）—劉鐵錚教授六秩華誕祝壽論文集，學林，1998年，頁145；徐維良，國際裁判管轄權之基礎理論，法學叢刊第183期，2001年7月，頁69-88；劉鐵錚、陳榮傳，同註4，頁687-688；馬漢寶，同註12，頁174-175。然除法國學者之外，各國文獻上較少如此區分「一般管轄」與「特別管轄」，抑且，晚近「一般管轄權」通常用以表示國際裁判管轄權理論中「以原就被原則」之被告屬人「普通裁判籍」，以屬人法之連繫因素住所（或慣居地）爲判斷基準；而「特別管轄權」則係以訴訟標的之性質分類，用以表示法院就該特定性質之事件有裁判基礎之特別審判籍涵意。*See, e.g.*, Von Mehren & Trautman, *Jurisdiction to Adjudicate: A Suggested Analysis*, 79 HARV. L. REV. 1121, 1136-1164 (1966); GARY B. BORN, INTERNATIONAL CIVIL LITIGATION IN UNITED STATES COURTS 77-78 (Netherlands: Kluwer Law International, 1996); LEA BRILMAYER, CONFLICT OF LAWS - CASES AND MATERIALS 587-623 (New York: Aspen Publishers, 1999); Cheshire & North, *supra* note 2, at 199; 李雙元，國際私法，北京大學，1991年，頁451-452；余先予，衝突法，法律出版社，1989年；Martin Wolff原著，李浩培著，湯宗舜譯，國際私法（Private International Law），法律出版社，1988年，頁85-86。

之國際規範。

2. 一般而言，在欠缺內國明文規範、國際公約或國際習慣法之前提下，關於涉外財產事件之國際裁判管轄，應以當事人間之公平、裁判之公正與迅速等理念，依法理決定之[22]；而法理之根據，除內國民事訴訟法上關於管轄權之原因基礎，在性質相容且具備國際裁判管轄妥當性之基礎上，得引為法理參照外，部分區域性國際公約（例如前布魯塞爾公約[23]、魯加諾公約[24]）、1999年海牙國際管轄權公約草案[25]以及「歐盟管轄權規則Ⅰ」[26]，均已奠定可資參照之國際裁判管轄審查標準，均得作為我國法院審查涉外私法事件國際裁判管轄權有無之法理依據。

3. 另一方面，關於國際私法之研究領域，晚近多數著作均包括國際裁判管轄、法律適用以及外國判決之承認與執行三大領域，業如前述，與此一學理基礎相呼應者，歐陸地區國際私法新立法，似有將上開三大領域融於同一法典

---

[22] 詳參蔡華凱，同註2，頁1-85。在本文所探討之最高法院104年度台抗字第589號裁定（臺灣高雄地方法院102年度海商字第3號裁定）之前，實務上採此見解者，請見臺灣臺南地方法院92年度重訴字第295號判決、臺灣嘉義地方法院93年度嘉勞小字第7號判決。

[23] 對於財產關係事件之國際裁判管轄問題，歐洲在1968年9月27日於布魯塞爾締結了「關於民事及商事事件之裁判管轄暨判決之承認執行公約」（the Convention of 27 September 1968 on Jurisdiction and the Enforcement of Judgments in Civil and Commercial Matters）。此公約於2001年理事會規則化（法典化），關於其經緯，見蔡華凱，同註3，頁243-294。

[24] Convention on Jurisdiction and the Enforcement of Judgments in Civil and Commercial Matters - Done at Lugano on 16 September 1988 (88/592/EEC), http://curia.europa.eu/common/recdoc/convention/en/c-textes/_lug-textes.htm, last visited 2017.1.2.

[25] Preliminary Draft Convention on Jurisdiction and the Effects of Judgments in Civil and Commercial Matters, http://www.hcch.net/upload/wop/jdgmpd11.pdf, last visited 2017.1.2.

[26] Council Regulation (EC) No. 44/2001 of 22 December 2000 on Jurisdiction and the Recognition and Enforcement of Judgments in Civil and Commercial Matters, O. J, 2001, L12/01. *See* http://eur-lex.europa.eu/legal-content/EN/TXT/?uri=URISERV:l33054, last visited 2017.1.2 (known as "Brussels I").

之趨勢，例如義大利新法[27]、瑞士新法[28]均是，尤其瑞士新法，開西歐國家
之先例，幾乎對所有法律類型均分別規定其管轄、選法以及判決承認之基
準[29]。此外，比利時繼1979年奧地利國際私法、1989年瑞士國際私法、1995
年義大利國際私法及1986年、1999年德國國際私法等歐洲主要成文法國家
制定（修訂）新國際私法法典（律）之後，亦於2004年制定通過國際私法典
（下稱比利時新法）[30]，並已自2004年10月1日起生效[31]；比利時新法沿襲瑞
士新法之立法體例，除總論性規範外，其餘（各論）法律類型，均分別針對
其國際裁判管轄、法律適用及外國判決之承認與執行等三部分規範其適用準
據[32]。上述歐陸國家關於國際裁判管轄基礎之立法例，於我國法院受理涉外
事件時，亦得作為判斷我國法院國際裁判管轄權有無之法理基礎。

4. 基上，在我國法院提起之涉外財產爭訟，如依前開所述國際公約、區域性公
約、區域性規範以及各國內國立法所揭示之國際裁判管轄權法理基礎加以審
查具備管轄之原因者，我國法院即具備國際裁判管轄權，惟若在我國法院進
行訴訟，將有違當事人間之公平、裁判之公正與迅速等特別情事存在時，即

---

[27] 義大利新國際私法已於1995年5月31日制定通過，全文共74條，其中除第64至71條（即有
關外國判決在義大利承認執行之相關條文）自1996年12月31日起生效外，其餘條文均自
1995年9月1日起生效。*See* Alberto Montanari & Vincent A. Narcisi, Conflict of Laws in Italy
1 (Netherlands: Kluwer Law International, 1997).

[28] 詳參劉鐵錚等著，瑞士新國際私法之研究，三民書局，1991年，頁1。

[29] Symeon C. Symeonides, *The New Swiss Conflicts Codification: An Introduction*, 37 Am. J. Comp.
L. 187, 188 (1989). ("It is the first statute in [west] Europe to overcome the traditional division
between procedural and substantive law and to treat in a single integrated document the three topics
whose interrelationship has so far been recognized only in theory--jurisdiction, choice of law, and
recognition of foreign judgments.")

[30] 16 JUILLET 2004. - Loi portant le Code de droit international privé, http://www.ejustice.
just.fgov.be/cgi/article_body.pl?language=fr&caller=summary&pub_date=2004-07-
27&numac=2004009511#top, also *available at* http://www.ejustice.just.fgov.be/cgi_loi/loi_a1.pl?
language=fr&la=F&cn=2004071631&table_name=loi&&caller=list&F&fromtab=loi&tri=dd+AS
+RANK&rech=1&numero=1&sql=(text+contains+(''))#LNK0156, last visited 2016.11.17.

[31] *Id.*

[32] 許兆慶，跨國信託法律適用之研析——以意定信託為中心，國立中正大學法律研究所博士
論文，2005年，頁426-427。

應例外否定我國法院之國際裁判管轄權[33]。

(三) 我國裁判管轄基礎之具體認定

1. 國際裁判管轄之一般管轄（普通管轄）基礎

國際民事訴訟之裁判管轄原因類如內國民事訴訟之管轄原因，某人（自然人或法人）之本據地（一般均以自然人之住所或法人之主事務所所在地為認定基準）法院，乃處理該人訴訟事件的基礎法院，除專屬管轄事件應向專屬管轄法院起訴外，本據地法院對於該人之任何民事訴訟事件，均具備管轄基礎；換言之，基於國際裁判管轄權中「一般管轄」（普通管轄）原則，亦即國際民事訴訟法上「以原就被原則」，住所（或主事務所）設於我國境內之被告，我國法院對其所有涉外民事訴訟事件，除國際專屬管轄事件外，均具備國際裁判管轄權。

2. 國際裁判管轄之特別管轄基礎

國際民事訴訟之裁判管轄原因亦類同於內國民事訴訟之管轄原因，針對特定訴訟標的，特定法院對於當事人間就該特定訴訟標的所生之民事爭訟，亦得行使管轄權，惟僅限於該特定訴訟標的具備管轄基礎，例如契約履行地法院針對該契約履行事件具備管轄權，又如侵權行為地法院針對侵權行為事件具備管轄權[34]等均是；此乃基於國際民事訴訟法上之特別管轄原因基礎，亦即國際裁判管轄權之「特別管轄」原則。

---

[33] 此部分法理基礎係參考日本司法實務所發展出之「特別情事原則」而為立論。相關裁判見解，詳參日本最高裁判所1981年馬來西亞航空事件，最昭判56.10.16，判例時報第1020號，1981年10月，頁9，以及1997年返還德國銀行購車匯款事件，最平判9.11.11，判例時報第1626號，1997年11月，頁74。國內文獻詳參蔡華凱，同註2，頁22-27；許兆慶，國際私法上之合意管轄——以最高法院九十一年度臺抗字第二六八號裁定事實為中心，中華國際法與超國界法評論第3卷第2期，2007年12月，頁259-293。

[34] 最高法院104年度台抗字第1004號裁定參照。

肆、不便利法庭原則與特別情事原則簡析

一、不便利法庭原則簡析

（一）不便利法庭原則之源起

　　不便利法庭[35]之概念係源自19世紀蘇格蘭法上一項特殊之國際私法法則；一般以為*forum non conveniens*一詞係由*forum non competens*轉化發展而成。按*forum non competens*原係針對法院管轄權之「有無」而衍生之法律概念，迨至19世紀中葉以後，此一概念經擴充適用之結果，蘇格蘭法院得進一步就是否「行使」其管轄權而加以斟酌，而*forum non conveniens*一詞遂於焉產生[36]。

　　「不便利法庭」原則（*forum non conveniens*）[37]，係指受訴法院審酌該法院就系爭事件而言係極為不便利之法庭，且同時存在另一個具備管轄基礎之替代法庭（alternative forum），而系爭事件若由該替代法庭審理將更為便利且適當時，允許受訴法院得拒絕行使管轄權之一項裁量權[38]；雖然美國憲法及聯

---

[35] 我國學者亦有譯為「不方便法院」原則者，見陳隆修，同註2，頁168以下；陳隆修，中國思想下的全球化管轄規則，五南圖書，2013年，頁26以下。

[36] 王志文，國際私法上「不便利法庭」原則之發展與應用，華岡法粹第18期，1987年11月，頁3。

[37] 不便利法庭原則，其意概指「承審法院認系爭事件若於外國法庭提起並審理，將更有利於當事人之便利與正義之實現時，得拒絕行使管轄權之裁量權。」See BLACK'S LAW DICTIONARY 655 (US: West Publishing Co., 1990). 申言之，「不便利法庭原則係指有管轄權之受訴法院，審酌訴訟當事人及證人之便利等因素，認系爭事件應由具備管轄基礎之他法院審理者，得拒絕行使其管轄權。」See BLACK'S LAW DICTIONARY 665 (US: West Publishing Co., 1999). 換言之，受訴法院認該院就系爭事件而言係極為不便利之法庭，而原告復得至其他更適切之法庭起訴者，該受訴法院得拒絕行使管轄權。*See also* Restatement (Second) of Conflict of Laws §84 (1971). ("A state will not exercise jurisdiction if it is a seriously inconvenient forum fir the trial of the action provided that a more appropriate forum is available to the Plaintiff.")

[38] Louis F. Del Duca & George A. Zaphiriou, *United States of America*, in DECLINING JURISDICTION IN PRIVATE INTERNATIONAL LAW 401, 402 (J. J. Fawcett, ed., Oxford: Clarendon Press, 1995); GARY B. BORN & PETER B. RUTLEDGE, INTERNATIONAL CIVIL LITIGATION IN UNITED STATES COURTS 347 (New York: Aspen Publishers, 2007).

邦法並無關於「不便利法庭」原則之明文，但聯邦最高法院向來均肯認「不便利法庭」原則之適法性[39]。從實務運用觀點立論，「不便利法庭」原則較為明確之定義與適用要件，係在1947年聯邦最高法院*Gulf Oil Corp. v. Gilbert*[40]一案（下稱*Gilbert*案）的判決文中所揭櫫，而「不便利法庭」原則於跨國民事訴訟事件之運用基礎，則係由1981年*Piper Aircraft Co. v. Renyo*[41]一案所奠定。此間，有關美國境內各州（法域）間跨州爭議事件，聯邦法規亦發展出「移轉管轄制度」[42]，依據聯邦移轉管轄規則之規定：「基於訴訟當事人與證人之便利以及實現正義之考量，聯邦地區法院針對承審之任何民事事件，得以裁定移轉至任何具備管轄基礎之其他聯邦地區法院。[43]」法院基此規定所為之移轉裁定，其審查之因素，與「不便利法庭」原則之審查要項十分近似[44]，受訴法院得據此將爭訟事件移轉至其他有管轄權且更方便審理該案之聯邦地區法院[45]。

（二）不便利法庭之理論基礎

「不便利法庭」原則係英美判例所發展得出的一項拒絕行使管轄權的司法裁量權，析言之，「所謂『不便利法庭』（*forum non conveniens*）原則之判例理論，係指受訴法院對於一涉外訴訟事件縱使有管轄權，惟衡量當事人或訴訟審理之便，如認為由產生競合管轄的其他替代法庭地進行審理較為適當時，

---

[39] Born & Rutledge, *id.*

[40] 330 U.S. 501 (1947).

[41] 454 U.S. 235 (1981).

[42] 28 U.S.C. § 1404(a). Ronald A. Brand & Scott R. Jablonski, Forum Non Conveniens-History, Global Practice, and Future Under the Hague Convention on Choice of Court Agreements 37 (UK: Oxford University Press, 2007).

[43] *Id.* Section 1404(a) of Title 28 provides that: "For the convenience of parties and witnesses, in the interest of justice, a district may transfer any civil action to any other district where it might have been brought."

[44] Born & Rutledge, *supra* note 38, at 353; Reese et al., *supra* note 2, at 201-204.

[45] 關於不便利法庭在美國法制之發展與運用，詳參陳隆修，同註2，頁168-173；王志文，同註36，頁119-145；羅昌發，論美國法下之不便利法庭原則，收於國際私法論文集慶祝馬教授漢寶七秩華誕，五南圖書，1996年，頁77-97；陳啓垂，同註4，頁51-60。

由受訴法院行使裁量權駁回原告之訴或停止訴訟（stay）的一種制度。[46]」英
格蘭法院認為於該法院訴訟將會造成困擾、壓迫、濫用法院訴訟程序而造成
不公平之訴訟結果，對於當事人之一方造成不公平（unfair）或非常不便利
（seriously inconvenient），且尚有其他較為方便之法律得以審理此案件，則
法院有裁量權去停止處理或終止此案件之審理。如此之處理方式有助於符合涉
訟當事人或大眾利益，且有助於達成防止、減少國際管轄權衝突問題，並且緩
和、調整各國裁判管轄權擴張之趨勢[47]。在美國，依 *Gilbert* 案所建立的判例法
則，當訟爭事件存在具備管轄基礎的替代法庭，且訟爭事件若由替代法庭審理
將更為便利時，受訴法院即得拒絕行使管轄權而駁回或停止訴訟。不便利法庭
原則於美國法上另一個較顯著的發展是基於對於管轄權擴張之對抗，緣以美國
在「長臂管轄」（long-arm jurisdiction）的管轄基礎上，美國法院得行使管轄
權之基礎顯著擴大，不便利法庭原則之發展可謂對於管轄範圍之擴大產生了反
制之作用[48]。

（三）不便利法庭原則之適用要件

　　若對不便利法庭原則加以追本溯源，其較為原始的要件應為：1. 有其他
有管轄權之法院；2. 該法院能合適的處理所有當事人之利益及達成正義的目
的[49]。換言之，不便利法庭原則的運用，隱含另有一個更合適的法院，而所謂
更合適，是指為了正義的目的更為適當之意[50]，並不單純只是為了便利與否的
緣故[51]。受訴法院審酌訟爭事件是否應依「不便利法庭」原則而駁回訴訟，應
考量私利益（private interests）與公利益（public interests）等考慮因素[52]，承

---

[46] 蔡華凱，同註2，頁28-29。

[47] 黃裕凱，國際私法，五南圖書，2013年，頁61以下。

[48] Jeremy D. Morley, *Forum Non Conveniens: Restraining Long-arm Jurisdiction*, 68 Nw. U. L. Rev. 24-43 (1973).

[49] 陳隆修，同註35，頁31。

[50] Dicey & Morris, The Conflict of Laws, 465-466 (London: Sweet & Maxwell, 2006).

[51] *Id.* at 465.

[52] J. J. Fawcett, General Report, in Declining Jurisdiction in Private International Law 14 (J. J.

審之聯邦地區法院關於各項考慮因素之審酌，除有明顯濫用裁量權之情形外，其認定應受尊重[53]；而受訴法院在衡量是否以「不便利法庭」原則駁回原告之訴時，美國公民或居民在美國法院提起訴訟，較之於外國原告在美國法院提起訴訟而言，前者向來受到法院較高之尊重[54]。上開「不便利法庭」原則的理論與運作模式，在美國各聯邦法院及多數州法院間已穩定而廣泛地被援用[55]。

（四）不便利法庭原則於我國之實踐

我國目前尚無針對不便利法庭之立法明文，法院在適用上至多僅可以將不便利法庭原則視為「法理」加以適用。在本次涉外民事法律適用法修訂[56]前的研修階段，司法院涉外民事法律適用法研究修正委員會研究小組[57]最初提出的草案版本第二章第一節即為法院管轄[58]，其中即有關於「法庭不便利原則」之立法建議[59]；在88年6月25日召開的第三次研修會議附錄一草案第13條規定[60]：「涉外民事事件，中華民國法院依本法之規定雖有管轄權，但該案另有更為便利之外國法院可資管轄者，中華民國法院得在該涉外民事事件於外國之訴訟裁判確定前，裁定停止其程序。」可謂我國最早考慮將不便利法庭原則立法化的

Fawcett, ed., Oxford, England: Oxford University, 1995). 羅昌發，同註45，頁83；王志文，管轄規則與不便利法庭，華岡法粹第33卷，2005年6月，頁9。

[53] *Piper Aircraft Co. v. Reyno*, *supra* note 41, at 257; *see also* GENE R. SHREVE & PETER RAVEN-HANSEN, UNDERSTANDING CIVIL PROCEDURE 148-149 (New York: Matthew Bender & Co, 1994).

[54] *Piper Aircraft Co. v. Reyno*, *supra* note 41, at 256; Dan Jerker B. Svantesson, *In Defence of the Doctrine of Forum Non Conveniens*, 35 H. K. L. J. 395, 405 (2005), also *available at* http://epublication.bond.edu.au/law-pubs/62, last visited 2016.11.17.

[55] ARTHUR T. VON MEHREN, ADJUDICATORY AUTHORITY IN PRIVATE INTERNATIONAL LAW - A COMPARATIVE STUDY 272-274 (Leiden, Netherlands: Brill, 2007); 陳隆修，同註2，頁169。

[56] 民國99年5月26日總統令修正公布全文63條，並自公布日後一年施行。

[57] 研究小組成員包括李後政教授、徐慧怡教授、陳榮傳教授。司法院，司法院涉外民事法律適用法研究修正資料彙編（一），2002年，頁5。

[58] 詳參民國88年3月5日司法院涉外民事法律適用法研究修正委員會第二次會議紀錄，司法院，同註57，頁35以下。

[59] 司法院，同註57，頁66-67。

[60] 司法院，同註57，頁129-130。

階段。嗣草案幾經討論修訂,在2001年的草案仍維持有將不便利法庭原則立法化的條文[61],惟最終因與管轄有關的條文均遭刪除,不便利法庭原則一併均未獲得通過。

實務上,法院裁判文字論及不便利法庭原則(或法庭不便利原則)並非罕見,以臺灣臺北地方法院為例,本文截稿時在司法院法學(裁判書)檢索系統輸入「不便利法庭」的關鍵字,查詢區間自104年1月1日至同年12月31日,即有九件裁判論及不便利法庭;若以最高法院為例,查詢區間自100年1月1日至104年12月31日,亦有八件裁判論及不便利法庭,其中一件即為本文所研討之104年度台抗字第589號裁定。但或許因為法無明文,坊間有關不便利法庭原則之論著又有限,以致裁判實務上關於不便利法庭原則之運用,多與不便利法庭原則之理論、架構、要件不符[62]。本文後述關於系爭裁定之評析部分將進一步說明。

二、特別情事原則簡析

(一)特別情事原則之源起

特別情事原則係日本司法實務所發展出有關判斷日本法院國際裁判管轄權有無之管轄權總論原則。緣以有關國際裁判管轄權有無之認定,日本學說上有逆推知說(類推適用說、二重機能說)、管轄分配說(法理說)、利益衡量說、新類型說等[63]。於1981年馬來西亞航空事件判決[64]中,日本最高裁判所(最高法院)肯認下級審法院決定國際裁判管轄權有無之認定基礎,將國際裁

---

[61] 黃裕凱,同註47,頁62以下。

[62] 事實上,更大的可能是因為國際私法向來受到的重視程度較低,近年來又因國家考試制度(考科)的改變,致國際私法在國家考試所占比重微乎其微,間接導致從事司法實務工作的朝野法曹對國際私法的不熟悉或忽略。

[63] 蔡華凱,同註2,頁17-21;何佳芳,日本民事訴訟法中國際裁判管轄之立法芻議與對我國之借鏡,臺灣法學雜誌第135期,2009年9月,頁21-58;古田啓昌,ロー・クラス国際民事訴訟法講義—国内訴訟から考える(4)国際裁判管轄の判断枠組み,法学セミナー第55卷第1号,2010年1月,頁123-124;高橋宏志,国際裁判管轄に関する立法の意義,Jurist第1386号,2009年10月,頁7。

[64] 最昭判56.10.16,同註33,頁9。

判管轄總論上之決定方法解為應該「依據期待當事人間的公平、裁判正當、迅速之理念，由法理決定之」；而「民訴法關於國內土地管轄之規定……合於上開法理」[65]。

該案案例事實略為：訴外人A於1977年（昭和52年12月4日）在馬來西亞境內，購買Y（馬來西亞航空公司）飛往吉隆坡之國內線班機機票後搭乘其國內線班機，同日該班飛機在馬來西亞境內因劫機事件墜落買來西亞境內，包含A在內之全體人員全部死亡。Y係依據馬來西亞公司法為準據所設立，總公司設於馬來西亞，並在日本東京設有營業所之法人。在日本設有住所之A的配偶及子女即X等，以Y因航空運送契約之債務不履行為由，並依據繼承而取得訴外人A之損害賠償債權，在日本對Y提起損害賠償訴訟。一審（名古屋地方裁判所[66]）否定日本之國際裁判管轄權而駁回X等之起訴。上訴審（名古屋高等裁判所[67]）則以Y在東京有營業所，依營業所所在地（位於日本），以及X等之住所地為債務履行地（亦位於日本）等情，認日本對於系爭涉外財產事件具有裁判權乃法理上所當然，因此肯定日本之國際裁判管轄，而將該事件廢棄發回原審；Y不服提起上訴。案件經日本最高法院駁回上訴，肯認日本對於系爭事件具有國際管轄權存在[68]。往後日本事實審法院於判斷國際裁判管轄權有無

---

[65] 蔡華凱，同註2，頁22-23。

[66] 名古屋地判昭和54年3月15日，金融・商事判例第634號，1982年2月，頁16。

[67] 名古屋高判昭和54年11月12日，判例タイムズ第402號，1980年2月，頁102。

[68] 該判決要旨為：「本來一國之裁判權係其主權之作用之一，裁判權所及範圍原則上與主權所及範圍同一，故被告為總公司設在外國之外國法人時，除了該法人主動服從外，原則上為日本之裁判權所不及。惟其例外者，對於與我國領土一部之土地有關之事件或被告與我國有任何法的關聯之訴訟事件，不問被告的國籍、所在如何，要其服從我國之裁判權難謂不當。而在例外處理的範圍，我國並無直接規定國際裁判管轄之法規，亦無國際社會一般承認之明確國際法上的原則可資依據的現狀之下，依據期待當事人間的公平、裁判的正當、迅速之理念，依法理加以決定可謂正當。我國民訴關於國內土地管轄之別定，例如被告的居所（民訴法第二條【現行法第四條第二項】）、法人及其他團體的事務所或營業所（同法第四條【現行法第四條第四項至第六項】）、債務履行地（同法第五條【現行法第五條第一款】）、被告的財產所在地（同法第八條【現行法第五條第四款】）、侵權行為地（同法第十五條【現行法第五條第九款】），及其他民訴法所規定之審判籍位於我國時，對於相關之訴訟事件，使被告服於我國裁判權皆合於上開法理。從而，依照原審所確定之事實，Y係依據馬來西亞公司法為準據所設立，總公司設於

之實際案例時，遂採取馬來西亞航空事件所立下之判斷基準，亦即只要具體個
案無違反當事人間的公平、裁判的正當、迅速之特別情事存在，而依日本民事
訴訟法的任一裁判籍位於日本國內時，日本法院就該涉外民事事件即具備國際
裁判管轄權[69]。

（二）特別情事原則作爲判斷國際管轄權有無之輔助判準

在前述馬來西亞航空事件中，日本最高法院揭櫫兩大意旨，一爲「民事
訴訟法所規定之審判籍位於日本時，對於相關之訴訟事件，使被告服於日本裁
判權皆合於上開法理」，二爲「期待當事人間的公平、裁判的正當、迅速之理
念」。

是以，日本法院對於國際裁判管轄權有無之判斷，先是利用「逆推知
說」[70]以民事訴訟法上的（國內）土地管轄規定作爲基礎，輔以「特別情事原
則」作爲例外否定國際裁判管轄權之方法[71]。由此可知特別情事原則，並非單

　馬來西亞，在日本係以B爲代表人，且Y在東京都港區設有營業所，儘管Y是在外國設立
　總公司之外國法人，令Y服從我國的裁判權亦爲適當，因此原審認定我國法院對於本件訴
　訟具有裁判權，可謂正當，原判決之認事用法，並無違誤。」

[69] 張銘晃，國際裁判管轄決定論，法官協會雜誌第13期，2011年12月，頁172-204；蔡華
　凱，同註2，頁23。

[70] 決定國際管轄之方法向來有逆推知說（二重機能説）、法理説（管轄分配説）、利益衡
　量説、新類型説等不同分類方式。所謂「逆推知說」，係指國際裁判管轄權乃是從民事
　訴訟法上關於國內土地管轄之規定，反向推論所得，根據該説的見解，只要民事訴訟審
　判籍位於法庭地國國內，原則上即應解爲屬於該法庭地國裁判權之處理事項，是以民事
　訴訟法上之土地管轄規定，在逆推知說的架構底下，含有國內管轄事務分配之功能，且
　具有決定國際管轄機能，故亦稱爲「二重機能説」，詳細説明請參照蔡華凱，同註2，
　頁17以下。「法理説」則認爲，決定國際裁判管轄之有無，必須依據國際民事訴訟法之
　法理，考量當事人之間的公平、裁判是否公正、程序迅速、經濟之理念，對於管轄作出
　理性分配。「利益衡量説」認爲，對於國際裁判管轄之決定，必須全然拋棄脱離原先民
　事訴訟法上之規定，針對個案當中所涉及之各種利益諸如：當事人利益、個案内容、性
　質、特定牽連關係進行綜合評判決定國際管轄權之有無。「新類型説」主張，對於國際
　管轄權之架構完全跳脱民事訴訟法關於土地管轄之規定，並重新建立國際裁判管轄之具
　體管轄原因。另參增田晋，新国際裁判管轄法制の概要，慶應法学第24號，2012年10月，
　頁2-4。

[71] 古田啓昌，同註63，頁125；早川吉尚，判例における「特段の事情」の機能と国際裁判
　管轄立法（特集国際裁判管轄法制のあり方），Jurist第1386號，2009年10月，頁25。

獨之判斷基準，雖然符合日本民事訴訟法上有關土地管轄之規定，並不代表日本法院即具有國際管轄權，必須加上特別情事之判斷，一旦有特別情事存在，即否定國際裁判管轄權，可謂兼具判斷管轄有無之「明確性」與「價值衡量」之特點。換言之，日本法院對於判斷有無國際裁判管轄權，係以民訴法上的土地管轄規定為基礎，一方面維持訴訟法上所要求的法律安定性與當事人的預測可能性，另一方面以「特別情事」原則作為例外否定國際裁判管轄之方法，以維護個案之具體妥當性，因此成為晚近日本事實審法院關於認定國際裁判管轄權有無之主流見解[72]。

　　在馬來西亞航空事件之後，日本最高法院於1997年的返還德國銀行購車匯款（預託金請求）事件[73]再次確認特別情事原則。該案事實略為[74]：Y（被告，日本人）於昭和40年左右即常居於德國，以法蘭克福市為本據地，從事營業活動。X（原告，日本法人）與Y於1965年（昭和62年）在法蘭克福市，簽訂X委託Y從歐洲各地收購汽車、管理寄託金錢、支付買賣價金、領取車輛及裝載船運、市場情報蒐集等業務之契約。不久，X依Y之要求，先後於同年11月26日及12月7日依照契約將作為收購汽車之資金，共匯入9,000餘萬日元至Y指定之德國國內銀行存款帳戶。依據契約約定，Y應於每月向X報告動用該單款項之明細。其後，X逐漸對Y之管理寄託金錢感到不信任，乃提議以信用狀支付汽車價金結帳，並對Y請求返還所寄託之金錢，惟Y並無任何回應。因

---

[72] 東京地方裁判所昭和59年2月15日判決，判例時報第1135號，1985年1月，頁70；東京地方裁判所昭和59年3月27日中間判決，判例時報第1113號，1984年6月，頁26；東京地方裁判所昭和61年6月20日判決，判例時報第1196號，1986年8月，頁87；東京地方裁判所昭和62年5月8日中間判決，判例時報第1232號，2007年4月，頁40；東京地方裁判所昭和62年7月28日判決，判例時報第1275號，2008年10月，頁77。

[73] 最平判9.11.11，最高裁判所民事判例集第51卷第10號，1997年10月，頁4055；判例時報第1626號，1998年3月，頁74；判例タイムズ第960號，1998年3月，頁102。

[74] 本案事實，詳參張銘晃，同註69，頁192-193；蔡華凱，同註2，頁23-27以下；安達榮司，取引法判例研究（151）国際裁判管轄と特段の事情の考慮（最高裁判決平成9.11.11），NBL第662號，1999年4月，頁67-68；竹下守夫、村上正子，国際裁判管轄と特段の事情—最高裁平成9年11月11日判決の検討，判例タイムズ第49卷第26期，1998年10月，頁20；道垣内正人，渉外判例研究—国際裁判管轄の決定における「特段の事情」—最高裁判決平成9.11.11，Jurist第1133號，1998年5月，頁213-214。

此，X乃以其主營業所所在地為返還寄託金錢債務之債務履行地，而向千葉地
方裁判所提起訴訟，請求支付剩餘之寄託金錢及遲延損害賠償。第一審法院
（千葉地方裁判所）否定日本有國際裁判管轄，駁回訴訟，X不服提起上訴，
第二審法院（東京高等裁判所）仍持相同見解，駁回上訴。X不服再向日本最
高法院提起上訴，仍遭駁回。日本最高法院在此案揭示並重申：「當我國之民
事訴訟法所規定之任一審判籍位於我國內時，原則上，對於在我國法院所提起
之訴訟案件，要求被告服從於我國之裁判權應屬相當，唯有當在我國進行裁
判，有違反當事人間之公平與裁判之適當及迅速之理念的特別情事存在時，則
應否定我國對此案件具有國際裁判管轄[75]。」

(三) 特別情事原則的明文化

　　有鑑於特別情事原則於實務運用上不斷的擴充其內涵，對於法安定性及當
事人預見可能性確有不利[76]，因此，於平成8年民事訴訟法修正時，即有將此
原則法制化之議。然而時逢海牙國際管轄權公約起草而暫時擱置。最終海牙國
際私法會議由於與會國間的對立[77]，僅止步於合議管轄公約之完稿；在締結普
遍性國際管轄權公約未能成為共識下，日本國內遂回頭補充其民事訴訟法內關
於涉外事件之管轄明文依據。

　　新民事訴訟法於2011年5月修正公布[78]，並於2012年4月施行，除了就一般
國際管轄作規範外，另就內國管轄權之排除，亦即司法實務上所發展出之特別
情事原則，加以立法納入規範[79]。

---

[75] 何佳芳，同註63，頁21-58；安達栄司，同註74，頁68-71；竹下守夫、村上正子，同註
74，頁22-24；道垣内正人，同註74，頁214-216。

[76] 增田晋，同註70，頁4。

[77] 高橋宏志，同註63，頁6。

[78] 新增第二章第一節「日本裁判所管轄權」第3條之2至第3條之12，參見http://law.e-gov.
go.jp/htmldata/H08/H08HO109.html（最後瀏覽日：2017.1.2）。

[79] 第3条の9（特別の事情による訴えの却下）：「裁判所は、訴えについて日本の裁判所
が管轄権を有することとなる場合（日本の裁判所にのみ訴えを提起することができる
旨の合意に基づき訴えが提起された場合を除く。）においても、事案の性質、応訴に
よる被告の負担の程度、証拠の所在地その他の事情を考慮して、日本の裁判所が審理

三、不便利法庭原則與特別情事原則之異同

不便利法庭原則與特別情事原則雖然均與處理國際裁判管轄權之議題有關，但兩者之體系、功能與論理架構顯不相同，茲將有關兩者之若干異同分析如下：

（一）「不便利法庭原則」係已確定有管轄權之前提下，法庭地國「選擇是否行使管轄權」之問題；而「特別情事原則」則係決定法庭地「有無管轄權」之問題

不便利法庭原則係指有管轄權之受訴法院，審酌訴訟當事人及證人之便利等因素，認系爭事件應由具備管轄基礎之他法院審理者，得拒絕行使其管轄權之一項裁量權，因此，不便利法庭之適用，代表受訴法院具備國際裁判管轄權但不適合行使，且同時有另一個更適合行使裁判管轄的替代法院存在。相對於此，特別情事原則係審酌涉外事件在受訴法院進行裁判，有違反當事人間之公平與裁判之適當及迅速之理念的特別情事存在時，應否定法庭地國對此案件具有國際裁判管轄，因此，一旦有此特別情事，代表受訴法院（根本）否定法院地國對系爭事件之國際裁判管轄權。

（二）「不便利法庭原則」係處理國際裁判管轄積極衝突之問題；而「特別情事原則」則係處理受訴法院裁判管轄基礎有無之問題

不便利法庭原則，係指受訴法院審酌該法院就系爭事件而言係極為不便利之法庭，且同時存在另一個具備管轄基礎之替代法庭，而系爭事件若由該替代法庭審理將更為便利且適當時，允許受訴法院得拒絕行使管轄權之一項裁量權，表示就系爭事件而言，國際間有二以上具備管轄基礎之法院同時存在，從而係處理國際管轄基礎衝突之問題。相對而言，特別情事原則，主要在於審酌

及び裁判をすることが当事者間の衡平を害し、又は適正かつ迅速な審理の実現を妨げることとなる特別の事情があると認めるときは、その訴えの全部又は一部を却下することができる。」參見http://law.e-gov.go.jp/htmldata/H08/H08HO109.html#100100000000200 0000000100000000000000000000000000000000000000000000000000000（最後瀏覽日：2017年1月2日）。

受訴法院對系爭事件進行裁判是否有違反當事人間之公平與裁判之適當及迅速
之理念的特別情事存在，若有此特別情事，即應否認受訴法院之國際裁判管轄
權，因此係單純處理受訴法院管轄基礎存否之問題[80]。

（三）「不便利法庭原則」之運用通常伴隨被告同意至替代法院應訴而不爲程序抗辯之條件；「特別情事原則」似無類此處理之基礎

美國法院運用不便利法庭原則駁回原告之訴，通常係基於被告之抗辯，而
法院在裁定前，爲避免管轄、時效、證據等事項因原告重新至替代法院起訴而
受影響，通常會命被告不得在原告至替代法院起訴時出抗辯。相對於此，特別
情事原則下，法院似無此基礎[81]。

（四）「不便利法庭原則」與「特別情事原則」理論上均隱含管轄「具體妥當」（公平合理）之考量

法院適用不便利法庭駁回原告之訴前，必須先確認替代法院存在以及替
代法院是否確能妥適進行審判，以確保當事人受公平審判之機會，此間的考
量──受訴法院與將來之替代法院之合理行使管轄之基礎──即隱含個案管轄
「具體妥當」之意涵[82]。類同於此，法院以特別情事原則例外否認受訴法院之
裁判管轄基礎，必係審酌涉外事件若在受訴法院裁判將有違反當事人間之公平
與裁判之適當及迅速之理念的特別情事存在，因此，亦隱含個案具體妥當之考
量。

（五）「不便利法庭原則」與「特別情事原則」理論上均隱含對「過剩管轄」之約制

「不便利法庭」原則作爲調和國際競合管轄之機制，避免原告藉由「物

---

[80] 国際裁判管轄研究会，国際裁判管轄研究会報告書（6完），NBL第888號，2008年9月，頁76。

[81] 古田啓昌，同註63，頁104；国際裁判管轄研究会，同註80，頁76-79。

[82] 井原宏，フォーラム・ノン・コンヴィニエンス法理における実質的正義，明治学院大学法学研究第86號，2009年1月，頁21-24。

色法庭」（forum shopping）選擇對被告極為不便利之法庭起訴，進而達到程序上牽制被告應訴權之目的而言，有其正面積極意義[83]；在美國各州「長臂管轄」條款（long-arm jurisdiction statute）大規模擴張美國法院對人管轄基礎之情況下，美國法院藉由「不便利法庭」原則調整美國過於寬鬆的管轄權基礎，對於不當利用美國法院的原告加以制約。特別情事原則以民訴法上的土地管轄規定為基礎[84]，一方面維持訴訟法上所要求的法律安定性與當事人的預測可能性[85]，另一方面以「特別情事」原則作為例外否定國際裁判管轄之方法，以維護個案之具體妥當性，相當程度也具有約制過剩管轄或原告物色法庭之功能[86]。

（六）不便利法庭原則與特別情事原則之嚴格理論架構均已動搖

晚近美國不便利法庭原則的發展，似乎顯露出美國法院濫用不便利法庭原則藉以達到規避繁雜跨國民事訴訟、避免法院積案的趨勢，美國國際企業亦因此一趨勢庇佑，名正言順藏身於不便利法庭原則之羽翼下，脫避許多原應負擔之企業責任與法律責任，美國聯邦最高法院2007年*Sinochem International Co. Ltd. v. Malaysia International Shipping Corporation*一案即不免受此批判，其中該案意旨一別以往見解，認美國法院受理跨國民事訴訟時，得在確認該國法院對於訟爭民事事件具備事物管轄權（subject-matter jurisdiction）及對人管轄權（personal jurisdiction）之前，即以不便利法庭原則駁回原告之訴[87]。類似於此，日本司法實務上特別情事原則，原係法院依民訴法上土地管轄規定確認日本之裁判籍後，進而以案件若在日本裁判，是否有違反當事人間之公平與裁判

---

[83] 井原宏，同註82，頁8-11。

[84] 早川吉尚，同註71，頁23。

[85] 東京地判平成14.11.18，判例時報第1821号，2016年10月，頁139。

[86] 增田晋，同註70，頁4。

[87] 有關美國法上不便利法庭之發展以及*Sinochem*案之評析，詳見許兆慶，國際私法上「不便利法庭」原則之最新發展，以美國聯邦最高法院Sinochem International Co. Ltd. v. Malaysia International Shipping Corporation案為中心，收於陳隆修、宋連斌、許兆慶合著，國際私法——國際程序法新視界，五南圖書，2011年，頁285-315。

之適當及迅速之理念的特別情事存在，若有，則例外否認日本之國際裁判管轄權，換言之，確認日本任一裁判籍之存在，原係進行特別情事存在與否之審查的前提；然而，前述1997年的預託金請求事件，日本最高法院亦跳過許多有關土地管轄與審判籍存否等爭點，逕以特別情事作為否定裁判管轄基礎之方法，日本學者對此即有評論，擔心未來有關管轄有無之認定，將形成直接以特別情事存在與否之審查[88]。

伍、最高法院104年度台抗字第589號裁定評析

我國事實審法院適用英美法上不便利法庭原則之裁判為數不少，已如前述，惟此等裁判多僅將不便利法庭原則作為認定國際管轄權有無之依據（本文所討論之案例的事實審裁判即為適例），而非如同不便利法庭原則在英美法上之原始功能一般，係在肯認我國有管轄權後始進而適用此原則作為拒絕行使管轄之依據，因此，不便利法庭原則在我國之適用與英美法院仍有差異。

最高法院104年度台抗字第589號裁定，可謂我國終審法院第一次明確肯認事實審法院運用法理說及特別情事原則判斷我國法院具備國際裁判管轄權之案例，有別以往司法實務多數所採取之類推適用說的見解，法制發展與研究上，甚具意義。

一、事實審法院涉外事件處理程序誠值肯定

本件事實審法院均先確認涉外民商事件之性質，進而依我國法對系爭事件決定國際裁判管轄有無加以定性，就涉外事件之處理程序均加重視，誠值肯定。

二、第一審法院排除逕以類推適用說之方法作爲定管轄之基礎

本件高雄地院判決意旨略以：法院欲行使一般管轄之合理基礎應指該案件

---

[88] 蔡華凱，同註2，頁25-27以下；古田啓昌，同註63，頁125。

中之一定事實與法庭地國有某種牽連關係存在，使法院審理該案件應屬合理，而不違反公平正義原則，尚不宜逕行類推適用國內各該管轄之規定。有別以往多數司法裁判先例所採取類推適用我國民事訴訟法相關規定作為認定國際裁判管轄基礎之見解，意見鮮明；高雄高分院雖亦認同法院必須與訟爭事件具有一定之牽連方具管轄基礎，但並未明確排除類推適用說。高雄地院明確排除類推適用說之見解，是否將成為日後事實審法院決定裁判管轄基礎之方法，有待觀察。

三、事實審法院均論及法理與特別情事，但一、二審法院針對特別情事之審查結果大相逕庭

本件高雄地院及高雄高分院裁判均分別論及「法院欲行使一般管轄之合理基礎應指該案件中之一定事實與法庭地國有某種牽連關係存在，使法院審理該案件應屬合理，而不違反公平正義原則」、「法院審酌有無管轄權應斟酌個案原因事實、訴訟標的之法律關係、個案所涉及之國際民事訴訟利益、特定國家關連性、當事人間之實質公平、程序之迅速經濟等概念，為衡量判斷之依據法院受理涉外民商事事件審核有無國際民事裁判管轄權時，除應斟酌個案原因事實及訴訟標的之法律關係外，尚應就該個案所涉及之國際民事訴訟利益與特定國家（法域）關連性等為綜合考量，並參酌內國民事訴訟管轄規定及國際民事裁判管轄規則之法理，基於當事人間之實質公平、程序之迅速經濟等概念，為衡量判斷之依據」等與法理相關之標準，另亦均論及「除有由我國法院行使管轄權，係明顯違背當事人間之實質公平及程序之迅速經濟等特別情事外，原則上均應認我國法院有管轄權」等有關特別情事之標準，但一、二審法院審查結論大相逕庭。

四、第二審裁定同時論及不便利法庭與特別情事，但顯然均以之作為審認我國管轄權有無之基礎

高雄高分院裁定意旨略以：「本件由我國法院管轄，對相對人並不致造成不當之負擔，並依權利保障迅速及訴訟經濟原則，均符合當事人及公眾之利益，且不違反公平正義原則，則我國就本件訴訟自非不便利法庭，是本件既無

明顯違背當事人間之實質公平及程序之迅速經濟等特別情事，揆諸前開說明意旨，即應認我國法院有管轄權。」顯然將處理管轄積極衝突之不便利法庭原則與處理管轄有無之特別情事原則混為一談。

五、最高法院肯認事實審法院所採取之法理說與特別情事原則

本件最高法院裁判意旨略以：原審依當事人間之公平、裁判之正當與迅速法理，審酌再抗告人Y公司實際營業行為地點、保險連繫地、當事人與法庭地法之關連性，認我國法院有管轄權，於法無違。明確肯認事實審法院依法理及特別情事原則作為審查我國國際裁判管轄權存否之標準「於法無違」，則在法無明文、最高法院亦未作成判例或決議之前提下，將來事實審法院依循此標準作為審查涉外事件國際裁判管轄權有無之基礎，將更有依據。

六、法理說及特別情事原則是否將成實務通說，仍有待觀察

固然最高法院在本件裁定肯認事實審法院所採取之法理說與特別情事原則於法無違，但此一決定國際裁判管轄有無之方法，是否將成為最高法院及下級審之通說，恐有言之早。例如，同年度最高法院104年度台抗字第1004號裁定意旨略以：「按關於涉外事件之國際管轄權誰屬，涉外民事法律適用法固未明文規定，惟受訴法院尚非不得就具體情事，**類推適用國內法之相關規定，以定其訴訟之管轄**。又我國民事訴訟法第十五條所謂因侵權行為涉訟者，指本於侵權行為請求損害賠償或防止侵害之訴，或以侵權行為為原因之積極或消極確認之訴等是。特別法就特殊侵權行為類型，如無管轄之特別規定，亦有上開規定之適用。故在我國法院提起涉外民事訴訟，請求確認被告本於侵權行為對於原告請求排除侵害之權利不存在者，**應類推適用我國民事訴訟法**第一條、第二條、第十五條第一項及第二十一條規定，認被告住所地或法人主事務所、主營業所所在地及侵權行為地（包括實施行為地及結果發生地）之法院，俱有管轄權。」顯仍採取向來的多數見解—類推適用說。因此，法理說及特別情事原則是否將成實務通說，仍有待觀察。

陸、結論

　　近年來，國際私法事件在我國司法實務上所占比例逐年增加，且案件所涉爭點由以往的準據法（法律選擇）爭議逐漸延伸到國際裁判管轄權有無以及外國確定判決（仲裁判斷）之承認與執行等爭議，相當程度反映出學理上有關國際私法的研究與規範範圍。隨著涉外事件的逐步增加，實務上對於涉外事件的處理程序以及相關爭點亦逐漸重視，尤其晚近若干社會矚目的國際民事爭議事件，法院在進入實體審理前多已詳加審認我國國際裁判管轄權之基礎以及準據法之適用依據，誠值肯定；最高法院近年來亦開始針對涉外事件實體審理前法院應審認之民事程序（主要為管轄爭議）以及準據法適用表示意見，姑不論就部分個案而言，最高法院之見解在理論上與運用上尚有可待精進之處，就法制發展面而言，最高法院的態度牽動並引領全國下級法院對國際民事處理程序的重視，此已意味我國司法實務針對國際民事爭訟事件的處理正朝向更加精緻化、國際化與合理化的方向邁進。

　　本文所論最高法院104年度台抗字第589號裁定最值探討之處，在於最高法院明確肯認事實審法院依當事人間之公平、裁判之正當與迅速法理，審酌再抗告人Y公司實際營業行為地點、保險連繫地、當事人與法庭地法之關連性，認我國法院有管轄權，於法無違，為法理說及特別情事原則開啟未來發展之處。

　　然而，司法實務將原本作為調和國際管轄競合之不便利法庭原則用以作為審查我國法院國際裁判管轄權有無之基礎之違誤，最高法院至今尚未辨明；本件二審法院裁定甚且混用不便利法庭原則及特別情事原則，並認我國法院具備行使管轄之基礎，於國際裁判管轄之理論架構難謂無違。要言之，特別情事原則是決定國際裁判管轄權有無的標準，而不便利法庭原則則是在有國際裁判管轄權之前提下決定行使管轄權是否適當之標準；倘若我國擬採取類似日本特別情事原則的架構，則似無再行討論不便利法庭原則之必要，反之，若要採取源自英美法的不便利法庭原則，則在確認我國具備國際裁判管轄基礎之過程，似無討論特別情事原則之必要。未來若有機會，最高法院允應於裁定中將二者之理論基礎、區別、定位與功能等加以闡明，以利下級審法院依循，倘能如此，則我國司法實務在國際裁判管轄領域將大有進展！

2

涉外破產之域外效力
——最高法院102年台上字第193號民事判決評釋[*]

李後政

壹、事實概要

　　本件被上訴人美國雷曼兄弟亞洲商業有限公司主張：伊前參與臺灣南北高速鐵路計畫第二聯合授信案（下稱系爭授信案），貸款予臺灣高速鐵路股份有限公司（下稱高鐵公司），並依兩造系爭授信案融資機構第一次增修契約（下稱系爭契約）之約定，選任上訴人為管理銀行，代理伊受領高鐵公司所支付之利息費用等，上訴人並應於受領後在不超過三個營業日內轉付款項予伊。詎上訴人於民國98年10月26日代伊收受高鐵公司支付系爭授信案之利息費用新臺幣（下同）1億9,835萬5,808元，卻未於同年月29日前依約轉付等情，爰依系爭契約之約定及民法委任之法律關係，求為命上訴人如數給付，及加計自同年月30日起算法定遲延利息之判決。

　　上訴人臺北富邦商業銀行股份有限公司則以：被上訴人因無力清償債務，遭香港特別行政區高等法院初審法庭（下稱香港法院）依香港地區公司條例（下稱香港公司條例）規定，於97年9月19日裁定進行強制清盤程序，等同於我國之破產程序。香港法院雖於98年3月20日選任Paul Jeremy Brough、Edward Simon Middleton及Patrick Cowley三人（Paul Jeremy Brough嗣因退休經同法院准許解除清盤人職務，其餘二人下稱Edward等二人）為被上訴人清盤人，惟依我國破產法第4條規定，該香港法院裁定於我國不生效力，被上訴人提起本件訴訟，其當事人適格有欠缺等語，資為抗辯。

---

[*] 收於國際私法裁判選析，元照，2020年，第三章。

貳、判決要旨

一、臺灣高等法院

　　被上訴人參與系爭授信案，貸款予高鐵公司，並依系爭契約約定，選任上訴人為管理銀行，代理被上訴人受領高鐵公司所支付之利息費用，上訴人應於收受該等利息費用後之三個營業日內轉付予被上訴人。高鐵公司於98年10月26日將屬被上訴人之利息費用1億9,835萬5,808元匯入上訴人帳戶，香港法院於97年9月19日裁定命被上訴人進行清盤，並選任Edward等二人為清盤人等事實，為兩造所不爭，堪認為真實。

　　按「民事事件，涉及香港或澳門者，類推適用涉外民事法律適用法」，香港澳門關係條例（下稱港澳條例）第38條前段定有明文。又「人之行為能力，依其本國法」；「法人，以其據以設立之法律為其本國法」；「外國法人之下列內部事項，依其本國法：（一）法人之設立、性質、權利能力及行為能力……（五）法人之代表人及代表權之限制……（八）法人之解散及清算……」，涉外民事法律適用法第10條第1項、第13條、第14條亦定有明文。本件被上訴人為依據香港法設立登記之公司，兩造間關於系爭契約涉訟，具有涉外因素，依上說明，關於被上訴人之行為能力、其代表人及代表權限制、解散及清算等事項，應類推適用涉外民事法律適用法上開規定。而依香港公司條例第199條第1項規定，在由法院作出的清盤，清盤人經法院或審查委員會認許，具有以公司名義或代表公司，提出任何訴訟或其他法律程序或在任何訴訟或其他法律程序中答辯之權力，Edward等二人業已取得審查委員會之授權，得提起訴訟，有審查委員會之授權決議可憑，則由Edward等二人代表被上訴人提起本件訴訟，尚非無訴訟能力而未經合法代理，亦無不合程式或不備要件情形。又依香港公司條例第177條規定，「公司無能力償付其債項」，僅為法院進行強制清盤程序原因之一，並非所有強制清盤程序皆起因於公司無力償還債務，且強制清盤程序係由法院管轄，清盤令由法院作成，非香港破產管理署所為，該清盤程序，與香港地區破產條例（下稱香港破產條例）規定之破產程

序，屬二相異之程序，強制清盤程序不會轉換為破產程序，被上訴人係依香港公司條例規定進入強制清盤程序，該強制清盤程序與我國破產程序自非等同，要與我國破產法第4條規定無涉。再當事人適格，係指當事人就特定訴訟標的有實施訴訟之權能而言，此項權能之有無，應依當事人與特定訴訟標的之關係定之。在給付之訴，原告主張對被告有給付請求權者，其為原告之當事人適格即無欠缺。Edward等二人得審查委員會之授權，以被上訴人名義提起本件訴訟，主張依系爭契約第4.1條第1項前段約定及民法委任之法律關係，請求上訴人給付所代為收取之利息費用，其當事人適格自無欠缺。上訴人辯稱被上訴人欠缺當事人適格等語，委非可取。從而，被上訴人依系爭契約及委任關係，請求上訴人給付高鐵公司所付利息費用本息，即無不合，為其心證之所由得，並說明上訴人其餘主張與舉證，為不足取及無逐一論述之理由，因而維持第一審所為上訴人敗訴之判決，駁回其上訴。

二、最高法院判決

　　按關於破產之國際效力，立法例上有普及主義、屬地主義及折衷主義之別，外國立法例往昔多採屬地主義，即破產宣告之效力，僅及於本國，對破產人在外國之財產不生影響，我國破產法亦同，乃於第4條規定和解在外國成立，或破產在外國宣告者，對於債務人或破產人在中國之財產，不生效力。但國際商業與貿易漸漸發展，若仍採屬地主義，必將妨礙國際間之商業發展，為因應經濟活動國際化之需求，屬地主義已不合時宜，自有予以修正必要，以貫徹平等原則，且聯合國或世界各先進國家多已修正屬地主義，而朝普及主義方向發展，例如聯合國國際貿易法委員會制定之「國際倒產模範法」、歐盟之「倒產條約」、日本之「關於外國倒產處理程序承認授助之法律」等是，我國研議中之破產法（債務清理法）修正草案，固亦規定「外國人或法人或非法人團體，關於和解或破產程序與中華民國人或法人或非法人團體有同一之地位」，並設有外國債務清理程序承認程序等規範，惟在該法律修正施行前，現行破產法第4條既採屬地主義之例而為規定，自無論理解釋之空間，或將該條所定關於屬地之效力，擴及於與我國破產法所定和解及破產性質不同之外國「債務清理」程序，故仍應依該條之文理解釋，限制其適用範圍，必以外國之

債務清理程序，其條件與我國破產法所定和解或破產相當者，始有適用上開
規定之餘地。查香港公司條例第177條規定「法院清盤之原因：(1)如有以下情
況，公司可由法院清盤－(a)公司藉特別決議，議決公司由法院清盤；(b)公司
在其成立為法團時起計一年內並無開始營業，或停業一整年；(c)公司並無成
員；(d)公司無能力償付債項；(e)公司的章程大綱或章程細則訂定某事件（如
有的話）一旦發生則公司須予解散，而該事件經已發生；(f)法院認為將公司清
盤是公正公平的。(2)法院如覺得有以下情況，可應（公司註冊處）處長提出
將公司清盤的申請，將公司清盤－……公司沒有繳付根據附表8.須予繳付的每
年註冊費用……」；同條例第178條規定「(1)如有以下情況，公司須當作無能
力償付其債項－(a)任何人如藉轉讓或其他方式成為公司的債權人，而公司欠
下他的並已到期應付的款項相等於或超過指明款額（原則上指港幣一萬元，但
財政司司長可藉規例訂明任何款額），該名債權人亦已向公司送達一份由其簽
署的要求書，要求公司償付該筆如此到期應付的款項，……而公司在其後的三
個星期忽略償付該筆款項，或忽略為該筆款項提供令債權人合理地滿意的保證
或作出令債權人合理地滿意的了結；或(b)為執行任何法院所作判公司的某債
權人勝訴的判決、判令或命令而已有法律程序提起，該項判決、判令或命令而
已有其他法律程序提起，而據有關該法律程序的報告，該項判決、判令或命令
全部或部分未獲履行；或(c)已有證明使法院信納公司無能力償付其債項，而
法院於裁定公司是否無能力償付其債項時，須將公司或有及預期的債務列入考
慮範圍；或(2)如公司欠下二名或多於二名的債權人的未付工資、代通知金或
遣散費（視屬何情況而定）的總額超過(1)項所提述的款額……」；第186條規
定「當已有清盤令作出或已委出一名臨時清盤人，除非獲得法院許可，否則不
得針對公司進行或展開任何訴訟或法律程序……」；第198條規定「凡公司正
由法院清盤，法院可應清盤人的申請，藉命令指示所有屬於公司或由受託人代
表公司持有的財產或其中任何部分（不論屬何種類），須按清盤人的正式名稱
歸屬清盤人，而命令有關的財產須隨時即據此而歸屬；清盤人在作出法院所指
示的補償（如有的話），可以其正式名稱提出任何與上述財產有關的訴訟或其
他法律程序或在該等訴訟或其他法律程序中答辯，或以其正式名稱提出任何為
有效將公司清盤及追討公司財產而需提出的訴訟……」；第199條規定「(1)在

第193(3)條的規限下，在由法院作出的清盤中，清盤人經法院或審查委員會認許，具有以下權力－(a)以公司名義或代表公司，提出任何訴訟或其他法律程序或在任何訴訟或其他法律程序中答辯……」，亦即依香港公司條例規定，公司無能力償付債項僅是法院作出清盤令之原因之一，強制清盤不以公司達不能清償債務為必要，公司強制清盤後，公司財產之處分權並不當然移由清盤人，若依法院命令將公司財產處分權歸屬清盤人，清盤人即得以自己名義就該歸屬之財產進行訴訟，否則須得法院或審查委員會認許，以公司名義或代表公司提起訴訟或進行答辯，該等規定，此與我國破產法規定破產原因以債務人不能清償債務者為限（破產法第1條），所謂不能清償債務，係指債務人之資產及信用不足清償債務而言，破產宣告後，債務人對於應屬破產財團之財產，喪失其管理及處分權，原來訴訟程序在依破產法有承受訴訟人或破產程序終結以前當然停止（民事訴訟法第174條第1項），破產管理人承受訴訟後，係本於一定資格為他人（債務人）進行訴訟，而非以破產人名義或法定代理人名義進行訴訟者不同。原審本於上述理由因認香港公司條例之強制清盤程序，與我國破產法第4條規定無涉，Edward等二人得審查委員會授權，以被上訴人法定代理人身分提起本件訴訟，尚非無訴訟能力而未經合法代理，亦無當事人不適格情事，進而為上訴人不利之論斷，經核於法並無違誤。又兩造間因系爭契約涉訟，具有涉外因素，依港澳條例第38條類推適用民事法律適用法第1條，並適用民事訴訟法關於管轄之規定，被上訴人向臺灣臺北地方法院起訴，應有國際管轄權，附此敘明。上訴論旨，猶執陳詞，並以其他與判決基礎無涉之理由，指摘原判決為不當，求予廢棄，非有理由。

參、評析

一、前言

近年由於國際交通之便利，某國國民與他國國民間之財產或身分上之往來，益見頻繁，涉及數國之法律上的爭議，亦日益增多。此外，更因為國際通

商之頻繁，產生許多大型的跨國企業。此等跨國企業非僅為現今國際貿易之促進及推動者，更係國際經濟體系中不可或缺之要角。其資產分散於許多國家，在許多國家擁有分公司、營業據點、關係企業，頗為常見。如一旦此等企業發生財務困難，甚而宣告破產時，勢將牽動各相關國家之國民與其資產，形成所謂「涉外破產」之法律問題。此種法律問題，已成為21世紀之今日，國際通商必須面對之新課題。所謂涉外破產主要涉及：

（一）對於跨國性之企業，那一國家有權宣告其破產？此即涉外破產之一般管轄權的問題。與此有關的是所謂平行破產的問題。亦即，如果，該債務人已在外國受破產宣告，則可否再在內國宣告破產？反之亦然。

（二）如果宣告破產，則該破產宣告在其他國家發生如何之效力？包括該公司在他國之資產是否亦受破產程序之限制？破產管理人得否對於該在他國之資產行使管理處分權？在宣告國之債權人是否得不依破產程序，對於該等資產為強制執行？在該他國之債權人得否不依破產程序，對於該等資產為強制執行？此等債權人可否以其債權不能獲得清償，而再次就該公司位於他國之分公司或關係企業宣告破產？

（三）債權人中之債權有優先受償之抵押權、優先權等，是否亦受破產程序之限制，特別是抵押權等優先受償之權，依其準據法，可不受破產程序之限制，但依宣告國之法律，則受破產程序之限制，其間之法律衝突如何解決？其他，如別除權、抵銷權、否認及契約關係之處理，均與涉外破產之實體問題有關，如何解決，亦有待檢討。

　　現今各國之破產法制大多極其完備，除破產法之外，公司重整之相關規定，亦可適用。惟此等規定大多係以國內破產或重整為主要之規範對象。一旦面臨此種涉外破產之新狀況，不免受到重大之衝擊，而面臨無法可用之窘境。是以近年來，各主要國家為謀因應對策，於立法及司法實踐上皆有重大之變革、突破。例如：美國於1978年，修正其破產法，增訂了第304條至第306條有關附屬程序之規定。瑞士於1989年新頒布的國際私法第166條至第175條，對涉外破產事件，有專章的明文規範[1]。各國學者之研究亦有相當豐富的成果。

---

[1] 關於瑞士新國際私法，參閱劉鐵錚等，瑞士新國際私法，三民書局，1991年。

反觀我國，民國（下同）24年制定施行的破產法僅於第4條規定：「和解在外國成立，或破產在外國宣告者，對於債務人或破產人在中國之財產，不生效力。」學者對於上開涉外破產的問題之探討亦相當有限。然晚近法務部提出之破產法修正草案，為因應經濟活動之國際化，參考聯合國的涉外破產模範法及歐盟倒產條約，認有承認外國法院許可之和解與破產之必要，增訂第五章「外國法院之和解與破產」，就以重建或清算為目的，由外國法院管理或監督債務人財產或事務之程序，包含重整、再生、特別清算等相當於本法所定之清理債務程序，明定其聲請承認之管轄法院、聲請程序、法院裁定承認後應行之程序、法院於裁定前得為之保全處分、裁定承認後之效力、債務人或破產人於中華民國境內財產之處理及外國和解管理人或破產管理人之程序參加等相關規定。此等規定是否妥適，尚有進一步檢討之必要。

二、各國涉外破產法制概說

由於破產法係國內法，係一個國家基於其立法政策而制定，而各國之間，除經由公約或條約之外，如何立法，因多屬各國立法權限範圍而相當自由，因此有各種不同的立法主義。由於此等立法主義，係探討涉外破產問題之基礎，以下擬先簡單敘述之[2]。

（一）在內、外國人之聲請宣告破產、申報債權、參加破產程序等方面，內、外國人平等主義係以內、外國人間之平等對待，不設差別待遇為其特色；內、外國人不平等主義則係以內、外國人間之差別待遇為其特色。在現代社會以內、外國人平等主義為多數國家所採取。

（二）在破產聲請人方面，是否限於破產債權人、遺產之債權人、受遺贈人始有權聲請，或債務人或具有債務人類似地位之人，例如，無限責任之股東等亦有權聲請？各國立法不同。

（三）對於何人得宣告破產？有採取商人破產主義，僅能對於商人聲請宣告破產。亦有採取一般破產主義，對於任何人均得聲請宣告破產。亦有採取折衷主義，商人或非商人均得聲請宣告其破產，但所適用之法律不同。

2　山戶嘉一，破產，國際私法講座卷3，有斐閣，昭和39年初版，頁882以下。

（四）關於破產原因事由，有採取列舉不能清償債務的種種情形之立法方式者；亦有採取概括的方式者。

（五）關於破產宣告之效力，有採取宣告主義，即自破產宣告之時起發生效力者。亦有採取揭示主義，自破產宣告公告之時起發生效力者。亦有採取支付停止主義者，溯及於債務人陷於不能支付或支付停止之時起發生效力者。

（六）關於破產財團之構成，有採取膨脹主義者，即債務人新取得之財產均構成破產財團之一部分。亦有採取固定主義，即以破產宣告時債務人之全部財產構成破產財團，日後，破產人之財產雖有增加，亦不構成破產財團。

（七）有關外國破產程序對於內國財產之效力問題，一直以內國是否採取了「屬地主義」或「普及主義」而有不同之結論。所謂屬地主義係指外國法院之破產宣告，僅於該宣告國始有效力，而不及於其他國家。所謂普及主義則係指外國法院之破產宣告效力及於任何國家。當然，也有介於兩者之間者。由於此一分類與涉外破產之關係密切，以下再詳細分述之。

採取屬地主義者認為破產是一般執行程序之一種，亦係國家主權行為之表現，因此破產宣告原則上僅及於該國之國境[3]，因而，發生下列結果：

1.在宣告國以外之國家均不發生任何效力。債務人仍保有其財產之處分權，如同未被宣告破產一般。債權人對於屬於債務人之財產仍得行使其權利，不受任何限制，強制執行之權利亦然。

2.既未宣告破產，則債權人仍得在該國法院有一般管轄權之前提下，以該債務人具有破產原因，再一次宣告其破產，即有所謂平行破產之情形。

---

[3] 關於屬地主義之根據，學者間之見解不同，有認為破產係一般的執行程序，與公序良俗有關，因而僅以一國之領域為其範圍。亦有認為債權人係信賴債務人在一國之財產，因此，破產宣告之效力自以一國之內之財產為限。又有認為破產宣告係一國之訴訟行為、執行行為，其效力自以一國為限等，不一而足。參閱山戶嘉一，同註2，頁889。

所謂普及主義，係指在某個國家所為之破產宣告，不僅於宣告國發生效力，於該宣告國以外之國家仍有其效力[4]。因此，發生下列結果：

1. 債務人之任何財產，無論位於任何國家，均喪失其管理處分權，而移轉至破產管理人身上。破產管理人並有管理、處分及變價之權利及義務。

2. 債權人只能依破產程序行使權利，而不得再對於債務人提起訴訟或為任何請求，包括強制執行之權利在內。

肆、我國涉外破產法之發展及有關問題之檢討

關於涉外破產問題，破產法第4條規定：「和解在外國成立或破產在外國宣告者，對於債務人或破產人在中國之財產，不生效力。」其他則未明文規定，且該依規定是否因而採取屬地主義，亦有爭議。不過，爭議之中心均在於內國破產在外國之效力上。詳言之，外國破產宣告，依破產法第4條前述規定，對於破產人在內國（即中華民國）之財產不生效力。至於對於破產人在破產開始國以外國家之財產是否有效，並無明文可據。又，內國破產宣告之效力是否亦及於破產人在外國之財產，亦無明文規定，致在解釋上有不同意見。

一、涉外破產三大主義之對立

關於涉外破產之效力，向有三大主義之對立，即屬地主義、普及主義及折衷主義。採取屬地主義者，係基於國家領土主權之原理，外國法院所進行之程序，僅能及於破產人在該外國之財產，而不能及於在內國之財產。同理，在內國宣告之破產，其效力亦不及於在外國之財產。採取普及主義者，認為應採取一人一破產原則，即破產制度之目的在於一次解決破產人對於全體債權人之債務，故對於破產人不能有二次以上之破產宣告。破產宣告之效力及於破產人

---

[4] 關於普及主義之根據，學者見解亦有不同，有認為破產應有治外法權之效力。亦有認為破產係對於破產人全部財產之包括的扣押，自應有超越國境之效力。亦有認為一旦破產宣告，破產債權人概括繼承破產人之全部財產，當然包括破產在內、外國之財產。

在國內、外之全部財產。破產程序無論係在內國或外國進行，對於破產人之任何財產，應有適用。採取折衷主義者，認為不動產與一國之公序良俗關係較為密切，不許外國人任意取得，且不動產之價值較為昂貴，常為破產人信用之基礎，如對之採取普及主義，難免有損及內國債權人之利益，故以採取屬地主義為宜。至於動產，因與一國之公序良俗關係較不密切，且價值較低，通常並非破產人信用之基礎，又因其具有流動性，採取屬地主義，有其困難[5]。

由於破產法第4條之前述規定，外國破產宣告對於破產人在內國之財產不生效力，至於內國之破產宣告效力是否及於破產人在外國之財產，不無疑義。

採取屬地主義者，認為不及於破產人在外國之財產，其理由在於破產法第4條之反面解釋。惟又認為如外國有相反規定者，應從其規定。其理由在於：破產人在外國之財產，如破產管理人能不受外國之阻礙，而予以取回或破產人本於真誠，將其在國外之財產帶回國內交付破產管理人，該財產既已回到國內，依據膨脹主義，即可認係破產人之國內財產而列入破產財團。再就理論而言，債務人之總財產應為全體債權人之總擔保，破產係以破產人之總財產公平分配予全體破產人為其目的，而在國際交通發達，國際貿易盛行之今日，破產人之財產往往遍及國內外，故以一次破產處理破產人國內外之全部財產，自較合理。但各國均有其主權，我國破產法當然僅能適用於我國，破產管理人之能管理處分破產人在外國之財產，自須該外國法律有承認我國破產宣告之效力，即外國係採普及主義之立法例，且不受我國不承認外國所宣告破產不及於破產人在中國財產之影響，或與我國訂有國際條約，相互承認對方法院宣告破產之效力。但到目前為止，我國尚無與他國訂有此類國際條約，且各國對於涉外破產效力所採取之之立法例尚未一致，在採取屬地主義之國家，例如日本破產法第3條規定，在日本宣告之破產，對破產人之財產，僅以在日本者有其效力，在外國宣告之破產，對破產人在日本之財產不生效力。德國破產法第237條第1項、第238條第2項亦有相同之規定，我國破產法之規定自無適用於該國之破產人之財產之效力，且縱外國法律承認我國破產宣告之效力可及於破產人在該國

---

[5]　關於三種主義之討論，參閱陳國樑，論破產之國際效力，法學叢刊第39期，又收於強制執行法、破產法論文選輯，頁408以下。

之財產，破產管理人欲調查在外國是否確實存在，管理並處分該財產，均有事實上之困難存在，將外國財產列入破產財團，所支付之費用必然浩大，破產程序之進行勢必不易，曠日持久，難予終結，因此將外國財產列入破產財團，事實上對於破產人未必有利。而未將破產人在外國之財產列入破產財團，並不表示自我放棄權利，國內債權人亦非勢必無法清償，蓋內國之債權人仍可就破產人在外國之財產至該國聲請強制執行，或宣告破產[6]。

採取普及主義之觀點，認為破產法第4條之規定本意在於保護內國債權人之利益，使在外國不能清償債務者，進行破產程序時，僅能就破產人在外國之財產執行，不致影響破產人在內國之財產，因而使內國之破產人有較多的受償機會。且時至今日，國際交通發達，國際貿易盛行，個人或公司在外國擁有財產的情形非常普遍，若破產人在外國之財產可以不受破產程序之影響，則破產人儘可以將財產移轉至外國，內國之債權人將無法獲得清償。此舉顯失保護內國債權人之利益之用意。況今國際實務，欲處理破產人在外國之財產已不若往昔那麼困難，破產債務人在外國之財產，如破產管理人不受外國之阻礙取回，當無不可將之列入破產財團之理。若破產人財產所在之外國不否認內國破產宣告之效力，則更無執行之困難。另外，財產所在地之認定往往發生疑義，例如，破產人對於外國人因國際借貸或國際貿易所生之債權，應認係在內國之財產或在外國之財產，是否為內國破產宣告效力所及，更有疑義。要之，為保護內國債權人之利益，實不宜拘泥於破產法第4條之反面解釋，認為內國破產宣告之效力不及於破產人在外國之財產[7]。

按破產法第4條僅規定：「和解在外國成立或破產在外國宣告者，對於債務人或破產人在中國之財產，不生效力。」對於內國之破產宣告效力是否及於在外國之財產，未明文規定，致解釋上是否仍維持屬地主義，學者間之見解不同。鑑於如採取屬地主義，則破產管理人對於在外國之財產並無管理處分之權，破產人得自由處分該在外國之財產，破產人亦得個別的就破產人在外國之

---

6 採取屬地主義者有錢國成著，破產法要義，頁20；劉清波，破產法新論，頁55；李肇偉，破產法，頁18-19；陳國樑著，同註5，頁417。

7 採取普及主義者，有陳榮宗，破產法，頁52、53、198-199；耿雲卿，破產法釋義，頁51-53；陳計男，破產法，頁45-46、159。

財產為強制執行，則有害於內、外債權人間之平等，亦無助於破產人藉破產程序獲得重生之機會（例如，破產上之和解或調協等）應採取普及主義之觀點。在普及主義之下，內國之破產宣告效力，如係第一、第二順位一般管轄權所為者，則可及於破產人在內外國之財產，如係基於第三順位之一般管轄權所為，則其效力僅及於在內國之財產，而不及於在外國之財產。然無可諱言地僅我國採取普及主義，並不足以保證我國之破產程序可獲得他國之承認，仍應透過公約或條約解決之。

二、我國法院之實務見解

關於涉外破產，我國實務見解原則上採屬地主義之觀點。

（一）關於外國破產宣告在內國之效力，依據破產法第4條，原則上採屬地主義的觀點。

最高法院70年度台上字第2285號判決認為，我國破產法第4條明文規定：「和解在外國成立或破產在外國宣告者，對於債務人或破產人在中國之財產，不生效力。」此項規定，無論債務人或破產人為中國人或外國人，亦均有其適用。本件第一審被告旭工藝株式會社於訴訟中，雖經日本大阪地方裁判所裁定宣告破產，依前開法條規定，對於該株式會社在我國之財產自不生效力。亦即，該株式會社所有系爭臺灣旭工股份有限公司之股份，並不歸屬於破產財團，而屬於該會社之自由財產，該會社對之仍有管理處分之權力。從而，旭工株式會社因該股份在我國法院涉訟，當然有實施訴訟之權能，而得為適格之當事人。原審誤認旭工株式會社經日本法院宣告破產後，就本件移轉登記之訴已喪失當事人能力，而准由破產管理人田行正承受訴訟，並逕行裁判，於法自有違誤。認為外國破產宣告效力不及於在中華民國之財產，破產人對於該在中華民國之財產仍享有管理、處分之權，自得提起訴訟，而不必由破產管理人承受訴訟。

(二)內國破產宣告對於破產人在外國財產之效力，依破產法第4條亦採屬地主義。

最高法院85年台上字第1592號民事判決[8]即認為，和解在外國成立或破產

---

[8] 事實概要：被上訴人主張訴外人丁磊淼經臺灣臺北地方法院（以下稱臺北地院）宣告破產後，伊爲丁磊淼之破產管理人。丁磊淼曾於民國77年間將龍祥投資機構向投資人吸取之資金，購買香港商日航香港酒店有限公司（以下稱香港酒店）之全部股份，其中20%股份計100萬股信託登記在上訴人名下，因上訴人於丁磊淼宣告破產後，竟否認其與丁磊淼間之信託關係，拒絕將受託之前開股份之股票返還與破產管理人，俾便破產管理人依破產程序清償與各債權人，爰以本件起訴狀繕本之送達，爲終止上訴人與丁磊淼間之信託關係之意思表示等情，求爲命上訴人交付系爭股票及協同辦理股票之移轉登記之判決。
上訴人則以：系爭股票在外國，不屬我國破產財團之範圍，被上訴人對之無管理、處分權，被上訴人以破產管理人名義起訴，爲當事人不適格。依丁磊淼於77年10月14日所出具之協議書，於丁磊淼所簽發之9,000萬元港幣支票未兌現時，伊與丁磊淼間之信託關係即自動消滅，伊之8,000餘萬元港幣之投資或墊款，即轉換爲本件之100萬股股票之權利。因丁磊淼於77年10月14日起算六個月後，並未支付伊9,000萬元港幣，伊已成系爭股票之眞正權利人，伊與丁磊淼間已無任何信託之法律關係。且被上訴人就同一事件，已在香港之法院起訴，不得再提起本件訴訟等語，資爲抗辯。原審維持第一審所爲上訴人敗訴之判決，駁回其上訴，無非以：香港法院不承認我國民事確定判決之效力，依民事訴訟法第402條第4款之規定，我國自不承認香港法院判決之效力，故同一事件縱經香港法院判決後，復在我國法院起訴，亦無違背一事不再理之原則。查丁磊淼確於79年10月20日經臺北地院裁定宣告其破產，並選任被上訴人爲破產管理人，該裁定並已確定，有臺北地院民事裁定影本附卷可憑。
我國破產法第4條雖規定破產在外國宣告者，對於債務人或破產人在中國之財產，不生效力。惟其立法精神在於保護我國境內債權人之利益，尚難據以認定或擴張解釋謂在我國宣告之破產，其效力不及於破產人在外國之財產。爲確保一般債權人之利益，以求合理之受償，及避免破產人藉財產之對外移轉而達脫產或規避破產程序之目的，自應認在我國成立之和解或破產宣告之效力，及於債務人或破產人在外國之財產。本件破產人丁磊淼既被法院宣告破產確定，則關於破產財團之訴訟，破產人即喪失其訴訟實施權，而應由破產管理人行之。本件訴訟標的爲信託關係終止後之股票返還請求權，乃屬將來行使之財產請求權，應列入破產財團，其權利之處分、管理及訴訟實施，應由被上訴人即破產管理人爲之。上訴人抗辯系爭股票在外國，不屬破產財團範圍，被上訴人提起本件訴訟，當事人不適格云云，自無可採。被上訴人主張上訴人與破產人丁磊淼間，就系爭股票成立信託關係之事實，業據其提出上訴人承認爲眞正之信託聲明書爲證（一審卷11、95頁），並經證人蔡繼興於本件到場，及證人藍榮典於另案宣告破產事件到場證述屬實（一審卷36、119至121頁），上訴人確爲受託人，與丁磊淼就系爭股票成立信託關係甚明。上訴人提出之香港酒店協議書（一審卷100頁），被上訴人否其眞正，另上訴人提出之由丁磊淼出具內載有關系爭股票事宜之聲明書（原審卷127、128頁），係屬影本，均

在外國宣告者，對於債務人或破產人在中國之財產不生效力，破產法第4條定有明文。則自國際間平等互惠之原則而言，在我國成立和解或宣告破產者，債務人或破產人財產所在地之外國，當亦可否認其效力。本件原審既認我國與香港之間，互不承認對方法院判決之效力，竟又認本件臺灣臺北地方法院所為丁磊淼破產宣告之效力，及於破產人丁磊淼在香港之財產，並進而認定本件系爭股票亦屬破產財團之財產，因而為上訴人不利之判決，尚嫌率斷。

三、破產法修正草案之規定

（一）破產法修正草案[9]（下稱草案）為因應經濟活動國際化之需求，外國法院許可之和解與破產，有承認之必要，增訂第五章，規定外國法院之和解與破產（指以重建或清算為目的，由外國法院管理或監督債務人財產或事務之程序，包含重整、再生、特別清算等清理債務程序）在中華民國之承認程序。此一規定，顯採取屬地主義，亦即，外國法院之和解與

無足取。且上訴人自承其與丁磊淼曾共同養育子女五人，二人關係密切，縱予傳訊丁磊淼，亦無偏頗上訴人之虞，自無必要。上訴人所辯因丁磊淼未依協議書履行支付9,000萬元港幣予上訴人，系爭股票129至136頁），僅足證明上訴人於77年1月間以後自香港銀行帳戶支出6,734萬575.25元港幣，而該金額究以何方式？或支付予何人？是否確為支付予香港酒店股權之出賣人？則均無法證明，上訴人復自承無法提出代墊本件酒店股權買賣價金或投資予龍祥公司之證據，再參酌前開信託聲明書記載內容及證人蔡繼樺、藍榮典之證言，難認上訴人確有投資或墊款8,000多萬元港幣之事實。再另案即臺灣高等法院81年度上訴字第2284號刑事判決所認定之事實，於本件獨立民事訴訟亦不受其拘束。上訴人與破產人丁磊淼間就系爭股票既存有信託關係，則被上訴人以破產管理人之地位，主張以起訴狀繕本之送達，為終止雙方信託關係之意思表示，上訴人並於82年9月27日收受起訴狀繕本，兩造間之信託關係已於82年9月27日終止，自可認定。從而被上訴人依信託物返還請求權，請求上訴人交付返還如第一審判決主文第1項所示之股票並協同辦理移轉登記予被上訴人，洵屬有據，應予准許等詞，為其判斷之基礎。按和解在外國成立或破產在外國宣告者，對於債務人或破產人在中國之財產不生效力，破產法第4條定有明文。則自國際間平等互惠之原則而言，在我國成立和解或宣告破產者，債務人或破產人財產所在地之外國，當亦可否認其效力。本件原審既認我國與香港之間，互不承認對方法院判決之效力，竟又認本件臺灣臺北地方法院所為丁磊淼破產宣告之效力，及於破產人丁磊淼在香港之財產，並進而認定本件系爭股票亦屬破產財團之財產，因而為上訴人不利之判決，尚嫌率斷。

9 司法院93年5月6日院台廳民二字第0930012286號函。

破產，原則上除非經中華民國之承認，否則不生效力。至於中華民國法
院之破產裁定，在外國之效力如何，則非我國破產法所得規定，至為灼
然。

（二）草案第208條規定：「外國法院許可之和解或宣告之破產聲請法院承認
者，由債務人或破產人在中華民國主要財產所在地之地方法院管轄。前
項聲請，由和解管理人或破產管理人為之。」規定聲明承認之管轄法院
及當事人適格。至於聲請時應提出之文件，依草案第209條：「聲請承
認外國法院許可之和解或宣告之破產，應提出聲請狀，並附具下列文
件：一、外國法院許可和解或宣告破產之裁判書正本或經認證之繕本。
二、具有和解管理人或破產管理人資格之證明文件。三、和解債務人或
破產人在外國之財產狀況說明書及其債權人、債務人清冊。四、外國
法院許可和解或宣告破產所適用外國法規之全文。五、前四款文書以外
文作成者，其中文譯本。但第四款之外國法規，得僅提出其所適用之條
文。前項聲請狀，應記載和解管理人或破產管理人在中華民國境內處理
事務之代理人及其處所。」

（三）關於承認之要件，規定於草案第210條：「外國法院許可之和解或宣告
之破產，有下列各款情形之一者，法院不得以裁定承認之：一、依中華
民國之法律，外國法院無管轄權者。二、不當損及國內債權人利益者。
三、有背公共秩序或善良風俗者。外國法院許可之和解或宣告之破產，
其所屬國對於中華民國法院許可之和解或宣告之破產不予承認者，法院
得以裁定駁回聲請人之聲請。」其規定與民事訴訟法第402條第1項大同
小異。其中，第1項之規定旨在兼顧該和解或破產宣告依本國法律規範
之程序合法性、國內債權人利益並本國公共秩序及善良風俗之維護。第
2項規定則為互惠主義（相互承認原則）之規定，亦即，如外國法院許
可之和解或宣告之破產，其所屬國對於我國法院許可之和解或宣告之破
產不予承認者，基於相互承認之原則，我國法院自得不予承認。

（四）法院承認外國法院許可之和解或宣告之破產者，應將下列事項公告之：
1.承認之要旨；2.該外國許可和解或宣告破產之裁判；3.外國和解或破
產程序進行之重要內容及效力；4.在中華民國境內處理破產事務之代理

人及其處所。蓋法院承認外國法院許可之和解或宣告之破產，宜使本國債權人及利害關係人知悉，爰明定法院應予公告及應公告之事項。經承認之外國法院許可和解或宣告破產，對於債務人、破產人或利害關係人在中華民國之財產，亦有效力。

（五）草案第213條與第214條分別規定：「經承認之外國法院許可和解或宣告破產，其程序及效力依開始國之法律。但本法另有規定者，不在此限。」、「外國法院許可和解或宣告破產，經法院裁定承認後，債務人或破產人於中華民國境內之財產，由和解管理人或破產管理人適用本法及其他中華民國法律有關之規定處理之。」規定破產程序之準據法。其理由在於外國法院許可和解或宣告破產經法院裁定承認後，其程序及效力，應依開始國之法律；為保護我國境內債權人之利益，就債務人或破產人於我國境內財產之管理、處分及分配等，宜適用我國法律有關之規定處理。

（六）草案第215條規定：「經承認之外國法院許可和解或宣告破產，除另有規定外，溯及外國法院許可和解或宣告破產時發生效力。於外國法院許可和解或宣告破產後，至中華民國法院承認之裁定公告前，債務人或破產人就中華民國境內財產所為之法律行為，相對人不知其事實並為有償行為者，得對抗和解或破產債權人；知其事實者，以和解債權人或破產財團所受之利益為限，始得對抗之。和解債務人或破產人之債務人於前項期間內對之為清償者，準用第九十二條之規定。」我國法院裁定承認外國法院許可之和解或宣告之破產前，為避免債務人或破產人趁機處分其國內財產，損害國內外債權人之權益，明定經承認之外國法院許可和解或宣告破產，溯及發生效力；惟我國就有關外國和解或破產之實體法或程序法另有規定時，則應予除外。另，債務人或破產人有外國法院許可和解或宣告破產之情事，於我國法院承認之裁定公告前，國內未必知悉，為保護與債務人或破產人為交易行為之善意第三人及兼顧交易安全，爰設得對抗或不得對抗之規定。外國法院許可和解或宣告破產後，至中華民國法院承認之裁定公告前，和解債務人或破產人之債務人對之為清償者，如為善意，應受保護，為明舉證責任而利判斷。

（七）草案第216條規定：經承認之外國法院許可和解或宣告破產，有下列各
　　　款情形之一者，法院應依利害關係人之聲請或依職權，以裁定撤銷之：
　　　1.外國法院許可和解或宣告破產有第210條第1項各款情形之一者。2.外
　　　國法院許可和解或宣告破產，於該程序之開始國業經終止或撤銷者。
　　　3.和解管理人或破產管理人依第209條第1項提出之文件係偽造、變造或
　　　有其他虛偽情事者。4.和解管理人或破產管理人違反法定義務情節重大
　　　者。蓋經承認之外國法院許可和解或宣告破產，如有不應承認而誤予承
　　　認，或事後發生不應承認或其他影響重大之情形，宜有救濟途徑，爰明
　　　定法院應予撤銷承認之情形，例如：該經承認之外國程序有法定不得承
　　　認之情形而誤予承認；或該外國程序於其程序開始國業經終止或撤銷，
　　　則我國法院所為之承認自失所依據；又如和解管理人或破產管理人聲請
　　　承認時提出之文件係偽造、變造或有其他虛偽情事者，則該外國程序原
　　　不應予承認，如誤予承認，自應撤銷之；另和解管理人或破產管理人應
　　　善盡法定義務，如有違反法定義務致損害利害關係人權益或影響程序進
　　　行，情節重大，則該外國程序亦不宜續予承認，而應予撤銷。

（八）草案第217條規定，經承認之外國法院許可和解或宣告破產，不影響和
　　　解、清算或破產程序之進行。前項外國和解管理人或破產管理人，得為
　　　已於外國法院許可和解或宣告破產程序申報之和解或破產債權人參加中
　　　華民國法院許可和解、清算或宣告破產之程序。我國法院許可和解或宣
　　　告破產之程序進行中，復有外國法院許可之和解或宣告之破產向我國法
　　　院聲請承認而獲裁定承認者，該二程序間之關係宜設規範，明定後者不
　　　影響我國法院許可和解或宣告破產程序之進行。我國法院許可和解或宣
　　　告破產之程序進行中，外國法院許可之和解或宣告之破產經我國法院裁
　　　定承認者，宜賦予該外國程序之和解管理人或破產管理人於我國和解、
　　　清算或破產程序之參加權。

（九）草案第218條規定：「法院有許可和解或宣告破產之聲請者，於其裁定
　　　確定前，應停止外國法院許可和解或宣告破產聲請承認之程序。但承認
　　　較有利於國內債權人者，不在此限。」於我國法院有許可和解或宣告破
　　　產之聲請中，復有外國法院許可之和解或宣告之破產聲請承認時，為保

護國內債權人之利益，應以我國法院許可和解或宣告破產之程序為優先。惟如承認該外國程序較有利於國內債權人時，例如外國程序係於債務人在外國之主要利益中心發生，債務人之主要財產所在地在該外國，而在我國之財產甚少者，宜先予承認。

（十）草案第219條規定，和解管理人、清算人或破產管理人，得為已申報之和解、清算或破產債權人，參加外國法院許可和解或宣告破產之程序。債務人於外國有和解或破產程序進行中，為顧及我國債權人至外國申報債權之不便，宜賦予和解管理人、清算人或破產管理人有代為參加外國和解或破產程序之權限，以保護國內債權人之權益。

四、關於破產宣告之域外效力之實務見解

（一）臺灣高等法院98年度重上字第683號民事裁判

1. 按涉外民事法律適用法第8條，關於其他法律事實而生之債，依事實發生地法為其準據法。然何謂事實發生地，因該條與侵權行為重視損害賠償之法律性質不同，其重點在於所獲利益之返還，準據法之決定，是以實際獲得給付利益地為準。

2. 破產管理人基於破產法規定，對於破產財產有管理及處分權，則關於破產財團之訴訟有為原告或被告之資格，即有具備當事人適格，與破產法第4條為有關破產宣告之地的效力規定無涉。

（二）司法院秘書長秘台廳民二字第0980006602號

1. 和解在外國成立或破產在外國宣告者，對於債務人或破產人在我國之財產不生效力，破產法第4條定有明文，故破產管理人無法持外國破產確定判決，在我國法院主張其破產之效力。

2. 又香港澳門關係條例第42條第1項固規定：「在香港或澳門作成之民事確定裁判，其效力、管轄及得為強制執行之要件，準用民事訴訟法第四百零二條及強執執行法第四條之一之規定。」惟前開破產法第4條為破產程序之特別規定，不在準用民事訴訟法第402條規定之列，故香港法院所為破產之判決，我國法院不承認其效力。

五、結論：涉外破產選法問題

綜前所述關於破產法修正草案之規定，大抵上可以有如下結論，爰分項檢討如下，以代結論：

(一)破產法與涉外民事法律適用法

首先關於涉外破產之立法體制，究竟應於涉外民事法律適用法規定或破產法規定，涉及涉外民事法律適用法及破產法等相關法律之修正範圍。

就此，涉外民事法律適用法研修過程中，曾提出供研修委員會討論之版本，曾規定關於涉外破產之相關事項。破產法修正草案則傾向於破產法規定。究竟應於破產法或涉外民事法律適用法規定，見仁見智，尚難斷言。

(二)涉外破產程序與實體之準據法

涉外破產所涉及的不僅是涉外破產程序，更與破產之實體有關。

關於涉外破產程序，依程序依法院地法之原則，固應適用破產開始國之法律，惟關於涉外破產之實體，則應適用涉外民事法律適用法選定其應適用之準據法。

關於涉外破產之程序，無論是破產程序中有關問題之處理，或因破產所生之民事訴訟（例如，關於破產法上之撤銷訴訟、關於別除權之訴訟等），或與破產有關之民事訴訟（例如，關於破產人屬於破產財團財產之訴訟），均有可能面臨該民事訴訟為涉外民事事件，應否及如何決定其所應適用之準據法問題。

在此等場合，由於破產法與民事訴訟法相同，大部分均屬於程序法或公法之性格，故在破產開始時，其準據法應適用破產開始國之法律[10]。破產程序係

---

[10] 在國際私法上向有所謂「程序，依法院地法」之原則。即關於實體事項，依國際私法選法法則選擇所應適用之準據法。程序則一概適用法院地法。其理由在於關於程序事項，例如起訴之方式、辯論之程序、審理之程序、裁判之方式等所謂訴訟程序，依據外國法或內國法，均不致影響當事人之實體權益，而訴訟程序適用外國法將影響訴訟程序統一的處理之程序法之要求，增加法院之負擔，並不妥適，而依據國際私法上之「場所支配原則」，訴訟程序適用行為時行為地國之法律，即法院地法，亦無不妥。當然主要的問

一般的執行程序，係就破產人之全部財產為一般性的處分，供全體破產人獲得平等的清償，破產人之權利行使，原應依據破產開始國之破產法，亦不生依據涉外民事法律適用法決定準據法之問題。惟破產人之權利有許多種類，其性質為實體權利，其間之效力又不同，亦有破產開始國破產法所未規定者，一概適用破產開始國之法律頗有不妥，而有借助破產開始國破產法以外之實體法之必要，因而，發生涉外破產之選法問題。

　　破產法修正草案，規定外國法院宣告破產經法院裁定承認後，其程序及效力，應依開始國之法律，符合程序依法院地之原則，固無疑義。然關於涉外破產程序之實體，則規定應適用我國法律有關之規定處理。所謂有關之規定，應指破產法之規定。破產法之規定則係關於破產之實體規定，並無關於選定準據法之規定。因此，有必要增訂之。惜破產法修正草案就此並未明文規定，有必要進一步檢討。

　　題在於何等事項屬於程序事項，何等事項屬於實體事項。此一問題基本上屬於國際私法上之定性問題。內國法院裁判事務分配之管轄問題、起訴之方式、訴訟期日與期間、送達、辯論的程序、上訴要件等均屬於程序事項，至於應否經陪審審判，亦屬於程序事項。不過，消滅時效、舉證責任等事項會影響當事人訴訟結果及其權利義務，不宜直接適用法院地法。參閱三浦正人編，國際私法，頁257-258。

3

國際裁判管轄上之特別情事原則
── 從日本新法談起[*]

何佳芳

壹、前言

　　為增進涉外事件「國際裁判管轄[1]」判斷的預見可能性，以及加強對於外國判決在日本能否被承認的預測（間接管轄），**日本法務省早自上個世紀末即開始著手進行民事訴訟法中有關國際裁判管轄規則的立法工作**。在此次立法之前，日本既有法制上並不存在國際裁判管轄規則之明文，僅能藉由學說及實務判例發展，來成就相關國際裁判管轄的決定方法，嗣經參酌諸多國際規範、立法例、學說見解及實務判例後，終於2011年5月公布「民事訴訟法及民事保全法一部改正之法律／平成23年法律第36號法[2]（以下簡稱「日本新法」）」，並自2012年4月1日開始施行，堪稱國際裁判管轄規則之最新立法。

　　此次立法最受矚目之處，在於其將國內實體法所無、純粹源自於實務判例法理的「特別情事原則（特段の事情論）」概念明文化，藉由賦予法院一定裁量權，來彌補成文法系國家在個案具體妥當性上的不足，實為一相當大的突破，其學說議論及實務判例之演進，值得深入探討。又，基於間接管轄的原

---

[*] 原刊登於華岡法粹第60期，2016年6月，頁65-90。

[1] 所謂「國際裁判管轄權」係指，當具有國際性質之紛爭發生時，某國的法院就該案件是否得加以裁判之權限。由於受理案件之法庭地不同，裁判遂行所需的勞力、時間、費用亦大不相同，對於當事人的負擔，甚至案件的勝敗，將造成深刻的影響。因此，在國際訴訟程序上，法庭地的決定實為一重要問題。亦有稱此為「國際審判管轄」或「國際管轄」者，雖我國家事事件法第53條將之稱為「國際審判管轄」，但我國多數學說及實務判決慣以「國際裁判管轄」稱之，故本文循例援用。

[2] 民事訴訟法及び民事保全法の一部を改正する法律（平成23年法律第36号）。詳請參見 http://www.kantei.go.jp/jp/kanpo/may.1/t10502t0008.html（最後瀏覽日：2016.4.20）。

理，日本有關國際裁判管轄之判斷方針與規定，亦會涉及我國判決將來在日本被承認與執行的可能，針對該規範之相關議論與發展，有密切關注及研究之必要。

以下，本文將以此次日本新法之制定為契機，藉由對於日本特有的國際裁判管轄調整原則——特別情事原則之形成背景、判例法理之演化，以及新法內容之說明等介紹，進而就我國近年來的國際裁判管轄實務進行分析，同時探討「特別情事原則」在我國之適用情形。

貳、日本有關特別情事原則之產生

一、學說見解的分立

在2011年日本新法制定前，學說上雖然亦有少數見解認為修正前之日本民事訴訟法應可直接適用於國際裁判管轄之判斷，只要該當於土地管轄中任一項管轄規定，即可認為日本法院對該涉外案件具有國際裁判管轄權[3]。但一般學者多認為修正前之日本民事訴訟法並未針對國際裁判管轄加以規範，因此在法無明文規範的前提下，仍須藉由「法理」來補充法律的欠缺。然而有關該法理之內容為何，學說上大致可分為四說，包括：「逆推知說」、「管轄分配說（修正類推說）」、「利益衡量說」，以及「特段事情論（修正逆推知說）」。

（一）逆推知說

依據此說見解，雖然民事訴訟法上之規定僅係有關國內土地管轄之規定，但國際裁判管轄權之有無可從該規定反向推知。亦即，若依據日本民事訴訟法之土地管轄規定，相關審判籍位於日本國內，而日本國內的某法院對該案具有

---

[3] 此見解被稱為「二重機能」，主張民事訴訟法有關管轄之規定，同時具有規範國內及國際管轄之雙重機能，故其所定的土地管轄規則，不僅規範國內各法院管轄之分配，同時亦規範國際裁判管轄範圍。德國就有關國際裁判管轄權之判斷，原則上即採用此思考模式。參閱藤田泰宏，日／美國際訴訟の實務と論点，日本評論社，1998年，頁15。

管轄權時，即可認為該案件的國際裁判管轄權存在於日本[4]。

(二) 管轄分配（修正類推說）

此說認為，國際裁判管轄制度涉及國際社會中審判機能分配的問題，於判斷國際裁判管轄權之有無時，應立於國際的觀點予以考慮。其主張應在何國進行審判須依據是否符合當事人間的公平性、裁判的適當性，以及紛爭解決的迅速性等要件，加以綜合判斷後，依「條理」來決定國際裁判管轄權之有無。具體的判斷方式則可類推適用國內法上的土地管轄規定，並配合國際觀的考量予以修正分配[5]。

(三) 利益衡量說

此說認為國際裁判管轄權之有無，不須拘泥於民事訴訟法上有關審判籍的規定，而應具體衡量各個案件中所包含之雙方當事人的利益、方便性，以及特定國與案件間的關連性等因素，以決定該國法院是否就該案件具有管轄權[6]。

(四) 特別情事論（修正逆推知說）

此說主張當依民事訴訟法之土地管轄規定，認為審判籍存在於日本，且於該具體個案中並無存在違反當事人之公平，裁判之適當與迅速等特別情事存在，即可認為日本法院對該案具有管轄權[7]。亦即，於判斷國際裁判管轄權時

---

[4] 兼子一，新修民事訴訟法体系，酒井書店，1965年增訂版，頁84；江川英文，国際私法における裁判管轄権，法学協会雑誌第60巻第3号，1942年3月，頁369；斎藤秀夫，民事訴訟法概論（新版），有斐閣，1982年，頁56。

[5] 新堂幸司，新民事訴訟法，弘文堂，2001年2版，頁77；池原季雄，国際的裁判管轄権，新・實務民事訴訟講座（7），日本評論社，1982年，頁3以下；池原季雄、平塚眞，涉外訴訟における裁判管轄，实務民事訴訟講座（第6），日本評論社，1971年，頁3。又，此處的「條理」一詞，依據講談社所出版的日本語大辞典，係指「用以支撐社會法秩序的某種基本的法的價值體系。在法律有所欠缺時，可作為裁判基準的法的根據」。

[6] 石黒一憲，涉外訴訟における訴之提起，講座民事訴訟（2），弘文堂，1984年，頁27。

[7] 小林秀之，國際取引紛爭，弘文堂，2000年補正版，頁109；竹下守夫，判例から見た国際裁判管轄，NBL第386号，1987年10月，頁32。

可分成兩個部分，第一部分如同逆推知說所主張，先依民事訴訟法之土地管轄規定來判斷是否有審判籍存在於日本；若有，尚不得直接認為日本法院對該案具有國際裁判管轄權，仍須於第二部分進一步分析若該案件於日本進行審判是否符合當事人的公平和裁判的適當等要件，故本說又被稱為「修正逆推知說」。

以上各說，「逆推知說」最重視法的安定性與明確性，但欠缺國際性的考量為其最大缺點。而與其立於相反論點的「利益衡量說」，雖較符合具體妥當性與柔軟性，但在預測可能性與法的安定性上的不足，則為其問題點。相較於前兩說，「管轄分配說」為一較中庸的理論，但其所謂的條理為何，在內容上仍留有許多不明確的疑點。故以上三說，不論哪一說皆未能達到被稱為通說的階段。然而，晚近逐漸從判例分析中嶄露頭角的「特別情事論」，由於正立於逆推知說與管轄配分說的中間位置，可同時兼顧法的安定性與具體的妥當性，因此學界上贊同者逐漸增加[8]，其後更成為此次日本國際裁判管轄法制整備的主要立法模式。

二、實務判決的演變

與學說的進展類似，在日本新法制定前，由於欠缺國際裁判管轄認定標準的明文規範，日本實務界針對國際裁判管轄之判斷基準只能仰賴法院判決的積累，早期的判決多直接依據日本國內民事訴訟法所規定之審判籍的有無來加以認定[9]，直至昭和56年（1981年）及平成9年（1997年）的兩個最高法院判決，

8　山本和彥，判例批評—日本法人がドイツに居住する日本人に対して契約上の金錢債務の履行を求める訴訟につき日本の國際裁判管轄が否定された事例，民商法雜誌第119卷第2号，1998年11月，頁116以下。小林秀之，同註7，頁109；竹下守夫，同註7，頁32。

9　二次大戰前的日本判例中，有關國際裁判管轄權之判斷，並未意識到須與國內土地管轄加以區別並作不同處理（參閱澤木敬郎，涉外事件における裁判管轄に関する一考察，国際法外交雜誌第58卷第3号，1959年7月，頁268）。至於二次戰後的下級審法院主要判決，則多是採用參酌、考慮、類推日本國內民事訴訟法上之土地管轄的相關規定，以決定裁判管轄權的有無（參閱竹下守夫，同註7，頁19以下；道垣內正人，立法論としての國際裁判管轄，国際法外交雜誌第91卷第2号，1992年6月，頁8-9；牧山市治，國際裁判管轄權について，判例タイムズ第456号，1982年2月，頁31以下；高橋宏志，国際裁

始逐漸奠定日本實務界對於國際裁判管轄判斷的基礎。

日本最高法院於昭和56年（1981年）10月16日判決[10]（馬來西亞航空事件）中，裁示「在得作為依據之條約或廣為承認的國際性原則尚未確立的現況下，基於期望達到當事人間的公平與裁判的適當及迅速的理念，依據條理來決定應屬適當」，而作為符合該條理（法理[11]）之方法，即為「我國民事訴訟法中有關國內土地管轄之規定，例如，被告之居所（【舊】民事訴訟法2條），法人及其他團體之事務所或營業所（同4條），義務履行地（同5條），被告之財產所在地（同8條），侵權行為地（同15條）等其他民事訴訟法所規定之任一審判籍位於我國內時，（中略）應使被告服從於我國之裁判權[12]」。

此判決的最大貢獻在於最高法院明確肯定日本當時並無國際裁判管轄之相關規定存在，而採納「管轄分配說」之理論，認為對於國際裁判管轄之有無，應基於「達到當事人之公平，裁判之適當與迅速」的理念，進一步依據「法理」加以判斷。然而，在判決的後段，最高法院卻又將前述法理具體限縮在「民事訴訟法所規定之審判籍」，認為當民事訴訟法所規定之任何審判籍存在於日本國內時，就相關之訴訟案件，即可使被告服從於日本的裁判權，因此被認為有以「管轄分配說」之名行「逆推知說」之實的疑慮，而受到不少批評。

其後的下級審判決，基本上皆依循此判決之立場，同時於個案中加上，依案件之具體情況，衡量判斷是否有違反當事人之公平或裁判之適當與迅速等「特別情事」存在。亦即，除了參照民事訴訟法中有關國內管轄的規定外，更

判管轄—財產關係事件を中心にして，国際民事訴訟法の理論，有斐閣，1987年，頁40-41）。

[10] 民集第35卷第7号，頁1224。本案事實爲被告馬來西亞航空公司（主營業所設於馬來西亞之該國法人）所屬的一架國內線班機，因故墜毀於馬來西亞境內，而其中一名罹難者爲日本國民，該罹難者家屬以馬來西亞航空公司在日本東京設有營業所爲由，主張基於旅客運送契約之債務不履行請求損害賠償，向日本法院提起訴訟，而日本最高法院採納原告主張，肯定日本法院對此案件有國際裁判管轄權。

[11] 此處的「條理」一詞，依據講談社所出版的日本語大辭典，係指「用以支撐社會法秩序的某種基本的法的價值體系。在法律有所欠缺時，可作爲裁判基準的法的根據」。爲配合我國之用語，以下將之譯爲「法理」。

[12] 括弧內所示之條號爲舊民事訴訟法當時之條號。

進一步依據「特別情事」作個別的調整與判斷，此方法儼然成為其後下級審判斷國際裁判管轄方式的主流。而學說上，鑑於採用此「特別情事原則」可避免以往實務判決因單純類推適用國內民事訴訟法而導致國際裁判管轄的過分擴張，且其一方面依據民事訴訟法之規定而得以確保其明確性，另一方面又可就個案作例外的、彈性的考量，故對於此由下級審判決見解中衍生而來的「特別情事原則」，基本上多抱持肯定的立場[13]。雖然亦有部分學者針對該理論將有害於當事人之予測可能性與法的安定性，而提出批判，但至少在「作為過渡時期之判斷方法」上，特別情事原則仍是被肯定的[14]。

隨後，日本最高法院更於接下來的平成9年（1997年）11月11日判決[15]之寄存金返還請求事件判決中，進一步追認了此廣為各級法院所適用的特別情事原則。該案事實為原告X（日本法人）委託於德國法蘭克福從事營業活動之被告Y（長期移居德國之日本人）代為管理一筆寄存金。之後，X因對於Y之管理感到不安，遂以X之主營業所所在地（日本）為上述寄存金返還債務之「義務履行地」為由，而於其主營業所所在地之千葉地方法院提起訴訟，請求返還該筆寄存金。一審[16]及二審[17]皆否定日本法院對該案件有國際裁判管轄權，X因而上訴最高法院。

本案中，最高法院除依循上述馬來西亞航空事件之準則作為基本前提外，同時裁示：「當我國之民事訴訟法所規定之任一審判籍位於我國內時，原則上，對於在我國法院所提起之訴訟案件，要求被告服從於我國之裁判權應屬相當，唯有當**在我國進行裁判，有違反當事人間之公平與裁判之適當及迅速之理念的特別情事存在時，則應否定我國對此案件具有國際裁判管轄權**」。而在敘

---

[13] 參閱小林秀之，同註7，頁109；竹下守夫，同註7，頁32；斎藤秀夫（他）編，注解民事訴訟法5，第一法規，1991年第2版，頁442；竹下守夫、村上正子，国際裁判管轄と特段の事情，判例タイムズ第979号，1998年10月，頁19。

[14] 小島武司，国際裁判管轄，判例民事訴訟法の理論—中野貞一郎先生古稀祝賀（下），有斐閣，1995年，頁421。

[15] 民集第51卷第10号，頁4055。

[16] 千葉地院平成4年3月23日判決。參照民集第51卷第10号，頁4067。

[17] 東京高院平成5年5月31日判決。參照民集第51卷第10号，頁4073。

述完此一般論之後，最高法院接著針對「特別情事」進行具體的判斷。

　　本判決認為此案件中可作為「特別情事」者，包括：（一）「本件契約係在德意志聯邦共和國內締結，以委託被上訴人於該國內進行各種業務為目的，且本件契約中對於以我國作為債務履行之場所或以日本法作為準據法等並無明示的合意，不得不認為於我國法院提訴請求本件契約上債務之履行一事，已超過被上訴人之預測範圍」；（二）「被上訴人將其生活上及營業上之本據置於德意志聯邦共和國內已逾二十年，被上訴人自同國內之業者處購買汽車，以及支付價金之過程的相關文件等作為被上訴人防禦方法之證據，亦多集中於該國內」；（三）「由於本案之上訴公司為從事自該國輸入汽車之業者，要求其於該國法院提起訴訟，對於上訴公司應不至於造成過大之負擔」。

　　因此，最高法院基於以上情事之考量，認為「強迫當事人於我國法院就本件訴訟予以應訴，應可認為有違當事人間之公平與裁判之適當及迅速的理念，不論本件契約效力所應適用之準據法是否為日本法，針對本案，可認為有應否定我國國際裁判管轄權的特別情事存在」。進而否定日本法院對本案有國際裁判管轄權，駁回上訴人X之訴。

　　其後日本裁判實務，基本上多援用此平成9年的最高法院判決，以「原則上依據民事訴訟法之管轄規定，同時於各事件中針對個別情事加以考量，而當有特別情事存在時，則否定日本法院之國際裁判管轄」的方式，來判斷國際裁判管轄之有無。然而，站在法的安定性立場上，特別情事原則的「膨脹」可能會帶來對於具體妥當性的過度追求而造成國際裁判管轄有無之判斷基準在個案間搖擺不定、標準不一，故該判決亦受到來自學界的強烈批評[18]，其後各界對於將國際裁判管轄規則明文化的呼聲又更加增強了。

---

[18] 參閱道垣內正人，国際裁判管轄の決定における「特段の事情」，ジュリスト第1133号，1998年5月，頁213。海老澤美広，国際裁判管轄における「特段の事情」の考慮，平成9年度重判解（ジュリスト1135号），1998年6月，頁288。

參、特別情事原則之明文化

一、立法經緯及架構

　　如前所述，日本新法制定前，礙於法無明文，日本實務對於國際裁判管轄權之決定，多是由法院依個案的具體情況加以判斷。然而，有鑑於跨國民事紛爭逐年增加，為加速訴訟程序的進行，避免在管轄的攻防階段上耗費當事人過多的時間與勞力，各界多希望日本法院就有關受理訴訟之要件，能盡可能地予以明確化，以增加國際裁判管轄判斷的預見可能性[19]。經過多次研議及努力，終於平成23年（2011年）的第177回國會（常會）提出「內閣法律案第8號[20]」，並順利獲得通過。該法被命名為「平成23年法律第36號」，於2011年5月2日正式公布，明定涉外財產權事件之國際裁判管轄規則，並於同年12月21日，以「政令第404號[21]」宣告該法自2012年4月1日開始施行。

　　此次制定之日本新法係在原有的民事訴訟法「第一編通則」之「第二章法院」開始處，國內裁判管轄規定之前，新增「第一節日本法院之管轄權」，將涉及財產訴訟事件相關之國際裁判管轄的各項規定，置於同法第3條之2以下，包括普通審判籍（§3-2）、特別審判籍（§3-3）、消費契約及勞動關係訴訟之審判籍（§3-4）、專屬的國際管轄（§3-5）、合併請求之管轄（§3-6）、合意管轄（§3-7）、應訴管轄（§3-8）、特別情事原則（§3-9）、專屬管轄之限制（§3-10）、職權調查證據（§3-11）、管轄權恆定（§3-12）等。其中，最受矚目同時爭議最多者，當屬新法第3條之9有關特別情事原則之規定。

---

[19] 例如，雖然在國際貿易契約中，為預防糾紛產生，當事人間可於事前就管轄法院加以約定，但針對「侵權行為」或「產品責任」等訴訟，則多無法於事前約定管轄法院。

[20] http://www.shugiin.go.jp/itdb_gian.nsf/html/gian/honbun/houan/g17605008.htm （最後瀏覽日：2016.4.20）。

[21] 參見http://kanpoo.jp/topic.p/20111221.html （最後瀏覽日：2016.4.20）。

二、日本新法第3條之9：特別情事原則

有關特別情事原則，日本新法規定於第3條之9，其內容為：「就日本法院有管轄權之訴訟（除基於專屬日本法院管轄之合意所提起的訴訟外），法院慮及事案之性質、被告因應訴所生負擔之程度、證據之所在地等其他情事，認為由日本法院審理及裁判將有害當事人間之公平，或有妨礙適當且迅速審理之實現的特別情事存在時，得駁回該訴之一部或全部。」

針對「依日本新法第三條之二以下之規範而認為日本法院有國際裁判管轄權之訴訟」，同法第3條之9規定，若考量到事案之性質、被告應訴所生之負擔、證據之所在等具體因素，認為由日本法院審理及裁判將有害於當事人間之公平，或有礙於適當且迅速審理之實現等特別情事存在時，日本法院得駁回該訴訟。亦即，即使在日本法院依法取得國際裁判管轄權之場合中，立法者顧慮到，仍有可能存在依個案之具體情事而應否定該管轄之特殊情形，故參照前述平成9年之日本最高法院判決[22]，認為有設置得用以否定國際裁判管轄權之一般性規則的必要[23]。

在草案研擬過程中，曾討論是否要仿照美國的「不便利法庭原則」（*The Doctrine of Forum non Conveniens*[24]），以「外國法院對該事件有國際裁判管轄

---

[22] 最判平成9年11月11日，民集第51卷第10号，頁4073。參見前述「貳、日本有關特別情事原則之產生」之「二、日本新法制定前之實務判決」。

[23] 国際裁判管轄研究会，国際裁判管轄研究会報告書（6），NBL第888号，2008年9月，頁76。

[24] 不便利法庭原則源自於19世紀的蘇格蘭法院，其後為英格蘭法院所接受，並在20世紀中，由美國聯邦最高法院發揚光大。本原則係指當受訴法院對於一涉外訴訟事件雖有國際裁判管轄權，惟衡量當事人之負擔、證據之調查或訴訟審理之便利等因素，如認為該事件於其他替代法庭地進行審理較為適當（對當事人及公共利益是更有利等情況）時，則允許受訴法院行使裁量權駁回原告之訴或停止該訴訟程序之制度。GARY B. BORN, INTERNATIONAL CIVIL LITIGATION IN UNITED STATES COURTS, KLUWER LAW INTERNATIONAL 289 (1996). J. J. FAWCETT, ED., DECLINING JURISDICTION IN PRIVATE INTERNATIONAL LAW 121-144, 321-340 (1995).有關不便利法庭原則之相關論述，詳請參閱國內專論，陳隆修，美國國際私法管轄權規定評論，中興法學第23期，1986年11月，頁418-420；陳隆修，國際私法管轄權評論，五南圖書，1986年，頁168-173；劉鐵錚，國際私法論叢，三民書局，1987年修訂初版，頁264-266；王志文，國際私法上不便利法庭原則之發展及應用，華岡法粹第18期，1987年11，頁119-145月；羅昌發，論美國法下之不便利法庭原則，收於國際私法論文集，五南圖

權」作為駁回訴訟之獨立要件。亦即，是否要加上第2項規定：「即使依前項規定，認為有應否定日本法院之情事存在，若就該訴訟無其他外國法院可加以管轄時，則不得駁回該訴」。討論結果，多數見解認為，不須額外加上類似不便利法庭理論中對於「須有其他有管轄權之法院存在，且被告應訴或原告起訴並無困難等」之明文規定，只須將此點一併置於特別情事（例如公平性）中加以考慮即可[25]。

　　適用本條時須注意，倘若當事人間訂有僅得於日本法院提起訴訟之「專屬的國際裁判管轄合意」，則該訴訟應被排除在本條的適用範圍之外。因為若在當事人訂有專屬國際裁判管轄合意之場合中，法院尚能透過就個案的具體情事而事後的否定該合意管轄之效力，如此一來，不僅將有背於當事人「藉由訂立專屬管轄合意來防止管轄有無之爭議」的期望，更可能導致該訴訟因該專屬管轄合意之緣故而面臨無國可提起之窘境。因此本條特別於括號中排除「基於專屬日本法院管轄之合意所提起的訴訟」，以保障當事人間訂有合意專屬日本法院管轄者，法院不得適用本條規定駁回該訴訟，但若非專屬合意而僅為一般的合意管轄則仍有適用特別情事原則之可能。又，若法律明定應專屬於日本法院管轄者，亦無本條之適用餘地（詳見日本新法§3-10）。

　　此外，學者多認為，「特別情事原則」乃源自於日本新法制定前之實務判例，其目的係為了修正因「逆推知說」所帶來的不適當或過度管轄問題，而如今日本新法制定後，該法第3條之2至第3條之8針對國際裁判管轄既然已經有了明確且詳細的規範，則有關特別情事之發動基準，應該較以往判例更為限縮，使其立於例外發動之地位，如此才能達到日本新法在立法目的中所強調之當事

書，1996年，頁77-97；陳啓垂，英美法上「法院不便利原則」的引進—涉外民事法律適用法修正草案增訂第十條「不便管轄」的評論，臺灣本土法學雜誌第30期，2002年1月，頁51-60；陳榮傳，不便利法庭原則宜謹慎適用，月旦法學教室第142期，2014年8月，頁36-38。

[25] 日本弁護士連合会国際裁判管轄規則の法令化に関する検討会議編，新しい国際裁判管轄法制—実務家の視点から（別冊NBL第138期），商事法務，2012年，頁10-11；佐藤達文、小林康彦編著，一問一答・平成23年民事訴訟法等改正—国際裁判管轄法制の整備，商事法務，2012年，頁163。

人預見可能性和法的安定性[26]。

三、對於新法之評價

由以上新法架構可看出，此次日本新法主要是在既有的管轄規範和判例法理的基礎上，參照外國立法例及國際公約，以期達到加強當事人預見可能性與法的安定性，同時兼顧個案具體妥當性的多元目的。

一直以來，日本的裁判管轄制度本即較偏屬於大陸法體系的系統，亦即，以普通審判籍的被告住所地管轄為原則，再輔以各種特別審判籍作為例外的管轄原因，在有關管轄權有無的認定上，法院的裁量介入餘地甚少。然而，在涉及國際裁判管轄認定之場合，日本法院為了去除部分以國內土地管轄規則來判斷國際裁判管轄時可能產生的弊害，因此發展出所謂「特別情事原則」，並將此作為調整國際裁判管轄範圍的安全控制閥。一般認為，此「特別情事原則」與英美法體系中的「不便利法庭原則」極為類似，都是用以修正過分擴張之管轄規則的個別調整手段[27]。

然而，不便利法庭原則之所以在英美等管轄法制中廣泛地被採用，乃係因傳統英美管轄規則中，存有類似依「送達」，或以「持續性營業」（doing business）為由而取得對人管轄等一般管轄的擴張管轄制度。由於此等管轄基礎，不像「被告住所地」般與法庭地具有固著且緊密的連結，常常僅是因為某州外（在住的）被告偶然在法庭地現身而收受送達，或因該被告有某些營業行為涉及該州，該州法院即可就該被告所生一切訴訟進行審理，為預防如此過分擴大的管轄（過度管轄），遂有該原則的產生。

相較於英美法系國家的擴張管轄制度，日本新法除了承續二戰後既有的

---

[26] 中西康、北澤安紀、橫溝大、林貴美，国際私法，有斐閣，2014年4月，頁171-172；長田眞里，国際裁判管轄規定の立法と国際取引への影響，国際商取引学会年報第13巻，2011年6月，頁211-212；中西康，新しい国際裁判管轄規定に対する総論的評価，国際法年報第15号，信山社，2014年3月，頁12。

[27] 中西康，同註26，頁9-10；長田眞里，同註26，頁216；日本弁護士連合会国際裁判管轄規則の法令化に関する検討会議編，同註25，頁10-11；高橋宏志、加藤新太郎，実務民事訴訟講座（第3期）第6巻─上訴・再審・少額訴訟と国際民事訴訟，日本評論社，2013年，頁331-332。

判例法理，同時受到代表大陸法系新立法的布魯塞爾規則I的影響，不論在具體內容或架構上，皆依循傳統成文法系國家對於管轄制度的規範模式，以法的安定性、當事人預見可能性及法庭地關連性等因素為依歸，對於國際裁判管轄規則盡可能限縮地、明確地加以規範（例如同法§3-2～§3-8、§3-10～§3-12），因此在制定新法之後，是否還有必要保留「特別情事原則」此等用以限縮或防範過度管轄之彈性規定，在學者間尚無定見[28]。無論如何，此次的日本新立法可以算是大陸法系與英美法系綜合體的大膽嘗試，而此總和體究竟能否順利運作？究竟是法的安定性與具體妥當性二者的調和？抑或是二者的拉鋸？仍有待今後實務裁判的檢證。

肆、特別情事原則在人事訴訟中之變格：「逆接的特別情事原則」

如前所述，上揭日本民事訴訟法第3條之9有關特別情事原則之規定及其他國際裁判管轄相關規定（同法第3條之2以下），僅適用在因財產關係而涉訟之事件中，而不適用於人事訴訟事件。亦即，針對涉外人事訴訟事件，日本現行法上仍未設有國際裁判管轄之相關規定。

有鑑於此，日本法務省於平成26年（2014年）2月7日召開法制審議會第171回會議[29]，會議中法務大臣針對國際裁判管轄法制的整備提出「諮問第98號」，該號諮問中表示：「由於人事訴訟及家事事件之國際裁判管轄相關規律有加以明文設置之必要，請提出其要綱（草案）[30]」，故而要求法制審議會應

---

[28] 在立法當時即明確持否定見解者，如法制審議會第161回會議（平成22年2月5日）櫻田嘉章委員之發言（議事錄第6頁）http://www.moj.go.jp/content/000023362.pdf（最後瀏覽日：2016.4.20）。新法制定後亦強烈質疑保留此「特別情事論」之必要性者，如：橫溝大，国際裁判管轄法制の整備—民事訴訟法及び民事保全法の一部を改正する法律，ジュリスト第1430号，2011年10月，頁42-43；早川吉尚，判例における「特段の事情」の機能と国際裁判管轄立法，ジュリスト第1386号，2009年10月，頁26-27。

[29] http://www.moj.go.jp/shingi1/shingi03500022.html（最後瀏覽日：2016.4.20）。

[30] http://www.moj.go.jp/content/000119493.pdf（最後瀏覽日：2016.4.20）。

立即著手針對相關規範加以研議，並提出要綱案。因此，法制審議會國際裁判管轄法制部會於同年4月25日召開第一次會議[31]，推選東京大學的高田裕成教授擔任部會長，隨即著手相關議題之檢討，之後歷經多次會議討論，終於第18次會議完成「有關人事訴訟及家事事件之國際裁判管轄法制之整備要綱案（以下簡稱『要綱案』）[32]」。

該要綱案並於平成27年（2015年）10月9日所召開之法務省法制審議會第175回會議中順利獲得通採用[33]，正式成為「有關人事訴訟及家事事件之國際裁判管轄法制之整備要綱（以下簡稱『要綱』）[34]」。其後，日本內閣依前述要綱作成「人事訴訟法等之一部改正法律案（以下簡稱『法案』）[35]」，並於平成28年（2016年）2月26日向國會提出，目前正於日本眾議院中接受審議[36]。

該法案的第一部分係針對「人事訴訟法」所進行之修正。預定於人事訴訟法中新增「日本法院之管轄權」一款，並於該款增訂人事訴訟法第3條之2，針對「人事相關訴訟之管轄權」規定：「人事相關訴訟，該當於以下(1)至(7)所列事項其中之一者，得於日本法院提起之。」該條(1)至(6)主要以被告住所地作為管轄的因素，並於部分情形中輔以共同住所或國籍等作為管轄之成立因素，至於(7)則較類似於概括性的規定，其條文內容為：「身分關係之當事人一方於日本國內設有住所者，當他方行蹤不明時，或於他方住所地國所進行與本案所涉身分關係同一之（有關身分關係之）訴訟所為之確定判決於日本國內無效時，或有其他被認定為應由日本法院審理及裁判以謀求當事人間之公平

---

[31] http://www.moj.go.jp/shingi1/shingi04900211.html（最後瀏覽日：2016.4.20）。

[32] http://www.moj.go.jp/shingi1/shingi04900273.html（最後瀏覽日：2016.4.20）。

[33] http://www.moj.go.jp/shingi1/shingi03500026.html（最後瀏覽日：2016.4.20）。

[34] 人事訴訟事件及び家事事件の国際裁判管轄法制の整備に関する要綱http://www.moj.go.jp/content/001161330.pdf（最後瀏覽日：2016.4.20）。

[35] 人事訴訟法等の一部を改正する法律案http://www.shugiin.go.jp/internet/itdb_gian.nsf/html/gian/honbun/houan/g19005033.htm（最後瀏覽日：2016.4.20）。

[36] http://www.shugiin.go.jp/internet/itdb_gian.nsf/html/gian/keika/1DBF566.htm（最後瀏覽日：2016.4.20）。

（衡平），或確保公正且迅速的審理之實現之特別情事存在時[37]。」

　　該規定係將原本用以排除日本法院管轄權之「特別情事原則」變更為：在日本法院依法原無國際管轄權之場合中[38]，若具有**應由日本法院審理及裁判以謀求當事人間之公平（衡平），或確保公正且迅速的審理之實現之特別情事**存在時，則例外地承認日本法院得依此些「特別情事」，而取得對該案件之國際裁判管轄權。由於「特別情事原則」在本條規範中，一改以往用來排除國際裁判管轄之角色，反而成為用以肯認國際裁判管轄權之存在，因此，此種運用模式亦被稱為「逆接的特別情事原則」。

　　有關「逆接的特別情事原則」之建立，主要可追溯自最高法院平成8年（1996年）6月24日第二小法庭判決[39]（平成5年（オ）第764号離婚等請求事件），該案事實如下：X（日本籍男子）與Y（德國籍女子）於昭和57年（1982年）結婚，婚後共同居住於德國並育有一女A，之後兩人不睦並於平成元年（1989年）1月開始分居，同年4月X以旅行為名將A帶回日本，其後，X告知Y其與A將於日本定居不再返回德國。德國籍妻子Y遂於同年7月向柏林市的家庭法院提起離婚訴訟，而該訴訟通知及訴狀等送達皆係以公示送達方式為之，故X並未收到通知亦未出庭，即由德國法院一造辯論判決，該判決並於平成2年（1990年）5月8日判決確定。另一方面，X於平成元年7月26日也在日本對Y提起離婚訴訟，請求由X擔任A之親權人並要求Y應支付扶養費用，而該訴訟通知及訴狀係在平成2年9月20日送達Y，Y即德國法院就此已有確定判決存在且日本法院對此應無管轄權為由，請求駁回原告之訴。

　　對此，日本最高法院首先表示：「被告住所地在離婚訴訟中當然是決定國際裁判管轄權有無的重要因素……，但即使是在被告於日本無住所之場合中，

---

[37] (7)日本国内に住所がある身分関係の当事者の一方からの訴えであって，他の一方が行方不明であるとき，他の一方の住所がある国においてされた当該訴えに係る身分関係と同一の身分関係についての訴えに係る確定した判決が日本国で効力を有しないときその他の日本の裁判所が審理及び裁判をすることが当事者間の衡平を図り，又は適正かつ迅速な審理の実現を確保することとなる特別の事情があると認められるとき。

[38] 亦即，依同條所定(1)至(6)之規定，日本法院並無國際裁判管轄權之情況。

[39] 民集第50卷第7号，頁1451，判例時報第1578号，頁56，判例タイムズ第920号，頁141。

若考量到原告住所等其他因素，而認為該離婚請求與日本有相當關連性存在時，亦有肯認日本法院管轄權之可能。」

至於，究竟在何種情形中應肯定日本法院之（國際）管轄權，日本最高法院依循前述馬來西亞航空等判決之見解，認為：「由於有關國際裁判管轄之法律並不存在，且國際的慣習法亦尚未成熟，因此基於期望達到當事人間的公平與裁判的適當及迅速的理念，依據條理來決定應屬適當」。接著，並進一步提及：「在判斷管轄權有無時，對於只能被動應訴的被告而言，其不利益自然應給予特別的考量，但另一方面，對於有權提起離婚訴訟之原告權利的保護亦應予以留意，例如應考慮要求原告赴被告住所地提起離婚訴訟是否存在法律上或事實上之障礙，及其困難度如何等。」

最後，針對本案具體事實分析，「就本案觀之，……在德國，雖然依據（德國法院）確定判決所生之離婚效力，X與Y之婚姻關係既已終了，但在我國，由於該判決欠缺民事訴訟法第200條第2款（現行民訴法第118條第2款[40]）之要件，因此無法肯認其效力，故X與Y之婚姻關係尚未終了。在此情形下，即使X返回德國重新再次提起離婚訴訟，亦有極高的可能會被以該婚姻關係已終了為理由，而被認定為起訴不合法。因此，對X而言，除了在我國提起離婚訴訟以外，已別無他法可資救濟。基於以上考量，肯認我國法院對本件訴訟有國際裁判管轄權，應為（前述國際裁判管轄）條理之實現。」故而肯定日本法院對該案件有國際裁判管轄權。

最高法院在本案中，將原告起訴無門、跛行離婚關係無法確定等事例，作為肯定國際裁判管轄權之「特別情事」，以達到類似「緊急管轄[41]」之功

---

[40] 日本民事訴訟法第118條第2款：「敗訴之被告受有開始訴訟所必要之通知或命令之送達（排除公示送達等類似之送達），或雖未受此些通知或送達而已應訴者。」

[41] 所謂「緊急管轄」係指，依據某國之國際裁判管轄規則該國法院對某一特定訴訟事件原應無管轄權，但由於其他國家亦對之無國際裁判管轄權，為避免因國際裁判管轄的消極衝突，而剝奪原告應受之司法保護，此時例外地承認該國之國際裁判管轄權。就此日本國際裁判管轄審議會亦曾草擬過相關條文：「第一審法院，即使認為該訴訟不屬日本法院管轄，若其於外國提起訴訟被駁回之可能性甚高，除於日本提起訴訟外並無其他救濟方法時，以該請求與日本具有密切關連性為限，日本法院對之有國際裁判管轄權。」詳請參閱国際裁判管轄研究会，同註23，頁80；何佳芳，日本國際裁判管轄理論及其立法，臺灣國際法季刊第5卷第3期，2008年9月，頁221；何佳芳，日本民事訴訟法中國際裁判管

能。而「逆接的特別情事原則」自此開始廣受討論，並在此次立法被納入法案中。法案第3條之2(7)中所謂「身分關係之當事人一方於日本國內設有住所者，……於他方住所地國所進行與本案所涉身分關係同一之（有關身分關係之）訴訟所為之確定判決於日本國內無效時」，即是指此平成8年6月24日判決之情形。有關特別情事原則在身分事件領域的應用與發展，值得吾人持續注意。

伍、特別情事原則在我國之運用

　　我國與日本同屬成文法系國家，而在民事訴訟法中有關管轄之規定亦與日本十分相似，我國實務判決受到日本判例法理之影響，在法無明文之情形下，就有關國際裁判管轄之認定，多仰賴內國民事訴訟法提供一相對明確及穩定的判斷基準，因此上述日本新法及其判例法理，應能提供我國在國際裁判管轄運用上諸多省思與借鏡。尤其，針對日本新法制定前，由判例法理中衍生而來之「特別情事原則」，就其在我國之適用可能及進展，加以論述，希望提供我國將來在國際裁判管轄判斷運作上些許助益。

　　我國實務上最早出現類似以日本特別情事原則來認定國際裁判管轄權有無的判決，應屬臺灣臺南地方法院92年度重訴字第295號民事判決。該案係有關請求給付借款之事件，原告係我國法人X銀行，訴外人A公司向原告的香港分行借款，並以被告Y為其連帶保證人。其後，A無法清償其債務，X遂依連帶保證之法律關係，向Y提起訴訟。

　　判決中，法院(1)首先闡明「本件……為涉外民事事件，又國際裁判管轄權乃獨立之訴訟要件，國際裁判管轄權之有無，**乃法院於訴訟程序中應依職權調查**之事項，是本件首應究明我國對於本件給付借款事件，**有無國際裁判管轄權**。」其後，針對國際裁判管轄權有無之認定方式，其依循通說見解，表示我國法上並未存在相關明文規範，因此應採納「管轄分配說」，依「法理」來判

轄之立法芻議與對我國之借鏡，臺灣法學雜誌第135期，2009年9月，頁41。

斷：「按我國對於國際裁判管轄權，除於民事訴訟法第四百零二條第一款之間接管轄權規定外，並無類如內國法院確認對於涉外事件有無管轄權之直接管轄權規定，而現行國際法上亦未建立明確之規範，除了區域性之國際公約外，亦無成熟之國際習慣法存在，是以，當受到國際承認的一般性準則並不存在，而國際習慣法又並非十分成熟的情況下，**依照當事人間之公平與裁判正當、迅速理念之法理**，作為我國國際裁判管轄權有無之判斷，應較為適當。」(2)至於，有關符合上述「法理」的具體判斷方法，其明顯仿照日本「特別情事原則」之模式，先表示原則上可參酌民事訴訟法相關管轄規定，「如**依我國民事訴訟法之規定**，我國具有審判籍時，原則上，對於在我國法院提起之訴訟事件，使被告服從於我國的裁判權應屬妥當」。接著，再調查是否有應例外排除管轄的特別情事存在，「惟在我國法院進行裁判，如有**違背期待當事人間之公平與裁判正當、迅速等理念之特別情事**時，即應否定我國之國際裁判管轄權。」以最終確認我國法院就本案是否具有國際裁判管轄權。(3)最後，再就本案事實具體認定：「查本件原告為依我國法律設立之本國法人，被告則係設立住所於我國境內之臺南縣，有被告之戶籍謄本二件在卷可按，原告向我國法院提起訴訟，自無不合，且**此於本件證據之調查與兩造攻擊、防禦權之行使，亦無妨害當事人間之公平與裁判正當、迅速等理念之特別情事發生**，從而，本件應肯定我國法院之國際裁判管轄權存在，又本院係被告住所之地之管轄法院，則本院對於本件給付借款事件即有管轄權。」

　　本件判決為我國引進「特別情事原則」之首例，該判決先依「法理」確認國際管轄原因，接著就個案具體調查，認為並無應否定國際裁判管轄之特別情事存在，進而肯定我國就該系爭涉外財產事件應有國際裁判管轄權，且臺南地院依土地管轄規則對本案有國內管轄權。本判決架構嚴謹，論理明確，可作為「特別情事原則」在我國實務適用可能之重要參考。隨後，在我國地院判決書中，亦陸續出現採用「特別情事原則」來判斷國際裁判管轄權有無的類似見解[42]。

---

[42] 例如臺灣嘉義地方法院嘉義簡易庭93年度嘉勞小字第7號民事判決、臺灣雲林地方法院98年度訴字第343號民事判決、臺灣高雄地方法院104年度海商字第9號民事判決、臺灣高雄地方法院100年度海商字第13號民事判決、臺灣高雄地方法院102年度鳳小字第55號民事判

　　相較於地方法院，高等法院或最高法院等上級審法院卻遲遲未明確採納此原則，直到十二年後，高等法院終於出現藉由「特別情事原則」來認定國際裁判管轄之代表性裁判——臺灣高等法院臺南分院104年度重抗字第12號裁定。

　　本件係有關請求損害賠償之事件，訴外人A公司委由被告Y1公司（以另一被告Y2公司所有之油輪）運送油品一批至日本，Y1公司簽發清潔載貨證券予A公司，嗣後A公司將該載貨證券轉讓予訴外人B公司，該批油品並因而轉運至雲林縣麥寮港。詎貨到麥寮港卸貨時發現短少，B公司損失800餘萬元。原告X1～X6乃上開油品之運輸保險人，且已依約賠付B公司保險金，B公司乃將其對第三人之損害賠償請求權轉讓與原告等，為此原告等爰基於保險代位及運送契約債務不履行損害賠償及侵權行為損害賠償請求權等法律關係，於臺灣雲林地方法院，請求被告Y1及Y2公司賠償損害。

　　原審的臺灣雲林地方法院首先指出：「本件被告係未經我國認許之外國法人，具有涉外因素，故本件訴訟乃屬涉外民事事件，應適用我國涉外民事法律適用法之規定，惟我國涉外民事法律適用法中並無關於管轄權之規定，自**應類推適用我國民事訴訟法中關於管轄權之規定**，且本件應由何國法院管轄，為先決問題，法院應依職權調查之。」其後，再針對我國民事訴訟法中相關普通審判籍及特別審判籍之規定加以論述，認為就(1)普通審判籍之部分，「本件被告係未經我國認許之外國法人，又未在本院轄境內設有事務所或營業所等情，既為原告所不爭執，則依前揭法人及其他團體普通審判籍有關規定，原告所提之本件訴訟已非屬本院所得管轄。」而在(2)特別審判籍部分，則分別就債務履行地及侵權行為地兩個管轄因素加以判斷。一審法院認為民事訴訟法第12條「所謂債務履行地，係以當事人契約所定之債務履行地為限。又是項約定雖不以書面或明示為必要，即言詞或默示為之，亦非法所不許，惟仍必須當事人間有約定債務履行地之意思，始有該條之適用。……查，依原告提出之載貨證券影本內容觀之，其內容並無任何關於原告所主張兩造間所約定「契約履行地」之記載，且原告所主張之被保險人臺塑石化公司亦非相關運送契約之立約

決、臺灣高雄地方法院101年度訴字第2168號民事判決、臺灣高雄地方法院102年度訴字第1154號民事判決、臺灣高雄地方法院103年度訴字第533號民事判決等。

人，職是，原告既未能就其所主張兩造間或訴外人臺塑石化公司與被告間曾有約定債務履行地之事實舉證證明，自難認原告所主張本院為渠等間所立契約履行地法院為可採。」此外，針對原告以侵權行為地作為管轄原因之主張，法院認為：「上開船舶所載油品數量較之提單短少之發生地亦應係在卡達國麥賽義德港，至雲林縣麥寮港在本案事件中充其量僅係損害結果『發現』地而已，則依前揭侵權行為特別審判籍有關規定，原告所提之本件訴訟亦非屬本院所得管轄。」因此認為依原告所主張本案事實觀之，我國法院對本件訴訟之被告並無一般管轄權，故裁定駁回本件訴訟。對此裁定，原告等人提起抗告。

　　不同於地方法院之認定，抗告審的臺灣高等法院臺南分院，針對原審法院有無管轄權部分，於裁判書中(1)首先闡述一般國際裁判管轄原理如下：「按國際私法上所謂管轄權之確定，係指對於涉外民事事件，何國或何法域有權行使司法裁判權。學理上對於國際民事訴訟管轄權有無之認定，則係基於當事人利益之以原就被原則、服從性原則、有效性原則及兼顧公共利益之管轄原則考量，並須具備合理性之管轄基礎等判斷標準。而我國涉外民法並未明文規定，就具體事件是否有管轄權，則當依法庭地法加以判斷。而所謂國際管轄權行使之合理基礎，係指某國法院對某涉外案件主張有管轄權，係因該案件中之一定事實，與法庭地國有某種牽連關係，而法院審理該案件係屬合理，並不違反公平正義者而言，受訴法院尚非不得就具體情事，**類推適用國內法之相關規定，**以定其訴訟之管轄。」乍看之下，與以往上級審所採的「類推適用說」並無不同。(2)其次，針對被類推適用的相關國內規定（主要為民事訴訟法第12條）加以論述，並就本案具體認定：「**運送契約之履行交貨地為雲林縣麥寮港，已甚明確。**而本件系爭貨物之買受人、要保人暨被保險人臺塑化公司、海上貨物保險人即抗告人，系爭貨物之卸貨港為我國麥寮港，且系爭貨物毀損檢定等相關證據資料均在我國，足徵系爭貨物毀損之損害賠償情事與我國間之關係甚為密切，我國法院自有本件之國際民事裁判管轄權無訛。」(3)最後，採用特別情事原則再度審視，「……我國法院受理本件涉外民事之海商及保險事件，殊**無礙於當事人間之公平使用審判制度機會，裁判之適正、妥適、正當，程序之迅速、經濟等民事訴訟法理之特別情事存在**，故我國法院即原審法院，就本件訴訟有國際民事管轄權，應甚明確。」爰將原裁定廢棄發回原法院。

　　本件高等法院臺南分院之裁定針對國際裁判管轄之判斷方法，明顯依據「特別情事原則」模式，先基於訴訟法理，類推適用民事訴訟法之規定，當我國民事訴訟法中所規定的任一審判籍位於我國國內時，原則上即承認我國法院對其有國際裁判管轄權，除非依據個別案件之具體狀況，認為在我國進行訴訟有違反當事人間之公平的觀念，或裁判之適當及迅速的理念等特別情事存在時，始例外否定該國際裁判管轄權的存在。

　　國際裁判管轄上的「特別情事原則」之所以能在日本和我國實務界中得到重視，並持續發展，主要係由於在國際裁判管轄中存在許多國內管轄所沒有的特徵，例如，與可靈活運用裁量移送等制度來平衡當事人利益的國內事件不同，針對涉外案件，由於內國法院無法將事件移送至外國法院，若內國法院否定其管轄權之存在，則原告將被迫前往語言、司法制度、訴訟程序迥異之他國進行訴訟。另一方面，跨國訴訟之被告所面臨之不便與負擔，其程度亦遠大於國內訴訟之被告，故其所受之保護亦應作較多的考量。因此，在法無明文而實務普遍類推適用內國民事訴訟法之相關管轄規定的現況下，「特別情事原則」作為用以判斷國際裁判管轄權有無之彈性調整機制之制度，實有其重要性與必要性。

　　透過以上論述可知，由於實務運作的需要，地方法院對於國際裁判管轄必要性的認識及發展，遠早於高等法院或最高法院[43]，不同於上級審法院多僅以「類推適用」民事訴訟法的管轄規則為主，地方法院的判斷模式則較為多樣且新穎，就某個層面而言，其似乎引領了高等法院及最高法院之判決。或許地方法院的判決在部分論理與架構上，嚴謹度略顯不足，但在視野的創新與引進方面，實具有相當大的貢獻及參考價值。正如同「特別情事原則」在日本實務判例中的發展，最初由日本地方法院在1982年的裁判（東京地院昭和57年9月27日中間判決）中創制，其後雖然在下級審法院廣泛被採用，但最高法院對此見解卻遲遲未加以承認，直到15年後，日本最高法院才在前述寄存金返還事

43 有關我國各級法院實務見解分析，礙於篇幅，在此不再進一步闡述，相關研究請參見蔡華凱，國際裁判管轄總論之研究—以財產法為中心，國立中正大學法學集刊第17期，2004年11月，頁1-89；何佳芳，同註41，頁42-45；張銘晃，國際裁判管轄決定論—從總論方法評述我國實務現狀，法官協會雜誌第13卷，2011年12月，頁197-200。

件（最高法院平成9年11月11日判決）中，正式追認了這個由下級審法院所創造，作為排除國際裁判管轄之例外規則的特別情事原則。且該理論更在此次日本新法中，被明文採納為國際裁判管轄認定的基本模式。隨著上述高等法院裁判（臺灣高等法院臺南分院104年度重抗字第12號裁定）的出現，相信「特別情事原則」在我國的影響與發展，將愈趨受到重視。

陸、結論

　　由本文之分析可知，不論在日本或在我國，當法院面對急速增加且類型多樣的國際裁判管轄爭議時，多肯定應以「當事人間之公平、裁判之適當與迅速」之國際民事訴訟法理作為判斷的核心準則。日本透過民事訴訟法之修正，將上述「法理」明文化，於日本新法第3條之2到第3條之8明定國際裁判管轄之管轄原因，以確保「當事人之預見可能性」及「法的安定性」。同時，為兼顧「個案的具體妥當性」，更於同法第3條之9條賦予法院裁量權，使其得在日本法院依法原應具有國際裁判管轄權之個案中，進一步針對事案之性質、被告應訴所生之負擔、證據之所在等因素加以考量，若認為由日本法院審理及裁判將有害當事人間之公平，或有妨礙適當且迅速審理之實現的「特別情事」存在時，即得駁回該訴訟。其目的在藉由例外的利益衡量架構，來調整硬性的管轄規則之適用結果，以期同時滿足「當事人之預見可能性」、「法的安定性」，以及「個案的具體妥當性」三方面之要求。

　　而此由日本判例法理衍生而來的「特別情事原則」，在我國現行法制針對國際裁判管轄尚無一般性明文規範的現狀下，正可提供我國法院在認定國際裁判管轄有無時之參考。亦即，在我國法院「類推」適用民事訴訟法中有關國內土地管轄規定時，若認為該涉外裁判在我國進行審理將有違「當事人間之公平、裁判之適當與迅速」之特別情事存在時，則應否定我國法院之國際裁判管轄權。

　　當然，不可諱言的，此等判斷模式雖說原則上參照民事訴訟法之規定，但在認定有無「特別情事」之過程中，尚須就整體案件相關因素比較衡量，故最

終仍取決於法院對於「特別情事」之存在與否的判斷，事實上，仍可能導致預見可能性低落，造成當事人無法事先判斷管轄權存在與否，而徒增當事人時間及勞力上的浪費。因此，**特別情事原則在我國亦僅能暫時作為法無明文之過渡時期的權衡手段，而減少爭議的終極方法，還是需要立法者對於國際裁判管轄作出明確規範。**

參考文獻

一、中文部分

（一）專書

陳隆修，國際私法管轄權評論，五南圖書，1986年。

劉鐵錚，國際私法論叢，三民書局，1987年修訂初版。

羅昌發，論美國法下之不便利法庭原則，國際私法論文集，五南圖書，1996年。

（二）期刊論文

王志文，國際私法上不便利法庭原則之發展及應用，華岡法粹第18期，1987年11月。

何佳芳，日本國際裁判管轄理論及其立法，臺灣國際法季刊第5卷第3期，2008年9月。

何佳芳，日本民事訴訟法中國際裁判管轄之立法芻議與對我國之借鏡，臺灣法學雜誌第135期，2009年9月。

張銘晃，國際裁判管轄決定論—從總論方法評述我國實務現狀，法官協會雜誌第13卷，2011年12月。

陳啟垂，英美法上「法院不便利原則」的引進—涉外民事法律適用法修正草案增訂第十條「不便管轄」的評論，臺灣本土法學雜誌第30期，2002年1月。

陳隆修，美國國際私法管轄權規定評論，中興法學第23期，1986年11月。

陳榮傳，不便利法庭原則宜謹慎適用，月旦法學教室第142期，2014年8月。

蔡華凱，國際裁判管轄總論之研究—以財產法為中心，國立中正大學法學集刊第17期，2004年11月。

二、英文部分

Born Gary B., *International Civil Litigation in United States Courts*, in Kluwer Law International (1996).

Fawcett J. J., ed., Declining Jurisdiction in Private International Law (1995).

三、日文部分

（一）專書

小林秀之，國際取引紛爭，弘文堂，2000年補正版。

小島武司，国際裁判管轄，判例民事訴訟法の理論—中野貞一郎先生古稀祝賀（下），有斐閣，1995年。

中西康、北澤安紀、横溝大、林貴美，国際私法，有斐閣，2014年。

日本弁護士連合会国際裁判管轄規則の法令化に関する検討会議編，新しい国際裁判管轄法制—実務家の視点から（別冊NBL第138期），商事法務，2012年。

石黒一憲，渉外訴訟における訴え提起，講座民事訴訟（2），弘文堂，1984年。

池原季雄，国際的裁判管轄権，新・実務民事訴訟講座（7），日本評論社，1982年。

池原季雄、平塚真，渉外訴訟における裁判管轄，実務民事訴訟講座（第6），日本評論社，1971年。

佐藤達文、小林康彦編著，一問一答・平成23年民事訴訟法等改正—国際裁判管轄法制の整備，商事法務，2012年。

兼子一，新修民事訴訟法体系，酒井書店，1965年増訂版。

高橋宏志，国際裁判管轄—財産関係事件を中心にして，国際民事訴訟法の理論，有斐閣，1987年。

高橋宏志、加藤新太郎編，実務民事訴訟講座（第3期）第6巻—上訴・再審・少額訴訟と国際民事訴訟，日本評論社，2013年。

斎藤秀夫，民事訴訟法概論，有斐閣，1982年新版。

斎藤秀夫（他）編，注解民事訴訟法5，第一法規，1991年第2版。

新堂幸司，新民事訴訟法，弘文堂，2001年第2版。

藤田泰宏，日／美国際訴訟の実務と論点，日本評論社，1998年。

（二）期刊論文

山本和彦，判例批評—日本法人がドイツに居住する日本人に対して契約上の金銭債務の履行を求める訴訟につき日本の国際裁判管轄が否定された事例，民商法雑誌第119巻第2号，1998年11月。

中西康，新しい国際裁判管轄規定に対する総論的評価，国際法年報第15号，2014年3月。

早川吉尚，判例における「特段の事情」の機能と国際裁判管轄立法，ジュリスト第1386号，2009年10月。

江川英文，国際私法における裁判管轄権，法学協会雑誌第60巻第3号，1942年3月

竹下守夫，判例から見た国際裁判管轄，NBL第386号，1987年10月。

竹下守夫、村上正子，国際裁判管轄と特段の事情，判例タイムズ第979号，1998年10月。

国際裁判管轄研究会，国際裁判管轄研究会報告書（6），NBL第888号，2008年9月。

牧山市治，国際裁判管轄権について，判例タイムズ第456号，1982年2月。

長田真里，国際裁判管轄規定の立法と国際取引への影響，国際商取引学会年報第13巻，2011年6月。

海老澤美広，国際裁判管轄における「特段の事情」の考慮，平成9年度重判解（ジュリスト第1135号），1998年6月。

道垣内正人，立法論としての国際裁判管轄，国際法外交雑誌第91巻第2号，1992年6月。

道垣内正人，国際裁判管轄の決定における「特段の事情」，ジュリスト第1133号，1998年5月。

横溝大，国際裁判管轄法制の整備—民事訴訟法及び民事保全法の一部を改正する法律，ジュリスト第1430号，2011年10月。

澤木敬郎，渉外事件における裁判管轄に関する一考察，国際法外交雑誌第58巻第3号，1959年7月。

PART **5**

國際訴訟競合

1

國際裁判管轄權之積極衝突
——先繫屬優先[*]

林恩瑋

壹、前言

　　進入21世紀的文明階段，我們目前所處的這個世界，仍然看不到一個至上的、超然的、統合的「國際私法法院」出現——儘管這樣的一個法院曾經讓國際私法學者所夢想著[1]。現實的國際狀態是主權國家與有形疆界的概念仍然發揮著它們的影響力：即使人類的交易型態、生產工具以及交通方式都已經有了重大的改變，各國對於其法律或司法的管轄領域卻仍然謹守著主權的界線作為其基本的原則。所謂的國際私法案件，只是徒具「國際」之名：它們大多數仍只能透過某個「國內的」法院，引用它們各自「國內的」涉外法律制度解決[2]。

　　因此，「國際管轄權」這個名詞也具備了兩種不同的意義：一方面，我們可以從「國際」二字上清楚地意識到其擁有不同於國內管轄權的某種特性，這種特性經常藉由實證上的經驗，或是透過法官的解釋，將此類問題以不同於國內管轄權的標準為獨立的處理[3]；另一方面，「國際管轄權」的概念仍然是國

---

[*]　原刊登於法學叢刊第52卷第3期，2007年7月，頁49-70。

[1]　早在1929年，法國學者André-Prudhomme即大力鼓吹應設立一個國際私法法院，以綜理適用國際私法的基本原則。André-Prudhomme, Le droit international privé dans son développement moderne, 54 J.D.I., 1930, p. 920.

[2]　國際間事實上是由各國自行決定其內國法律與管轄權之範圍，在國際私法上，所謂的國際管轄權規則並不存在於國際社會中，而是在於國際社會的「各成員」之中。P. Mayer, Droit international privé et droit international public sous l'angle de la notion de compétence, RCDIP, v. 68 1979, pp. 16-29, surtout à p. 4; 陳啓垂，民事訴訟之國際管轄權，法學叢刊第166期，1997年4月，頁75。

[3]　即如我國實務一般做法，將國內民事訴訟法之管轄權規定擴張適用於涉外案件，即所謂

內的、單面式的與直接的，內國法院於此所欲處理的問題僅是確認究竟其有無管轄權，而對於其他國家法院是否具有管轄權的問題不予置喙[4]。

我國立法上目前對於國際管轄權規範的法典化進程仍屬停滯階段[5]，也因此在法規欠缺的情形下，往往我國民事訴訟法部分規定即被學界及實務界認定具有內國民事程序規範標準與涉外民事程序規範標準之雙重功能。即如國際管轄權的學說見解，無論採取「逆推知說」或是「修正的類推適用說」，其均係參照民事訴訟法上之管轄規定，於個案中作為國際管轄權具體認定與適用之標準[6]。

涉外民事訴訟實務運作上較常發生者，除了如何確定具體個案中之國際管轄權問題外，關於國際管轄權之積極衝突問題，亦屢見不鮮。本文即試舉二例說明如下：

例一：甲科技公司與乙科技公司均為我國法人，二者簽訂技術服務契約，約定甲公司將其某類產品之技術轉移給乙公司，其中並有保密約款，聲明乙公

「逆推知說」（或稱類推適用說）者，與國內管轄權規則亦有相當的區別。我國學者即認為對於國際裁判管轄權在學理上的定位，應從現行內國體制與國際法間的關係加以說明。參考蔡華凱，臺灣涉外民事訴訟法之理論與實務—以財產關係訴訟之國際裁判管轄總論為中心，國立中正大學法學集刊第17期，2004年10月，頁11以下。

[4] 在大陸法系國際私法理論上，國際管轄權規則性質上屬於為實體法則（règles matérielles），通常為單面的、直接的規則。乃直接觸及國家對案件有無管轄權之問題。Y. Loussouarn, P. Bourel et P. de Vareilles-Sommières, " Droit international privé", Dalloz, 2004, 8e éd., n°436/437; B. Audit, "Droit international privé", Economica, 2000, 3e éd., n°318.

[5] 按我國涉外民事法律適用法修正草案初稿，原本擬採用中國際私法架構，將國際管轄權與法律選擇一併規定其中，復於二稿時又重回原點，僅就法律選擇部分為規範與修正，我國學者對此多有訾議，目前似仍未有回到修正草案初稿架構之趨向。賴來焜，基礎國際私法學，三民書局，2004年，頁26；陳駿賦，國際民事訴訟中定性理論與訴訟標的理論之交錯，萬國法律第132期，2003年12月，頁106-116（特別是第115頁以下）。

[6] 徐維良，國際裁判管轄權之基礎理論，法學叢刊第183期，2001年7月，頁69；林大洋、林信明，論國際裁判管轄權，中律會訊第7卷第5期，2005年2月，頁17；蔡華凱，侵權行為的國際裁判管轄：歐盟的立法與判例研究，國立中正大學法學集刊第14期，2004年1月，頁243；林秀雄，國際裁判管轄權：以財產關係案件為中心，收於國際私法理論與實踐（一）—劉鐵錚教授六秩華誕祝壽論文集，學林，1998年版，頁120；林益山，國際私法與實例解說，臺北大學法學叢書，2004年12月修訂4版，頁119；柯澤東，國際私法，元照，2004年10月2版3刷，頁25。

司不得洩漏甲公司之技術秘密與第三者。不久乙公司將其原先與甲公司接洽之研發團隊分割獨立成另外一家丙科技公司,而由丙科技公司開發與甲公司同類型之產品從事美國市場競爭。甲公司遂在美國加州起訴,控告乙公司違反保密約定,並侵害甲公司之專利權,要求損害賠償;乙公司於甲公司起訴後,在臺灣法院另行提起訴訟,反控甲公司侵害其名譽,以圖牽制甲公司在美國加州之訴訟。

例二:美國人甲男與我國人乙女因其未成年子女監護權在美國紐約州法院訴訟,乙女見訴訟進行對己不利,於法院未判決前未得甲男同意,私自將子女帶離美國後返回臺灣,並另於臺灣法院起訴,請求法院判決監護權歸己。

上述之案例中,均牽涉到基於相同事實基礎,而在兩國間先後繫屬,尚在進行中的涉外民事訴訟彼此間相互影響之問題。從立法上來說,過去我國民事訴訟法並未針對此類國際管轄權衝突之情形有具體明文之規範。惟2003年2月7日民事訴訟法進行修正,立法者針對國際管轄權部分增訂第182條之2,規定「當事人就已繫屬於外國法院之事件更行起訴,如有相當理由足認該事件之外國法院判決在中華民國有承認其效力之可能,並於被告在外國應訴無重大不便者,法院得在外國法院判決確定前,以裁定停止訴訟程序。但兩造合意願由中華民國法院裁判者,不在此限。法院為前項裁定前,應使當事人有陳述意見之機會。」學者間咸認本條為我國立法上關於國際管轄競合之明文規定,法院有相當之裁量權可決定是否依本條停止國際間「重複進行」之訴訟程序[7]。然而本條制定後,實務上卻鮮見法官援為引用,以至於迄今我國法院仍未能就該條所定之情形建立起一套明確的、系統的判斷標準[8]。

事實上,早於2000年時開始,我國民事訴訟法即進入另一新的階段。在新的民事訴訟法理論基礎上,為強化集中審理,新法對於訴訟標的理論態度的改

---

[7] 此為大陸法系國家傳統上面臨國際平行訴訟問題時所喜好運用的方式,稱為Lis alibi pendens(原文直譯為「爭議在別處發生」,法國文獻多稱litispendance)。法國就此一語諺於其內國法中發展出「先繫屬優先例外」(L'exception de litispendance)原則,即相當於我國之雙重起訴禁止原則。

[8] 本條增訂後,實務上僅見臺灣臺北地方法院91年重訴字第1840號與最高法院94年台抗字第1156號裁定有所觸及,但此二項裁定對於該條之要件及相關討論卻均未有進一步之說明。

變與爭點整理制度建立，都作了更精緻化的規定[9]。我國民事訴訟法的修正，亦勢必連帶影響到我國法院處理涉外民事訴訟事件時所抱持的立場與態度：無論是國際管轄權的判斷，或是選法理論的選擇。是以，在新民事訴訟法的架構下，應如何解釋及適用民事訴訟法第182條之2？即為一饒富趣味之問題。

本文認為就此問題，首先應探討者，為民事訴訟法第182條之2的法理基礎：即該條之立法目的。易言之，就防止國際管轄權衝突之理論觀點而言，究竟本條之制定對我國法院有如何之重要性？是否本條應該毫無保留地同等適用於所有的涉外民事訴訟案件中？類此問題，均值玩味。（標題貳以下討論）其次，則為分析該條應當如何適用：是否民事訴訟法第182條之2的適用條件有可能受到我國新民事訴訟法修正之影響，而有其所不同於外國立法例之標準或原則？如果答案是肯定的，那麼這些適用條件，又會是什麼？（標題參以下討論）

貳、國際管轄權積極衝突之理論觀點：民事訴訟法第182條之2之立法目的

關於民事訴訟法第182條之2之立法目的，民事訴訟法修正理由總說明中僅以寥寥數語帶過：「為求訴訟經濟，保障當事人之程序利益，並避免裁判歧異，明定當事人就已繫屬於外國法院之事件更行起訴時，於一定條件下，法院得在外國法院判決確定前，裁定停止訴訟程序。但為尊重當事人之程序選擇權，並明定兩造當事人亦得合意由中華民國法院裁判。」其中值得斟酌者，為說明中所謂「為求訴訟經濟、保障當事人之程序利益，並避免裁判歧異」者，究竟於國際民事訴訟程序中，應作如何之解釋[10]？

欲回答此一問題，首先必須確定者為區分國際管轄權問題與國內管轄問

---

[9] 賴淳良，訴訟上爭點整理與涉外財產案件之審理，收於玄奘大學2007年海峽兩岸國際私法學術研討會論文集（下），頁57以下。

[10] 姚瑞光教授則對本條大力抨擊，認為係「無事生事，弄無為有之作」。姚瑞光，近年修正民事訴訟法總評，自版，2005年，頁47。

題之差異性。易言之，究竟我們應如何定位國際管轄權積極衝突之現象？是否這種現象確實存在著？（標題一以下討論）其次，如果國際管轄權積極衝突確實是存在的，則我們是否有必要將此一現象予以排除？是否在國際管轄權上所持的排除理由，與國內管轄權有所不同？（標題二以下討論）

一、國際管轄權積極衝突的定位

有關國際管轄權積極衝突的定位，本文以為至少必須先行釐清兩個問題：在涉外民事案件上，是否確實存在著積極衝突？此為其一；其二，法院又該依何標準，確認國際管轄權積極衝突的現象確實係存在？

從內國法立場而言，所謂內國管轄權之積極衝突，即同一事件先後繫屬於數個有管轄權法院之問題。就此問題之對策，應以一事不再理之原則（*res judicata*）解決之[11]。民事訴訟法第253條即規定「當事人不得就已起訴之事件，於訴訟繫屬中，更行起訴」，如違反者，法院應認為其訴為不合法，而依民事訴訟法第249條第1項第7款裁定駁回之[12]。第253條之立法目的在於避免法院就同一訴訟重複審判而造成訴訟不經濟，發生前後判決矛盾之情形，亦在於保護被告，避免一再重複被迫為不必要訴訟之進行。

是以管轄權之積極衝突現象，於內國法制度上觀之，應肯定其確實存在。基於訴訟經濟、防止判決前後矛盾等與保護被告權利等理由，排除重複起訴確有其法律上之意義及重要性。成問題者，為此一內國民事訴訟法上一事不再理概念，是否亦得無條件適用於國際民事訴訟之場合？實不無疑問。

我國法院實務上對於民事訴訟法第253條是否得適用於涉外民事訴訟，向持否定之見解。最高法院67年台再字第49號判例即認為：「民事訴訟法第二百五十三條所謂已起訴之事件，係指已向中華民國法院起訴之訴訟事件而言，如已在外國法院起訴，則無該條之適用。」緣各國依其各自國內涉外民事訴訟管轄權之標準，得就個別之案件確認其內國法院有無國際管轄權。當事

---

[11] 或稱為二重起訴之禁止。事實上，除民事訴訟法第253條外，關於一事不再理之概念於訴訟程序上之運用，尚有判決後之一事不再理（民事訴訟法第263條第2項）及確定後之一事不再理（民事訴訟法第400條第1項）等。

[12] 陳榮宗、林慶苗，民事訴訟法（中），三民書局，2005年修訂4版，頁375。

人享有選擇法院之自由，亦本得分別平行向各國法院尋求訴訟之救濟[13]。國際間，各國法院互不隸屬，其國內法制也各自不同，嚴格說來，於國際民事訴訟中，並無所謂管轄競合之問題存在。特別是當案件先繫屬於我國法院時，我國法院通常很難期待或預測外國法院是否願意適用一事不再理的原則，以停止其內國訴訟之進行。即便是能夠確定，我國法院事實上並無法拘束外國法院停止其內國訴訟之進行，或要求外國法院為駁回訴訟之裁判[14]。因此法院實務對民事訴訟法第253條之適用看法，確非無見。

　　然而，儘管國際民事訴訟有著上述的特殊性，現實上無論當事人在何國提起訴訟，到最後其仍然要面對判決的承認與執行的問題。易言之，即使國際間並無統一之司法機構對國際民事訴訟案件作出最終統一個判決，但各國法院仍然致力於消弭判決不一致的現象發生，使得國際民事法律關係得以擁有「相對的」穩定性，不至於因為國界的障礙而使得原來當事人合法既得的權利無法完整的實現。因此，基於承認與執行外國法院判決之同一理由：防止就同一事件所可能造成的裁判歧異危險、保障當事人的訴訟實施權利等，吾人應當肯定這種管轄權積極衝突之現象確實存在，並且進一步地，認為內國法院應當採取某種積極的作為，以消弭這種現象的發生[15]。

　　理論上來說，承認國際民事訴訟法中有一事不再理原則之適用，似乎應與內國法上之一事不再理原則概念相符。然而，由於國際民事訴訟的特殊性，事實上使得內國法上之一事不再理原則的概念難以完全適用於國際民事訴訟程序之中。這種概念適用上的困難性來自於幾個方面：首先，由於各國在訴訟事

---

[13] 例如在上個世紀中葉前，法國法院即以此作為拒絕承認外國法院繫屬效力之理由。賴淳良，外國法院訴訟繫屬在內國之效力，收於國際私法論文集，五南圖書，1996年，頁230以下。

[14] 同此意見，參照P. MAYER et V. HEUZÉ, Droit international privé, Montchrestien, 8e éd., 2004, p. 314.

[15] 誠如法國學者Mayer所說，在身分與能力的案件中，既然法官能夠承認外國法院的判決效力，為何法官不能考慮繫屬在外國法院的訴訟程序？避免裁判歧異與防止當事人任擇法院，實為支持國際民事訴訟適用「先繫屬優先例外」（L'exception de litispendqnce）原則之最佳理由。P. MAYER et v. HEUZÉ, Droit international privé, p. 315；中文資料，可參考陳榮宗，國際民事訴訟之法律問題，法學叢刊第162期，1996年4月，頁1。

件範圍認定上的差異，使得判斷是否存在管轄積極衝突的情形產生相當的困難[16]；其次，因為事件的特殊性質，使得國際管轄權積極衝突的排除，有時未必採取後繫屬訴訟之法院停止其程序之方式。以下即就國際管轄權排除之方法，為進一步之討論。

二、國際管轄權積極衝突的排除

就國際管轄權積極衝突的防止，粗略地說，在國際私法理論上有兩種方式可資對照。第一種是沿襲大陸法系國家的所經常使用的「先繫屬優先例外」原則，亦即比較案件訴訟繫屬之先後，由繫屬在後的法院先行暫停訴訟程序，以避免發生判決歧異之現象。這種方式主要所憑恃的是後繫屬國家法院的管轄權自我抑制，以及對於外國判決預測有承認其效力之可能的確信。與國內民事訴訟法之「雙重起訴禁止」原則不同者，在於這種「先繫屬優先例外」原則並無強制法院遵守之效力，相反地，採取此一原則的立法者往往仍賦予法院相當之裁量權，以決定其是否停止進行後繫屬的訴訟程序[17]。

另一種方式，則是源於19世紀蘇格蘭法院的「不方便法院」（forum non conveniens）原則[18]。依照一般實務上歸納，適用此原則有幾項條件：（一）須受訴法院對於本案有管轄權；（二）須法院認為其係一不方便受理案件之法院；（三）須待被告提出此一「不方便法院」之抗辯；（四）須有他受理本案之更適合的法院存在，而不受理本案並非不正義的。滿足以上要件後，法官即

---

[16] 例如後述有關事件同一性之相關問題。

[17] 立法例上可參考瑞士國際私法法典第9條以及比利時國際私法法典第14條之規定，均予以法官裁量權決定是否進行訴訟程序之停止。參考劉鐵錚等，瑞士新國際私法之研究，三民書局，1991年10月初版，頁14-15；林恩瑋，國際管轄權理論的法典化省思：以比利時國際私法新法典為例，財產法暨經濟法第4期，2005年12月，頁169以下（特別在第207頁）。

[18] 陳隆修，國際私法管轄權評論，五南圖書，1986年，頁92以下；劉鐵錚，論國際管轄權衝突之防止，收於國際私法論叢，國立政治大學法律學系，1991年3月修訂再版，頁257-276（特別在第265頁）；陳啓垂，英美法上「法院不便利原則」的引進——涉外民事法律適用法修正草案第10條「不便管轄」的評論，臺灣本土法學雜誌第30期，2002年1月，頁51-60；王志文，國際私法上不便利法庭原則之發展及應用，華岡法粹第18期，1988年11月，頁119。

可拒斥已繫屬之案件（包含管轄權積極衝突之案件），而以其為一「不方便法院」拒絕為本案之管轄，或停止訴訟之進行[19]。

　　我國法院實務上雖亦曾引用此項原則，惟其所引具之理由與內涵，與原來習慣法國家中所認知之「不方便法院」原則似有所出入。即以臺灣臺北地方法院92年度國貿字第6號判決為例，其判決要旨略為：「所謂國際管轄權行使之合理基礎，係指某國法院對某種涉外案件之一定事實，與法庭地國有某種牽連關係，而該牽連關係足認由該法庭地國審理合理正當，且符合公平正義者……如連繫事實發生在數國，自應選擇最符合法理基礎、最符合公平正義、且最符合國際秩序及最符合當事人公平正義之法院管轄，此時，倘某國法院認為由其管轄，係不便利之法院，在『不便利法庭』之原則下，即得拒絕管轄，此乃『不便利法庭原則』（Doctrine of Forum Non Conveniens），在決定吾國法院是否行使國際管轄權時，自應參酌當事人訴訟權之保障，……本件原告主張被告於美國以傳真或電話向原告行以詐術，並侵占原告之貨物共計美金14萬4,061元2角6分以上，而原告主張被告均為外國人、外國公司或組織，住所或居所亦在美國，倘由本國法院調查，無異增加當事人及本國法庭訴訟之負擔，對被告訴訟權之保護，亦非周延，而由本國法院管轄，無論於調查證據或訴訟程序之進行，將無端耗費本國法院之勞力、時間與費用，對法庭地納稅人之負擔，亦不公平，依上開考量，自認為由本國法院之管轄，符合上揭『不便利法庭原則』，因認我國法院對本件訴訟並無一般管轄權，而駁回原告之訴。同時本院85年訴字第1689號、87年訴更字第6號、87年保險字第47號等判決，亦均採相同之見解。是司法實務上早經認本國法院若屬『不便利法院』時，即可將原告之訴駁回。」可知我國法院實務仍有將「不方便法院」原則與「國際管轄權標準」二者相混者，其並非將「不方便法院」作為彈性達成程序正義的一項例外方法，在訴訟操作上實有可議之處[20]。

---

[19] 不方便法院原則的行使，其前提在於受訴法院為有管轄權之法院，與管轄權原則不同者，後者是確認受訴法院有無管轄權之問題，而前者則是法院國際管轄權行使限制之問題。

[20] 我國司法實務上對於不方便法院原則之運用，似仍處於混沌狀態。有認為我國法院有一般管轄權，但以不方便法院為由拒絕行使駁回原告之訴者，例如臺灣臺北地方法院87年

　　無論如何，雖然訴訟程序上要採取何種方法以暫停訴訟之進行，各國法院或許有所差別，但對所有的法官而言，在慎重考慮案件的正義是否會因停止訴訟而受到侵害這一點上，立場應該都是相同的。在這裡所謂案件的正義有雙重的意義：程序上而言，法官必須確認這些先後繫屬的案件之間，如果不停止其訴訟進行，將會使得當事人未來之訴訟實施權受到侵害，或是造成訴訟程序公平失衡的現象（例如蒐證之進行與語言之隔閡等）或是使得判決難以受他國承認而造成執行上之困難等，此時應以停止訴訟進行之方式，達成案件的程序正義；實體上而言，就某類型民事案件因其性質關係，法官必須主動探求其案件實體上的正義，至少，不能因程序害實體，而應當在保護某特定當事人的實體權益的前提下，考慮是否停止進行訴訟程序。

　　例如在涉外未成年人監護事件中，保障未成年人的實體法上之最大利益，通常為此類型涉外民事案件中所最被強調者。則在判斷該類型案件的訴訟進行問題時，吾人即無法以一個預設、硬性的規則，就之與他類型案件為相同之處理。個案的正義需求在這種案件中要高過其程序上的普遍性需求許多：繫屬在後的法院，如果使其管轄此一事件，結果將更能保障未成年人的最大利益時，則於「未成年人利益優位」的前提下，又豈可反向要求後繫屬法院放棄管轄或停止其訴訟之進行[21]？就此，我國學者即曾明白表示：「一事不再理原則（res judicata）於父母責任之案件上，因永遠無法為最後（final）之判決，故不能適用。又因為配合小孩最新之變化，固若於前後兩個有管轄法院之判決發生衝突之情況，自以後來之判決優先。[22]」

度保險字第47號判決，有認為我國法院因係不方便法院而無一般管轄權者，例如前述裁定與臺北地院86年度訴字第681號裁定等，亦有認為不方便法院得以作為裁定停止訴訟之理由者，例如臺灣高等法院89年度抗字第1293號裁定，見解莫衷一是。另參考黎文德，我國司法實務上國際私法之發展，月旦法學雜誌第89期，2002年10月，頁84以下（特別在第88-90頁）。

[21] 例如英國判例法上所使用的「方便法院」原則，即為辨別案件可以在所有當事人的利益及達到正義的目的下而被合適審判的法院。請參考陳隆修，父母責任、管轄規則與實體法方法論相關議題評析，東海大學法學研究第25期，2006年12月，頁191，第253頁中引用Lord Goff於 *Spiliada Maritime Corp v. Cansulex Ltd.* 案中的意見。

[22] 陳隆修，同註21，頁279以下。關於外國未成年子女監護判決之確定效力是否應受承認，及其承認效力之範圍等問題，所涉複雜，宜另行撰寫專文研究，本文於此暫不處理。

　　準此以言，我國民事訴訟法第182條之2之適用範圍，似應有所節制。該條條文雖謂「當事人就已繫屬於外國法院之事件更行起訴，如有相當理由足認該事件之外國法院判決在中華民國有承認其效力之可能，並於被告在外國應訴無重大不便者，法院得在外國法院判決確定前，以裁定停止訴訟程序」，乍看似乎適用之條件已十分嚴格，不但就案件後繫屬之我國法院停止訴訟進行預設許多前提條件，並且仍賦予我國法院相當之裁量權決定是否為訴訟程序之停止，然法條如此規定，實肇於國際民事訴訟案件之獨特性，不得不然之故。必須指出的是，除了法條中所規定的要件以外，由於在國際民事訴訟案件中，屬人事項往往具有其特殊性，所著重者往往並非為程序之穩定或判決的一致，而是特定人事之實體利益保障。故就立法體例而言，第182條之2雖係規定於民事訴訟法總則編中，惟其適用之範圍，似宜認為自始即排除於涉外人事訴訟案件之場合。

參、國際管轄權積極衝突之原則運用：民事訴訟法第182條之2之要件分析

　　民事訴訟法第182條之2之立法目的，主要係為防止國際管轄權積極衝突所可能帶來之判決歧異與執行困難所為之規定，已如前述。則關於本條之規定，究應如何具體適用於個案中，其要件又當如何定義，如何認定，均不無疑問。以下即就該條規範之要件內容，為逐一分析討論。

一、訴訟繫屬的認定

　　首先，法條中規定「當事人就已繫屬於外國法院之事件更行起訴」者，究應如何確認訴訟已經外國法院所繫屬？

　　所謂訴訟繫屬，係指訴訟依經原告起訴，該訴訟事件即在法院發生受審判的狀態，稱此種狀態為訴訟繫屬。至於訴訟繫屬之時點，各國之法制規定不一，有認為以原告訴狀提出於法院時為準，有認為以訴狀送達於被告時為準。

我國民事訴訟法學者多數則認為，訴訟繫屬時點應為訴狀提出於法院時[23]。

　　立法例上，同樣採取「先繫屬優先例外」的歐體第44/2001號管轄規則，在該規則第30條以統一訴訟繫屬時點規定之方式予以解決。然而這項規定僅在歐盟成員國間始得以適用，在其各成員國的普通法與其各自之國際私法上，是否亦能一體適用此項規定與解釋，仍有待斟酌。以比利時2004年國際私法新法典為例，其於第14條中規定「當一項訴訟請求在外國司法機關進行，而可以預見外國法院判決將在比利時被承認與執行時，受理案件在後之比利時法官，就同一當事人之同一標的之同一訴訟案件，得延遲判決，直到外國法院宣判為止。比利時法官考慮訴訟圓滑進行。並當外國法院判決依本法可受承認時，諭知不受理」[24]。其中亦未就訴訟繫屬時點加以認定，比利時學者對此即有主張應依照比利時民事訴訟法定訴訟繫屬之時，亦即採訴狀提出於法院說者[25]。

　　本文認為，於國際民事訴訟案件中，同時為訴訟繫屬之情形究屬罕見，以內國法官依內國訴訟法程序主導訴訟程序之角度觀之，實無強求內國法官復予確認外國法律如何認定訴訟繫屬時點之必要。再者，按「程序依法院地法」之國際私法法則，就訴訟繫屬之時點問題，解釋上亦應認為宜與法院地民事訴訟法之見解相互一致，故上開比利時學者之意見實不無可採。依此解釋，本條關於訴訟是否已繫屬於外國法院之判斷，亦應依我國之民事訴訟法學者多數見解，即原告訴狀提出於法院時為準。

---

[23] 姚瑞光，民事訴訟法，自版，2004年，頁382；陳榮宗、林慶苗，民事訴訟法（中），三民書局，2005年修訂4版，頁373。

[24] Art. 14. Lorsqu'une demande est pendante devant une juridiction étrangère et qu'il est prévisible que la décision étrangère sera susceptible de reconnaissance ou d'exécution en Belgique, le juge belge saisi en second lieu d'une demande entre les mêmes parties ayant le même objet et la même cause, peut surseoir à statuer jusqu'au prononcé de la décision étrangère. Il tient compte des exigences d'une bonne administration de la justice. Il se dessaisit lorsque la décision étrangère est susceptible d'être reconnue en vertu de la présente loi.

[25] A. Nuyts, "Le nouveau droit international privé Belge: Compétence judiciaire," *J. Tri.*, 12 mars 2005, n°6173, p. 179.

二、外國判決效力承認的預測

　　本條另一項規定之前提要件，為「如有相當理由足認該事件之外國法院判決在中華民國有承認其效力之可能」者。學說上將此一要件稱為「判決承認預測說」[26]。主要採取此說的理由在於，訴訟繫屬於某種程度上來說，可謂為判決實質確定力的前行階段，若不將二者為合併之觀察，則無從了解訴訟繫屬之問題。故而在討論外國法院訴訟繫屬之問題時，必然要同時了解外國判決承認此種擴張外國法院判決效力之制度。判決歧異的危險是訴訟繫屬以及判決效力兩種制度首應考慮之問題，如欲在起訴的階段即設法避免此種裁判歧異的現象發生之可能，則無法避免應預測該外國法院判決之範圍與程度。

　　從立法例上來看，本條之立法形式毋寧是符合國際立法潮流的。無論是歐體第44/2001號管轄規則、前述之比利時國際私法、或是1987年之瑞士國際私法法典[27]，「判決承認預測說」均被援為法院適用「訴訟競合排除」原則時的一項重要參考指標。然而，採取「判決承認預測說」並非全無缺點，問題在於法院往往很難掌握某些外國判決的內容，特別是當外國法院判決雖然在程序上可合理預測其將受我國法院所承認，但事實上在該判決可能涉及到公序良俗一類爭議問題，有受我國民事訴訟法第402條排除承認其效力之可能時，要求我國法院對此類「尚未作成」判決之外國訴訟結果作出預測，實有相當之困難。

　　又所謂判決承認之預測，事實上涉及我國民事訴訟法第402條之相關問題。該條規定：「外國法院之確定判決，有下列各款情形之一者，不認其效力：一、依中華民國之法律，外國法院無管轄權者。二、敗訴之被告未應訴者。但開始訴訟之通知或命令已於相當時期在該國合法送達，或依中華民國法律上之協助送達者，不在此限。三、判決之內容或訴訟程序，有背中華民國之公共秩序或善良風俗者。四、無相互之承認者。」僅就第1款而言，如何判斷外國法院「無管轄權」？究應以法庭地之國際管轄權標準，或是外國法院之

---

[26] 賴淳良，同註13，頁241；陳榮宗，國際民事訴訟與民事程序法，臺大法學叢書第5冊，1998年，頁25。

[27] 瑞士國際私法第9條："Lorsqu'une action ayant le même objet est déjà pendante entre les mêmes parties à l'étranger, le tribunal suisse suspend la cause s'il est à prévoir que la juridiction étrangère rendra, dans un délai convenable, une décision pouvant être reconnue en Suisse."

國際管轄權標準，抑或是另以獨立之間接管轄權標準檢驗之？實不無疑問[28]。如就我國學者多數所採之「鏡象理論」（德文Spiegelbildgrundsatz；法文la doctrine de la bilatéralité）而言，似應以類推適用我國民事訴訟法上國內管轄權之規定，為外國法院管轄權有無之判斷，惟此一結論是否妥當，似仍有討論之空間[29]。

三、訴訟標的問題

　　第182條之2既規定「已繫屬於外國法院之事件」，則如同法第253條之討論一般，關於先後繫屬之訴訟事件是否同一：所謂「事件同一性」問題，即為確認我國法院法官是否發動本條規定以停止訴訟程序之前提要件之一。就同一事件的認定，我國民事訴訟法學者傳統上以當事人、訴訟標的與訴之聲明三項標準判斷之。而此一問題，又隨著訴訟標的理論之發展，有著不同的看法。而於國際民事訴訟的場合，各國法制上對於訴訟標的之見解又各不相同，使得此一問題益增其複雜性。

---

[28] 我國學者或稱之為管轄法則之單面性或雙面性之問題。李沅樺，國際民事訴訟法論，五南圖書，2007年2版1刷，頁142（註釋645）。在法國，究竟應以何種標準判斷間接管轄權，亦曾引起爭議。1985年法國最高法院在*Simitch*案中則採取了第三種標準，即所謂「兩條件說」，認為只要系爭事件與外國法院所屬國家間具有「特徵明顯連繫關係」（le litige se rattache d'une manière caratérisée au pays dont le juge a été saisi），且其選擇管轄實無規避管轄（frauduleux）的情事發生者，外國法院判決原則上認其有管轄權，而受法國法院之承認與執行。Cass. Civ. 6 fév. 1985, RCDIP, p. 369; 中文資料部分，並請參考陳忠五，美國懲罰性賠償金判決在法國之承認與執行，收於美國懲罰性賠償金判決之承認與執行合集，學林，2004年12月，頁71以下。

[29] 鏡像理論的問題在於這種管轄權標準往往可能比外國法院的管轄權標準要更為嚴苛，對於當事人的訴訟程序保障往往有所缺憾。例如法國法院在*Gunzbourg*案就面臨到此一問題，Paris, 18 juin 1964, *RCDIP*, 1967, p. 340, note Déprez ; *Clunet*, 1964, p. 810, note J. D. Bredin. 在1975年以前，法國民事訴訟法規定契約之債訴訟由付款地法院管轄，依照此一原則，若非付款地國所為之外國判決，自法國法院之直接管轄權標準觀之，均屬無管轄權，而不得被承認或執行。P. Mayer et v. Heuzé, "Droit international privé", n°369-373; P. Courbe, "Droit international privé", Armand Colin, 2e éd., 2003, n°332.

（一）新舊訴訟標的理論的影響

舊訴訟標的理論認為，所謂訴訟標的，乃原告在訴訟上所為一定具體實體法之權利主張。訴訟標的之個數，以實體法上之權利或法律關係之個數為準，是以實體法上每一權利均構成訴訟法上之訴訟標的。我國法院實務上長久以來採行舊訴訟標的理論，故而在判斷訴訟事件的同一性上，亦常以舊訴訟標的理論為標準[30]。舊訴訟標的理論代表著過去我國法學界一向將民事訴訟程序視為實現實體法上法律關係工具之傳統看法，訴權即為原告請求保護其實體法上權利者，訴訟標的之概念可謂極為狹隘。然而，隨著我國民事訴訟法學界的奮起，這種見解也慢慢地產生改變。

相較於舊訴訟標的理論的新訴訟標的理論，則將訴訟標的與實體上的權利兩項概念分離，嘗試著從訴訟法的立場，將原告於起訴狀中相關訴之聲明及事實理由之主張，援為訴訟標的之概念與內容[31]。易言之，訴訟標的為原告對法院請求之主張，取決於案件之事實與目的，訴訟標的之範圍不再限於實體法上的權利。在新訴訟標的的概念下，以給付之訴為例，給付之訴的訴訟標的，為原告所主張之給付受領地位，而非實體法上之請求權。於此地位下原告所援為主張之實體法上權利，均將被認為係訴訟上之攻擊防禦方法。是以，關於其範圍概念，新訴訟標的理論顯然要較舊訴訟標的理論擴張許多。

然而，無論是採用新舊訴訟標的理論，於國際民事訴訟案件中，各國對於所謂訴訟標的的看法，亦不一致。即以英美法中訴因（cause of action）一詞而言，其亦難認與我國民事訴訟法上之訴訟標的之概念相一致。即使於統整國際私法概念不遺餘力的歐洲各國間，也出現同樣的問題[32]。在 *Gubish*

---

[30] 李沅樺，涉外民事訴訟之訴訟標的，發表於玄奘大學2007年海峽兩岸國際私法學術研討會，頁1。

[31] 新訴訟標的理論又稱訴訟法說，可分為一分肢說與二分肢說，一分肢說指依據原告訴之聲明，認定訴訟標的，二分肢說則是除訴之聲明以外，還必須考慮原因事實，亦即事實理由與訴之聲明合併為訴訟標的。陳榮宗、林慶苗，民事訴訟法（上），三民書局，2005年4版，頁288。

[32] 以1968年布魯塞爾「關於民事及商事事件之裁判管轄暨判決之承認執行公約」（The Convention of 27 September 1968 on Jurisdiction and Enforcement of Judgment in Civil and Commercial Matters，以下簡稱「布魯塞爾管轄權公約」） 第21條為例，英文版本「the

*Maschinenfabrik KG v. Palumbo*案中[33]，歐洲法院對於何謂相同之訴因（the same cause of action）解釋為：相同當事人在兩個不同的締約國國家的訴訟程序中，以相同的契約關係互控對方，即可謂為相同之訴因。是以，如果一方在某國法院依契約請求他方給付，另一方在他國法院主張他方對其給付請求權不存在時，亦可認為二者有相同之訴因，而有1968年布魯塞爾管轄權公約第21條（相當於我國民事訴訟法第182條之2）之適用[34]。

由於在訴訟程序上，案件的初步定性係由原告為之，而在進入選法程序之前，隨著訴訟程序之進行，法官得對於原告所主張之事實上與法律上之陳述、聲明證據或為其他必要之聲明及陳述等，依民事訴訟法第199條行使闡明權，就原告聲明或陳述有不明瞭或不完足之部分為敘明或補充。是以在國際民事訴訟程序中，訴訟標的並非一開始即可得確定，特別是我國民事訴訟法修正後，新修訂第199條之1規定「依原告之聲明及事實上之陳述，得主張數項法律關係，而其主張不明瞭或不完足者，審判長應曉諭其敘明或補充之。被告如主張有消滅或妨礙原告請求之事由，究為防禦方法或提起反訴有疑義時，審判長應闡明之。」大幅擴充了法官闡明權的範圍[35]。自此，訴訟標的是否仍為傳統上「靜態」之實體權利或法律地位之概念，已不無疑問。

（二）訴訟標的相對論的影響

近年來，我國民事訴訟法學者擺脫傳統訴訟標的之爭，而重新思考訴訟法

---

same cause of action」於法文版本中被記載為「le même objet et la même cause」，二者含義上略有出入，為解決此一問題，歐洲法院以獨立解釋的方法，對何謂the same cause of action直接為定義。參照Dicey & Morris, The Conflict of Laws 409 (13th ed., 2000).

[33] Case 144/86 [1987] E.C.R. 4861.

[34] Article 21. "Where proceedings involving the same cause of action and between the same parties are brought in the courts of different Contracting States, any court other than the court first seised shall of its own motion stay its proceedings until such time as the jurisdiction of the court first seised is established. Where the jurisdiction of the court first seised is established, any court other than the court first seised shall decline jurisdiction in favour of that court."

[35] 是以從擴張闡明權的範圍角度而言，似可認為民事訴訟法之修正有朝向新訴訟標的理論之「紛爭解決一次性」觀點傾斜之趨向。藉由擴大法官的闡明權實施，使其得以彌補辯論主義與處分權主義之缺點與不足。

之任務與意義，認為民事訴訟須兼顧程序利益與實體利益，故應使當事人自行平衡兩者利益，尋求當事人信賴之真實，本此，民事訴訟程序即係法官為當事人尋求法之程序，此即所謂「法尋求說」[36]。以此說為基礎，就訴訟標的之問題，亦應認為由原告平衡其實體利益與程序利益後加以決定，並站在尊重兩造當事人意思與平衡兩造當事人利益的立場上，藉由法官闡明權之行使，共同構築與確認訴訟標的之範圍，此即所謂「訴訟標的相對論」[37]。

　　在這種觀點上，訴訟標的被認為係一種「動態」之觀念，隨著起訴、訴訟進行與判決等過程，訴訟標的由兩造當事人與法官協力，逐次形成一可確定之範圍。易言之，基於尊重雙方當事人程序主體地位與程序處分權，就當事人於訴訟程序進行中所共同特定之訴訟標的範圍，由法官適時地行使闡明權後確認者，即可認定該範圍為本案之訴訟標的。故而訴訟標的為浮動的概念，是依照訴訟程序的進行隨時調整其範圍的[38]。

　　訴訟標的相對論的理念在國際民事訴訟程序中，或許更可顯得其優越性：在國際民事訴訟中，因為各國的民事訴訟法律制度上存在一定的差異，是以對於訴訟標的，甚或事件同一性的判斷，不宜也不應以一種固定、硬性的標準為機械性的判斷。同樣是基於尊重當事人的程序處分權的立場，國際民事訴訟程序對於所謂事件的同一性質並非僅以形式上當事人、訴訟標的與訴之聲明三項標準檢驗即為已足，法官亦不應拘泥於新舊訴訟標的理論之爭，而應就系爭案件事實之全部，於避免造成當事人程序上的突襲前提下，在權衡具體案件中當事人之實體利益與程序利益後，認將前後訴訟事件歸為同一，以停止訴訟程序

---

[36] 邱聯恭，程序制度機能論，臺大法學叢書，1996年，頁156以下參照。

[37] 即以日本為例，學者陳榮宗認為，「近年來在日本之訴訟標的理論，其學說狀況，已不再由訴訟標的之概念出發，以演繹方法，利用統一訴訟標的概念，將訴之合併、訴之變更、禁止重複起訴、既判力客觀範圍為一律之解決說明。其方法係就各種制度之目的機能為考慮，提出個別適合解決之途徑，並作合理之解釋。並不專門依賴訴訟標的之概念為唯一之工具。」陳榮宗、林慶苗，民事訴訟法（上），三民書局，2005年修訂4版，頁293。

[38] 邱聯恭，司法之現代化與程序法，臺大法學叢書，1993年，頁213以下；邱聯恭，爭點整理方法論，臺大法學叢書，2001年，頁9以下；黃國昌，民事訴訟理論之新開展，元照，2005年，頁373以下。

進行較為允當時，始適用民事訴訟法第182條之2之規定。

四、應訴重大不便之認定

此一規定之基礎，顯然與民事訴訟法第402條第2款規定相一致：即外國法院判決於「敗訴之被告未應訴者」，因欠缺保障當事人程序權，應不承認其判決之效力，以濟其平。而同樣地，如在國際民事訴訟上，原告於國外之訴訟係為先發制人而提起，並企圖利用國際訴訟所具有的巨大空間性使被告應訴不便，以達成騷擾之目的，就此情形我國法院自然不宜將後繫屬之我國訴訟停止，以保障與衡平當事人兩造之程序上權益[39]。

所謂應訴重大不便並不限於空間上的不便利，即為金錢之勞費、不諳外國語言或外國訴訟程序之進行等實質上將造成於我國訴訟之被告於訴訟程序上有不利益之因素，似均屬之。惟應訴是否為重大不便，其程度是否以達侵害被告之程序權利地步，應由被告釋明之。而按民事訴訟法第182條之2第2項之規定，法官亦不得於被告未為此項應訴重大不便之意見陳述前，逕為停止訴訟程序之裁定。

應注意者，為應訴是否重大不便，涉及當事人掌握訴訟進行之能力，應就個案調整認定，不可僅因當事人為被告地位，即認其於國外應訴將有重大之不便。特別在國際民事訴訟的案件中，被告如為跨國性企業，其坐擁資金往往動輒數百億元，對於其於國外應訴之能力，自亦不能與一般法人或自然人相提並論。

五、職權裁定停止訴訟程序與當事人合意的排除

於前項各要件均符合之情況下，本條規定我國法院「得在外國法院判決確定前，以裁定停止訴訟程序」。條文規定為「得」，意旨即使符合有相當理由足認外國法院判決在中華民國有承認其效力之可能，並於被告在外國應訴無重大不便等條件時，法院仍有其裁量權決定是否停止訴訟程序，而非「應」為訴

---

[39] 然而，可受訾議者或為本條將應訴重大不便作為限制訴訟停止之條件，此種立法體例與援用litispendece之外國立法顯然不同，即以最近通過，並援用同一原則之比利時國際私法法典為例，其亦未有如是之限制條件規定。

訟程序之停止，此為本條與第253條最大不同之處。

　　所謂法院裁量停止訴訟程序，其意義為法院國際管轄權之自我抑制，而非後繫屬之我國法院對於案件無國際管轄權。此種國際管轄權之自我抑制乃基於濫訴的防止、訴訟經濟與避免判決歧異而為，法院對此本其職權有絕對之裁量權，雖程序上應慮及當事人之意見，然該意見僅得作為法院參考是否為訴訟停止之依據，而非法院應受當事人意見之拘束。

　　惟本條復以規定「但兩造合意願由中華民國法院裁判者，不在此限」。是項但書之規定，是否可認為係法院職權裁定停止訴訟程序之例外，不無疑問。此處至少應區分兩種情形，其一為兩造明白向法院表示願由中華民國法院裁判時，於此情形應可認為為尊重當事人程序處分權，其合意可排除法院職權裁定，而使訴訟程序得以繼續進行；其二為兩造未明白表示是否願由中華民國法院裁判，而為本案之言詞辯論時，得否認為雙方已有默示合意願由中華民國法院為裁判，我國法官得因此依職權裁定停止訴訟程序？

　　就後一問題，本文以為，考慮到我國目前律師制度與整體法律扶助制度尚未成熟之現實情況下，似宜認為仍應由我國法官先行徵詢當事人意願，以避免產生妨害當事人訴訟實施權之行使，造成裁判程序上的突襲。

肆、結論

　　增訂之我國民事訴訟法第182條之2在立法體例上採用大陸法系國家之「先繫屬優先例外」原則，以「判決承認預測說」為基礎，於特定條件下允許我國法院斟酌具體情況後作出停止國際民事訴訟程序之裁定，其立法與世界潮流可謂並駕齊驅，殊值肯定。

　　惟於特定訴訟案件中，例如涉外監護權事件，因顧及到受監護之未成年人實體上法律利益之最大保護，本條於解釋上似應予排除適用於此類案件。而本條之規定亦應與民事訴訟法第253條有所區別，最主要的問題在於法官必須兼顧國際民事訴訟案件的特殊性與國際管轄權原則於各國間的獨立性，於避免造成當事人程序上的突襲前提下，在權衡具體案件中當事人之實體利益與程序利

益後，就個案具體確認是否有適用本條之必要。如法官斟酌案件事實後，認為於當事人之程序權利保障無違，並且停止我國訴訟進行利益將實質大於繼續進行時，自可依照本條之規定為暫時訴訟停止之裁定。需注意者為，本條之規定應為我國法院國際管轄權之保留，而非國際管轄權之拒絕，在適用上法院仍有相當的彈性可為權宜處理，而不受當事人意見之拘束。

參考文獻

一、中文部分

王志文，國際私法上不便利法庭原則之發展及應用，華岡法粹第18期，1988年11月。

李沅樺，涉外民事訴訟之訴訟標的，發表於玄奘大學2007年海峽兩岸國際私法學術研討會。

李沅樺，國際民事訴訟法論，五南圖書，2007年2版1刷。

林大洋、林信明，論國際裁判管轄權，中律會訊第7卷第5期，2005年2月。

林秀雄，國際裁判管轄權：以財產關係案件為中心，收於國際私法理論與實踐（一）——劉鐵錚教授六秩華誕祝壽論文集，學林，1998年版。

林恩瑋，國際管轄權理論的法典化省思：以比利時國際私法新法典為例，財產法暨經濟法第4期，2005年12月。

林益山，國際私法與實例解說，臺北大學法學叢書，2004年12月修訂4版。

邱聯恭，司法之現代化與程序法，臺大法學叢書，1993年。

邱聯恭，爭點整理方法論，臺大法學叢書，2001年。

姚瑞光，民事訴訟法，自版，2004年。

姚瑞光，近年修正民事訴訟法總評，自版，2005年。

柯澤東，國際私法，元照，2004年10月2版3刷。

徐維良，國際裁判管轄權之基礎理論，法學叢刊第183期，2001年7月。

陳忠五，美國懲罰性賠償金判決在法國之承認與執行，收於美國懲罰性賠償金判決之承認與執行合集，學林，2004年12月。

陳啟垂，民事訴訟之國際管轄權，法學叢刊第166期，1997年4月。

陳啟垂，英美法上「法院不便利原則」的引進—涉外民事法律適用法修正草案第10條

「不便管轄」的評論，臺灣本土法學雜誌第30期，2002年1月。

陳隆修，國際私法管轄權評論，五南圖書，1986年。

陳隆修，父母責任、管轄規則與實體法方法論相關議題評析，東海大學法學研究第25
　　期，2006年12月。

陳榮宗，國際民事訴訟之法律問題，法學叢刊第162期，1996年4月。

陳榮宗，國際民事訴訟與民事程序法，臺大法學叢書第5冊，1998年。

陳榮宗、林慶苗，民事訴訟法（上），三民書局，2005年修訂4版。

陳榮宗、林慶苗，民事訴訟法（中），三民書局，2005年修訂4版。

陳駿賦，國際民事訴訟中定性理論與訴訟標的理論之交錯，萬國法律第132期，2003年
　　12月。

黃國昌，民事訴訟理論之新開展，元照，2005年。

劉鐵錚，論國際管轄權衝突之防止，收於國際私法論叢，國立政治大學法律學系，1991
　　年3月修訂再版。

劉鐵錚等，瑞士新國際私法之研究，三民書局，1991年10月初版。

蔡華凱，侵權行為的國際裁判管轄：歐盟的立法與判例研究，國立中正大學法學集刊第
　　14期，2004年1月。

蔡華凱，臺灣涉外民事訴訟法之理論與實務—以財產關係訴訟之國際裁判管轄總論為中
　　心，國立中正大學法學集刊第17期，2004年10月。

黎文德，我國司法實務上國際私法之發展，月旦法學雜誌第89期，2002年10月。

賴來焜，基礎國際私法學，三民書局，2004年。

賴淳良，外國法院訴訟繫屬在內國之效力，收於國際私法論文集，五南圖書，1996年。

賴淳良，訴訟上爭點整理與涉外財產案件之審理，收於玄奘大學2007年海峽兩岸國際私
　　法學術研討會論文集（下）。

二、外文部分

André- Prudhomme, Le droit international privé dans son développement moderne, 54 J.D.I.,
　　1930.

Audit, "Droit international prive", *Economica*, 3ᵉ ed., 2000.

Dicey & Morris, The Conflict of Laws 409, 13ᵗʰ ed., 2000.

Nuyts, Le nouveau droit international privé Belge: Competence judiciaire, *J. Tri.*, 12 mars 2005, n°6173.

P. Courbe, "Droit international privé", Armand Colin, 2ᵉ éd., 2003.

P. MAYER et V. HEUZÉ, Droit international privé, *Montchrestien*, 8ᵉ éd., 2004.

P. Mayer, Droit international privé et droit international public sous l'angle de la notion de compétence, *RCDIP*, v. 68 1979.

Y. Loussouarn, P. Bourel et P. de Vareilles-Sommières, "Droit international privé", *Dalloz*, 8ᵉ éd., 2004.

2

國際的訴訟競合

李後政

壹、前言

　　民事訴訟法第253條規定：「當事人不得就已起訴之事件，於訴訟繫屬中，更行起訴。」禁止當事人就同一事件重行起訴。所謂同一事件，係指相同當事人間，就相同訴訟標的，所提起相同請求之訴訟，相同當事人間有可能是同為原告與被告，也有可能是原告與被告地位互換的情形，相同請求係指請求之內容相同，請求之內容正相反對或請求之內容可以代用之情形。例如，在甲法院起訴請求給付貨款，在乙法院亦起訴請求給付同筆貨款，為請求之內容相同。在甲法院起訴請求確認某種法律關係存在，在乙法院由他方當事人起訴請求確認某法律關係不存在，為請求之內容正相反對。在甲法院起訴請求給付貨款，在乙法院起訴請求確認該筆貨款債權存在，為請求之內容可以代用之情形。

　　上開民事訴訟法第253條之規定，旨在避免訴訟之重複繫屬，防止判決歧異，並確保訴訟經濟。有疑義者，此之「已起訴事件」，是否以在中華民國之訴訟為限，抑且包括在外國法院之訴訟在內？是為國際的訴訟競合。如採取前者之看法，則僅在中華民國各法院間重複提起數個同一事件之訴訟，依民事訴訟法第249條第1項第7款、第253條的上開規定，不為法之所許，如有違反，法院應在不能補正或逾期不為補正後，以裁定駁回起訴在後之訴。如在外國已就同一涉外民事事件起訴，並不能構成訴訟之重複繫屬，如採取後者之看法，則與在中華民國各法院之訴訟之重複繫屬相同，而非法之所許。對於同一涉外民事事件，重複繫屬於數個國家之法院，稱為「國際的訴訟競合」。

　　國際訴訟競合之發生，主要與各國關於管轄權行使有關。由於各國關於涉外民事事件管轄法則規定之不一致，或擴大管轄權行使之基礎，致有許多國家

之法院同時得行使管轄權之情形，屢見不鮮。當事人在不同國家之法院同時提起訴訟，亦屬常見之情形。

在純粹內國案件之訴訟競合，各國法制大抵以裁定或訴訟判決駁回後訴，故其解決較易。如競合情形發生於涉外民事事件時，如何處理則頗費周章。本文首先大略介紹主要國家之立法例與實務見解，繼而，對此問題提出解決方策。

貳、國際訴訟競合之利弊得失

一、國際訴訟競合如果容許將帶來以下幾點弊端

（一）增加當事人訴訟上之負擔，尤其是在多個法院進行訴訟，將增加當事人之訴訟費用與律師報酬。

（二）增加法院工作上之負擔。

（三）增加各判決歧異與矛盾的可能性。

二、國際訴訟競合如果容許，將可能有以下之利益

（一）原被告共通型的國際訴訟競合，主要是因被告之財產分散各處，如果得在不同國家訴訟，將來獲得給付之確定判決，即得直接對於被告之財產強制執行，而不必到不同國家，經由「外國法院民事確定判決之強制執行」之程序，再對於被告之財產強制執行。

（二）原被告共通型的國際訴訟競合，原告得視前訴訟進行情形，再於不同國家提起同一事件之訴訟，以挽回劣勢。

（三）原被告共通型的國際訴訟競合，原告得藉由在多個國家提起民事訴訟，以逼迫被告態度軟化而願意與原告協調。

（四）原被告相反型的國際訴訟競合，被告或認為前訴之法院及可能判決結果，對於被告不利，因而在不同國家法院提起同一事件之訴，以挽回劣勢。

（五）原被告相反型的國際訴訟競合，被告得藉由在不同國家提起民事訴訟，以逼迫原告態度軟化而願意與原告協調。

　　據上所述，國際訴訟競合是否容許，尚有不同見解。各國之態度亦不一致。

參、各國法制簡介[1]

　　各國法制對於國際的訴訟競合之處理，其態度並不一致，大致可分為三種類型：

　　一、無視於相同訴訟已繫屬於他國法院之事實，仍以內國法院之訴訟為優先而逕行處理。義大利與早期之法國判例即採取此種見解。依義大利1940年制定（1942年修正）之民事訴訟法第3條之規定：「義大利法院之管轄權，不因外國法院同一或關連案件之繫屬而被排除。」蓋義大利對於外國法院之判決，在經上訴審法院審核其滿足民事訴訟法第797條第1項之要件之特別程序終結，而予以認可之前，不生任何效力，因而，繫屬於外國法院之事實自不構成義大利法院行使管轄權之任何障礙。法國法院在1962年之前，亦否認外國法院訴訟繫屬之效力，其理由亦在於法國法院對於外國法院之判決之承認，得為實質之再審查，再憑以核發執行認可狀。故實際上，當事人另在法國提起新訴，與請求法國法院承認外國法院所為之勝訴判決，所費之時間、金錢或勞費相差無己幾。同時，外國法院之判決在獲得執行認可狀之前，在法國不生任何效力，故等而次之之外國法院之訴訟繫屬更不具任何效力。

　　日本民事訴訟法第231條亦規定，當事人不得就已繫屬於法院之事件更行提起訴訟。其理由在於，如許當事人再行起訴，除造成當事人及法院時間、勞力之不當浪費之外，更易造成裁判之矛盾牴觸，對於權利之保護與紛爭解決。惟該法條並不適用於外國訴訟競合。例如，1955年的中華國際新聞事件，原告以主債務人與保證人為被告起訴請求清償債務。被告抗辯原告曾經在臺灣臺

---

[1]　請參閱李後政，國際民事訴訟法論，五南圖書，2015年3版，頁116以下。

中地方法院對於保證人提起清償債務之訴，違反民事訴訟法第231條之規定，法院駁回被告之抗辯，認為民事訴訟法第231條之法院僅指日本國內法院，不包括外國法院。[2]經上訴高等裁判所，其上訴亦被駁回。在1973年之關西鐵工事件[3]，原告是使用關西鐵工機械產品而受傷之美國工廠工人，在華盛頓州法院起訴，控告關西鐵工、其工作之工廠、該機械之流通業者等，請求損害賠償（美國第一訴訟）。流通業者在同一法院起訴，控告關西鐵工求償（美國第二訴訟）。關西鐵工則在大阪地方裁判所起訴，請求確認前述美國第二訴訟之求償債務不存在。被告抗辯關西鐵工提起之確認求償債務不存在之訴訟，與美國第二訴訟為同一事件，但法院認為民事訴訟法第231條所稱之法院為我國法院，駁回被告之抗辯。在1989年品川白煉瓦事件[4]，原告是美國德州休斯頓公司在美國德州休斯頓聯邦法院起訴，主張品川白煉瓦公司設計製造之瑕疵有故意過失，請求損害賠償。品川白煉瓦為了對抗，在東京地裁起訴請求確認債務不存在。法院認為國際的民事裁判管轄權，我國實定法並不存在，賴國際普遍性之條約或習慣亦不存在，關於以外國法人為被告之本件民事訴訟之管轄權，只能以我國民事訴訟法關於土地管轄之規定作為條理決定之。本件設計製造是在日本為之，侵權行為地是在日本，日本有裁判管轄權。而本件訴訟於日本審理，並不致招致不適當的結果，在日本法院審理本件亦不致違反當事人之預期，證據調查尚屬便利等情，認為民事訴訟法第231條所稱之法院不包括外國法院。在1989年Gould事件判決[5]。美國德拉瓦州Gould公司在美國聯邦地方法院起訴，控告三井金屬礦業、宮越機工，主張不當競爭、企業秘密盜用、不當得利等，請求損害賠償。為了對抗此一訴訟，宮越機工起訴請求確認債務不

---

2 東京地裁判決昭和30年12月23日下民集第6卷第6號，頁2679；東京高裁判決昭和32年7月18日下民集第8卷第7號，頁1282；引自古田啓昌，國際訴訟競合，信山社，1997年初版1刷，頁60。

3 大阪地裁中間判決昭和48年10月9日判例時報第728號，頁78；引自古田啓昌，同註2，頁60-61。

4 東京地裁中間判決，平成元年6月19日判例時報第703號，頁246；引自古田啓昌，同註2，頁67-68。

5 東京地裁中間判決，平成元年5月30日判例時報第1348號，頁91；引自古田啓昌，同註2，頁61-62。

存在。Gould公司抗辯本訴為國際二重訴訟，為不合法，應駁回本訴。法院認為民事訴訟法第231條所稱之法院不包括外國法院。本件不該當同條之二重起訴。法院又認為國際二重起訴之情形，應以如之要件規範之實定法並不存在，而繫屬於外國之訴訟，並無如同內國訴訟，以原告所選擇之法院將造成被告顯著損害為由，得移送其他管轄法院之制度存在。而現今主權國家併存，各國之間並無統一的裁判制度，亦無一般承認國際的管轄分配之原則存在，遽認為外國法院之管轄優先並不適當。在國際規模之交易活動廣泛進行之今日社會，即使承認日本法院之管轄權，不必顧慮同一事件已在外國法院起訴，進行本案審理並無可能。考慮民事訴訟法第200條，關於外國法院民事確認判決在一定要件之下，承認其在我國之效力，國際的二重起訴，起訴在先之外國訴訟，在其本案判決乃至判決確定之前，得為相當程度之預測或有承認之相當可能性時，為判決牴觸之防止、當事人之公平、裁判之適正、迅速、乃至訴訟經濟，類推適用二重起訴禁止之法理，規制後訴之相當的。本件，直至本件言詞辯論終結時止，美國之訴訟尚未至開始審理本案之階段，將來之本案判決乃至確定，於現階段尚難以相當的確實性予以預測，而同法條第3款之要件，關於其將來所為判決之內容，以及其成立過程，於現階段斷定目前尚未進行本案審理之美國訴訟之判決是否具備其要件，尚有困難。在1991年之真崎物產事件[6]，原告是使用製麵機而受傷之美國人民，在美國加州法院，控告製造製麵機之真崎物產，與流通業者之加州法人，請求損害賠償（美國第一訴訟）。該加州法人在同一法院控告真崎物產（美國第二訴訟），提起求償訴訟。為了對抗美國第二訴訟。真崎物產在東京地裁提起確認債務不存在之訴，加州法人抗辯日本法院關於本件確認訴訟無管轄權，應駁回其訴訟。法院認為以外國法人為當事人之民事訴訟事件，日本法院有無管轄權，並無直接規定之法律或條約，一般承認之國際法原則亦未確立，應依當事人間之公平、裁判之適正、迅速之條理決定之。本件依民事訴訟法關於土地管轄之規定以及民事訴訟法之其他規定，其裁判籍在我國，且無特別情事存在時，應認日本法院之裁判管轄權。而判斷前述

6　東京地裁中間判決，平成3年1月29日判例時報第1390號，頁98；引自古田啓昌，同註2，頁69-71。

之特別情事時，考慮今日國際交通、商業交易等飛躍增加，涉外民事糾紛之層出不窮，民事訴訟法承認裁判籍等，檢討承認國際裁判管轄權之妥當與否。本件請求權係起因於製造物責任之損害賠償債務，與之有密切關連，證據搜集之便利，適正裁判之實現，以侵權行為地為裁判籍是適當的。本件製麵機係在日本國內設計、製造，關於製造物責任，製造有瑕疵製品之場所為加害行為地，日本即為侵權行為地。本件加州法人之求償債權，係以在美國之第一訴訟敗訴、加州法人履行損害賠償債務為停止條件之債權。如美國第一訴訟判決加州法人勝訴確定，前述停止條件即確定不成就，本件請求權即不發生，本件之審理即完全白費。考慮關於準據法問題、日本與美國關於製造物責任之判例不同等，兩者判決牴觸之可能性非常大，則關於本件請求權之訴訟結果，停止條件成就不成就，由美國法院審理較為適切。本件，美國訴訟先行提起，準備書面之交換，證據之搜集已進行至相當程度，在美國進行訴訟較為便利，而今日國際交通、商業交易極為活潑，涉外民事紛爭層出不窮，避免審理之重複，判決之牴觸，訴訟在那一個法院進行最為適切，即有檢討必要。先提起之美國訴訟之進行狀況，即應作為決定國際裁判管轄權之要素之一。關於本件訴訟，有關之證據絕大部分在美國國內，真崎物產將本身產品輸出至美國獲取利益，得預期在美國有提起製造責任之訴訟，加州法人則完全不能預期製造物責任訴訟在日本提起。因此，使加州法人在日本應訊，即屬不公平。

　　二、以承認外國法院將來所為之判決為條件，始認可訴訟繫屬之抗辯，此為德國法及1974年以後之法國判例及諸多條約所採。詳言之，德國自1892年1月26日帝國法院判決以來，即堅持：「關於本案之訴，如瑞士法院將來所為之確定判決，得預想獲得德意志帝國之承認，則被告抗辯原因之訴訟繫屬，與在德國起訴所生之訴訟繫屬相同。」法國破毀院1974年11月26日第一民事部判決亦表示：「於具有管轄權之外國法院開始訴訟之情形，依法國一般法得容認訴訟繫屬之抗辯，但外國法院所應為之判決，如未受法國承認時，不在此限。」顯已改採德國法院之見解。「關於民事及商事之外國判決之承認與執行之公約」第20條亦有相同規定：「二國為第21條所規定之補充的合意時，於一國之司法機關提起某訴，而於他國提起基於相同事實或目的相同且當事人相同之訴訟，訴訟繫屬在後之國有權駁回其訴，或延期判決，但以繫屬在先之國

法院所為之判決，依本條約繫屬在後之國有承認之義務者為限。」1898年萬國國際法學會決議第2條亦規定：「為認可外國法院之訴訟繫屬之抗辯，以先受訴法院所為之判決，依後受訴國之法律，毋庸經實質的再審查而得執行為必要。」布斯塔曼地法與第394條亦規定：「民事案件已繫屬於他締約國時，得為訴訟繫屬之聲明，但以一國所為之判決，於他國得生既判力者為限。」1956年關於「具有國際的性質之有體動產之買賣之合意選擇管轄法院之條約」第7條亦規定：「當事人所為之合意，不排斥他國法院之管轄權，而指定締約國之法院時，訴訟已繫屬於具有管轄權之法院，且其所為判決將獲得訴訟繫屬之抗辯聲明國之承認，訴訟繫屬之抗辯始有根據。」1978年聯合國海上貨物運送條約（漢堡規則）第21條第4項規定：「訴訟已於基於本條第1項與第2項605具有管轄權之法院提起時，或該法院已判決時，不得再行提起相同當事人間而基於同一原因之新訴訟。但先提起訴訟之法院之判決，不得於提起新訴訟之國執行者，不在此限。本條之適用上，判決執行程序之開始，視為新訴訟之提起。本條之適用上，基於本條第2項而移送同國內之他法院，或他國之法院，不視為新訴訟之提起。」均係採取與德國立法例相同之見解。

　　上開見解之理由在於與外國判決之承認與執行制度之協調。亦即，如該外國法院之判決可獲得內國法院之承認與執行，則取得外國法院確定判決準備階段之外國法院之訴訟繫屬，在與內國禁止訴訟之重複繫屬之相同意義下，具有遮斷內國法院訴訟繫屬之效力，如此，即可避免同一涉外民事事件於數國法院重複審理之不經濟，被告於二個以上國家應訴之困難或沈重負擔，並可防止相互矛盾之內外國法院判決所致之混亂。亦即，此種法制認為如內國承認該外國法院之判決，則承認其既判力，內國法院不得為該外國法院判決矛盾之判決，在內國法院之審理即無必要。但該外國法院將來之判決是否可獲得內國法院之承認與執行，即符合民事訴訟法第402條之規定，其預測或判斷並非容易，如將來內國法院不承認或執行該外國法院之判決，則在內國法院之訴訟並非無益，因此，如以外國法院之訴訟繫屬作為駁回內國法院訴訟之理由，則不得不承認若干例外，即在特定情形，原告有必要在內國取得內國法院之判決而有必要重複起訴，例如，被告之財產分散各處，與其運用外國判決之承認與執行之制度，不如許其在各國均得提起訴訟，取得勝訴判決之執行名義，實現自己之

權利。至於被告應訴之不便，在兩訴中同為原告與被告之場合，固應特別考慮被告應訴之不便，而不許原告一再重複起訴。但是被告是否應訴不便，不能一概而論，而應就具體個案決定之。在原告與被告地位互換之場合，則被告應訴不便之考慮因素即未必存在。而判決矛盾之防止，固係處理涉外民事事件之理想，但顯非借助重複起訴之禁止所能竟其功，蓋民事訴訟法第402條之規定，原使判決不能獲得承認之機會大增，與重複起訴之禁止似無任何關連。又，重複起訴之禁止，係以前後兩訴為同一訴訟為前提，但無可諱言者，同一訴訟之認定主要困難仍然在於訴訟標的是否相同之認定上，亦即訴訟相同訴訟標的的認定，在涉外民事事件比在純粹內國事件要困難，而在純粹內國事件，對於訴訟標的是否相同，本來就有新舊訴訟標的的理論之爭執，目前實務上是採取舊訴訟標的的理論，以兩訴訟標的在實體法上是否屬於相同的法律關係，作為判斷訴訟標的是否相同的根據。由於內國實體法單一，故訴訟標的之認定較不易發生問題，但在涉外民事事件，在當事人及請求之內容是否相同、是否正相反對或是否可以代用的認定上，固較不致發生困難，但因實體法並非單一，致是否為同一訴訟標的，往往因各國法院依不同的實體法之概念，對於涉外民事事件的法律關係之性質決定，有不同的標準，致同一涉外民事事件，會作不同的法律關係之性質決定，而認定是不同的訴訟標的，訴訟標的不同自非同一事件。因而不受重複起訴禁止之影響。又重複起訴之禁止係以後訴為重複起訴為前提，但何者為先？何者為後？如何決定？一般均認為此為民事訴訟法問題，應依各該民事訴訟法之規定決之。但此亦非逕以時點作為判斷基準，仍需考量誠實信用原則。又，重複起訴是否為抗辯事由或不得當事人之主張，法院應依職權探知？一般認為應由法院依職權探知。又對於外國法院判決承認之預測，如何可增加其確實性，避免與日後之情形發生不一致之結果，造成困擾，則有待進一步研究，特別是在現代學者認為外國判決之承認要件中之公序良俗要件，不僅指判決內容違反內國之公序良俗，尚包括判決產生過程即訴訟程序違反公序良俗，更增加判決承認預測之困難度。

　　三、自對立當事人之種種利益與裁判之適當、公正、效率之觀點，由法院依其裁量而停止本身之訴訟，禁止他國之訴訟，或駁回原告之訴，英美法系國家採之。例如英國即有停止本身訴訟，或發禁止他國訴訟之命令等兩種制度。

蘇格蘭則運用法庭不便利原則而駁回原告之訴。美國則有停止訴訟與依法庭不便利原則駁回原告之訴兩種制度，以下詳述之：

(一) 停止訴訟

　　英國法上，關於內國法院間之訴訟競合，停止一方之訴訟之處理方法早已確立。但國際的訴訟競合則態度未必一致，詳言之，英國法院關於訴訟之停止之判例，可大致分為兩類：一是兩訴之原告均相同，一是兩訴之當事人地位相反。在前者之情形，英國法院通常具有停止訴訟之權；關於後者則法院之態度較為消極。至於判斷應否停止訴訟，惟有依具體個案之事實，仔細斟酌衡量始妥。依英國判例所示，其基準如下：即如訴訟係合法提起，則便利性之比較衡量，並不能構成剝奪在英國法院遂行訴訟之利益之理由；在英國法院起訴之權利，不能輕易的予以排斥。

　　為正當停止訴訟，應滿足以下之積極要件與消極要件：

1. 積極要件，另有具有管轄權之法院，且該院之訴訟實質上較為便利，或較減省費用。此點應由請求人舉證。
2. 消極要件，訴訟之停止不致剝奪如原告在英國進行訴訟，所應獲得之個人或裁判上之正當利益。亦即，考慮當事人之意圖、判決之執行、程序法與救濟方法之不同，而判斷在英國之重複訴訟是否構成濫訴或對被告之壓抑或困擾。而所謂對被告之壓抑或困擾，則係指原告為使被告之權利行使發生困擾，而行使不正當之權力，或本不得進行訴訟而強行進行之謂。如英國之訴訟符合上述之基準，則英國法院有權得停止在英國之訴訟。在美國，訴訟競合固多屬州際的案件，然亦有國際的案件，惟兩者均得以停止訴訟之方法處理之，即考慮競合訴訟之當事人、事實關係、權利關係、救濟方法、當事人與法院之訴訟經濟等，而依其裁量停止訴訟。

(二) 禁止他法院之訴訟

　　在英國法上，國際的訴訟競合亦可以禁止他法院之訴訟之方法處理之。亦即在此情形，法院得以禁止命令使當事人不得在他法院續行訴訟，否則論以法庭侮辱罪，而將其監禁或扣押其財產，以間接強制之方法達成目的。至於判斷

應否頒發禁止命令所考慮之因素則呈多樣化，例如案件之同一性、救濟之充分性、準據法適用、證據或證人之調查與訊問、判決之承認等。美國法上大致採取相同態度。

（三）駁回原告之訴

　　至於其根據則為法庭不便利原則，亦即在另有得行使管轄權之他法院存在，且在該法院進行訴訟符合全體當事人之利益與正義之觀念條件下，得駁回原告之訴。為上述條件存否之判斷所考慮之因素包括準據法、當事人之住、居所、證據或證人之所在地或強制傳喚或提出方法之有無、救濟方法、合意管轄或合意仲裁之有無等。蘇格蘭即採此種方法處理國際訴訟競合之問題，例如在 *Rothfield v. Cohen* 案，原告控告被告請求解除合夥契約並辦理清算，被告則主張同一當事人間關於相同問題之訴訟，既已繫屬於英國法院，而為訴訟繫屬與法庭不便利之抗辯，法院認為此並非蘇格蘭內國法院間之訴訟競合，故不予認可。而本案有關之金融業務發生於蘇格蘭，雙方當事人均係蘇格蘭人，證人亦居於蘇格蘭，本案之準據法亦非英國法，故蘇格蘭為適切之法院，因而駁回被告之抗辯。美國亦採相似見解，例如在 *J. F. Prichard & Co v. Dow Chemical of Canada Ltd.*。本案中原告甲之子公司乙（原告係密蘇里州法人、其子公司為加拿大法人），承攬被告丙（加拿大法人）在加拿大之工廠之建設。因工廠設備之瑕疵，甲與丙進行重重交涉，在其過程中，丙通知甲將在加拿大起訴，甲則請求延緩，而主張裁判外和解。嗣後甲先在密蘇里州聯邦地方法院起訴請求承攬之報酬，丙則在加拿大控告甲、乙，請求損害賠償，並於密蘇里州聯邦地方法院，主張法庭不便利之訴訟抗辯，美國法院以本案之工廠建設地、證人、證據，準據法等均與加拿大關係密切。此外，另有訴訟繫屬於加拿大法院，因而，依法庭不便利原則駁回原告之訴，巡迴上訴法院並維持此判決。

肆、各國法制之分析與檢討

　　各國對於國際的訴訟競合之處理方法，大致可區分為三種類型，有如前

述，以下加以分析與檢討：

　　一、訴訟競合之發生原因，主要有各國法制之歧異與管轄權行使之過度擴張，其餘則為當事人之心態。詳言之，各國管轄法則之不一致與行使管轄權不合理之擴張，致同一訴訟得行使管轄權之法院大增，而各國對於其行使是否合理詳加分析，再依機械固定之方法，決定其應否行使。在一般情形，凡係特定類型之訴訟，且法院地與訴訟或當事人具有特定之關連（連繫因素），即肯定自己之管轄權，無怪乎可能導致訴訟競合之機會大增。而當事人在不同國法院提起相同或密切關連之訴訟，更是國際的訴訟競合之直接原因，此可分兩點言之，一是兩訴訟為同一原告之情形，其二則為兩訴訟當事人相反之情形。在兩訴訟為同一原告之情形，又可分為兩種情形，一是原告祇注重第二訴訟，而不再關心第一訴訟；二為兩訴訟同為原告所關心。前者之發生乃因原告提起第一訴訟後，始發現有其他更有利之法院可供利用而再提起第二訴訟；後者則多與判決內容之實現有關，尤其被告之財產分散於兩國，原告遂於兩國起訴，俾便獲得有利裁判並直接執行，而毋庸再經承認之程序。至於原告被告地位相反之兩訴訟，多係被告認為在他法院進行訴訟，遠比在第一訴訟為有利，尤其原告在其本國、住所地或本據地提起訴訟，而被告則另在其本國、住所地或本據地提起第二訴訟，蓋其自認為於其本國、住所地或本據地進行訴訟，無論在訴訟進行之費用或便利均較為有利，其對「自己的」法院亦較有信賴感，而期待其將為於自己有利之裁判。

　　二、解決國際的訴訟競合，應注重以下三種基本價值，即濫訴之防止、訴訟經濟與判決之牴觸之防止。蓋當事人尋求於自己有利之裁判，而任意的在不同國家提起相同訴訟，不但裁判結果易致歧異，對相同之爭執或問題，須花費2倍，甚至數倍之時間、金錢、勞費來尋求解決，亦與訴訟經濟有違，尤其是原告利用於己有利之訴訟程序，以壓迫被告，或獲得原不獲得之利益或逃避應負之責任，皆為公平正義之觀念所不容。

　　三、完全忽視外國法院之訴訟繫屬之事實，而逕以內國法院之訴訟為優先，致當事人之濫訴不能防止，訴訟不能經濟，裁判結果又易生矛盾，實不足取。以外國法院所為之裁判將來獲致內國法院之承認為條件，而認可訴訟繫屬抗辯之效力，固較注重判決矛盾之防止，亦難免輕忽當事人濫訴之防止與訴訟

經濟之要求。更且，外國判決是否會獲得內國之承認，在訴訟進行之狀態下，實難預測，尤其判決之不獲得承認之情形不一，有欠缺管轄權，有不予當事人之攻擊防禦機會，有違反內國之公序良俗，有因互惠主義之欠缺，不一而足，故以外國判決獲得內國法院之承認，為訴訟繫屬之抗辯為有效之條件，難謂合理。更且如審查外國判決是否具備獲得內國之承認或執行之要件，在預測階段與實際請求承認之階段有不一致時，更令人困惑。詳言之，如內國法院認為外國法院之判決不具備承認之要件，而駁回當事人訴訟繫屬之抗辯，並逕為本案之審理而作成判決。嗣後，內國卻承認原先預測不予承認之外國判決，適兩者互為矛盾時，則當事人無從遵行。反之，如內國法院預測將承認外國法院之判決，採納當事人訴訟繫屬之抗辯，駁回原告之訴，嗣後卻違反預測而不承認該外國判決，則當事人無任何救濟機會，因此，此等態度實屬不妥。至於英美法例所採，不拘泥一定規則，而考慮與訴訟相關之各種事實，依法院之裁量，解決國際訴訟之競合，惟其方法仍可區分為三，即停止訴訟、禁止他國法院之訴訟，與依法庭不便利原則駁回原告之訴。三者之中，以禁止他國法院之訴訟最不合理，主要的原因在於與國際之主權平等之概念有違，蓋國際的法秩序與國內的法秩序間之關係，雖有「一元說」與「二元說」之別，然國家僅在其領域內為最高的，與其他國家之關係則僅係互相獨立與平等，兩說之見解並無顯然不同。因此，禁止他國法院之訴訟，不但表示內國之欲行使主權之一之管轄權，並剝奪或限制他國之行使同樣權力，故為他國主權之侵害。雖然禁止他國法院之訴訟，係禁止當事人在他國法院進行訴訟，因而有認為不生侵犯他國主權之嫌，惟因其仍屬禁止當事人所選擇之國之立院行使管轄權，故仍難自圓其說。再就實際情形言之，如當事人不從法院之禁止命令，雖將因侮辱法庭罪而受罰，但是同一事件在數國法院同時進行審理，不但重複耗費時間、金錢、勞費，判決發生矛盾之可能，仍不得免，不得謂為妥當。至於停止內國之訴訟或依法庭不便利原則而駁回原告之訴，由於其所考慮之因素包括當事人之住、居所、國籍或本據地、當事人之意圖（是否利用重複訴訟而脅迫困擾被告）、爭執事實之發生地、法院對爭執處理是否熟練及其審判之速度、證人或證據之所在地（包括提出或傳喚之強制手段之有無）、準據法、訴訟費用、對所請求之判決給予之救濟方法及其內害、於他法院審理之進行狀況、判決執行之便利與

否等不一而足，依法院之裁量，雖無一定法則可循，然可獲得具體之妥當性，故足資贊同。

　　總之，國際的訴訟競合，不予顧慮而逕行為內國訴訟之審判，並不妥當；以內國法院承認外國法院將來所為之判決為條件，始認可訴訟繫屬之抗辯有難以解決之「預測困難」之問題，亦不盡妥當；禁止他國法院訴訟之處理方法又有法理上難以自圓其說之困窘，未便採取；實以停止訴訟或駁回原告之訴，最為妥當而應採之。

伍、民事訴訟法第182條之2

　　民事訴訟法第253條規定，當事人不得就已起訴之事件，於訴訟繫屬中，更行起訴，是為禁止再訴之原則，與民事訴訟法第263條第2項、第400條以下之規定，同屬於一事不再理原則之體現。「已起訴之事件，在訴訟繫屬中，該訴訟之原告或被告不得更以他造為被告，就同一訴訟標的提起新訴或反訴，為民事訴訟法第二百五十三條所明定。所謂就同一訴訟標的提起新訴或反訴，不僅指前後兩訴係就同一訴訟標的求為相同之判決而言，其前後兩訴係就同一訴訟標的求為相反之判決，亦包含在內。故前訴以某法律關係為訴訟標的，求為積極之確認判決，後訴以同一法律關係為訴訟標的，求為消極之確認判決，仍在上開法條禁止重訴之列。[7]」「已起訴之事件，在訴訟繫屬中，該訴訟之原告或被告不得更以他造為被告，就同一訴訟標的提起新訴或反訴，此觀民事訴訟法第二百五十三條之規定自明。所謂就同一訴訟標的提起新訴或反訴，不僅指後訴係就同一訴訟標的求為與前訴內容相同之判決而言，即後訴係就同一訴訟標的，求為與前訴內容可以代用之判決，亦屬包含在內。故前訴以某請求為訴訟標的求為給付判決，而後訴以該請求為訴訟標的，求為積極或消極之確認判決，仍在上開法條禁止重訴之列。[8]」立法目的亦旨在避免當事人與法院之

---

[7]　最高法院40年台上字第1530號民事判例

[8]　最高法院46年台抗字第136號民事判例。

勞力、時間之浪費，訴訟經濟與裁判矛盾牴觸之防止。

　　惟該條於國際訴訟競合是否有適用？最高法院採否定說。「民事訴訟法第二百五十三條所謂已起訴之事件，係指已向中華民國法院起訴之訴訟事件而言，如已在外國法院起訴，則無該條之適用。[9]」惟是否妥適，容有檢討之必要。

　　民事訴訟法於92年修正時，增訂第182條之2規定：「當事人就已繫屬於外國法院之事件更行起訴，如有相當理由足認該事件之外國法院判決在中華民國有承認其效力之可能，並於被告在外國應訴無重大不便者，法院得在外國法院判決確定前，以裁定停止訴訟程序。但兩造合意願由中華民國法院裁判者，不在此限。法院為前項裁定前，應使當事人有陳述意見之機會。」其立法理由稱：「當事人就已在外國法院起訴之事件，於訴訟繫屬中更行起訴，如有相當理由足認該事件之外國法院判決不致有第四百零二條各款所列情形，在我國有承認其效力之可能，且被告於外國法院應訴亦無重大不便，則於該外國訴訟進行中，應無同時進行國內訴訟之必要。為求訴訟經濟，防止判決牴觸，並維護當事人之公平，避免同時奔波兩地應訴，爰於第一項規定，此種情形，法院得在外國法院判決確定前，以裁定停止訴訟程序。惟兩造如合意願由中華民國法院裁判者，自無停止必要。至於當事人在我國法院起訴後，復於外國法院起訴之情形，我國法院之訴訟原則上不受影響，惟仍應由法院就個案具體情形，審酌我國之訴訟有無訴訟利益等事項處理之。停止國內訴訟之訴訟程序，以俟外國法院判決，影響當事人權益至鉅，為保障當事人之程序上權利，應使其於裁定前有陳述意見之機會。」

　　此一規定，應注意者：

　　一、承認國際訴訟競合現象之存在，並分為外國訴訟先訴與後訴兩種情形。

　　二、外國訴訟先訴之情形，是否改變最高法院67年台再字第49號關於國際訴訟競合之見解，因最高法院前述判例仍未被作廢，似有疑義。

　　三、如以民事訴訟法第182條之情形觀之，外國訴訟先訴之情形，採判決

---

[9] 最高法院67年台再字第49號民事判例。

承認預測說與裁定停止說。裁定停止說與仲裁法第4條之規定：「仲裁協議，如一方不遵守，另行提起訴訟時，法院應依他方聲請裁定停止訴訟程序，並命原告於一定期間內提付仲裁。但被告已為本案之言詞辯論者，不在此限。原告逾前項期間未提付仲裁者，法院應以裁定駁回其訴。第一項之訴訟，經法院裁定停止訴訟程序後，如仲裁成立，視為於仲裁庭作成判斷時撤回起訴。」相同。判決承認預測說與前述外國立法與實務之發展相同，亦寓有相同之問題。亦即，判決承認預測說對於判決承認預測之不確定性或與實際判決承認結果間之落差，如何解決，尚無有效的對案，是問題所在。或許，法院充分運用，裁定停止與撤銷停止訴訟之裁定，可解決此一問題。亦即，法院似可就該先訴之外國訴訟進行情形，決定是裁定停止，或者撤銷停止訴訟之裁定，可儘量避免前開問題。

四、至於訴訟停止階段，先訴之外國法院判決確定，該停止中之訴訟應如何處理，民事訴訟法第182條之2未明文規定。只能依據理論處理之。亦即，如該外國法院確定判決可獲得我國承認，則該停止中之訴訟即有違反一事不再理之原則，應認其訴不合法。如該外國法院判決未能獲得我國之承認，則對於停止中訴訟之續行應無影響。亦即，法院應撤銷該停止訴訟之裁定，並續行訴訟程序。

五、由於民事訴訟法第402條第1項關於外國民事確定判決之承認，係以外國法院有管轄權為要件之一，而民事訴訟法第182條之2，又規定「於被告在外國應訴無重大不便」，是否適當非無疑義。因「惟我國涉外民事法律適用法乃係對於涉外事件，就內國之法律，決定其應適用何國法律之法，至法院管轄部分，並無明文規定，故就具體事件受訴法院是否有管轄權，當依法庭地法即本國法加以判斷。本件依抗告人起訴之主張，其係本於違反保險契約、侵權行為及不當得利等之法律關係，請求各該相對人賠償其損害，而依民事訴訟法第12條規定因侵權行為涉訟者，得由行為地之法院管轄；同法第15條第1項規定因契約涉訟者，如經當事人定有債務履行地，得由該履行地之法院管轄，而所謂侵權行為，凡一部實行行為或其一部分行為結果發生之地皆屬之，故本件之侵權行為地之一部實行行為或一部結果行為如在本國發生，依上揭規定，即難認無管轄權，原法院就此並未詳加調查，而依『不便利法庭之原則』遽認原法

院對各該相對人並無管轄權，尚嫌無據。[10]」在外國法院管轄權之外，再規定「於被告在外國應訴無重大不便」為要件，不免疊床架屋。

六、民事訴訟法第182條之2之適用，最大的問題在於同一事件之認定。同一事件之認定，除較無疑義之當事人同一（包括當事人地位相同或相反）或訴之聲明同一（包括訴之聲明相同、相反或可以代用）外，最重要的是關於訴訟標的之同一。

訴訟標的的範圍愈大，禁止重複起訴之可能性愈大。訴訟標的的範圍愈小，禁止重複起訴之可能性愈小。我國關於訴訟標的理論中，所謂新訴訟標的理論，其訴訟標的的範圍，比舊訴訟標的理論之訴訟標的的範圍大，禁止重複起訴之可能性大。尤其是在請求權競合問題上。

關於請求權競合，舊訴訟標的理論認為，請求權競合中之各個請求權係分離而不同之訴訟標的，故先以其中一請求權起訴，在訴訟繫屬中或終結後，再依據另一請求權提起訴訟，並未違反民事訴訟法一事不再理之原則，因該二訴之訴訟標的不同之故。新訴訟標的理論則認為，競合之二請求權均來自同一受領給付之地位，故應屬同一訴訟標的，而違反一事不再理之原則。再者，舊訴訟標的理論認為，相競合之二請求權既為不同之訴訟標的，則以其中一請求權起訴，為法院以訴無理由而判決敗訴確定後，既判力僅及於該判決之請求權，故嗣後仍得以另一請求權而提起他訴。新訴訟標的理論則認為，既屬同一訴訟標的之不同理由（攻擊防禦方法），均為既判力所及，故不得再提起後訴，否則，即應依民事訴訟法第249條第1項第7款規定，以裁定駁回後訴。

如擴大涉外民事訴訟訴訟標的之範圍，可實現前述濫訴防止、訴訟經濟及裁判矛盾之防止。至於具體做法，可參考前述最高法院92年度台再字第22號（伊朗國防部案）判決：「涉外民事訴訟事件，管轄法院須以原告起訴主張之事實為基礎，先依法庭地法或其他相關國家之法律為『國際私法上之定性』，以確定原告起訴事實究屬何種法律類型，再依涉外民事法律適用法定其準據法。」就系爭涉外民事訴訟標的定性，進而確定其訴訟標的法律關係。

定性或確定訴訟標的法律關係，除依法庭地法或其他相關國家之法律外，

---

[10] 臺灣高等法院87年度抗字第2409號民事裁定。

可參酌民事訴訟法第244條第1項第2款之規定：「起訴，應以訴狀表明下列各款事項，提出於法院為之：二、訴訟標的及其原因事實。」、民事訴訟法第255條之規定：「訴狀送達後，原告不得將原訴變更或追加他訴。但有下列各款情形之一者，不在此限：二、請求之基礎事實同一者。」及民事訴訟法第199條之1之規定：「依原告之聲明及事實上之陳述，得主張數項法律關係，而其主張不明瞭或不完足者，審判長應曉諭其敘明或補充之。被告如主張有消滅或妨礙原告請求之事由，究為防禦方法或提起反訴有疑義時，審判長應闡明之。」以基礎事實是否同一，作為判斷訴訟標的是否相同之基準。

　　所謂請求之基礎事實同一，係指變更或追加之訴與原訴之主要爭點有其共同性，各請求利益之主張在社會生活上可認為同一或關連，而就原請求之訴訟及證據資料，於審理繼續進行在相當程度範圍內具有同一性或一體性，得期待於後請求之審理予以利用，俾先後兩請求在同一程序得加以解決，避免重複審理，進而為統一解決紛爭者，即屬之[11]。蓋如非如此，不同國家之法院可能因不同的定性基準而為不同之定性，進而為不同之訴訟標的之認定，影響訴訟標的同一或事件同一之判斷。如此，濫訴防止、訴訟經濟或裁判矛盾之防止的理想將無由實現。

　　七、最後，民事訴訟法第182條之2於涉及臺灣地區與大陸地區之訴訟競合似無適用餘地。易言之，最高法院97年台上字第2376號民事判決既認為大陸地區民事確定判決於臺灣地區無既判力：「兩岸關係條例第七十四條固規定，經法院裁定認可之大陸地區民事確定裁判，以給付為內容者，得為執行名義，然並未明定在大陸地區作成之民事確定裁判，與我國之確定判決有同一之效力。參以該條例立法理由所載，就大陸地區判決既未採自動承認制，而須經我國法院以裁定認可者始予以承認並取得執行力，長榮公司所取得之系爭裁定之執行名義，即屬於強制執行法第四條第一項第六款規定：其他依法律之規定

---

[11] 最高法院95年度台上字第1573號，同旨參最高法院91年度台簡抗字第33號：「民事訴訟法第255條第1項第2款所稱之『請求之基礎事實同一』者，係指變更或追加之訴與原訴之主要爭點有其共同性，各請求利益之主張在社會生活上可認為同一或關連，而就原請求之訴訟及證據資料，於審理繼續進行在相當程度範圍內具有同一性或一體性，得期待於後請求之審理予以利用，俾先後兩請求在同一程序得加以解決，避免重複審理，進而為統一解決紛爭者，即屬之。」

得為強制執行之名義。是以，經我國法院裁定認可之大陸地區民事確定裁判，應祇具有執行力而無與我國法院確定判決同一效力之既判力，兩造間或我國法院即均不受其拘束。浙江省公司以其於系爭執行名義成立前，有消滅或妨礙債權人（長榮公司）請求之事由發生，在系爭強制執行事件之程序終結前，依強制執行法第十四條第二項規定，向執行法院對債權人即長榮公司提起本件異議之訴，自無違一事不再理原則，且有權利保護之必要。按系爭大陸地區判決經我國法院依兩岸關係條例第七十四條規定裁定許可強制執行，固使該判決成為強制執行法第四條第一項第六款規定之執行名義而有執行力，然並無與我國確定判決同一效力之既判力。債務人如認於執行名義成立前，有債權不成立或消滅或妨礙債權人請求之事由發生者，在強制執行事件程序終結前，即得依同法第十四條第二項規定，提起債務人異議之訴。至於確定判決之既判力，應以訴訟標的經表現於主文判斷之事項為限，判決理由原不生既判力問題，法院於確定判決理由中，就訴訟標的以外當事人主張之重要爭點，本於當事人辯論之結果，已為判斷時，除有顯然違背法令，或當事人已提出新訴訟資料，足以推翻原判斷之情形外，雖應解為在同一當事人就與該重要爭點有關所提起之他訴訟，法院及當事人對該重要爭點之法律關係，皆不得任作相反之判斷或主張，以符民事訴訟上之誠信原則，此即所謂『爭點效原則』。惟依前所述，經我國法院裁定認可之大陸地區民事確定裁判，應祇具有執行力而無與我國法院確定判決同一效力之既判力。該大陸地區裁判，對於訴訟標的或訴訟標的以外當事人主張之重大爭點，不論有無為『實體』之認定，於我國當然無爭點效原則之適用。我國法院自得斟酌全辯論意旨及調查證據之結果，為不同之判斷，不受大陸地區法院裁判之拘束。[12]」民事訴訟法第182條之2自無其適用[13]。

---

[12] 相同見解，最高法院104年台上字第33號民事判決：「惟按81年7月31日制定公布之兩岸人民關係條例第七十四條規定『在大陸地區作成之民事確定裁判、民事仲裁判斷，不違背臺灣地區公共秩序或善良風俗者，得聲請法院裁定認可。前項經法院裁定認可之裁判或判斷，以給付為內容者，得為執行名義。前二項規定，以在臺灣地區作成之民事確定裁判、民事仲裁判斷，得聲請大陸地區法院裁定認可或為執行名義者，始適用之。』該條例對於在大陸地區作成之民事確定裁判，民事仲裁判斷，未如其後制定公布之港澳條例第四十二條明定：民事確定裁判之效力、管轄及得為強制執行之要件，準用民事訴訟法第四百零二條、強制執行法第四條之一規定。民事仲裁判斷之效力、聲請法院承認及

停止執行，準用商務仲裁條例第三十條至第三十四條之規定。而僅簡略為上述規定，其認可並適用當時較為簡易之非訟程序。參酌兩岸人民關係條例第一條規定『國家統一前，為確保臺灣地區安全與民眾福祉，規範臺灣地區與大陸地區人民之往來，並處理衍生之法律事件，特制定本條例。本條例未規定者，適用其他有關法令之規定』，港澳條例第一條規定『為規範及促進與香港及澳門之經貿、文化及其他關係，特制定本條例。本條例未規定者，適用其他有關法令之規定。但臺灣地區與大陸地區人民關係條例，除本條例有明文規定者外，不適用之。』對照兩岸人民關係條例第七十四條、港澳條例第四十二條規定之差異，及後條例係為排除前條例於港澳地區適用而特為立法，可見係立法者有意為不同之規範，即基於兩岸之特殊關係，為解決實際問題，對於在大陸地區作成之民事確定裁判、民事仲裁判斷，特以非訟程序為認可裁定，並僅就以給付內容者，明定其有執行力，而未賦予實質確定力。立法者既係基於兩岸地區民事訴訟制度及仲裁體制差異，為維護我法律制度，並兼顧當事人權益（見該條文立法理由），而為上開規定，自不容再援引民事訴訟法、仲裁法關於外國民事確定裁判、外國仲裁判斷效力之相關規定及法理，認在大陸地區作成之民事確定裁判及仲裁判斷，經我法院裁定認可者，即發生既判力。另98年4月發布之海峽兩岸共同打擊犯罪及司法互助協議第十條規定，與兩岸人民關係條例第七十四條之規定並無不同，其內容未涉及法律之修正，僅由行政院核定後送立法院備查（相關程序見兩岸人民關係條例第5條第2項規定），自不影響上開條例第74條規定之解釋。至於當事人如已於認可程序爭執該確定民事裁判或仲裁判斷之內容或其程序違背我公共秩序或善良風俗，為認可裁定之法院亦已行較周密之非訟程序而為判斷，嗣債務人復以同一爭執提起債務人異議之訴時，於具體個案是否違背程序上之誠信原則，則屬別一問題。原審徒以經裁定認可之系爭仲裁判斷屬強制執行法第十四條第一項所定之執行名義為由，認上訴人不得以該仲裁判斷作成前之事由提起債務人異議之訴，所持法律見解自有可議。」

13　如依最高法院85年度台上字第1880號民事裁判之見解：「按臺灣地區人民，關於由一定法律關係而生之訴訟，合意定大陸地區法院為管轄法院，因依臺灣地區與大陸地區人民關係條例第七十四條規定，大陸地區法院之判決，臺灣地區法院非不承認其效力，倘該事件非專屬臺灣地區法院管轄，大陸地區法院亦認臺灣地區人民得以合意定管轄法院者，尚難謂其合意不生效力。若該合意已生效力，且屬排他性之約定，當事人又已為抗辯者，即難認臺灣地區法院為有管轄權。」似可推論出不同結論。

PART 6

外國判決承認・執行

1

國際民事強制執行之司法協助
——以外國法院判決爲中心[*]

賴來焜

壹、國際民事強制執行司法協助之概念

一、法域之意義

所謂「法域」（territorial legal unit）者，係指於特定土地領域內有其獨自法律之謂[1]，英美法上常以「法域」代替國際私法上之「國家」。例如美國之各州，英國之蘇格蘭、愛爾蘭、英吉利，因各地法律互異，自成法域。有學者謂法在其存在的世界中，沒有孤立、單獨、自為的法、秩序、規則，法的這種同構特性，是由存在的同構內質所決定的，具體的法也都是有界域的，正式這種域的界線，使法有了域內與域際之分[2]。同樣地，法院判決、商務仲裁判斷、破產裁定、公證書亦有域內與域外之別，在強制執行法上即形成國際強制執行司法協助的問題。

二、國際民事強制執行司法協助之內涵

在國際民商事交往中，關於國（區）際司法協助之內涵應包括下列三者：
（一）為外國「法院判決」之承認與執行：即國際民商事爭議，雙方不能經由私下和解協商解決，契約中又無有效的仲裁協議或仲裁條款，依「公力救濟」向法院提起訴訟，因出於國際民商事糾紛涉及之權利主體、權利標的（客體）

---

[*] 原刊登於玄奘法律學報第10期，2008年12月，頁169-199。

[1] 劉鐵錚，國際私法論叢，三民書局，1982年9月再版，頁5。

[2] 江山，法的自然精神導論（線裝本、修訂本），中國政法大學出版社，2002年7月2版，頁124。

與為權利得喪變動之法律發生地往往分屬不同國家[3]，故就法院而言，則需要確定受案權限，訴訟文書送達、外國法院判決之承認與執行等諸多因素，即民事強制執行中的國際司法協助；（二）為外國「仲裁判斷」之承認與執行：即在國際商務爭端中，若案件具有可仲裁性，且當事人間有仲裁協議，若準據法或仲裁作成地在外國，即屬「外國仲裁判斷」，在國際爭端解決機制中，外國仲裁判斷之承認與執行即為國際司法協助之重大問題。我國新「仲裁法」第47條第1項：「在中華民國領域外作成之仲裁判斷或在中華民國領域內依外國法律作成之仲裁判斷，為外國仲裁判斷。」係規定外國仲裁判斷之意義，第2項：「外國仲裁判斷，經聲請法院裁定承認後，得為執行名義。」係規定外國仲裁判斷得為執行名義；第49條第1項：「當事人聲請法院承認之外國仲裁判斷，有下列各款情形之一者，法院應以裁定駁回其聲請：一、仲裁判斷之承認或執行，有背於中華民國公共秩序或善良風俗者。二、仲裁判斷依中華民國法律，其爭議事項不能以仲裁解決者。」則規定外國仲裁判斷承認之裁定駁回原因；第50條「當事人聲請法院承認之外國仲裁判斷，有下列各款情形之一者，他方當事人得於收受通知後二十日內聲請法院駁回其聲請：一、仲裁協議，因當事人依所應適用之法律係欠缺行為能力而不生效力者。二、仲裁協議，依當事人所約定之法律為無效；未約定時，依判斷地法為無效者。三、當事人之一方，就仲裁人之選定或仲裁程序應通知之事項未受適當通知，或有其他情事足認仲裁欠缺正當程序者。四、仲裁判斷與仲裁協議標的之爭議無關，或逾越仲裁協議之範圍者。但除去該部分亦可成立者，其餘部分，不在此限。五、仲裁庭之組織或仲裁程序違反當事人之約定；當事人無約定時，違反仲裁地法者。六、仲裁判斷，對於當事人尚無拘束力或經管轄機關撤銷或停止其效力者。」則規定他方當事人聲請駁回外國仲裁判斷之原因，縱觀「仲裁法」第七章「外國仲裁判斷」（第47條至第51條）在國際商務仲裁之司法協助重要內涵；（三）為臺灣海峽兩岸四法域之司法協助：臺灣與大陸間關於法院判決與仲裁判斷之承認與執行，係「臺灣地區與大陸地區人民關係條例」第74條所規範；臺灣地區與香港澳門間法院判決與仲裁判斷之承認與執行，係「香港澳門關係

---

[3] 賴來焜，基礎國際私法學，三民書局，2004年6月，頁41以下。

條例」第42條規範。

貳、對外國法院判決之司法協助[4]

一、外國法院判決承認與執行之概念

(一)外國法院判決承認與執行之意義

　　所謂外國法院判決承認與執行之意義係指一個國家或法域之有關機關依據其內國立法或有關的國際條約，對於外國法院對國際民商事法律關係所作成之判決，在內國承認或確認法律效力，且在必要時採取措施依法予以強制執行之制度[5]。一般而言，任何國家或法域之法院判決係該國或法域司法機關代表其主權國家針對特定法律爭議而作成，通常僅能在判決國或法域境內生效，而沒有域外效力，爲早期國際社會所公認。但隨著國際交往的迅速發展，任何一國或法域爲了發展內國的對外交往，世界各國或法域才基於各種各樣的考慮，在一定條件下相互承認外國法院判決在內國具有與內國法院判決同一法律效力，且在必要時依內國的有關規定予以強制執行，故倘無有關國家或法域的明確承認，外國法院的判決在該國或法域內就沒有任何法律效力，外國的任何機關均不得在該國領域內強制執行其所屬國法院作成的任何判決，違反則構成對該國國家主權的侵犯。而且，法院判決之承認與執行作爲一國或法域司法機關代表其國家行使司法主權之一種重要形式，只能由有關國家或法域之法院而實行，

---

[4] 賴來焜，強制執行法總論，元照，2007年10月，頁727-747。

[5] 余先予，衝突法，上海財經大學，頁665；黃進，國際私法，法律出版社，頁683；最高法院92年台上字第985號判決：「按依民事訴訟法第四百零二條之立法體例，係以外國法院之確定判決在我國認其具有效力爲原則，如有該條各款情形之一者，始例外不認其效力。此與強制執行法第四條之一第一項規定依外國法院確定判決聲請強制執行者，以該判決無民事訴訟法第四百零二條各款情形之一，並經中華民國法院以判決宣示許可其執行者爲限，得爲強制執行，乃爲外國法院確定判決在我國取得執行力、得由我國法院據以強制執行之要件規定尚有區別。至於該外國法院確定判決之確定力，仍應依該國相關之程序規定爲斷，不以由我國法院依我國程序相關規定判決賦與爲必要。」

故依據各國「民事訴訟法」與「強制執行法」立法的普遍規定，外國法院判決之承認與執行一律由承認與執行地國家或法域之法院為協助進行。相對而言，應使內國對國際民商事案件之判決在外國領域內亦能得到承認與執行，故就發生外國法院判決之承認與執行問題，亦為國際民事訴訟法與國際強制執行法上重要問題。

（二）外國法院判決之承認與外國法院判決之執行

外國法院判決之承認與外國法院判決之執行係兩個既有相區別的且又互相聯繫法律行為。外國法院判決之承認是承認該外國判決在確認當事人之權利與義務方面，具有與內國法院判決同等之效力，其法律效果，若在內國境內他人就與判決同一事項，提出與該判決內容不同之要求或請求，得以該判決作為對抗他人之理由，在我國為「民事訴訟法」第401條及第402條問題；而外國法院判決之執行係指內國依內國法律規定之強制執行方法，以執行外國法院之判決，在我國為「強制執行法」第4條之1問題。一般而言，承認外國法院判決是執行外國法院判決的前提條件；執行外國法院判決是承認外國法院判決的必然結果。雖然承認是執行外國法院判決之前提，但在某些案件中執行並非承認外國法院判決的必然結果，蓋一則有些已經得到一國法院承認之外國法院判決可能由於某種原因而無法獲得強制執行；二則除給付訴訟判決以外的外國民商事判決僅發生承認問題而無須強制執行。例如婚姻、家庭等有關身分關係之外國法院判決，包括婚姻無效、離婚、別居、準正、禁治產宣告、死亡宣告、監護、收養等涉外判決，本類判決只是根據法律變更雙方當事人某種權利義務關係，故只要請求國加以確認即發生法律效力，而無須強制執行。

（三）外國法院判決承認與執行之實益

外國法院判決之承認與執行是一種重要的司法行為，亦是國際民事訴訟程序的最後歸宿，且是最後階段與最關鍵性程序，蓋如果某一外國法院判決在國際民事訴訟中所作成之判決，在內國得不到承認與執行，非但訴訟各方當事人以前的民商事爭議未獲得最終解決，有關當事人的合法權益得不到確實保護，而且各方當事人尚有訴訟費用方面的損失，故外國法院判決之承認與執行在國

際民事訴訟法與國際強制執行法上具有實際意義或極重要意義⁶。

二、外國法院判決承認與執行之依據

(一) 判決承認與執行之理論依據

　　按外國判決代表其主權國家內國司法權運作結果，在一般情形下只能在該有關國家的領域內發生效力，而不具有域外效力。世界各國基於各種各樣之原因，在一定條件下予以承認與執行外國法院判決。但究竟是依據什麼原因促使世界各國相互承認與執行外國法院判決之域外效力，即承認與執行外國法院判決在不同國家或不同時期發展出各種各樣的學說理論，以支持外國民商事判決有域外效力。主要有下列幾項學說⁷：

1. 國際禮讓（comity）說

　　國際禮讓原則（principle of international comity）適用於判決承認與執行中應解釋為有秩序的（orderly）、公平的（fair）與不得有害於國家利益（nation's interest）。17世紀時由胡伯（Huber）教授代表的荷蘭法學派提出國際禮讓說，主張內國法院承認與執行外國法院判決，並不是因為該外國法院判決本身具有域外效力，而完全係內國基於對該外國之一種「禮讓」而作出的行為，後來亦為英美普通法系國家之學者接受。在*Hilton v. Guyot*案中法官Gray認為內國或法域之法律不具域外效力，各國依其統治權在領域內執行法律、立法與司法審判，若要在外國行使行為，須視國際禮讓之理論，即沒有強迫，是由於國際責任或方便，承認、允許他國基於其統治權在領域內執行法律、立法與司法審判，並使其公民或其他人民在這法律下受到保護⁸。

2. 既得權（acquired rights）說

　　本說係英國學者戴賽（Dicey）教授在1896年提出，後經美國學者比耳

---

⁶　劉鐵錚、陳榮傳，國際私法論，三民書局，頁707；韓德培，國際私法，武漢大學出版社，頁683。

⁷　蔡佩芬，外國刑事暨附帶民事判決之承認與執行研究【兼論司法互助域外取證】，中正大學博士論文，頁27；黃進，國際私法，法律出版社，頁684以下。

⁸　Hilton v. Guyot, 159 U.S. 113:16 S. Ct. 139; 40 L. Ed. 95; 1895 U.S. Lexis 2294 (Argued April 10, 1894; June 3, 1895, Decided).

（Beale）教授之響應與宣揚，而為英國與美國法院判決基礎。本說認為訴訟當事人一方依據有關的外國法院判決對於訴訟另一方所取得之權利，應該屬於一種既得權，內國法院既然應該尊重該項既得權，所以就應該承認創設或確定該項權利的外國法院判決，並予以強制執行。既得權學說之實質是內國法院應尊重勝訴當事人基於外國判決已取得之利益，從而應在內國境內承認與執行該項外國法院判決[9]。但既得權說既以權利為前提，權利之存在係以一定之法律規定為前提，如果離開一定之法律規定，即無所謂權利而言，故一國法院基於內國法律對某一民事法律關係作出判決，在此法院所屬國境內，依其法律之規定，勝訴之當事人可能基於該判決對另一當事人取得某種權利，但此應僅限於法院所屬國之領域內，在其他國家未必視為一項權利；二則縱認當事人因該判決而取得某種權利，外國民事判決是否在內國得被承認與執行，必須經過其他要件審查，外國判決在某些國家並非本有執行力，則在其他國家未必已經取得權利[10]。

3. 一事不再理說

　　一事不再理原則係指對於經過判決且已經發生法律效力之案件，除法律另有規定外，法院不得重新審理，有關當事人亦不得再行起訴。國際民事訴訟中一事不再理說，即係將這原則運用到承認與執行外國法院判決中，認為有關案件既經過對該案件具有管轄權之外國法院審理且作出確定判決後，內國法院應根據一事不再理的原則，基於有關當事人的請求，不再另外審理而應在內國領域內逕行直接承認與執行外國法院判決，以防止對同一案件作出相互牴觸之判決，且避免浪費司法資源與時間[11]。當今世界各國甚鮮基於本學說來承認與執行外國法院判決，相反地，卻有許多國家依據一事不再理原則拒絕承認與執行外國判決，即當內國法院已經對同一案件作出生效判決，或者已經承認與執行由第三國法院對同一案件所作出的判決時，內國法院應該拒絕承認與執行該外

---

[9] 韓德培，國際私法，武漢大學出版社，頁463；黃進，國際私法，法律出版社，頁684。

[10] 謝石松，國際民商事糾紛的法律解決程序，廣東人民出版社，1996年，頁441；蔡易紘，論我國對外國民事判決之承認，海洋大學碩士論文，2000年，頁27。

[11] Peterson, Foreign Country Judgments and the Second Restatement of Conflict of Laws, 72 Colum. L. Rev. 220, 240, 1972.

國法院就同一案件所作出的判決[12]。

4. 義務（obligation）說

　　本說認為對被告有管轄權的外國法院所作出的由被告支付一定金額之判決確定了被告一項義務，該法院所屬國之任何法院均有責任使該判決得到執行，內國法院因此也得在內國境內承認與執行外國法院判決。英國Parke法官在1842年的*Russel v. Smyth*案與*Williams v. Jones*案中確立義務說，一直為英國法院所採用。Parke法官謂：「當有管轄權之法院已判定某一當事人給付一定金錢給另一當事人，給付金錢即成為法律上義務，請求執行該判決之訴訟應被維持，外地判決及殖民地判決均依此種方式執行之。」嗣1870年Blackburn法官在*Schibsby v. Westenholz*案中謂：「此項義務原則係由Parke法官在*Russel v. Smyth (1842)*案中揭示的，並於*Williams v. Jones*案中加以重申，外地法院對被告課以付款義務，英國法院即有受執行之約束，任何否認該義務或不履行之法律抗辯，均構成該訴訟之防衛。任何一個有管轄權法院所為之判決，課被告一定之責任或義務去給付金錢，英國各法院必須加以執行。」英國以義務說取代禮讓說而為承認與執行外國法院判決之另一理論依據。美國法院早期亦採義務說供承認與執行外國民事判決，迨1895年*Hilton v. Guvot*判決出現而不再採本說[13]。

5. 特別法（lex specialis）說

　　本說認為外國法院判決就是外國法院所屬國的特別法，故內國法院一般應如承認外國成文法規範相同，基於相同理由與相同方式，以承認與執行外國法院判決。

6. 司法契約說

　　法院具有國際審判權是基於雙方當事人司法契約之結果，而凡在外國有效成立之契約，內國加以承認。但外國法院判決係外國法院基於司法權行使之結果，雖雙方當事人受拘束，此乃判決效力所致，並非基於雙方當事人之合意或契約，且以擬制契約創設判決之涉外效力，例如在外國作成之離婚判決對內國

---

[12] 黃進，國際私法，法律出版社，頁685。

[13] 林益山，論外國之判決承認與執行（上），軍法專刊第41卷第1期，1995年1月，頁3。

公序良俗有嚴重影響者，亦須由內國予以承認，自屬不當[14]。

7. 互惠說

　　本說認為一個國家法律之所以規定內國法院應該承認外國法院所作出之判決，在於因為它期望法院之內國判決亦能夠在相同條件下獲得有關外國法院的承認與執行。本說首先承認內國法院的主權地位，認為內國法律規定承認與執行外國法院判決並非由於應承認外國已經確定之債務，或應尊重外國既得權，而完全是基於內國利益的考慮，即期望使內國法院的判決能得到外國法院之承認與執行，進而保護內國與內國當事人的利益[15]。英國1993年「外國判決（互惠執行）法」（Foreign Judgments (Reciprocal Enforcement) Act 1933, UK）認為外國判決必須國與國之間有實質互惠對待存在始承認他國判決，若沒有實質互惠對待，國家不給予登記執行[16]。但美國紐約州法院曾指出，外國法院判決之承認及執行與互惠原則並無關聯[17]。

8. 實質需要說

　　晚近學者認為一個國家所以要承認與執行外國法院判決，其根本的真正原因既不是基於國際禮讓、一事不再理原則或互惠原則之考慮，亦不是出於尊重他國判決所確定的既得權或債務，或者出於承認外國的特別法或承認有管轄權之法院藉判決創設擬制之契約關係，而係為公平正義，且為共同利益所必須，即因為近代國際交往日益頻繁，國際社會已成為一個不可分割的整體，隨現代科學技術之發展，現代化交通工具之出現，世界經濟、文化與人員之交流，國際民商事法律關係大增，各國為了生存和發展的需要，為了使民商事案件得到妥善解決，維護各國當事人合法權益與相互間交往順利進行，有必要通過法律手段維護一種良好的法律秩序，任何國家在互利合作基礎上，從政治、社會、

---

[14] Martin Wolff, Private International Law, Oxford (1992), p. 251.

[15] 韓德培，國際私法，武漢大學出版社，頁463、464。

[16] Reid Mortensen, Comity and Jurisdictional Restraint in Vanuatu, 33 VUWLR 95, 112, 2002. Also available at http://ww.upf.pf/recherche/IRIDIP/RJP/RJP8/6%20 Mortensen.doc.

[17] 劉鐵錚譯，美國法律整編（Restatement Of The Law, Second Conflict Of Laws）—國際私法，司法院印行，1986年，頁137。

經濟、文化等方面發展需要以考慮承認與執行外國法院之判決[18]。本說係以公平正義及共同利益所需為出發點，但公平正義係一不確定概念，適用上難有確定之標準；且共同利益之需要當作承認與執行外國法院判決，邏輯上不無問題，且並非真正原因[19]。故有學者以較實際理由說明，應包括一則作成判決之法院，應為較適當方便之裁判地所在，甚至為關係最切之管轄法院，其為解決系爭問題所表示之見解應勝一籌；二則對於爭論已決之案件，避免重加審理，可節省時力；三則保障被告，避免因原告一再選擇法院興訟，而受損害；四則保障勝訴之一造，避免受他造推託逃避等伎倆之困擾。

（二）判決承認與執行之法律依據

綜觀國際社會的司法實踐，各國法院均是依據其所屬國的立法（包括國內立法與國際立法）為承認與執行外國法院判決之法律依據。

1. 國內立法

就國內立法而言，多數國家均在「民事訴訟法」或制定單行法之「強制執行法」或「民事訴訟法」中作了內國法院承認與執行外國法院判決之規定，且確定內國法院承認與執行之條件，主要是在普通法系國家的司法實踐，例如英國為執行外國法院判決先後制定頒布四個專門法律，即1868年「判決延伸法」、1920年「司法行政法」、1933年「外國判決（互惠執行）法」及1982年「民事管轄權與判決法」。前三者，特別是1933年法構成的英國執行外國法院判決制度為大多數普通法系國家所採用，且在世界上具有廣泛之影響[20]。大陸法系國家例如德國在1877年制定公布迨在2000年第95次修正「民事訴訟法」第328條及第722條至第723條分別規定外國法院判決之承認與執行；又有些國家除了在「民事訴訟法」中對「外國法院判決之承認」規定外，另專門制定有單

---

[18] 謝石松，國際民商事糾紛的法律解決程序，頁447-448；黃進，國際私法，法律出版社，頁685-686。

[19] 蔡易紘，論我國對外國民事判決之承認，海洋大學碩士論文，2000年，頁31-32；蔡佩芬，外國刑事暨附帶民事判決之承認與執行研究【兼論司法互助域外取證】，中正大學博士論文，頁495。

[20] J. H. C. Moris, The Conflict of laws, 4th ed., 1993, pp. 103-130.

行法規範本問題，例如日本在1926年修訂的「民事訴訟法」第200條對此為原則性規定，且在1979年單行制定「民事執行法」第24條明確具體對日本法院承認與執行外國法院判決之規範。

2. 國際立法

在國際立法方面係指締結或參加國際條約來作為承認與執行外國法院判決運用之依據，其中可分為三類：一為雙邊條約：雙邊條約有消除國際間承認與執行外國法院判決障礙的重要作用，成為各國普遍遵從的法律依據。自從1869年法國與瑞士締結了世界上第一個相互承認與執行對方法院之雙邊條約以來，國際社會為謀求制定統一的承認與執行外國法院判決之國際條約作出了不懈之努力。在目前國際社會所存在的幾百個國際司法協助條約中，絕大多數均規定對外國法院判決承認與執行，即主要經由與他國訂立司法協助協定來作為承認與執行的法律依據，例如中國大陸地區與法國、波蘭、俄羅斯、西班牙等國簽訂之司法協助條約中均包括如此之條款[21]；二為國際公約：在歐盟及其他許多國際組織對承認與執行外國法院判決有了具體的國際公約規定，例如1928年拉丁美洲國家間簽訂「布斯塔曼特法典」、1968年歐盟「民商事判決執行與國際審判權公約」（簡稱布魯塞爾公約，The Brussels Convention on jurisdi-ction and the enforcement of judgment in civil and commercial matters, 1968）[22]、1971年2月1日海牙國際私法會議提出「外國民商事判決承認與執行公約」（Convention on the Recognition and Enforcement of Foreign Judgments in Civil and Commercial Matters, 1971）及其議定書（Supplementary Protocol of 1 February 1971 to the Convention on the Recognition and Enforcement of Foreign Judgments in Civil and Commercial Matters）、1988年歐洲共同體與歐洲自由貿易聯盟（EFTA）間在布魯塞爾公約基礎上於瑞士盧加諾（Lugano）締結「盧加諾判決承認與執行及國際審判權公約」（The Lugano Convention on Jurisdiction and the Enforcement of Judgments in Civil and Commercial Matters,

---

[21] 藍瀛芳，國際私法導論，自版，頁430；韓德培，國際私法，武漢大學出版社，頁464。

[22] Official Journal C189 of 28/7/1990. Also available at http://www.jus.uio.no/lm/brussels.jurisdiction. and.enforcement.of.judgments.in.civil.and.commercial.matters.convention.1968/doc#149.

1988）[23]、1997年歐洲理事會議提出草案，取代了布魯塞爾公約及其議定書，並於2000年通過「歐盟管轄規則Ⅰ」（Council Regulation (EC) No 44/2001 of 22 December 2000 on Jurisdiction and the Recognition and Enforcement of Judgments in Civil and Commercial Matters）[24]；三為專門性國際公約中列有條款者：在其他專門性國際公約中亦列有承認與執行外國法院判決之條款。例如1956年歐洲國家間締結「國際公路貨物運送契約公約」第31條第3項、1969年簽訂「國際油污損害民事責任公約」第10條及1970年簽訂「國際鐵路貨物運送契約公約」第58條等，均明文規定與這些條約相關案件經一個締約國法院作出的判決，應在其他締約國得到承認與執行。

三、承認與執行外國法院判決之條件

（一）各國立法例

　　按因為世界各國在社會政治制度與經濟制度的不同，任何一個國家在承認與執行外國判決時均不是無條件的，應有一定限制，在社會組織，特別是司法組織方面的差異，在法律意識上之不一致，再加上各國在經濟領域的利益衝突，以及隨之而來的對外國法院司法行為的不信任等，所有國家的國內立法和它們締結或參加的有關國際條約，在規定內國法院承認與執行外國法院判決的同時，都毫不例外地規定了承認與執行外國法院判決時應予遵循的各種各樣的條件，僅是其表現形式不同。有的用肯定式列舉主義（正面表列主義），例如法國；亦有採用否定式列舉主義（負面表列主義），例如英國、美國，現行國內立法與國際條約，後者居多：

1. 肯定式列舉主義

　　依照法國的實踐，外國法院判決如要在法國境內給予執行，必須符合五個條件：判決是由具有合法管轄權的外國法院作成的；判決的作成是遵守了作

---

[23] The Lugano Convention on jurisdiction and the enforcement of judgments in civil and commercial matters, 1988. See http://www.curia.eu.int/common/recdoc/convention/en/c-textes/_lug-textes.htm.

[24] Official Journal LO12, 16/1/2001 P.0001-0023, Also available at http://europa.eu.int/eur-lex/lex/LexUriServ.do?uri\\CELEX:32001R0044R(01):EN:HTML.

成國的民事訴訟法的規定；判決中採用的確定準據法的衝突規範，應符合法國衝突法的規定；判決的強制執行不違背法國的公共秩序；判決中無法律規避問題。德國「民事訴訟法典」第328條指出：承認外國法院判決，但下列情況除外：根據德國法律規定，作成判決的外國法院，對該案件無管轄權；作為被告的德國人未能得到法院的傳票或其他命令，因而沒有參與案件的審理；外國法院在判決中適用的衝突規範，與德國的衝突規範不一致，並因此而損害了德國一方當事人的利益；承認外國法院判決的結果，會違反德國的善良風俗，或德國法的目的；沒有互惠保證。

2. 否定式列舉主義

　　1993年英國「相互執行外國法院判決法」規定的拒絕承認和執行條件是：外國法院判決不屬於1993年法規定的範圍；判決事項超越了作成國法院的管轄範圍；在案件第一審的審理中未能及時地收到通知，因而未能出席法院的審理；判決是通過欺騙獲得的；判決的執行違反英國的公共秩序；判決的事項不屬於申請執行者的權利；對判決事項也具有管轄權的法院，已就同一事項作出判決，並已發生法律效力。根據美國司法實踐，以下七種理由可以成為抗辯理由：外國法院沒有通知被告出庭而作出判決；外國法院對判決事項沒有管轄權；判決是通過欺騙手段取得的；承認和執行外國法院判決違反了美國的公共秩序；外國法院判決帶有任意性質，或為了繳納稅款或罰金；外國法院判決不具有最終的性質；判決專注於支付一定數額金錢的。

　　除各國國內法中規定了拒絕承認和執行外國法院案件外，有關國際條件中也作了此類規定，如1968年9月27日訂立於布魯塞爾的歐洲共同體「關於民商事件管轄權及判決執行的公約」中第27條規定了四個拒絕承認條件，1970年6月1日訂於海牙的「承認離婚和分居公約」第8條；第9條即為拒絕條件。1971年2月1日訂於海牙「民商事件外國判決的承認和執行公約」第5條、1973年10月20日訂於海牙的「扶養義務判決的承認和執行公約」第5條等都規定了拒絕執行條件，但1928年「布魯塔曼特法典」第10編第1章第423條則以肯定方式列舉了執行外國判決的六個條件。

(二) 綜合比較

綜合各國國內立法及各有關國際條約的規定，大致可以概括為如下幾個方面：

1. 作出判決國法院具有管轄權

按作出判決國法院必須具有合格管轄權，這是國際社會所普遍公認的一條承認與執行外國法院判決的條件。且本條件亦是承認與執行外國法院判決時爭論最多的一個問題。一個國家法院在何種情況下對有關案件具有管轄權，即什麼是法院的管轄依據的問題，各國立法的規定存在很大的差異，各有關國際條約的規定亦未盡相同。且大多數國家的訴訟立法均嚴格規定，原判決國法院的管轄權應該依承認與執行地國家的內國立法來確定，例如「中國大陸與法國司法協助協定」第22條第1項規定：「按照被請求一方法律有關管轄權的規則，裁判是由無管轄權的法院作成的，不予承認和執行」；又如德國「民事訴訟法」第328條第1項第1款規定：「依德國法律，該外國法院所屬的國家的法院無管轄權」時，外國法院之判決不得承認與執行。

2. 訴訟程序具有必要的公正性

按一國法院的判決應經過一定的訴訟程序才能作出並生效。在通常情形下，外國法院所作的判決既然已經生效，就沒有必要再對該外國法院審查有關案件並作出判決時所進行的訴訟程序的公正性進行審查。然各國立法及有關的國際條約基於對敗訴一方當事人的保護，規定內國法院在承認與執行外國法院判決時，應對有關外國法院判決所依賴的訴訟程序的特定方面，更確切地說，對敗訴一方當事人是否適當地行使了辯護權的問題進行審查。強調如果發現在有關訴訟程序中敗訴的一方當事人基於除其本身失誤以外的原因而未能適當地行使辯護權，就認為該有關的訴訟程序不具備應有的公正性，故內國法院就可以以此為由而拒絕承認與執行該外國法院判決[25]。

3. 外國法院判決係確定判決

本要件係要求在內國尋求獲得承認與執行的外國法院判決應具有一定的法

---

[25] 中國大陸地區「中法司法協助協定」第22條第4款規定：在「敗訴一方當事人未經合法傳喚，因而沒有出庭參加訴訟」的情況下所作出的裁決，「不予以承認和執行」。

律效力。但對於有關外國法院判決應該具有法律效力。但對於有關外國法院判決具體應具備什麼樣的效力才能得到內國法院承認與執行的問題，各國立法的規定都未盡相同[26]。在國際民事訴訟中，所謂「確定的判決」係指一國法院或其他有審判權的其他機關依照其內國法所規定之程序，對訴訟案件中的程序問題與實體問題所作的具有約束力，而且是已經發生法律效力的判決或裁定。至於具體應依何一國家法律來認定或識別有關外國法院是否為確定判決的問題，大多數國家的學者都傾向於主張依有關外國法院所屬國的立法以進行定性，事實上亦僅能由該外國法院所屬國的法律來確定有關判決是否已經發生法律效力，從而確定是否對當事人具有確定性[27]。

4. 外國法院判決係合法解決

請求承認與執行的外國法院判決必須為合法，即其係基於合法手段而獲取者。大多數國家的立法或司法實踐均強調，凡運用欺詐手段獲得的外國法院判決不能在內國境內得到承認與執行。至於應適用那一個國家的法律來決定是否詐欺行為的問題，世界各國的立法雖未明文，但大多數國家的法院都是基於內國法來決定。例如美國法院通常都是基於美國法對詐欺行為所下的定義去審查外國法院判決，只有在原判決國立法中有關詐欺的範圍比美國法所定的範圍更廣時，美國法院才會考慮適用該外國法的規定，這種做法對保護有關當事人的合法權益而言，是很有意義的[28]。

5. 有關外國法院判決不與其他有關的法院判決相牴觸

按本項係強調，只有在有關的外國法院判決不與內國法院就同一當事人之間的同一爭議所作的判決相牴觸，或者不與內國法院已經承認的第三國法院就同一當事人的同一爭議所作的判決相衝突時，內國法院才可以在滿足其他有關條件的情況下承認與執行該外國法院的判決。這亦是各國立法和司法實踐所普遍接受與採用的一個條件，例如英國1982年「民事管轄權與判決法」第27條第

---

[26] 謝石松，國際民商事糾紛的法律解決程序，廣東人民出版社，頁466-469；韓德培，國際私法，武漢大學出版社，頁466。

[27] 中國大陸地區「中法司法協助協定」第22條第3款明確規定：根據作出裁決一方的法律，該裁決尚未確定或不具有執行力的不予承認和執行。

[28] 韓德培，國際私法，武漢大學出版社，頁466；黃進，國際私法，法律出版社，頁688。

3項與第5項規定，如果有關外國法院判決與英國法院就同一當事人之間同一爭議所作出的判決相衝突，或者與第三國法院就同一當事人之間相同訴因的案件所作的更早的判決相牴觸，而且該第三國法院的判決在英國已滿足請求承認所需的所有條件，英國法院就可以拒絕承認該外國法院的判決[29]。中國大陸與法國、波蘭等司法協助協定亦有相同條件。

6. 判決國法院適用適當準據法

按某些國家的民事訴訟立法與司法實踐，主張將有關外國法院應適用依內國國際私法中的衝突規範，可適用的實體法作為承認與執行外國法院判決之條件[30]。

7. 有關國家之間存在互惠關係

本條件強調在有關國家之間沒有締結或參加涉及承認與執行外國法院判決之國際條約的情況下，內國法院可以基於互惠原則承認與執行有關的外國法院判決。相反的，如果原判決法院所屬國拒絕給付互惠待遇，內國法院也可以因此而拒絕承認與執行有關的外國法院判決。

8. 外國法院判決之承認與執行不違反內國的公序良俗

外國法院判決之承認與執行不能與內國的公共秩序相牴觸，這是國際社會所普遍公認的一個條件。各國立法及有關的國際條約均作了明確的規定。例如日本「民事訴訟法」第200條第3款「外國法院的判決，不違背日本的公共秩序或善良風俗」為承認與執行外國法院判決之條件。

(三) 我國法制

我國「強制執行法」第4條之1第1項規定：「依外國法院確定判決聲請強制執行者，以該判決並無民事訴訟法第四百零二條各款情形之一，並經中華民國法院以判決宣示許可其執行者為限，得為強制執行。」第2項：「前項請求許可執行之訴，由債務人住所地之法院管轄。債務人於中華民國無住所者，

---

[29] Morris & North, Cases and Materials on Private International Law, 1984, p. 188.

[30] 中國大陸地區「中法司法協助協定」第22條第2款規定：「在自然人的身分或能力方面，請求一方法院沒有適用按照被請求一方國際私法規則應適用的法律時，可以拒絕承認與執行請求法院所作出的有關判決，但其所適用的法律可以得到相同結果的除外。」

由執行標的物所在地或應為執行行為地之法院管轄。」又「民事訴訟法」第402條第1項規定：「外國法院之確定判決，有下列各款情形之一者，不認其效力：一、依中華民國之法律，外國法院無管轄權者。二、敗訴之被告未應訴者。但開始訴訟之通知或命令已於相當時期在該國合法送達，或依中華民國法律上之協助送達者，不在此限。三、判決之內容或訴訟程序，有背中華民國之公共秩序或善良風俗者。四、無相互之承認者。」第2項規定：「前項規定，於外國法院之確定裁定準用之。」值得分析者：

1. 得承認之裁判

按「民事訴訟法」第402條規定，得經我國法院或其他有權機關承認，而與我國法院之確定判決有同一效力者，即為「外國法院之確定判決」。被承認之判決必須是由外國有審判權之司法機關，就特定之私法關係，依法定程序所為之有效判決（Valid judgment），且為不得再依正常程序予以變更之確定判決（final judgment；rechtskräftiges Urteil）。又除法院之判決外，其他與該外國法院判決有同一效力之文件，例如成立訴訟上和解而作成之調解書，亦均適用本條規定[31]。又法院依「非訟事件法」所為之裁定，2003年2月7日「民事訴訟法」第402條增列第2項，增訂理由謂外國法院所為之確定裁定，例如命扶養或監護子女等有關身分關係之保全處分、確定訴訟費用額之裁定、就父母對於未成年子女權利義務之行使或負擔之事項所為之裁定等，為解決當事人間之紛爭，亦有承認其效力之必要，爰增訂第2項，明定外國法院之確定裁定準用第1項之規定。但該外國法院之判決，如為與終局判決不同之中間判決，即非就訴訟標的，而僅就各種獨立之攻擊、防禦或中間之爭點，先為之判決，或乃是法院於保全程序中，所為之假扣押或假處分等不具終局性之裁判，即不得承認其效力。

2. 不得承認或執行外國法院判決之情形

「強制執行法」第4條之1及「民事訴訟法」第402條規定保障被承認或執

---

[31] 最高法院61年台上字第2835號判例：「在日據時期，訴訟上和解之成立，記載於和解調書者，與確定判決有同一之效力；又確定判決，對於當事人及言詞辯論終結後為當事人之繼承人者，有其效力；分別為當時有效之日本民事訴訟法第二百零三條、第二百零一條第一項所明定。」

行為有效的外國法院判決，規定不承認與不執行期效力的消極要件有四：一為外國法院無管轄權；二為訴訟程序不符合自然正義，即「敗訴之一造為中華民國人而未應訴者。但開始訴訟所需之通知或命令已在該國送達本人，或依中華民國法律上之協助送達者，不在此限[32]」；三為判決之內容違反公共秩序或善良風俗；四為無相互之承認者[33]。即最高法院92年台上字第985號判決謂：「按依民事訴訟法第四百零二條之立法體例，係以外國法院之確定判決在我國認其具有效力為原則，如有該條各款情形之一者，始例外不認其效力。此與強制執行法第四條之一第一項規定依外國法院確定判決聲請強制執行者，以該判決無民事訴訟法第四百零二條各款情形之一，並經中華民國法院以判決宣示許可其執行者為限，得為強制執行，乃為外國法院確定判決在我國取得執行力、得由我國法院據以強制執行之要件規定尚有區別。至於該外國法院確定判決之確定力，仍應依該國相關之程序規定為斷，不以由我國法院依我國程序相關規定判決賦與為必要。」

四、承認與執行外國法院判決之程序

(一)承認制度之立法例

　　任何國家對外國民商事判決承認與執行必須符合一定的條件，並履行法定的程序，各國法律制度不一致，可歸納為三[34]：

---

[32] 最高法院91年台上字第1924號判決：「依我國強制執行法第四條之一第一項及民事訴訟法第四百零二條第二款之立法理由之意旨，請求我國法院承認外國法院之確定判決，若該敗訴之一造，爲我國籍國民而未應訴者，且開始訴訟所需之通知或命令未在該國送達本人，或依我國法律上之協助送達者，自屬該外國法院未使我國國民知悉訴訟之開始，而諭知敗訴時，自不應承認該外國確定判決之效力。而法條所規定『已在該國送達本人』，依文義解釋，公示送達或補充送達均不適用。」

[33] 最高法院93年台上字第1943號判決：「民事訴訟法第四百零二條第一項第四款所謂相互之承認，係指司法上之承認而言，並非指國際法上或政治上之承認。而司法上之相互承認，基於國際間司法權相互尊重及禮讓之原則，如外國法院已有具體承認我國判決之事實存在，或客觀上可期待其將來承認我國法院之判決，即可認有相互之承認。」

[34] 常怡，強制執行理論與實務，重慶出版社，1990年版，頁298；李雙元，國際私法學，北京大學出版社，2000年，頁593以下；陳榮宗、林慶苗，民事訴訟法（上），三民書局，2005年4版，頁94。

1. 登記制度：形式審查

英國1868年「判決延伸法」、1920年「司法行政法」及1933年「外國法院判決相互執行法」實行一種特殊的登記制度，依該法規定，外國法院判決中的勝訴方，要在英國強制執行，必須在作出判決後六個月內向英國倫敦高等法院登記，英國法院對外國法院的判決僅作形式上審查，即指審核承認與執行之外國判決之法院不對原判決的事實與法律進行實體審核，僅審查外國判決是否合於內國法律規定承認與執行之條件，不得對原判決為任何變更，凡被認定符合英國法律條件的，由英國法院發給執行令強制執行，認定不符合英國法律所規定的條件者，撤銷登記或拒絕登記。又其僅適用於參加英聯邦各國法院的判決及與英國簽訂有關條約國家的法院判決，且這種特殊執行程序僅適用於：關於支付一定金額的外國法院判決，但不包括繳納稅款與罰金的外國法院判決。至1970年代已擴大於符合登記條件的外國法院有關離婚與分居判決；判決作成國需要與英國在執行判決上存在互惠關係，如沒有互惠關係，則需由勝訴方在英國倫敦高等法院登記，並以外國法院判決為訴由提起債務訴訟，英國法院重新進行審理，將外國法院判決轉換為英國法院的判決，依據執行英國法院判決的程序予以強制執行，至於是否存在互惠關係由樞密院有權決定證實。嗣1982年英國「民事管轄權與判決法」、1968年歐洲共同體「關於民商事事件管轄權及判決執行公約」（布魯塞爾公約）及受英國影響的大部分普通法系國家，包括美國，基本上採登記制度。

2. 重新審理程序：實質審理

所謂「實質審理」係指對聲請承認與執行之外國判決的法律與事實兩方面進行充分審核，只要審查國認為該判決認定之事實或適用法律不適當，審核國法院得依據內國法律變更判決內容或不予承認執行該外國判決。採重新實質審理程序制度者，主要為法國、瑞士、荷蘭與俄羅斯，法國「民法典」第2123條與法國「民事訴訟法」第546條均規定承認之國家法院就外國判決之具體內容，重新再行審查其實質內容，即具體個案之事實與內容之重複審理[35]。即將

---

[35] Jean. Vincent, Jacque. Prevault, Procedure Civeile「法國民事執行程序法要義—強制執行途徑與分配程序（Voles D'Execution at procedure Dure de Distribution）」，Dallo, 1999, p. 409.

「外國法院判決」轉化爲「內國法院判決」，就表面上而言，內國法院所執行的並不是外國法院判決，而爲內國法院判決。

3. 自動承認制度：發給執行令制度

　　所謂自動承認制度係爲承認之國家法院不特別進行實質審查，於該件外國判決符合爲承認國所定之承認要件時，當然自動地發生承認之效力，不符合承認要件時，當然不自動發生承認之效力。例如德國「民事訴訟法」、中國大陸地區「民事訴訟法」第268條、及日本「民事執行法」均採本制度。1898年德國「民事訴訟法」首創發給執行狀制度。現德國「民事訴訟法」第328條第1項規定的排除條件，德國法院將發給聲請執行的當事人予執行狀，准予該外國法院的判決在德國執行。

（二）我國法制

　　我國關於外國法院判決之承認與執行制度，應深入說明者：第一，我國採「自動承認制」而禁止「實質審查制」：即我國於87年訴字第1982號明確指出係採取「自動承認制」，原則上不待法院之承認判決，該判決即因符合承認要件而自動發生承認之效力。若該外國判決爲給付判決，當事人據該外國判決請求承認國（我國）爲強制執行時，必須由當事人另外向法院（我國法院）依前開強制執行法之規定，提起許可執行之訴訟獲得執行判決後，始得據以聲請強制執行。是以外國法院如係爲給付判決，僅須依強制執行法第4條之1規定，聲請法院判決宣示許可強制執行即足，無庸再以確認判決確認其判決之效力[36]。

---

[36] 臺灣臺北地方法院87年訴字第1982號判決：「按我國民事訴訟法第四百零二條規定：『外國法院之確定判決，有左列各款情形之一者，不認其效力：一、依中華民國之法律，外國法院無管轄權者。二、敗訴之一造，爲中華民國人而未應訴者；但開始訴訟所需之通知或命令已在該國送達本人，或依中華民國法律上之協助送達者，不在此限。三、外國法院之判決，有背公共秩序或善良風俗者。四、無國際相互之承認者。』又強制執行法第四條之一（即修正前第四十三條）規定：『依外國確定判決聲請強制執行者，以該判決無民事訴訟法第四百零二條各款情形之一，並經中華民國法院以判決宣示許可執行者爲限，得爲強制執行。前項許可執行之訴，由債務人住所地之法院管轄。債務人於中華民國無住所者，由執行標的物所在地或應爲執行行爲地之法院管轄。』是綜合上開說明可知，我國對外國判決係採自動承認制度（與德國及日本民事訴訟法第二百條規定，均相似，與法國及意大利之承認制度不同），原則上不待法院之承認判決，該判決即因符

又司法院秘書處77年12月2日秘台廳一字第02183號函指出，承認外國法院之判決，並非相當於內國法院另為新判決，故不應該對其判決之實質內容，包括事實認定及適用法律再為事後審查，明確指出「實質審查禁止」；實務上最近判決如85年台上字第2597號判決[37]、84年台上字2534號判決[38]及93年台上字第2082號判決[39]同此見解。我國關於民事判決承認與執行規定在民事訴訟法第402條，若不符合該條各款內容，即具備承認要件者，我國法院無法對其事實認定及法律適用為事後審查，即須承認其與我國法院之確定判決有同一之效力，但經承認之外國判決在我國不得逕付強制執行，須經我國法院表示准其強制執行，始得作為強制執行法之執行名義以聲請強制執行，此乃宣示准予執行制度；第二，宣告外國法院判決執行制度，得請求執行判決當事人，應限於原判決之當事人，而不及於判決所及之第三人，蓋判決有「原有

合承認要件而自發生承認之效力。若該外國判決為給付判決，當事人據該外國判決請求承認國（我國）為強制執行時，必須由當事人另向法院（我國法院）依前開強制執行法之規定，提起許可執行之訴訟獲得執行判決後，始得據以聲請強制執行。是以外國法院如係為給付判決，僅須依強制執行法第四條之一規定，聲請法院判決宣示許可強制執行即足，無庸再以確認判決確認其判決之效力，應先說明。」

[37] 最高法院85年台上字第2597號判決：「我國是否不認外國法院確定判決之效力，應以該外國法院確定判決有無民事訴訟法第四百零二條所列各款情形為認定標準，並非就同一事件更為審判，故外國法院認定事實或適用法規是否無瑕，不在審認之範圍。」

[38] 最高法院84年台上字第2534號判決：「我國是否不認外國法院判決之效力，應以外國法院判決有無民事訴訟法第四百零二條所列情形，為認定之標準，並非就同一事件重為審判，對外國法院認定事實或適用法規是否無瑕，不得再行審認。是縱如上訴人主張，被上訴人以不實證據取得系爭外國法院判決，上訴人亦應循外國法律規定之程序救濟，其以我國法律非難系爭外國法院判決，尚有未洽。」

[39] 最高法院93台上字第2082號判決謂：「我國法院以判決宣示許可外國法院之確定判決執行者，許可執行之範圍，應以該外國法院確定判決所載內容為準，不得就該外國法院確定判決所未記載之給付，宣示許可其執行。系爭判決既未記載關於利息部分之給付，VP公司請求就上開利息部分宣示許可其執行，尚屬無據，不應准許。外國法院之確定判決，除給付判決據為執行名義向我國法院聲請強制執行者，依強制執行法第四條之一第一項規定，應經我國法院以判決宣示許可其執行外，並無須由我國法院以裁判予以承認之規定；而當事人就外國法院之確定給付判決，既已向我國法院起訴請求宣示許可其執行，如獲勝訴之判決確定，即可據以聲請執行，其併請求承認該外國法院之確定給付判決，自難認有保護之必要。」

效力」（判決對於訴訟當事人有既判力、形成力、執行力）及「附隨效力」（Nebenwirkung），此種附隨效力是因民事訴訟法或民法上特別明文規定而發生[40]，第三人不因為受判決附隨效力所及而成為判決當事人，自不得據此判決聲請我國強制執行，如88年度台上字第3073號指出：「依外國法院確定判決聲請強制執行者，以該判決無民事訴訟法第四百零二條各款情形之一，並經我國法院以判決宣示許可其執行者為限，始得為強制執行，故請求許可外國法院確定判決強制執行，應以訴為之，其當事人除由該外國確定判決之債權人為原告，並以其債務人為被告外，雖依判決國法規定該外國確定判決效力所及之第三人，亦得為原告或被告，然必該判決國法律有此規定者，始得謂其當事人之適格無欠缺。[41]」

參、結論

在跨國間之貿易、民商事甚至是智慧財產權興盛的今日，國際間或是區際間的法院判決、商務仲裁判斷、破產裁定、公證書等即相形重要，在強制執行法即有國際民事強制執行司法協助之問題，尤其，在臺灣地區與大陸地區間之司法互助亦是如此[42]，本文依序就外國法院判決承認與執行之概念、依據、條件及程序詳為說明，在將來法律研究及實務上之重要性，不可言喻，實值吾人持續關注與努力。

---

[40] 陳榮宗、林慶苗，民事訴訟法（下），三民書局，2001年2版，頁784。

[41] 最高法院92年台上字第2032號判決：「依外國法院確定判決聲請強制執行者，以該判決無民事訴訟法第四百零二條各款情形之一，並經我國法院以判決宣示許可其執行者爲限，得爲強制執行，強制執行法第四條之一第一項定有明文。故請求許可外國法院確定判決強制執行，應以訴爲之，除由該外國確定判決之債權人爲原告，並以其債務人爲被告外，其依判決國法規定爲該外國確定判決效力所及之第三人，亦得爲原告或被告。」最高法院88年台上字第3073號判決同旨。

[42] 賴來焜，強制執行法總論，元照，2007年10月，頁749-766；賴來焜，國際司法中區際法律衝突之研究，收於法律哲理與制度（國際私法），元照，2006年1月，頁429以下。

參考文獻

一、中文部分

江山，法的自然精神導論（線裝本、修訂本），中國政法大學出版社，2002年7月2版。

余先予，衝突法，上海財經大學。

李雙元，國際私法學，北京大學出版社，2000年。

林益山，論外國之判決承認與執行（上），軍法專刊第41卷第1期，1995年1月。

常怡，強制執行理論與實務，重慶出版社，1990年版。

陳榮宗、林慶苗，民事訴訟法（上），三民書局，2005年4版。

陳榮宗、林慶苗，民事訴訟法（下），三民書局，2001年2版。

黃進，國際私法，法律出版社。

劉鐵錚，國際私法論叢，三民書局，1982年9月再版。

劉鐵錚、陳榮傳，國際私法論，三民書局。

劉鐵錚譯，美國法律整編（Restatement Of The Law, Second Conflict Of Laws）－國際私法，司法院印行，1986年。

蔡佩芬，外國刑事暨附帶民事判決之承認與執行研究【兼論司法互助域外取證】，中正大學博士論文。

蔡易紘，論我國對外國民事判決之承認，海洋大學碩士論文，2000年。

賴來焜，基礎國際私法學，三民書局，2004年6月。

賴來焜，國際司法中區際法律衝突之研究，收於法律哲理與制度（國際私法），元照，2006年1月。

賴來焜，強制執行法總論，元照，2007年10月。

謝石松，國際民商事糾紛的法律解決程序，廣東人民出版社，1996年。

韓德培，國際私法，武漢大學出版社。

藍瀛芳，國際私法導論，自版。

二、外文部分

Hiltonv. Guyot, 159 U.S. 113: 16 S. Ct. 139; 40 L. Ed. 95; 1895 U.S. Lexis 2294 (Argued April 10, 1894; June 3, 1895, Decided).

J. H. C. Moris, The Conflict of laws, 4th ed., 1993.

Jean. Vincent, Jacque. Prevault, Procedure Civeile「法國民事執行程序法要義—強制執行途徑與分配程序（Voles D'Execution at procedure Dure de Distribution）」，Dalloz, 1999.

Martin Wolff, Private International Law, Oxford, 1992.

Morris & North, Cases and Materials on Private International Law, 1984.

Official Journal C189 of 28/7/1990.

Official Journal LO12, 16/1/2001.

Peterson, Foreign Country Judgments and the Second Restatement of Conflict of Laws, 72 Colum. L. Rev. 220, 240, 1972.

Reid Mortensen, Comity and Jurisdictional Restraint in Vanuatu, 33 VUWLR 95, 112, 2002.

The Lugano Convention on jurisdiction and the enforcement of judgments in civil and commercial matters, 1988.

三、參考網址

http://europa.eu.int/eur-lex/lex/LexUriServ.do?uri\\CELEX:32001R0044R(01):EN:HTML.

http://www.curia.eu.int/common/recdoc/convention/en/c-textes/_lug-textes.htm.

http://www.upf.pf/recherche/IRIDIP/RJP/RJP8/6%20 Mortensen.doc.

http://wwwjus.uio.no/lmbmsselsjurisdiction.and.enforcement.ofjudgments.in.civil.and.commercial.matters.convention.1968/doc#149.

2

論涉外代孕案件中外國裁判之承認[*]

小林貴典

壹、前言

　　隨著生物科技的發達，各國相繼開發出各種人工生殖技術，但是否開放各種人工生殖醫療，涉及倫理、道德、宗教、醫學、心理學、法律學等極為廣泛的議題，因此，各國對人工生殖所採的態度極為不同。在各種人工生殖中，尤其是代孕人工生殖的開放與否，在各國引起激烈爭議，目前各國法律對此所採的態度，呈現極為嚴重的分歧。一方面已有不少國家開放代孕人工生殖（英國、美國的部分州，如加州、德州、內華達、阿肯色、伊利諾、西維吉尼亞、佛羅里達、新罕布夏、麻州、華盛頓等州、加拿大、澳洲的部分州、紐西蘭、印度、荷蘭、比利時、以色列、希臘、匈牙利、俄羅斯、烏克蘭、南非、巴西等）[1]，但另一方面，多數歐洲國家則明文禁止實施代孕人工生殖（德國、法國、義大利、西班牙、奧地利、瑞士、挪威等）[2]。

　　就目前的我國法制而言，人工生殖法第2條第3項對受術夫妻的定義，僅限於妻能以其子宮孕育生產胎兒者，因此杜絕代孕人工生殖的可能性[34]。雖然目

---

[*] 原刊登於臺北大學法學論叢第103期，2017年9月，頁193-256。

[1] 西希代子，代理懷胎の是非，ジュリスト第1359期，2008年7月，頁43。

[2] Nina Dethloff, Leihmütter, Wunscheltern und ihre Kinder, JZ 2014, S. 923.

[3] 戴瑀如，從德國立法例論我國新人工生殖法對親屬法之衝擊，法令月刊第58卷第8期，2007年8月，頁137。

[4] 在人工生殖法的制定過程中，於85年8月完成的草案初稿，分為甲、乙兩案。甲案禁止代理孕母，乙案則允許。在88年3月提報乙案於立法院，惟因為代理孕母的問題引起太大的爭議，導致立法工作延宕。因此，衛生署於93年將代理孕母相關部分予以分離，不含代理孕母部分的「人工生殖法」於96年3月5日立法通過，並於3月23日開始施行。王海南，人工生殖子女之法律地位，法令月刊第58卷第8期，2007年8月，頁107。

前已有「代孕人工生殖法草案」[5]對於代孕人工生殖採取「有條件開放」的方向，但尚未通過正式立法前，我國不孕夫妻仍無在國內合法接受代孕人工生殖的可能性。

然而，在全球化時代，一國所採的政策，時常因他國採取不同政策而難以完全貫徹，代孕人工生殖的禁止亦是如此。禁止代孕國家的不孕夫妻，遠赴開放代孕的國家接受代孕人工生殖，以求得與夫妻具有基因聯繫的子女，此種被喻為「生殖旅遊」（Fortpflanzungstourismus）的行為，近年來在國際間愈來愈常見，我國亦不例外。此時，就其中產生的民事法律關係而言，無論當事人簽訂的代孕契約或代孕所生子女的親子身分關係，本即具有高度的涉外性，故須從國際私法的觀點予以探討，自無庸待言。

於是，本文擬從國際私法觀點，針對代孕所生子女的親子身分關係加以探討。在涉外代孕案件中，通常在禁止國與開放國間，因認定或建立法律上親子身分關係的標準或方式並不一致，故經常發生有關親子身分關係的法律衝突。亦即，禁止國通常為配合禁止代孕的政策，在子女身分關係的歸屬上貫徹「分娩者為母」原則，認定分娩的女性即代理孕母為法律上的母親，以遏制當事人在國內以違法方式或在國外實施代孕人工生殖。惟多數開放國卻依法當然地或以特別裁判認定委託夫妻為法律上的父母。因此，若禁止國不孕夫妻赴開放國接受代孕人工生殖時，法律上的父母究竟為何人，在各國學說及實務上引起極大爭議。在這些爭議當中，就代孕實施國法院作成認定委託夫妻為法律上父母的裁判後，委託夫妻的本國是否應承認該外國裁判，尤其，該承認是否違背內國公序良俗等問題，各國最高法院近年均相繼表示見解。有鑑於此，本文擬從比較德國法、日本法的觀點，探討我國國際私法應如何因應涉外代孕案件中的親子身分關係問題。

5　衛生署國民健康局委託學者（主持人：成功大學法律研究所侯英泠教授）研擬代理孕母的相關草案，於94年10月完成「擬定代理孕母法草案」的研究報告。該草案的名稱後來改為「代孕人工生殖法草案」。該草案就代孕所生子女的親子身分關係規範提出甲、乙兩案。甲案先將代孕所生子女作為代孕者的婚生子女，再以法院認可的預立收養契約，使該子女成為委託夫妻的養子女。乙案則以法院認可的代孕契約，將代孕所生子女作為委託夫妻的婚生子女，代孕者不會因分娩而成為該子女的母親。莊錦秀，代孕人工生殖法草案之芻議，臺灣本土法學雜誌第103期，2008年2月，頁21。

本文將以下列順序進行探討：在開放代孕的各國法律，對於如何規範代孕所生子女的親子身分關係，所採的規範方式各有不同，而依代孕實施國即子女出生國對於親子身分關係的規範方式不同，我國國際私法原則上亦應採取不同的處理方法。因此，本文首先介紹開放國對於代孕所生子女的親子身分關係之各種規範方式，並分析我國國際私法在處理涉外代孕案件時，應分別採用何種處理方法（貳）。其次，本文說明禁止代孕的德國、日本的內國法律狀況，其中論述重點置於兩國禁止代孕的理由為何，以及在其內國實質法上如何認定代孕所生子女的親子身分關係（參）。再者，日本、德國最高法院，近年對於是否應承認涉外代孕相關外國裁判的問題，亦相繼表示見解，其見解均對我國國際私法上的探討具有參考價值。因此，本文介紹兩國最高法院的見解（肆），並在與此對照下，考察我國是否應承認涉外代孕相關的外國裁判（伍）。

貳、開放代孕之國家對於親子身分關係之各種規範模式

在開放代孕的各國間，不僅代孕人工生殖的實施要件各有不同，就代孕所生子女的親子身分關係，各國所採的規範模式亦呈現各種不同的態樣。隨著代孕實施國，即子女出生國對於代孕所生子女的親子身分關係規範方式不同，我國國際私法對於涉外代孕案件的處理方式亦有差異。因此，首先需了解開放代孕的國家以何種方式規範代孕所生子女的親子身分關係，以及因建立親子身分關係的方式不同，國際私法在處理涉外代孕案件的方式上又產生何種差異。

申言之，在國際私法上，當外國法院已作成裁判時，應優先適用外國裁判的承認規則，以判斷內國是否應承認該外國裁判的效力[6]。在我國法上，民事訴訟法第402條設有外國判決及裁定的承認規則，依該條規定，若外國法院已作成確定裁判，且未該當該條第1項所定四款消極要件時，我國應承認該外國裁判的效力。就涉外代孕的情形而言，外國法院於子女出生前或出生後作成裁

---

[6] Reinhold Geimer, Internationales Zivilprozessrecht, 6 Aufl., 2009, Rn. 46; Heimo Schack, Internationales Zivilverfahrensrecht, 5 Aufl., 2010, Rn. 23 f.

判，其中認定委託夫妻為法律上的父母時，應適用外國裁判承認規則，以判斷該外國裁判是否為內國所承認[7]。就此，即使外國法院於子女出生前已作成此類裁判，亦不得因此而否定外國裁判的承認適格[8]。

與此相反，委託夫妻在代孕實施國僅取得將其記載為父母的出生登記或出生證明時，仍無法就此適用上開承認規則[9]。此乃因為，為適用外國裁判的承認規則，至少應要求外國機關已對該身分關係進行實質審查，但外國戶政機關僅依當事人申請為出生登記或核發出生證明時，通常仍欠缺足以肯定承認適格的實質審查[10]。例如，在印度，代孕案件中委託夫妻申請出生證明時，戶政機關根據醫師所作成的文件核發出生證明，但該國戶政機關對於相關事實或法律狀態並不進行實質審查，因此，仍不得依承認規則承認其效力[11]。但須注意的是，即使委託夫妻在這種針對代孕未設特別裁判程序的國家實施代孕，若當事人在該國提起親子關係確認訴訟，並取得確認委託夫妻與子女間存在親子身分關係之判決者，該外國判決即可作為承認的對象[12]。

在子女出生國法院未就親子身分關係作成裁判的情形，我國戶政機關或法院應以我國選法規則來規範該子女的親子身分關係。具體而言，首先應依我國涉外民事法律適用法（下稱「涉民法」）關於血緣親子關係的選法規定（尤其第51條及第53條）指定準據法，若準據法為外國法，且依該外國法依法當然成立委託夫妻與子女間的親子身分關係時，則應審查該外國法的適用結果是否違

---

[7] Dieter Henrich, Das Kind mit zwei Müttern (und zwei Vätern) im internationalen Privatrecht, in: Perspektiven des Familienrechts: Festschrift für Dieter Schwab zum 70. Geburtstag, 2005, S. 1146 f; Dethloff, a.a.O. (Fn. 2), S. 925.

[8] Dethloff, a.a.O. (Fn. 2), S. 925; Christoph Grünenwald, Im Ausland durchgeführte Leihmutterschaften: automatische Zuordnung zu den Wunscheltern oder Adoptionserfordernis?, StAZ 2015, S. 218.

[9] Konrad Duden, Ausländische Leihmutterschaft: Elternschaft durch verfahrensrechtliche Anerkennung, StAZ 2014, S. 166; Grünenwald, a.a.O. (Fn. 8), S. 218; Christoph Benicke, Kollisionsrechtliche Fragen der Leihmutterschaft, StAZ 2013, S. 104; Bettina Heiderhoff, Rechtliche Abstammung im Ausland geborener Leihmutterkinder, NJW 2014, S. 2674.

[10] Duden, a.a.O. (Fn. 9), S. 166; Grünenwald, a.a.O. (Fn. 8), S. 218; BGH, FamRZ 2015, S. 240.

[11] Duden, a.a.O. (Fn. 9), S. 166.

[12] Benicke, a.a.O. (Fn. 9), S. 104.

背我國公序良俗（第8條）。在涉外代孕案件中適用選法規則時，主要產生的解釋問題為如何確定與適用當事人（尤其「母」及子女）之本國法，以及外國法的適用結果是否違背公序良俗的判斷。就後者而言，其與外國裁判的承認是否違背公序良俗的判斷間應無顯著差異，而就承認規則上的公序良俗問題，本文將在後面詳論。然而，就前者而言，在涉外代孕案件中如何確定與適用當事人本國法，將產生許多解釋論上的難題，其具體適用過程極為複雜，本文實無法一一加以詳論。因此，本文的考察範圍僅限於外國裁判承認規則的解釋與適用問題，在此合先敘明。

由上可知，代孕實施國以何種方式規範代孕所生子女的親子身分關係，對於我國涉外代孕案件的處理方式影響鉅深，因此，本節中將代孕開放國所採親子身分關係的各種規範方式，大致分為下列三種類型加以介紹[13]：一、在實施代孕手術前或子女出生前，須先經過法院的特別裁判程序，而在子女出生時即成立委託父母與子女間的親子關係者（下稱「法院事前介入方式」）；二、在實施代孕手術且代理孕母生產子女後，法院以特別裁判程序，使委託父母與子女間成立親子關係者（下稱「法院事後介入方式」）；三、關於代孕所生子女的親子身分關係，法律未設特別的裁判程序者。

---

[13] 開放代孕國家的相關規範，除親子身分關係的規範方式外，仍可依不同觀點予以分類，例如：1.商業性代孕的開放與否。有些國家開放商業性代孕（即代孕的對價得超過「合理費用」者），例如美國（18州）、俄羅斯、烏克蘭、喬治亞、印度等。與此相反，亦有國家開放代孕但禁止商業性代孕，例如英國、愛爾蘭、加拿大、荷蘭、丹麥、希臘、捷克、巴西、澳洲、紐西蘭、南非、泰國、香港等。在後者，多半同時禁止商業目的之代孕仲介或廣告等行為。但是，禁止商業性代孕的這些國家多半允許對代理孕母支付所謂「合理費用」，惟其究竟包含何種項目，各國認定標準並不一致，且時常有不明確之處，故商業性與非商業性代孕有時難以明確區分。2.子或卵子的來源。有些國家要求代孕須使用委託夫妻至少一方的精子或卵子，如英國、以色列、烏克蘭、南非等，亦有國家要求須使用委託夫妻雙方的精子及卵子，如俄羅斯、香港等。另外，有些國家則規定代孕不得使用代理孕母的卵子，如希臘、以色列、俄羅斯、澳洲等。參照Hague Conference on Private International Law, A Preliminary Report On The Issues Arising From International Surrogacy Arrangements, 2012, pp. 10-16, Annex I; Hague Conference on Private International Law, A Study Of Legal Parentage And The Issues Arising From International Surrogacy Arrangements, 2014, pp. 16-18. 此兩篇海牙國際私法會議所編的資料，均可在下列網站下載：https://www.hcch.net/en/projects/legislative-projects/parentage-surrogacy（最後瀏覽日：2017.6.29）。

一、法院事前介入方式

在有些開放代孕的國家，法律要求當事人在實施代孕手術或子女出生前，須先經過法院的裁判。在此類裁判中，子女出生前即認定將來出生的子女與委託夫妻間將成立法律上的親子關係，而在子女出生的同時，委託夫妻即成為法律上的父母。美國統一親子法及希臘法採用此方式。

(一)美國統一親子法

在美國，親屬法係屬各州的管轄事項，而各州親屬法均有所不同，包含代孕在內的人工生殖亦屬州法管轄事項[14]，因此不僅各州對於是否開放代孕的問題見解不一，連在開放代孕的各州間，其制定法或判例法所採的具體規範亦有各種不同[15]。有鑑於此，美國「全國統一州法委員會」（The National Conference of Commissioners on Uniform State Laws）於2000年修訂「統一親子法」（Uniform Parentage Act）時，在第八章增訂「代孕契約」（Gestational Agreement）一章，以規範代孕生殖的相關事項，並於2002年修訂[16]。惟「統一親子法」基本上僅供各州參考而已，各州議會自行決定是否採用該法的全部或一部，在採用時亦得加以修正[17]。在此，本文介紹美國統一親子法上代孕人工生殖的相關規定。

該法第801條規範代孕契約的要件。委託父母、代理孕母（及其夫）及精

---

[14] 紀欣，簡介美國法律對於處理代孕安排的最新發展，律師雜誌第318期，2006年3月，頁41；織田有基子，生殖補助医療とアメリカ法の現狀，国際私法年報第6期，2005年5月，頁222-223。

[15] 關於美國各州法內容的簡介，參照紀欣，美國家事法，五南圖書，2009年2版，頁179-189；戴瑀如，由歐洲人權法院裁判再探代孕之禁制與開放，月旦法學雜誌第253期，2016年6月，頁213-214。在個別州法上，法院的介入通常在代孕子女出生後始為之，但有些州法規定代孕子女出生前即應為之（如加州、新罕布夏州）。

[16] 參照織田有基子，同註14，頁228。

[17] 紀欣，同註14，頁41。根據該委員會的網站，到目前為止，共有11州採用統一親子法，但採用該法第八章的州究竟有多少，無法從該網站得知。參照美國統一法委員會網站，http://www.uniformlaws.org/LegislativeFactSheet.aspx?title=Parentage%20Act（最後瀏覽日：2017.6.29）。

子或卵子的捐贈者[18]，得以書面簽訂代孕契約。其中須包含下列內容：當事人同意代理孕母以人工生殖方式懷孕生產；代理孕母（及其夫）以及精子或卵子的捐贈者拋棄對於代孕所生子女的所有權利義務；委託父母成為子女的父母（(a)項）。委託人須為有意成為父母的男性與女性（(b)項），但該法未要求委託人須為法律上的夫妻[19]。代孕契約須經第803條所定的法院事前認可，否則契約並無強制力（(c)項）。

　　關於法院的事前認可，該法第803條(a)項規定，在符合該條(b)項所定要件時，法院得認可該代孕契約為合法，並宣告（declare）委託父母成為代理孕母所生子女的父母。該條(b)項所定的要件包含：須滿足第802條所定的居住期間要件，即代理孕母及委託父母已經在該州居住至少九十日；原則上，兒童福利主管機關對於委託父母進行訪視調查（home study），且委託父母須滿足適用於收養人的適格要件；所有當事人自願簽訂契約並了解契約條件；支付予代理孕母的對價在合理範圍內。

　　依該法第807條規定，代理孕母生產子女後，委託父母應通知法院，此時法院應確認（confirm）委託父母為該子女的父母，並應命相關機關核發記載委託父母為該子女之父母的出生證明書（(a)項）。若委託父母未依法通知法院，代理孕母或主管機關亦得為之，此時，法院應認定委託父母為子女的父母，並命其對子女負擔經濟上的責任（(c)項）[20]。

---

[18] 若精子或卵子的提供者為非匿名時，其亦應成為契約當事人。UPA Sec. 801 Comment, para. 1.

[19] UPA Sec. 801 Comment, para. 2. 參照織田有基子，同註14，頁229。

[20] 除在此介紹的統一親子法外，美國律師協會（American Bar Association）於2008年2月提出「人工生殖模範法典」（Model Act Governing Assisted Reproductive Technology）供各州參考。該法第七章關於代孕提出兩種方案，A方案（Alternative A）是要求當事人事前須經法院的審查與裁判之立法方案，B方案（Alternative B）則提供不須經過法院介入的立法方案。就其立法目的，在第七章開頭部分的「立法說明」（Legislative Note）中說明如下：本法並不意圖為統一親子法的相關規定帶來衝突，或試圖取而代之，因此，該州若已採用統一親子法，不宜採用本法第七章的任何方案。惟因統一親子法委諸各州自行決定是否採用其代孕相關規定，故本法另外提供不須經過法院事前審查的立法方案（即B方案）。由此立法說明可知，美國人工生殖模範法典第七章的主要目的，在於為尚未採用統一親子法的各州，提供不需經過法院介入的另一立法方案。相應與此，該模範法典第

(二) 希臘法

　　在希臘[21]，2002年12月19日法律第3089號以及同時修正的民法新規定，設有代孕人工生殖的相關規範。依此，在實施代孕人工生殖前，委託女性須先聲請法院許可（希臘民法第1458條）。此時，須有委託父母與代理孕母（及其夫）的書面合意，且該合意的內容須包含：對於醫療行為的同意；雙方不收受對價；將移植的受精卵非來自代理孕母。法院應確認當事人的聲請符合下列要件：當事人間有上述的合意；聲請人處於在醫學上無法孕育生產子女的狀態；聲請人屬於可以自然生產的年齡；代理孕母處於適合懷孕生產的健康狀態。在審查是否具備上開要件時，法院並無裁量空間，子女利益亦非判斷因素，法院的任務僅限於審查是否具備法定要件而已[22]。

　　就代孕所生子女的身分關係而言，依該國民法第1464條規定，法院已依第1458條規定予以許可者，其後代理孕母所生的子女，依法被推定為委託女性的子女。因此，若法院事前已為許可者，委託父母於子女出生時即為法律上的父母[23]。但該條亦規定，代理孕母或委託女性得證明委託女性與子女間無基因聯繫者，自子女出生後六個月內，得提起否認母子關係之訴。

二、法院事後介入方式

　　英國於1985年，首次在歐洲對於代孕人工生殖進行法律規制[24]。依英國現

七章A方案的內容與統一親子法幾乎相同，以避免與統一親子法產生衝突。參照美國律師協會網站，http://apps.americanbar.org/dch/committee.cfm?com=FL142000（最後瀏覽日：2017年6月29日）。

[21] 關於希臘法的相關規範，參照Achilles Koutsouradis, Die gerichtliche Erlaubnis zur unterstützten Fortpflanzung durch eine Leihmutter in Griechenland, FamRZ 2004, S. 1426 f; Claudia Mayer, Ordre public und Anerkennung der rechtlichen Elternschaft in internationalen Leihmutterschaftsfällen, RabelsZ 2014, S. 557 f; Henrich, a.a.O. (Fn. 7), S. 1144.

[22] Koutsouradis, a.a.O. (Fn. 21), S. 1427.

[23] Henrich, a.a.O. (Fn. 7), S. 1144.

[24] Michael Coester, Ersatzmutterschaft in Europa, in Heinz P. Mansel/Thomas Pfeiffer/Herbert Kronke/Christian Kohler/Rainer Hausmann (Hrsg.), Festschrift für Erik Jayme, Band 2, 2004, S. 1254.

行法[25]，僅限於非商業性質的代孕契約始為合法，且法律明文禁止代孕契約的商業性仲介，並對違反者科予刑罰（代孕協議法（Surrogacy Arrangements Act 1985）第2條第1項、第4項）。非商業性的代孕契約雖屬合法，但該契約並無拘束性或強制性（該法第1條a）[26]，因此，對於代理孕母在子女出生後拒絕交付子女的風險，在法律上並無事前防範的方法[27]。

就代孕所生子女的親子身分關係而言，法律明文規定，若女性因將胚胎或精子與卵子植入其體內，結果懷孕者，該女性為子女之母親（Human Fertilization and Embryology Act 2008 (HFEA)第33條第1項），因此在代孕的情形，懷孕生產的女性即代理孕母成為子女的母親[28]。委託父母為取得法律上的父母地位，須在子女出生後向法院聲請「親權命令」（parental order）（該法第54條第1項）。該法第54條就其要件及程序設有明文規定，例如，委託父母中至少一方與子女間具有基因聯繫（第1項(b)）；由委託父母提出聲請（第2項）；於申請及裁定時，子女居住於聲請人家庭，且聲請人一方或雙方在英國設有住所（domiciled）；法院須確認有代理孕母（及其夫）的同意存在（第6項）；該同意，須自子女出生起經過六週後始取得（第7項）；法院須確認代理孕母所取得的對價未超過合理費用的範圍（第8項）[29]。另外，該法第55條規定，為使法院將收養的相關規定適用於該法第54條所定程序，主管機關應訂定相關規則。

若代理孕母主動將子女交付予委託父母，且可以確認委託父母養育子女的狀況沒有問題時，法院通常會作成委託父母為法律上父母的裁判。反之，若代理孕母不願交付子女時，則代理孕母得保有法律上母親的地位[30]。因此，在

[25] 關於英國法對代孕人工生殖的相關規範，參照Coester, a.a.O. (Fn. 24), S. 1254 ff; Mayer, a.a.O. (Fn. 21), S. 558 ff.

[26] Coester, a.a.O. (Fn. 24), S. 1255; Jens M. Scherpe, Elternschaft im Vereinigten Königreich nach dem Human Fertilisation and Embryology Act 2008, FamRZ 2010, S. 1515; Mayer, a.a.O. (Fn. 21), S. 558.

[27] Mayer, a.a.O. (Fn. 21), S. 558.

[28] Coester, a.a.O. (Fn. 24), S. 1255; Scherpe, a.a.O. (Fn. 26), S. 1514; Mayer, a.a.O. (Fn. 21), S. 558.

[29] Vgl: Mayer, a.a.O. (Fn. 21), S. 559.

[30] Coester, a.a.O. (Fn. 24), S. 1256.

英國法上，代孕契約並無法律上的拘束力或強制性，於代理孕母生產子女時，代理孕母先成為法律上的母親，其在懷孕中或子女出生後改變心意而欲自己養育子女時，亦得拒絕同意親權命令，以繼續保有法律上母親的地位，在此意義上，英國法非常注重代理孕母的法律權益[31]。

三、未設特別裁判程序之國家

(一) 以身分登記成立委託人與子女間之親子身分關係者

在有些國家的法制上，實施代孕人工生殖毋庸經過法院的事前或事後介入，於代理孕母生產子女後，委託父母得直接向戶政機關申請身分登記或出生登記，例如，俄羅斯、烏克蘭、喬治亞等國家採之[32]。依俄羅斯、烏克蘭或喬治亞等國的法律規定，委託人於子女出生後申請出生登記時，只要提出代理孕母對於代孕人工生殖的實施及將委託父母登記為父母一事作出同意之證明文件，即可辦理將委託父母記載為父母的出生登記，並以此取得法律上父母的身分[33]。例如烏克蘭法規定，委託夫妻於子女出生證書上被登記為父母，且子女與委託夫妻之一方具有基因聯繫者，該子女為委託夫妻之子女（烏克蘭家庭法第123條第2項、第139條第2項）[34]。

(二) 以收養成立委託人與子女間之親子身分關係者

荷蘭以刑法禁止商業性的代孕，比利時則以醫師倫理規範禁止商業性的代孕，但此兩國容許實施非商業性的代孕。然而，就代孕所生子女的親子身分關係而言，兩國以分娩者即代理孕母為法律上的母親，且法律針對代孕子女的親子身分關係未設特別的法律程序，故委託女性若欲與子女建立親子身分關係，

---

[31] Scherpe, a.a.O. (Fn. 26), S. 1515.

[32] Mayer, a.a.O. (Fn. 21), S. 560.

[33] Dethloff, a.a.O. (Fn. 2), S. 925 Fn. 64; Tobias Helms, Leihmutterschaft - ein rechtsvergleichender Überblick, StAZ 2013, S. 117.

[34] Grünenwald, a.a.O. (Fn. 8), S. 220.

只能依法收養該子女[35]。

另外，印度作為廣泛開放代孕的國家向來廣為人知，因代孕所需費用較其他開放國家低廉，故禁止國不孕夫妻前往印度接受代孕的案件數量已達相當規模，但關於包含代孕在內的人工生殖，該國向來欠缺正式的法律規制。近年來，在印度發生的涉外代孕案件中，因代孕所生子女無法取得委託人本國國籍，以致不能一起回國等案件層出不窮，人權團體亦對於印度女性被外國人剝削的現狀提出強烈批評，因此，要求政府對於人工生殖進行適當規制的聲浪愈來愈大。於是，該國主管機關於2008年、2010年提出「協助生殖技術（規制）法草案」（The Assisted Reproductive Technology (Regulation) Bill），而這些草案關於代孕所生子女的親子身分關係，規定委託人依法成為法律上的父母，且應將其登記於出生證書[36]。惟截至目前，此等草案似未正式通過立法。

根據日本學者於2012年3月進行的實地調查，在印度進行代孕而子女出生時，醫療設施作成的相關文件及該國政府核發的出生證明書上，均無記載代孕相關事實，而僅將委託人記載為父母[37]。但是，依印度現行法，委託人是否得成為法律上的父母，仍不甚明確。德國科隆行政法院2013年2月20日判決（VG Köln, NJW 2013, 2617），在德籍委託夫妻赴印度為代孕人工生殖的案件中指出：在印度，該國最高法院雖認為代孕契約為合法，但印度法關於代孕所生子女的親子身分關係，目前尚無特別的法律規定，而且，印度國立科學院醫學研究委員會於2005年發布的「人工生殖診所之認證、監督及規制之國家指針」（National Guidelines for Accreditation, Supervision and Regulation of ART Clinics）中，亦不包含有關人工生殖子女身分關係的特別規範，反而依該指針

---

[35] Helms, a.a.O. (Fn. 33), S. 116. 關於荷蘭法的相關規範，詳見戴瑀如，同註15，頁213。

[36] 關於印度有關代孕人工生殖的實際狀況及相關草案的內容，詳見伊藤弘子，インドにおける生殖補助医療規制をめぐる近年の動向（1），戸籍時報第680期，2012年3月，頁16-28；伊藤弘子，インドにおける生殖補助医療規制をめぐる近年の動向（2），戸籍時報第681期，2012年4月，頁12-28；伊藤弘子，インドにおける生殖補助医療規制をめぐる近年の動向（3），戸籍時報第683期，2012年5月，頁12-19；三輪和宏，アジア諸国における生殖補助医療の規制，レファレンス，2013年4月，頁70-84。

[37] 伊藤弘子，インドにおける生殖補助医療規制をめぐる近年の動向（3），同註36，頁15。

3.10.1規定，基因上的父母在該條規定的條件下，負有應收養代理孕母所生子女的義務。因此，在印度法上，代孕所生子女的法律上母親為代理孕母，委託夫妻則以收養始能建立與子女間的親子身分關係。該院因此認定德籍委託夫妻並非子女的法律上父母，並否定子女生來取得德國國籍。

參、德日有關代孕之規範

　　與上開開放代孕的各國相較，多數歐洲國家（法國、義大利、西班牙、瑞士、奧地利、挪威等）則以公法規範明文禁止實施代孕人工生殖，而這些國家均為配合公法規範上的禁止代孕，在民法親子身分關係的規範上，無例外地以分娩者即代理孕母為法律上的母親，德國亦採此類法制[38]。另一方面，在日本，關於包含代孕在內的人工生殖，無論公法或民事法均欠缺明文法律規定，但專業醫師所組成的職業團體針對代孕人工生殖訂定自律規範，以禁止醫師為不孕婦女實施代孕人工生殖。在涉外代孕案件中，探討內國是否應承認相關外國裁判（尤其該承認是否違背內國公序良俗）的問題時，先需了解禁止代孕的理由為何。有鑑於此，本文以下介紹德國、日本兩國內國法關於代孕人工生殖的相關規範以及親子身分關係的認定標準。

一、德國法

（一）公法規範

　　德國首先在1989年修正收養仲介法時，對於代孕人工生殖的仲介行為設有禁止規定。依該法第13a條的定義規定，無論提供卵子者為代理孕母或委託女性，均該當該法所謂的代孕人工生殖。該法第13c條明文禁止代孕人工生殖的仲介行為，第14b條則對違反者科予刑罰。仲介行為無論有無收受對價，也無論有無營業性，均為該法所不許。但該法對於委託夫妻及代理孕母，明文排除

---

[38] Dethloff, a.a.O. (Fn. 2), S. 923.

刑罰規定的適用（第14b條第3項）[39]。

　　德國自在1991年施行的胚胎保護法中，進而針對代孕所需的人工生殖醫療行為科予刑罰，以遏制代孕手術的實施。該法所禁止的行為包含：將未受精的他人卵子植入女性體內（第1條第1項第1款）；以植入其他女性之目的，使卵子受精（第2款）或取出胚胎（第6款）；對於有意在子女出生後將其交付予第三人的女性，實施人工生殖或胚胎移植（第7款）。雖然這些禁止的對象也包含所有當事人，但科予刑罰的對象僅限於醫師等提供協助的第三人，委託父母及代理孕母則排除刑罰規定的適用（第1條第3項、第11條第2項）[40]。

　　在上開立法中，德國立法者認為應禁止代孕人工生殖的理由如下[41]：1.代孕人工生殖對於子女及代理孕母的人格產生深刻影響。在婦女懷孕時，在孕婦與胎兒間已開始產生生物、心理上的聯繫，其對子女人格發展具有重要意義，若以懷孕視為一種服務提供，此類密切聯繫將難以成立。2.代孕人工生殖是以懷孕與生產作為契約合意的內容，其將子女作為法律行為之標的，法律必須防止此類合意。3.應保護相關婦女及子女免於受到子女出生後的健康與心理上的危險。就子女而言，應防止其自我認同形成遭遇干擾，並應確保穩定的身分歸屬；就代理孕母而言，關於子女出生後的交付，代孕人工生殖可能產生不符人性尊嚴的衝突與糾紛，例如於子女出生後，委託父母不願接受具有身心障礙的子女，或代理孕母不願離開子女等。

（二）民事規範

1. 代孕契約之效力

　　代孕契約違反上開收養仲介法或胚胎保護法上的禁止規定時（例如，透過第三人仲介所簽訂的代孕契約，或以實施人工生殖技術為內容的代孕契約），該契約因違反強行規定而無效（德國民法第134條第1項）[42]。代孕契約縱然不

---

[39] Coester, a.a.O. (Fn. 24), S. 1244 f.

[40] Dagmar Coester-Waltjen, Künstliche Fortpflanzung und Zivilrecht, FamRZ 1992, S. 369; Coester, a.a.O. (Fn. 24), S. 1245.

[41] BT-Drucks. 11/4154, S. 6 f; 11/5460, S. 6, 9. Vgl. BGH, FamRZ 2015, 242, Rn. 39.

[42] Staudinger/Sack/Fischinger, §138 BGB, Rn. 612; Coester-Waltjen, a.a.O. (Fn. 40), S. 371;

在上開禁止規定的適用範圍內（例如以契約約定委託男性使代理孕母自然懷孕並生產後，代理孕母將子女交付予委託人等[43]），其仍然因違背民法上的公序良俗而無效（第138條第1項）[44]。

2. 代孕所生子女之親子身分關係

(1)母子身分關係

在德國民法制定之初，尚無基因上的母親與分娩的母親相分裂的可能，但現代生殖技術發展後，與往昔不同，在以第三人的卵子或胚胎實施人工生殖而懷孕生產時，分娩的母親並非該子女的基因上的母親。雖然此類人工生殖手術為德國胚胎保護法第1條所明文禁止，但仍可能出現國人在國外接受此類人工生殖手術等情形。因此，德國立法者於1997年進行親子法改革時，為配合有關人工生殖的公法規範，於民法第1591條設有如下的明文規定：「子女之母親，係指分娩該子女之女性」（Mutter eines Kindes ist die Frau, die es geboren hat）[45]。依該條規定，生產子女的女性，縱與該子女無基因聯繫，仍然成為法律上的母親[46]。無論分娩之母或基因之母，均不得否認該母子關係[47]，且以條文的明確文義以及立法者意思來看，也無法類推否認父子關係的相關規定[48]。

德國新民法第1591條的立法理由為如下[49]：①只有分娩的女性，才能透過懷孕及剛生產後的期間，與子女建立身體及心理上的聯繫；②為配合國內公法禁止代孕，民法亦應採用與此相應的立場，以遏制在國內或國外實施代孕人

Coester, a.a.O. (Fn. 24), S. 1251; Duden, a.a.O. (Fn. 9), S. 168 f; Martin Engel, Internationale Leihmutterschaft und Kindeswohl, ZEuP 2014, S. 541.

[43] Coester, a.a.O. (Fn. 24), S. 1251.

[44] Staudinger/Sack/Fischinger, §138 BGB, Rn. 613; Palandt/Ellenberger, §138 BGB Rn. 48; Engel, a.a.O. (Fn. 42), S. 541.

[45] MünchKomm/Wellenhofer, §1591 BGB, Rn. 1; Staudinger/Rauscher, §1591 BGB, Rn. 10.

[46] MünchKomm/Wellenhofer, §1591 BGB, Rn. 1.

[47] Staudinger/Rauscher, §1591 BGB, Rn. 16; Joachim Gernhuber/Dagmar Coester-Waltjen, Familienrecht, 6 Aufl., 2010, §51 II Rn. 7 ff; Karlheinz Muscheler, Familienrecht, 2 Aufl., 2012, Rn. 528; Engel, a.a.O. (Fn. 42), S. 541.

[48] Staudinger/Rauscher, §1591 BGB, Rn. 16.

[49] BT-Drucks. 13/4899, S. 82 f.

工生殖。而在與涉外代孕的關聯上重要者是，德國立法者明文採用「分娩者為母」原則，其目的包含遏制德國人在國外實施代孕人工生殖[50]。

(2)父子身分關係

依德國民法第1592條第1款規定，在子女出生時與其母具有婚姻關係之男性，為法律上的父親。民法第1594條第2項則規定，若他人與子女間已有父子關係存在時，認領非為有效（unwirksam）。因此，在代理孕母為已婚的情形，委託夫欲建立父子身分關係者，待代理孕母之夫與子女間的父子關係經否認後，委託夫始得認領該子女。至於代理孕母為未婚的情形，委託夫則得認領該子女[51]。

(3)收養

在代理孕母生產子女後，委託夫妻得以收養建立法律上的親子關係[52]。在德國民法上，收養須經法律上父母的同意及子女的同意（民法第1757條、第1746條），而該同意係屬具有高度人格性的意思表示，因此，即使代理孕母在子女出生前已簽訂代孕契約，其仍無同意收養的義務，委託夫妻亦不得基於代孕契約請求代理孕母為收養同意[53]。

再者，在德國民法上，收養符合子女利益時，法院始得為收養裁定（民法第1741條第1項第1款、第1752條）。委託夫妻聲請收養代孕所生子女時，法院應考量代孕契約的內容及具體個案中的子女利益，而不得僅以委託夫妻參與代孕一事，即否定其作為收養人的適格[54]。德國學說見解認為，委託夫妻收養代孕所生子女，通常均符合子女利益[55]，而向來德國法院實務，亦幾乎在所有的個案中皆准許此類收養[56]。另外，委託夫與子女間已以認領建立父子身分關係

---

[50] BT-Drucks. 13/4899, S. 82 f.

[51] Vgl: Coester, a.a.O. (Fn. 24), S. 1248; Mayer, a.a.O. (Fn. 21), S. 566.

[52] Staudinger/Rauscher, §1591 BGB, Rn. 14; Coester, a.a.O. (Fn. 24), S. 1249.

[53] Coester, a.a.O. (Fn. 24), S. 1249.

[54] MünchKomm/Maurer, §1741 BGB, Rn. 13; Staudinger/Frank, §1741 BGB, Rn. 35; Coester, a.a.O. (Fn. 24), S. 1249.

[55] Gernhuber/Coester-Waltjen, a.a.O. (Fn. 47), §68 IV Rn. 36.

[56] Coester, a.a.O. (Fn. 24), S. 1249.

時，委託妻亦得依民法相關規定為繼親收養，以建立母子身分關係[57]。在此情形，委託夫既已為法律上的父親，與上開情形相較，委託妻與該子女間的繼親收養，較難認為與子女利益不符[58]。

二、日本法

（一）代孕人工生殖之禁止規範

日本關於包含代孕在內的人工生殖問題，主管機關自2000年前後起開始研擬立法，但至今未能通過正式立法，故就是否開放代孕以及代孕所生子女的身分關係，尚欠缺特別法律規定。目前為止，在相關立法完全欠缺之下，醫師是否得實施各種人工生殖，均委由專業醫師所組成的學會訂定自律規範。以下，簡要介紹日本主管機關的相關研擬結果以及醫師團體的自律規範內容。

首先，日本厚生省於1998年10月設置「生殖輔助醫療技術專門委員會」，該委員會對於各種人工生殖醫療問題進行廣泛討論，並研擬人工生殖問題的規範方向，最後於2000年12月完成「有關藉由精子、卵子、胚胎之提供等所為生殖輔助醫療的應有方式之報告書」[59]。關於代孕人工生殖，該報告書基於下列三點理由認為應予禁止：1.代孕是以第三人的身體當作懷孕生產的工具，顯與「不得以人專作為生殖手段」的基本觀點相衝突；2.懷孕生產帶有可能危及生命的高度風險，代孕使代理孕母在長達十個月的期間持續承擔此種風險，從「應充分考量安全性」的基本觀點而言，實無法容許；3.代理孕母與精子、卵子或胚胎的捐贈人不同，於自己體內孕育胎兒十個月的時間，故其很有可能如通常的母親般對於胎兒產生母性，此時，亦可能引起委託夫妻與代理孕母互相爭奪子女的深刻糾紛，此與「應優先所生子女之利益」的基本觀點不符。其後，於2003年4月，厚生勞動省生殖輔助醫療部會為擬定將來人工生殖法制的

---

[57] Coester, a.a.O. (Fn. 24), S. 1250; Mayer, a.a.O. (Fn. 21), S. 566; OLG Stuttgart, FamRZ 2012, 1740.

[58] Coester, a.a.O. (Fn. 24), S. 1250.

[59] 厚生科学審議会先端医療技術評価部会生殖補助医療技術に関する専門委員会，「精子・卵子・胚の提供等による生殖補助医療のあり方についての報告書」及び各委員のコメント，ジュリスト第1204期，2001年7月，頁96-123。

具體設計，作成「有關藉由精子、卵子、胚胎之提供等所為生殖輔助醫療制度之建立之報告書」[60]，該報告書承襲上開專門委員會的見解，基於相同理由認為應禁止代孕人工生殖。日本主管機關雖已確立禁止代孕的基本方向，但因遭遇執政黨內的反對聲浪，至今未能通過人工生殖法制的相關立法[61]。

　　有關代孕人工生殖的行為規範方面，在欠缺法律規範的狀況下，由專業醫師組成的日本產科婦人科學會於2003年公布一項名為「有關代理懷胎之見解」的通告[62]，以禁止該學會會員實施代孕人工生殖或為仲介行為[63]。該通告舉出下列四點理由：1.應以所生子女的利益為最優先；2.代孕將使代理孕母承擔身體上的危險性及精神上的負擔；3.代孕將產生身分關係的複雜化；4.代孕契約在倫理上尚未為日本社會所接受。該通告係屬該學會的自律規範，其會員負有遵守的義務，且學會得對違反者採取適當處置，惟該學會並非強制加入，會員實際上是否嚴格遵守該通告，不甚明確[64]。再者，若違反該學會的通告者，最重的處置為除名處分，但因該學會僅是自由加入的團體而已，醫師即使受到除名處分，仍可繼續合法從事醫療行為，例如，於1998年，日本長野縣的一名醫師公開宣稱在日本首次成功實施代孕，因此受到該學會的除名處分，但之後仍繼續從事婦產科的醫療行為[65]。其後，該醫師繼續為不孕夫妻實施代孕手術，此事經日本媒體報導後，該學會倫理委員會主任委員發表見解，認為關於人工生殖產生許多問題的狀況，應以立法建立相關規範，尤其是否允許代理懷孕，或如何保護代孕所生子女的利益等問題，已經超出該學會所能下結論的範圍，

---

[60] 精子‧卵子‧胚の提供等による生殖補助医療制度の整備に関する報告書，日本厚生勞動省網站，http://www.mhlw.go.jp/shingi/2003/04/s0428-5.html（最後瀏覽日：2017.6.29）。

[61] 邱璿如，近年日本有關代理孕母議題之動向，萬國法律第170期，2010年4月，頁32-33。

[62] 代理懷胎に関する見解，日本産科婦人科學會網站，http://www.jsog.or.jp/about_us/view/html/kaikoku/H15_4.html（最後瀏覽日：2017.6.29）。

[63] 西希代子，同註1，頁42。

[64] 野村豊弘，生殖補助医療と法的親子関係に関する一考察，平井宜雄先生古稀記念，民法學における法と政策，有斐閣，2007年，頁780。

[65] 伊関あすか，代理母出産における法的母子関係に関する考察，九大法学第93期，2006年9月，頁207。

呼籲國家應急速作出因應措施[66]。

(二) 代孕所生子女之母子身分關係

日本現行民法，對於婚生母子關係並未設有明文規定，惟日本民法第772條第1項規定「妻於婚姻中受胎之子女，推定為夫之子女」，對此，有學說認為，妻於婚姻中受胎與生產者，以分娩的事實當然成立母子身分關係，此為該條規定不證自明的前提[67]。至於非婚生母子關係，日本民法的法條雖規定以母親的認領作為要件（第779條），但日本學說、實務（日本最高法院1962（昭和37）年4月27日判決，民集第16卷第7號，頁1247）均認為，非婚生子女與其母間，原則上不待認領，以分娩事實當然成立母子身分關係[68]。惟向來關於母子身分關係的討論，均以基於性交的自然懷孕與生產作為前提，並未考量分娩者與子女無基因聯繫等情形。在代孕案件中，分娩者多與子女無基因聯繫，此時，應如何認定法律上的母親，便成為過去學說未曾探討的課題[69]。

就此，日本法務省已開始研擬修法，並於2003年7月間完成「有關藉由精子、卵子、胚胎之提供等生殖輔助醫療所生子女之親子關係之民法特例要綱中間試案」[70]。其中，為配合上開禁止代孕的立法方向，該試案規定「女性藉由使用第三人卵子之人工生殖懷孕生產子女者，以生產之女性作為子女之母

---

[66] 野村豐弘，同註64，頁780。長期參與相關委員會的吉村泰典醫師（慶應大學教授）亦表示，醫師不應對於人工生殖醫療問題為是非判斷，而是應由國民為之，只是向來因為社會、國家或立法機關都沒有積極作為，所以學會不得已地作出因應，但學會所能處理的範圍本來即有界限。參照水野紀子、石井美智子、加藤尚武、町野朔、吉村泰典，生殖補助医療を考える，ジュリスト第1359期，2008年7月，頁17。

[67] 棚村政行，生殖補助医療と親子関係（2），法学教室第276期，2003年9月，頁34；床谷文雄，代理懐胎をめぐる親子関係認定の問題，ジュリスト第1359期，2008年7月，頁54。

[68] 床谷文雄，同註67，頁55。

[69] 棚村政行，同註67，頁34；床谷文雄，同註67，頁55。

[70] 精子・卵子・胚の提供等による生殖補助医療により出生した子の親子関係に関する民法の特例に関する要綱中間試案，日本法務省網站，http://www.moj.go.jp/MINJI/minji07_00071.html（最後瀏覽日：2017.6.29）。

親」，因此，於代孕案件，分娩者因分娩事實成為法律上的母親[71]，其主要理由如下[72]：1.以生產此一外在事實認定母子身分關係的成立，始能以客觀標準明確認定母子身分關係；2.女性在懷孕生產的過程中培養對子女的母性，故從子女福祉的觀點來看，應以生產的女性作為母親；3.厚生勞動省生殖輔助醫療部會已揭示禁止代孕的方向，惟若在親子身分關係的規範上以委託人作為母親，將導致容許代孕的不當結果。

　　然而，該試案出爐後亦同樣遭遇擱置，因此，關於包含代孕在內的人工生殖所生子女的身分關係，日本法尚欠缺明文規範。在此情況下，後述日本最高法院裁定，在代孕案件中應如何認定母子身分關係的問題，明確表示日本民法上的解釋。

肆、日德最高法院見解

　　在禁止代孕的各國，不孕夫妻赴開放國接受代孕人工生殖的案件層出不窮。在此類涉外代孕案件（尤其在美國實施代孕的案件）中，委託夫妻多在子女出生國取得認定其為法律上父母的法院裁判，此時，內國是否應承認該外國裁判？尤其，該外國裁判的承認是否違背內國公序良俗？就此，不少禁止國的最終審法院在近年相繼作出判斷[73]。其中，日本最高法院2007（平成19）年3

---

[71] 法務省法制審議会生殖補助医療関連親子法制部会，精子‧卵子‧胚の提供等による生殖補助医療により出生した子の親子関係に関する民法の特例に関する要綱中間試案の補足説明，頁8，日本法務省網站，http://www.moj.go.jp/MINJI/minji07_00071.html（最後瀏覽日：2017.6.29）。

[72] 法務省法制審議会生殖補助医療関連親子法制部会，同註71，頁7-8。

[73] 除以下介紹的日本及德國之外，法國、瑞士、奧國的最終審法院亦已對此問題表示見解，在此簡要介紹：1.法國最高法院（Cour de cassation）2011年4月6日判決：在本件中，委託夫妻甲乙（均為法國籍）赴美國加州，與代理孕母簽訂代孕契約，以甲的精子與匿名捐贈的卵子實施代孕，加州法院認定委託夫妻甲乙為法律上的父母。法國最高法院認為該外國裁判的承認違背法國公序良俗，故拒絕承認之。對此，當事人向歐洲人權法院提起訴訟，歐洲人權法院2014年6月26日判決（65192/11 [Menesson]）認為，在甲與子女間具有基因聯繫之下，法國拒絕承認外國裁判，且未准許認領、收養或身分占有，其構

月23日裁定（民集第61卷第2號，頁619）認為此類外國裁判的承認與日本公序良俗不符，故應拒絕承認。與此相反，德國聯邦最高法院2014年12月10日裁定（FamRZ 2015, 240）則認為，此類外國裁判的承認不違背德國公序良俗，故應予以承認。日本、德國最高法院所示的見解，對於我國在同樣問題的探討上深具參考價值，故本文以下介紹日本、德國最高法院的見解。

一、日本最高法院2007年3月23日裁定

（一）事實概要

甲男、乙女（均為日籍）於1994年結婚，乙於2000年因罹患子宮癌而摘除子宮，此時考量將來委託代理孕母生子的可能性，將卵巢移至骨盤外並予以保存。甲乙於2003年赴美國內華達州與美國籍夫妻丙男、丁女簽訂有償的代孕契約，其中約定：將甲乙之受精卵植入丁之子宮內，植入成功時，丁至分娩為止

成侵害子女之私人生活權利，違反歐洲人權公約第8條規定。但是，本件歐洲人權法院判決僅涉及甲與子女間的父子身分關係，至於母子身分關係則非其判斷對象。關於法國最高法院及歐洲人權法院的見解，詳見戴瑀如，同註15，頁218-223；幡野弘樹，代理懷胎と親子関係，法律時報第87卷第11期，2015年10月，頁26-31。2.瑞士聯邦最高法院2015年9月14日判決（StAZ 2016, 179）認為，美國加州法院認定委託夫妻為法律上父母的裁判，其承認違背瑞士公序良俗，無法承認之。該案件的事實較為特殊，即因以第三人捐贈的精子及卵子實施代孕，故委託夫妻均與子女無基因聯繫，且委託女性年紀已超過50歲。另外，瑞士聯邦憲法第119條第2項明文禁止代孕人工生殖，此應是該院拒絕承認外國裁判的決定性因素。參照Tobias Helms, Anmerkung zu Schweizerisches Bundesgericht, Urteil vom 14.9.2015, StAZ 2016, S. 185. 3.奧國憲法法院2011年12月14日判決（StAZ 2013, 62）：在本件中，委託夫妻（夫為義大利籍、妻為奧國籍）赴美國喬治亞州，以委託夫妻的精子與卵子實施代孕，該州法院認定委託夫妻為法律上的父母。奧國憲法法院認為，奧國法明文禁止代孕，但其非屬憲法上的要求，亦非奧國公序良俗的構成要素。另一方面，子女利益的保護，係屬奧國國際私法上的公序良俗條款所保護之基本價值及法益。就子女利益而言，若在本件拒絕承認外國裁判，子女在奧國被剝奪與其具有基因聯繫的母親，並喪失對於基因上的母親請求保護教養及扶養的權利，不僅如此，將迫使無養育子女的意思且未與子女經營家庭生活之代理孕母承擔母親地位，此結果顯與子女利益不符，因此，本件外國裁判的承認並不違背奧國公序良俗。關於本件奧國憲法法院判決，詳見Brigitta Lurger, Das österreichische IPR bei Leihmutterschaft im Ausland - das Kindeswohl zwischen Anerkennung, europäischen Grundrechten und inländischem Leihmutterschaftsverbot, IPRax 2013, S. 282 ff.

繼續懷孕；以甲乙為丁所生子女的法律上父母，丙丁對該子女並無任何保護權或訪視權等法律上的權利或責任。其後，丁順利懷孕而生下一對雙胞胎AB。於同年11月，甲乙向內華達州法院聲請確認親子關係。該法院先認定甲乙丙丁皆承認聲請書所記載的事實，以及甲乙均希望確認其與AB間存在親子關係，並查證包含本件代孕契約在內的相關文件後，裁判確認甲乙為AB的法律上及血緣上的父母，並命相關醫院及機關核發以甲乙記載為父母的出生證明書。於2004年1月，甲乙攜AB一起返國，向東京品川區區長申請以甲乙為父母的出生申報。惟品川區區長以無法認定乙分娩AB的事實為理由，拒絕受理該出生申報。因此，甲乙主張該處分為違法，向東京家庭法院聲請命該區長受理出生申報。第一審法院駁回聲請，遂甲乙提起抗告。

原審東京高等法院2006年9月29日裁定認為，本件外國裁判符合日本民事訴訟法第118條所定的承認要件，故應承認其效力，因此廢棄第一審審判，命品川區區長受理該出生申報。其中，原審認為本件外國裁判的承認尚不違背日本公序良俗（該條第3款），其理由大致如下：當判斷外國裁判的承認是否違背公序良俗時，應對本件的個別、具體情事進行檢討。於日本制定民法等法律制度當時，的確未能預料以非自然懷孕的方法懷孕生產，惟不得僅憑此等事實，遽認日本法秩序無法接受所有人為操作的懷孕生產。目前，日本現行法對藉助人工受精的懷孕，在充分尊重且確認當事人意思的條件下允許之。有鑑於此，日本民法上，雖不得直接依代孕契約確定親子關係，惟外國法院就在外國實施的代孕人工生殖確認親子關係之裁判，仍有在嚴格要件下加以接受之餘地。在本件，1.甲乙與AB間有血緣聯繫；2.甲乙委託代孕的動機，在於乙因接受子宮摘除手術的結果，已無法自為懷孕生產，故為擁有承繼甲乙基因的子女，除了代孕以外別無他法；3.丁之所以接受代孕，係基於義工精神所為，其動機或目的並無不當因素。本件代孕契約係屬有償契約，但其手續費是對丁所提供的工作及與此相關的經費之最低支付（內華達州法所允許者），其並非子女的對價。契約內容亦以丁懷孕生產過程中的身體安全為最優先，其並不包含侵害丁的人性尊嚴之因素；4.丙丁並不希望養育AB或與其間有親子關係，甲乙則強烈希望將AB作為自己的子女繼續養育，因此承認其親子關係，始符合子女最佳利益；5.厚生科學審議會生殖輔助醫療部會已作成應禁止代理孕母的

決議，其理由為：優先確保子女利益、禁止將他人專作為生殖手段、確保代理孕母的身體安全、排除優生思想、排除商業主義、以及維護人性尊嚴等六大原則。惟在本件，此等理由皆不該當；6.於法制審議會生殖輔助醫療有關親子法制部會之討論過程中，關於在外國委託代孕而外國法院已確定委託夫妻為子女父母之情形，委員一致認為因代孕契約違背日本公序良俗，故不得承認該裁判的效力。惟本件外國裁判並非僅憑代孕契約確認親子關係存在，而係參酌甲乙與AB間有血緣聯繫、丙丁夫妻亦希望甲乙成為AB的父母等事實後，始確認甲乙與AB間的親子關係，以此等事實觀之，本件外國裁判的承認仍不違背公序良俗。對此，品川區區長提出許可抗告。

（二）日本最高法院見解

日本最高法院2007年3月23日裁定認為，本件外國裁判因違背日本民事訴訟法第118條第3款所定的公序良俗，故不予承認之，其理由為大致如下（標題為筆者所加）[74]：

1. 公序良俗之判斷標準

為依民事訴訟法第118條規定在我國承認外國法院判決的效力，應符合該判決內容不違背我國公共秩序或善良風俗之要件。縱使外國法院判決包含以我國所未採的制度為基礎之內容，仍不得遽認該判決不符合此項要件，惟若可認為其與我國法秩序的基本原則或基本理念不相容時，應認該外國判決違背公共秩序（最高法院1997年7月11日判決，民集第51卷第6號，頁2573參照）。

血緣親子關係為身分關係中最為基本的部分，且為各種社會生活關係的基礎，其不僅攸關私人間的問題，亦為深刻涉及公益的事項，並對子女利益具有重大影響，因此，究應在何人間認定血緣親子關係的成立，與構成該國身分法秩序的基本原則或基本理念有關，血緣親子關係的認定標準必須明確到毫無其他解釋空間的程度，並須一律依該標準認定血緣親子關係之存否。因此，應認規範我國身分法秩序的民法，含有除該法所定的情形始承認血緣親子關係外，其他概不承認之意旨。因此，外國法院的裁判在我國民法不承認有血緣親子關

---

[74] 以下日本最高法院的裁定內容中譯，參見邱璿如，同註61，頁33-35。

係之人間認定其成立者，與我國法秩序的基本原則或基本理念無法相容，故應認違背民事訴訟法第118條第3款所定的公共秩序。

2. 日本民法對於母子身分關係之認定標準

我國民法就母親與其婚生子女間母子關係的成立，並無直接的明文規定，但民法相關規定的前提，係在懷孕生產的女性為所生子女的母親，且母子關係係因懷孕生產等客觀事實而當然成立（民法第772條第1項參照）。而且，就母親與非婚生子女間的母子關係，本院向來亦認為其因生產的客觀事實而當然成立（最高法院1962年4月27日判決，民集第16卷第7號，頁1247參照）。

民法關於血緣親子關係的現行法制，係以血緣上的親子關係為基礎，但民法之所以認為以生產的事實當然成立法律上的母子關係，係因於民法制定當時，懷胎與生產的女性皆毫無例外地與子女具有基因聯繫，因此以生產此一客觀且外觀上明確的事實來認定母子關係的成立；而且，於子女出生的同時，儘早、明確確定該子女與生產的女性間之母子關係，始符合子女利益，亦為其因。

從民法制定的時期及上述判決的宣判時點來看，民法有關母子關係成立的規定及上述判例，顯然皆以女性以自己的卵子懷孕生產為當然前提。然而，時至今日，人工生殖不但替代自然生殖的部分過程，甚至使自然生殖所不可能的懷孕成為可能，女性亦能以他人卵子實施人工生殖而懷孕生產。於是，於懷孕生產的女性與提供卵子的女性並非同一人的情形，在現行民法的解釋上，該子女與懷孕生產的女性間，是否仍以生產事實當然成立母子關係，便成為問題。就此，民法中未有任何足以窺知應以未懷孕生產者，作為該子女的母親等意涵的規定。此事固然為民法制定當時，尚未料及此類情事使然，但如上所述，血緣親子關係深刻攸關公益及子女利益，應一律依毫不含糊的標準予以認定，有鑑於此，在現行民法的解釋上，應以懷孕生產的女性為其母親，至於非懷孕生產該子女的女性，縱為卵子提供者，亦不成立母子關係。

3. 小結

如上所述，本件外國裁判在我國民法不承認血緣親子關係之人間認定其成立，其內容與我國現在的身分法秩序之基本原則或基本理念無法相容，應認其因違背民事訴訟法第118條第3款所定的公共秩序，於我國並無效力。

二、德國聯邦最高法院2014年12月10日裁定

（一）事實概要

　　本案事實大約如下：德籍甲男、乙男（住所均在柏林，兩人在2011年4月26日辦理生活伴侶登記），於2010年8月，與美籍代理孕母丙女（未婚，住所設在加州）締結代孕契約，約定丙為甲乙懷孕生產子女，甲乙將成為該子女的唯一法律上雙親（Eltern）[75]，以甲的精子與匿名第三人所捐贈的卵子實施人工生殖。同年9月，依約定將胚胎植入於丙的子宮內，丙成功懷孕雙胞胎。同年12月，甲經丙的同意，於駐舊金山德國領事館為認領登記。2011年4月6日，美國加州法院判決丙將自2010年9月16日至2011年7月16日間所生之子女，其法律上的雙親為甲乙，而丙並非該子女的法律上母親。於懷孕三十週時，雙胞胎中的一個胎兒自然流產。2011年5月，丙生下A，並交付予甲乙。同年6月，甲乙攜A返回德國。同年12月30日，德國戶政機關認為甲乙並非法律上的父母，故A未取得德國國籍（甲乙在申請出生登記時，未提出認領證書），因此拒絕辦理以甲乙登記為雙親的出生登記。對此，甲乙A向地區法院（Amtsgericht）請求救濟，但地區法院駁回聲請，甲乙A遂提起抗告。

　　原審柏林高等法院（KG, IPRax 2014, 72）2013年8月1日裁定駁回抗告。關於主要爭點即外國判決的承認是否違背公序良俗，原審法院分別就甲A間的父子身分關係與乙A間的父子身分關係加以探討：1.首先，對於甲A間的父子關係，原審法院認為，美國加州法院的判決已經確立甲A間的父子身分關係，且該外國判決就此部分而言並不違背公序良俗，故應予以承認。蓋甲對A的認領既已符合德國民法所定的所有要件，承認該外國判決的結果與德國法並不衝突，故自無法認為外國裁判的承認產生與德國法的基本原則無法相容之結果。因此，甲為A的法律上父親，並依德國國籍法第4條第1項第1句、第2句的規定，A即取得德國國籍。2.其次，就該外國判決認定乙A間的親子關係的部分，原審法院認為其承認將產生明顯違背德國法的基本原則之結果，故不得承

---

[75] 德文「Eltern」一詞通常譯為「父母」，但因本件委託人甲乙為二位男性，故涉及甲乙二人在親子身分關係上的地位時，本文將「Eltern」一詞譯為「雙親」，合先敘明。

認，其理由大致如下：依加州家庭法（California Familiy Code）的相關規定，依合法代孕契約的當事人一方之聲請，法官未經進一步的聽審或證據調查，而直接認定委託人與子女間親子關係成立（第7962f條第2項）。以如此方式建立的親子身分關係，顯與德國法的基本原則相矛盾。依據所謂代孕契約，代理孕母承擔為他人生產子女，並於子女出生後應將其交付給委託人之義務，惟依德國法，無法以此類契約建立法律上的親子關係。如德國民法第1591條、胚胎保護法第1條第1項第7款及收養仲介法第13c條等規定所示，德國法並不容許代孕契約。德國立法者拒絕代孕人工生殖，其目的在於保護相關婦女及子女的人性尊嚴，此為德國基本法第1條第1項所定的德國法體系之最高善。立法者認為，在母體內的成長過程中子女與孕婦間建立的生物、心理關係，是為子女的人格發展而有其重要性，而代孕契約忽視此項子女的基本利益。再者，立法者欲確保子女的自我認同免於遭受干擾並保障其身分歸屬，例如，委託人因子女有身心障礙而不願接受，或代理孕母在子女出生後拒絕交付子女等情形，將引起特殊糾紛。相關婦女的保護措施不會因其本身表示同意而成為不必要，蓋人性尊嚴係屬客觀、不可處分的價值，故即使當事人本身對某行為已為同意，人性尊嚴仍有被侵害的可能性。此外須注意者是，代理孕母純粹基於利他動機同意代孕人工生殖的情形極為少數，其通常基於經濟誘因而同意為之。為保護相關婦女與子女的人性尊嚴，應防止婦女因經濟困窮而接受懷孕的負荷與風險，並將子女當作商業交易的對象。因此，禁止代孕係屬德國法上的基本價值判斷及其核心因素。民法第1591條的立法者，正是因為外國有不同的立法，認為有遏制代孕人工生殖的必要。若承認本件加州法院判決，將導致上開禁止代孕的效果顯著降低甚至完全被架空。有鑑於應保護的基本權的優越價值，無法接受此種結果。3.此外，原審法院認為，透過收養程序才能充分審查委託人與子女間建立法律上的親子關係是否符合子女利益。收養不僅是既有法律所規定的足以考量子女利益之方法，同時與外國裁判的承認相較，本質上更適合於探求子女利益。原審法院以上述理由駁回抗告，甲乙A遂提出再抗告。

(二) 德國聯邦最高法院見解

聯邦最高法院認為，本件認定甲乙與A間的親子身分關係之美國加州法院

判決，依德國家事事件法第108條，應全面予以承認，故再抗告為有理由。其理由大致如下（標題為筆者所加；另外，論述順序亦稍微加以變更）：

1. 本件外國決定之承認適格

原審判決肯認本件外國決定（Entscheidung）得為程序法上的承認之標的，但其未進一步認定該外國決定是否具有產生法律地位的創造（konstitutiv）效力，抑或委託人基於代孕契約直接取得法律上的雙親地位，而外國決定僅將其加以確認而已。然而，本件外國決定是否具有創造效力抑或僅具確認效力，此問題無庸加以釐清，蓋對既有法律狀態加以確認的外國決定，亦屬家事事件法第108條所定承認之標的。與身分關係的登記或證書不同，本件外國決定對於代孕契約的有效性以及與此相關的身分上效果已為實質審查（加州家庭法第7962f條第2項），因此，即使其僅具確認性質，仍成為程序法上的承認之標的。

2. 本件外國決定是否符合家事事件法第109條所定之承認要件

(1)承認管轄

當判斷外國法院是否具備家事事件法第109條第1項第1款所定承認管轄時，應依所謂「鏡像原則」（Spiegelbildprinzip），以德國法上的國際管轄規定判定外國法院是否具備管轄權。在本件，國際管轄應依家事事件法第100條為判斷，根據該條規定，應以子女、母或父之國籍或經常居所為標準，本件代理孕母在加州具有經常居所，故應肯認加州法院具備國際管轄。

(2)公序良俗

依家事事件法第109條第1項第4款規定，若外國決定的承認產生顯與德國法的基本原則無法相容之結果，尤其該承認與基本權無法相容者，不得承認之。外國決定承認法則的主要目的，在於確保國際判決的調和，以及（尤其就與身分關係有關的問題）避免所謂跛行法律關係的發生。因此，依本院已確立的判例，在該條的適用上，應為國際判決調和的利益而為嚴格解釋，即僅限於例外案件，始得以違背公序良俗為由拒絕承認外國決定。

① 甲A間的親子身分關係

就甲A間的親子身分關係而言，德國法的適用結果與加州法院的認定並無二致，故其承認並不違背公序良俗。亦即，依德國實質法，甲基於其在德國領

事館表示的認領而成為該子女的父親（德國民法第1592條第2款）。代理孕母是未婚，且對該認領已為同意。

②乙A間的親子身分關係

其次，就乙A間的親子身分關係而言，其承認亦不違背承認規則上的公序良俗。在代孕人工生殖的案件，若委託人一方與子女具有基因聯繫，且代理孕母與子女間無基因聯繫者，外國決定認定委託人為法律上的雙親，其承認不違背德國公序良俗。

A. 外國決定以同性伴侶認定為血緣親子關係上的雙親，是否違背公序良俗

在德國法上，透過血緣成立的親子身分關係，其雙親僅限於父與母。依德國法的相關規定，二位男性無法以認領的方式成為子女的雙親，亦不承認同性伴侶一方與他方的子女間依法當然成立親子關係。依德國民法第1591條規定，雙親的另外一方為分娩該子女之代理孕母。依現行法，在同性伴侶的情形，若欲建立法律上的共同雙親地位者，僅能以收養為之。

然而，僅以外國決定認定同性伴侶具有雙親地位一事，尚無法肯認其承認違背德國公序良俗。以聯邦憲法法院關於收養的判例來看，毋寧應認為登記同性伴侶關係與婚姻相同，均得促進子女成長（聯邦憲法法院，FamRZ 2013, 521 Rz. 80, m. w. N.）。基此，無法以委託人是否為同性或為異性，當作加以不同處理的充分基礎。異性的委託人得以成為與子女間具有完全基因聯繫的父母，因此可能得與子女間建立較為密切的聯繫，然而，若同性伴侶與子女間的親子關係具有持續性質，且在法律上被確立者，不能排除同性伴侶將能建立社會上同等價值的親子關係。

B. 內國相關規定及其立法目的

1997年修法後的德國民法第1591條，其規範目的在於填補因現代生殖醫療的結果所產生的法律漏洞，與防止母子關係的「分裂」，以求子女利益。雖然立法者已對涉及代孕人工生殖的醫療行為及仲介行為科予刑罰，但為處理在外國或以違法方式在內國實施捐卵人工生殖等案件，立法者在民事法上釐清了母子關係。立法者認為，為確定在家族法意義上的母親，關鍵在於只有分娩的女性，才能透過懷孕及剛生產後的期間，與子女間建立身體及心理上的聯繫。

　　收養仲介法及胚胎保護法的立法理由確實涉及基本原則，故其所呈現的考量或許具有典型的公序良俗性質。然而，此兩部法律以防止代孕人工生殖為目的，並主要以一般預防（generalpräventiven）的考量為基礎。再者，該法的刑罰規定，其適用範圍僅限於在國內實施的代孕人工生殖（刑法第7條）。民法第1591條所定身分歸屬亦以收養仲介法及胚胎保護法所為的價值判斷為基礎，因此其同樣奠基於一般預防的考量。但是，仍有必要對於現已發生的情況作出獨立的評價，其中須廣泛納入子女的諸項權利。民法第1591條具有強行規範性質，且其超過刑法規定的範圍而具有防止當事人在外國實施代孕人工生殖之目的，但仍不得因此認為其屬於德國公序良俗。

C. 應檢討之基本權及歐洲人權公約上之權利

　　依家事事件法第109條第1項第4款，尤其外國決定之承認與基本權無法相容者，其承認違背公序良俗。但是，基本權有時為支持外國決定的承認而發揮效力。在個案中判斷是否違背公序良俗時，亦應參酌歐洲人權公約所保障的人權。

　　在代理孕母方面，涉及基本法第1條第1項所定的人性尊嚴。委託人的權利可能由基本法第2條第1項、第6條第1項及歐洲人權公約第8條第1項所產生。在子女方面，則須顧及其要求父母保護教養之權利（基本法第2條第1項與第6條第2項第1句）。若既有的親子身分關係被去除時，子女要求父母保護教養的權利即遭遇干涉（聯邦憲法法院，FamRZ 2014, 449 Rz. 102 f.）。不僅如此，若子女對委託人一方的身分歸屬被否定，以致該一方無法為子女的利益與保護承擔法律上的親職責任者，亦涉及子女要求父母保護教養的權利（聯邦憲法法院，FamRZ 2013, 521 Rz. 44 f.）。在外國實施的代孕案件中，亦應考量此點。最後，依兒童權利公約第3條第1項，所有關係兒童的措施，均應以兒童利益為優先考量。

　　歐洲人權法院的判決認為，依歐洲人權公約第8條第1項，就親子關係的建立應尊重子女請求保障私人生活的權利（歐洲人權法院2014年6月26日判決——No. 65192/11 [Menesson]及No. 65941/11 [Labassée][76]）。依該院判決，

---

[76] 關於此二則歐洲人權法院判決，詳見戴瑀如，同註15，頁218-223。

私人生活的保障包含子女得建立法律上親子關係之權利在內。其中，該院將法律上的親子關係解為子女自我認同的一部分。

D. 代理孕母與子女之基本權、歐洲人權公約上之權利與公序良俗

以本件整體情事觀之，外國法院依外國法認定委託人與子女間存在法律上的親子關係，其承認不會產生因違背德國法的基本原則而無法被接受之結果。不僅代理孕母或子女的基本權或人權原則上不反對外國決定的承認，子女利益的考量更支持外國決定的承認。

(a) 代理孕母之權利

代理孕母的權利成為焦點的情形，是在其決定自己承擔母親地位，且於子女出生後拒絕交付子女予委託人的情形。在此類情形發生的代理孕母與委託人間之糾紛，須於子女出生國法院加以處理。若外國法院作成代理孕母應交付子女的裁判時，德國是否應承認該外國裁判，於此無庸判斷。蓋在本件，代理孕母已依代孕契約主動交付子女，且代理孕母亦不欲承擔母親地位。

關於代孕人工生殖的合意與實施，若外國法院所適用的法律要求應確保代理孕母之懷孕與交付子女均基於代理孕母的自由意思者，就代理孕母交付子女的自願性而言，其情況與收養類似。在此類情形，僅就代孕人工生殖的實施一事，代理孕母的人性尊嚴未受侵害。因此，若外國法院以滿足法治國要求的程序，確認代孕契約的有效性及委託人與子女間的法律上親子關係者，該外國決定即能保障代理孕母的自由決定及交付子女上的自願性。在此情形，代理孕母於生產子女後所處的狀況，是與同意收養的母親相似。

與此相反，若代理孕母是否自願參與有疑慮，或基本事項均不明確（例如，當事人未提供代理孕母的身分、代理孕母同意懷孕的條件或合意者，參照聯邦憲法法院，NJW-RR 2013, 1 Rz. 15），又或外國法院的程序欠缺基本的程序保障等情形，則代理孕母的人性尊嚴可能受到侵害。

(b) 子女之權利與利益

由上可知，在本件，是否承認該外國決定，關鍵在於子女利益，即基本法第2條第1項與第6條第2項，及歐洲人權公約第8條第1項所保障之子女對雙親的法律上身分歸屬的權利。

假設拒絕承認本件外國決定，而適用民法施行法第19條第1項時，代理孕

母與子女間的母子身分關係，僅能依德國法而成立。然而，在代理孕母的本國，既已存在該國法院與此相反的裁判，即上述（依德國法成立的）母子身分關係在該國並無規範效力。與此相應的，代理孕母實際上並不願意承擔母親地位，亦不願意對子女提供保護教養。

在此前提下，若於內國否定乙A間的親子關係，即構成介入子女對於建立親子關係之權利（歐洲人權公約第8條第1項。歐洲人權法院2014年6月26日判決——No. 65192/11 [Menesson] para. 96）。即使子女與委託人一方已經確立法律上的親子關係，仍無法保障子女的該項權利，蓋基本法第6條第2項第1句預設子女擁有雙親（聯邦憲法法院，FamRZ 2013, 521 Rz. 44）。若當事人在內國以違反禁止的方式實施代孕時，子女仍能擁有完全的法律上的父母；與此相較下，子女與代理孕母間僅有在代理孕母本國並無效力的跛行身分關係，其並不符合基本法第2條第1項與第6條第2項及歐洲人權公約第8條第1項的要求。因此，內國立法者本來不得僅以防止當事人「規避」代孕禁止之一般預防考量，拒絕承認委託人與子女間的親子身分關係。如前所述，若應以子女利益為考量重點，即應強調子女對其出生相關的情事並無影響力，故不得使其承擔後果。因此，在子女利益的判斷上，不僅不應限縮於子女與代理孕母間之社會心理上的聯繫，更不應忽略委託人才是欲承擔雙親地位並提供子女成長所必要的照顧之人。

E. 對於收養之評價

原審法院認為，透過收養較能保障子女利益。就此而言，收養以透過個別審查取代外國法對於代孕案件所為的價值判斷，但即使在繼親收養程序中對子女利益為個別審查，通常將達到（與承認外國決定）相同的結果。兩者導致相同結果一事，顯然提供不應認為外國決定的承認違背公序良俗之理由。

再者，因在子女出生國，委託人已經確立法律上的雙親地位，故進行收養將產生困難。除此之外，若子女於出生時其身分歸屬懸置未決，則將導致委託人於子女出生後能任意決定其是否接受子女，抑或（因子女有身心障礙等原因）放棄子女。若委託人分手或後悔委託代孕時，與子女無基因聯繫的委託人將能使法律上的親子身分關係一直不成立。子女最後可能在其出生國處於無雙親的狀態，且德國所認為存在之代理孕母與子女間的母子關係，在該國並無效

力。與此相較，儘管委託人是人工生殖的主導者，且子女亦因其決定而生，卻不用承擔責任。惟若無代孕契約，即無子女出生，在此範圍內，代孕與收養的情況有別；在代孕案件，委託人與收養人不同，委託人身為對子女出生具有（共同）責任之人，無疑地將對子女將來的自我認同扮演核心角色。

③ 小結

在判斷外國法院決定是否符合承認要件的範圍內，無庸判斷憲法是否要求必須承認委託人與子女間成立親子關係。無論如何，若如本件般，委託人一方與子女具有基因聯繫，且代理孕母與子女無基因聯繫時，外國法對於符合代理孕母的保護標準之代孕契約加以准許，且在子女利益的考量下，以自願且畢生承擔親職責任之社會上親子關係為優先者，其不違背德國公序良俗。

伍、我國法上之檢討

在涉外代孕案件中，外國法院認定委託人為法律上的父母時，內國是否應承認該外國裁判？就此問題，上開日本、德國最高法院呈現幾乎完全相反的態度。就判斷結果而言，日本在法律上未明文禁止代孕，且法律亦無明文規範在代孕案件中應如何認定母子身分關係，在此情況下，日本最高法院仍將「分娩者為母」原則解為日本國際私法上的公序，因此拒絕承認外國裁判。與此相較，德國內國公法明文禁止代孕，且德國民法第1591條明文採用「分娩者為母」原則，甚至立法者明確表示該條規定是為遏制當事人在國外實施代孕所設，儘管如此，德國聯邦最高法院仍承認與此相衝突的外國裁判。兩國最高法院之所以導出不同結論，主要原因在於公序良俗要件的判斷上採用的觀點不同。以下，本文對照兩國最高法院的見解並參考兩國學說見解，探討我國國際私法對此問題應如何解釋。

我國法上，外國裁判不具民事訴訟法第402條第1項所定的四款消極要件時，即應予以承認。其中，就涉外代孕案件而言，理論上需要特別探討的要件是承認管轄要件（第1款）及公序良俗要件（第3款），因此，以下僅就此二要件進行探討。

另外，在上開德國聯邦最高法院裁定中，因該案件中委託人為男性同性伴侶，故法院亦有探討因此而生的特別問題。亦即，在德國實質法上，登記同性伴侶得以收養途徑成為法律上的共同雙親，惟在血緣親子關係法的領域，則採用子女應有一個父親與一個母親之原則，亦即在此領域未准許二個父親或二個母親同時並存[77]。因此，在上開案件中，外國法院認定委託代孕的二個男性均為法律上的父親，即產生將同性伴侶認定為血緣親子身分關係法上的雙親是否違背公序良俗之問題。惟此項問題主要涉及對同性伴侶關係的法律評價，其超出本文所能探討的範圍，因此，本文對此問題不予探討，合先敘明。

一、承認管轄

首先，就承認管轄而言，依我國民事訴訟法第402條第1項第1款規定，依中華民國之法律，外國法院無管轄權者，須拒絕承認該外國判決。因此，須先釐清我國對此類事件的國際管轄規則後，將其相對應地套用到外國法院。我國對此類事件的國際管轄規則而言，外國法院所判斷的是血緣親子身分關係（即子女的初始身分歸屬）的確定，其應歸類為我國家事事件法第61條以下所定的親子關係事件。而就此類案件的國際管轄規則，家事事件法第69條準用第53條的規定，亦即我國對此已設有明文規定，因此在判斷外國法院是否具備承認管轄時，應依家事事件法第53條的規定而定。家事事件法第53條的規定，是以「夫妻」一方或雙方的國籍、住所、經常居所等作為管轄原因，將其準用於親子關係事件時，應以「父母子女」一方或雙方的國籍、住所、經常居所等作為管轄原因，例如就第53條第1項第1款所定的管轄原因而言，應認為若父、母或子女之一方具有我國國籍，即應肯認我國的國際裁判管轄，因此，就承認管轄的判斷上，應認為若父、母或子女之一方具備外國法院的國籍，我國即應肯認

---

[77] Normann Witzleb, „Vater werden ist nicht schwer"? Begründung der inländischen Vaterschaft für Kinder aus ausländischer Leihmutterschaft, in Normann Witzleb/Reinhard Ellger/Peter Mankowski/Hanno Merkt/Oliver Remien (Hrsg.), Festschrift für Dieter Martiny zum 70. Geburtstag, 2014, S. 234. 此外，在德國，醫師的職業規範亦禁止對同性伴侶實施人工生殖手術。Dieter Henrich, Kollisionsrechtliche Fragen bei medizinisch assistierter Zeugung, in Tobias Helms/Jens Martin Zeppernick (Hrsg.), Lebendiges Familienrecht: Festschrift für Rainer Frank zum 70. Geburtstag am 14. Juli 2008, 2008, S. 255.

該國法院具備承認管轄。

　　基上所述，只要「父」、「母」或子女之一方具備外國法院的國籍（第53條第1項第1款）或在該國持續一年以上有經常居所（第4款），我國原則上應肯認該國法院具備承認管轄，惟在涉外代孕案件中，就此產生特殊的解釋問題：亦即，在國際管轄規則的解釋上，應如何解釋「父」或「母」的概念？係指代理孕母（及其夫），抑或指委託夫妻？就此，或有見解認為，國際管轄規則中使用的法律概念，應依內國實質法為解釋，故應以我國實質法所認定的「父」或「母」為準。然而，在涉外代孕案件中，究竟何人為法律上的父母，是適用選法規則或承認規則的結果始能認定，故不宜以特定國家的實質法作為國際管轄規則上的父母概念之認定標準，毋寧應從國際民事程序法獨自的立場出發進行解釋[78]。在涉外代孕案件中，代理孕母（及其夫）的國籍國或經常居所，通常亦為代孕契約的締結地、人工生殖的實施地、子女出生地及剛出生後的生活中心地，許多有關涉外代孕的重要事實通常均發生於該地，故由該國法院審判親子身分關係事件，可謂是極為合理[79]。但另一方面，委託夫妻的國籍國或經常居所，則是將來經營親子家庭生活的地方，可認為該國亦與親子身分關係具有密切關聯。再者，例如我國籍委託夫妻赴印度為涉外代孕，子女出生後帶子女回國，立即向我國法院請求確認親子身分關係存在等情形，因難認子女具備第1款或第4款所定管轄原因，故有必要以委託夫妻具備我國國籍為理由肯定我國的裁判管轄。加上，若被告在我國應訴顯有不便時，則得依第53條第2項規定例外排除我國的裁判管轄，以確保個案中的具體妥當性。基於上述考量，如同關於侵權行為的國際裁判管轄，我國學說認為行為實施地與結果發生

---

[78] 關於國際裁判管轄中的「住所」概念，有見解指出：「作為管轄連結因素的住所之意義，應依國際裁判管轄之機能與法律價值，建構國際民事訴訟法上獨自的意義」。參照蔡華凱，涉外婚姻訴訟事件之國際裁判管轄暨外國離婚裁判之承認，國立中正大學法學集刊第20期，2006年4月，頁194。

[79] 德國、日本學說均認為，國際裁判管轄規則上的「母」概念，至少包含代理孕母在內。參照Mayer, a.a.O. (Fn. 21), S. 570; Dethloff, a.a.O. (Fn. 2), S. 925; Duden, a.a.O. (Fn. 9), S. 170; Benicke, a.a.O. (Fn. 9), S. 105; 中野俊一郎，代理出産に基づく親子関係の成立と外国裁判の承認，ジュリスト第1354期，2008年4月，頁333；竹下啓介，生殖補助医療と親子関係 代理母出生子の「母」の決定，櫻田嘉章、道垣内正人編，国際私法判例百選，有斐閣，2012年2版，頁141。

地均屬侵權行為地般[80]，關於涉外代孕的國際裁判管轄，應認為代理孕母（及其夫）與委託夫妻均屬父母。

　　因此，就涉外代孕案件中的承認管轄，當代孕實施國法院已經作成有關親子身分關係的裁判時，代理孕母、其夫、委託夫妻或子女之一方具備該國國籍或在該國持續一年以上有經常居所者，原則上應肯定該國法院具備承認管轄。以此相當寬鬆的標準來看，在涉外代孕案件中，通常應無發生外國法院欠缺承認管轄之情況。

二、公序良俗

　　在公序良俗要件的解釋與適用上，首先應區分父子身分關係與母子身分關係的問題，而分別予以探討。此乃因為，即使外國法院以一個裁判同時認定父子身分關係與母子身分關係，惟兩者本屬不同的法律關係，且在代孕案件中，兩者就公序良俗問題所應考量的因素有許多不同之處。因此，本文將此二法律關係予以區分，並分別加以探討。

（一）母子身分關係

1. 公序良俗要件之判斷標準

　　就公序良俗要件的判斷標準，日本最高法院認為，外國法院的裁判在內國民法不承認有血緣親子關係之人間認定其成立者，與內國法秩序的基本原則或基本理念無法相容，故應認違反日本民事訴訟法第118條第3款所定的公共秩序。在此，日本最高法院似認為，內國民法上血緣親子關係的所有認定標準均構成承認規則上的公序內涵，惟日本學說幾乎一致認為此項見解為不當[81]。亦

[80] 劉鐵錚、陳榮傳，國際私法論，三民書局，2010年修訂5版，頁674；蘇遠成，國際私法，五南圖書，1990年5版，頁136。

[81] 早川眞一郎，外国における代理出産によって出生した子の出生届，水野紀子、大村敦志編，民法判例百選Ⅲ，有斐閣，2015年，頁71；橫溝大，代理出産に関し親子関係を確定する外国判決の承認と公序（最決平成19.3.23），戶籍時報第663期，2010年12月，頁20-21；長田眞里，代理母に関する外国判決の効力〜民訴118条の適用に関して—東京高決平成18年9月29日および最決平成19年3月23日をもとに，法律時報第79卷第11期，2007年10月，頁49；水野紀子，生殖補助医療と子の権利，法律時報第79卷第11期，2007年10

即，(1)在日本國際私法的選法規則中，就身分關係原則上均採本國法主義，此連繫因素是以「得依外國法成立身分關係」為當然前提，否則並無採本國法主義的意義[82]；(2)關於血緣親子身分關係，日本法適用通則法第28條、第29條均採選擇連繫，旨在盡量廣泛使親子身分關係成立，以保護子女利益。然而，假設如日本最高法院所言，僅在日本民法認定親子身分關係的情形始得成立涉外親子身分關係，就血緣親子身分關係採用選擇連繫毫無疑義，顯與此等個別選法規則的意旨矛盾[83]。在我國國際私法上亦同，關於血緣親子身分關係，涉民法均採相關當事人的本國法主義，且涉民法就子女婚生身分及認領等法律關係均採選擇連繫，以使親子身分關係容易成立（涉民法第51條、第53條）。由此來看，我國國際私法上，血緣親子關係自得依外國法成立，殆無疑義。不僅如此，立法者既然認為擴大血緣親子身分關係的成立範圍才符合子女利益，則在外國法院已以裁判確立親子身分關係的情形，即使與內國實質法的親子關係認定標準有所不同，仍盡量廣泛予以承認，始符合立法者在選法規則中表達的價值判斷。

再者，誠如德國聯邦最高法院所指出，外國裁判承認規則的主要目的，在於確保國際判決的調和，以及避免所謂跛行法律關係的發生，而在涉及身分關係的情形，應避免發生跛行法律關係的必要性尤高。因此，在檢討外國裁判的承認是否違背我國公序良俗時，應為確保國際判決調和而作嚴格解釋，即僅限於例外案件，始得認定外國裁判的承認違背我國公序良俗。

在此認定標準之下，應優先考量的因素，是外國裁判的承認是否符合子女利益。蓋依我國兒童權利公約施行法第2條規定，該公約所揭示保障及促進兒童及少年權利之規定，具有國內法律之效力，而兒童權利公約第3條第1項規

月，頁34。

[82] 橫溝大，同註81，頁21；水野紀子，同註81，頁34；佐藤文彥，いわゆる代理母に関する最高裁決定について—公序に関する判示の問題点（2007.3.23最高裁決定），戶籍時報第614期，2007年6月，頁53-54。

[83] 林貴美，代理出産による親子関係の成立と外国裁判の承認，判例タイムズ第1256期，2008年2月，頁42；橫溝大，同註81，頁21；矢澤昇治，私の親は、誰ですか（1），專修法学論集第111期，2011年3月，頁156-158。

定：「所有關係兒童之事務，無論是由公私社會福利機構、法院、行政機關或立法機關作為，均應以兒童最佳利益為優先考量」。在涉外代孕案件中，外國法院已認定委託夫妻為法律上的父母時，我國是否承認該外國裁判，顯屬該條規定所謂「關係兒童之事務」，故我國法院應以子女利益為優先考量，並更進一步認為，在親子身分關係法領域中，子女利益才是公序良俗的本質因素[84]。此外，在代孕案件中，代理孕母的基本權利是否受侵害，亦屬在公序良俗要件中須檢討的因素，以下分述之：

2. 身分安定與子女利益

就子女利益的判斷，日本最高法院認為「於子女出生的同時，儘早、明確確定該子女與生產之女性間的母子關係，始符合子女利益」。就此，津野修法官、古田佑紀法官的補充意見進一步申言，「在開放代孕的國家，實際上發生了代理孕母對自己懷胎生產的子女懷有作為母親的愛情而拒絕交付，或與此相反，委託人拒絕接受子女等各種問題。在發生此類問題時，若法律未明確認定懷孕生產的女性、提供卵子的女性及子女間的關係，則子女地位將陷於不安定，亦將引起關係人間的紛爭，其有顯著損害子女福祉之虞」。由此來看，日本最高法院拒絕承認外國裁判的實質理由，似在於為確保子女的身分安定性，應以明確標準一律認定母子身分關係，始能符合子女利益。

然而，在涉外代孕案件中，其實無法以拒絕承認外國裁判的方式確保子女的身分安定性。第一，若拒絕承認外國裁判，且在適用選法規則上的公序良俗條款時，亦貫徹「分娩者為母」原則來認定代理孕母為法律上的母親者，確實在內國法秩序中代理孕母被視為法律上的母親。然而，在外國既然已經存在將委託妻認定為法律上母親的確定裁判，即使內國法院判決認定代理孕母為法律上的母親，該內國判決不會為該外國所承認。此時，內國將代理孕母視為法律上的母親，代理孕母的本國則將委託妻視為法律上的母親，因此，從國際觀點來看，完全無法確保子女的身分安定性。如前所述，外國裁判承認規則的主要目的在於避免發生跛行法律關係，尤其就涉外身分關係而言，避免發生跛行法律關係，始能確保國際性的身分安定性。就涉外身分關係，為確保身分安定性

---

[84] Mayer, a.a.O. (Fn. 21), S. 572 f.

而拒絕承認外國裁判的思維，本身即有其矛盾之處。

　　第二，日本最高法院雖非常重視子女出生時的法律地位明確性及安定性，惟該院亦未認為以如此確定的子女身分關係應為該子女的最終身分歸屬。亦即，津野修法官、古田佑紀法官的補充意見及今井功法官的補充意見均特別提及，應尊重委託夫妻欲養育子女的希望，且其與子女間建立法律上的親子關係係屬重要，為此，應認委託夫妻得進行特別收養。如此，作成本件裁定的四名法官中三名法官均提及特別收養的可能性，由此觀之，日本最高法院雖就血緣親子關係的問題，重視身分安定性的觀點而以代理孕母為法律上的母親，但其未認為代理孕母應承擔最終的養育責任，而認為宜以收養的方式建立委託夫妻與子女間的親子身分關係，始能確保具體的子女利益。而在日本、德國學說上，認為外國裁判的承認違背內國公序良俗的論者，均認為委託夫妻應以收養建立法律上的親子身分關係[85]。

　　然而，若先拒絕承認外國裁判並認定代理孕母為法律上的母親後，再以收養建立委託夫妻與子女間的親子關係者，則直到收養成立時為止，子女被迫處於極為不安定的法律地位。例如，國際收養需要經過繁雜且冗長的程序，惟代理孕母在其本國已經不是法律上的母親，其未必願意配合國際收養程序。而且，在國際收養成立前的期間中，委託夫妻可能因其婚姻關係出現破綻而喪失對子女的興趣[86]，尤其在子女與委託妻無基因聯繫的情形更是如此。或者，在子女出生時即有身心障礙，而委託夫妻因此不願收養子女時，難道應接受此類委託夫妻的恣意妄為？再者，若委託妻在國際收養成立前死亡，即無法再進行收養，此時子女即喪失對委託妻遺產的繼承權。因此，貫徹「分娩者為母」原則與確保子女身分安定性之間的思維連結，僅是因視野限縮於子女出生時的血

---

[85] Benicke, a.a.O. (Fn. 9), S. 111; Engel, a.a.O. (Fn. 42), S. 555 ff; 床谷文雄，同註67，頁56；犬伏由子，夫の精子を用いた代理母による出生子と妻の間の母子関係，私法判例リマークス第34期，2007年2月，頁65；早川眞一郎，外国判決の承認における公序要件──外国人代理母が出産した子につき，代理出産を依頼した日本人夫婦が実子としての出生届をすることは認められるか，判例タイムズ第1225期，2007年2月，頁64、74-75；大村芳昭，涉外的代理母契約に基づく親子関係の成否，ジュリスト第1335期，2007年6月，頁137。

[86] Tobias Helms, Anmerkung zu BGH, Beschluss vom 10.12.2014, FamRZ 2015, S. 246.

緣親子關係而生的假象而已。吾人應將視野擴及子女利益考量下的最終身分歸屬，並應正視在收養成立前子女所處的極度不安定狀態。

　　除子女身分關係安定性的考量外，就個案中的具體子女利益而言，縱使我國拒絕承認外國裁判並認定代理孕母為法律上的母親，不僅代理孕母實際上並無養育子女的意願，且在該國代理孕母並非法律上的母親，因此，子女在該國亦無法對代理孕母請求保護教養或扶養。在此情況下，若拒絕承認外國裁判，子女將在我國不得對居住於我國的委託妻請求保護教養或扶養，在出生國亦不得對居住於該國的代理孕母請求保護教養或扶養，因此，子女將陷入實質上無母親的窘境。拒絕外國裁判所生的此類跛行法律關係，顯與子女利益不符[87]。

　　綜上所述，若我國拒絕承認外國裁判，將產生子女於兩國實質上無母親的狀態，且將使子女至國際收養成立為止，始終處於極度不安定的法律狀態，其顯然不符子女利益。相較之下，若我國承認外國裁判，即能保障子女的國際身分安定性，並能迅速確保對子女有效承擔養育責任之人，其不僅較為符合子女利益，更符合我國涉民法第51條、第53條規定所呈現的，儘量使親子關係容易成立之精神。

　　此外，上開德國聯邦最高法院裁定提及，拒絕外國裁判可能構成對子女基本權的介入，但就是否侵害子女基本權，則未表示明確見解。在德國學說上，亦有見解認為拒絕承認外國裁判，將構成侵害子女要求父母保護教養之基本權（德國基本法第2條第1項、第6條第2項）[88]。然而，當審查承認規則上的公序良俗要件時，須檢討的問題是外國裁判的「承認」是否產生侵害當事人或關係人的基本權之結果，與此相較，「拒絕承認」外國裁判是否產生侵害基本權的結果，即基本權是否要求承認外國裁判等問題，基本上無檢討的必要。因為，無論基本權是否要求承認外國裁判，只要外國裁判的承認不違背內國公序良俗，且無該當其他三款消極要件，即應予以承認，故基本權是否要求承認外國裁判，基本上與我國是否應承認外國裁判的問題無直接關聯。因此，在涉外代

---

[87] 參照Dethloff, a.a.O. (Fn. 2), S. 927; Heiderhoff, a.a.O. (Fn. 9), S. 2675; Claudia Mayer, Verfahrensrechtliche Anerkennung einer ausländischen Abstammungsentscheidung zugunsten eingetragener Lebenspartner im Falle der Leihmutterschaft, StAZ 2015, S. 39.

[88] Dethloff, a.a.O. (Fn. 2), S. 927; Mayer, a.a.O. (Fn. 87), S. 39.

孕案件中審查公序良俗要件時，須釐清的主要問題為外國裁判的承認是否符合子女利益，及是否構成侵害代理孕母的基本權，而子女的基本權是否要求承認外國裁判的問題，基本上毋庸加以檢討。德國聯邦最高法院及學說見解之所以討論子女基本權的問題，其原因應在於，依德國民法第1591條的立法理由，德國立法者在涉外代孕案件中亦欲貫徹「分娩者為母」原則的態度相當明確，因此，當要採違背立法者意思的解釋時，或有必要論證該原則在涉外案件中的貫徹將產生憲法上的疑義。反觀我國，目前我國立法者就涉外代孕案件中的親子身分關係尚未表示明確見解，故應無探討此類問題的必要。

3. 代理孕母之人性尊嚴

關於外國裁判的承認是否侵害代理孕母的人性尊嚴，德國聯邦最高法院認為，若外國法院所適用的法律，要求應確保代理孕母之懷孕與交付子女均基於代理孕母的自由意思者，其與母親於自然生產後在其同意下出養子女的情形相似，仍無侵害代理孕母的人性尊嚴之處。的確，若代理孕母在懷孕中或生產後對子女產生感情時，有權保留子女並自己養育者，其未行使權利而自願交付子女予委託夫妻時，難以認為代理孕母的人性尊嚴受到侵害。

但是，德國聯邦最高法院似認為，應以外國法律及其法院程序保障代理孕母基於自由意思同意代孕及自願交付子女為必要。那麼，例如該外國雖事實上開放代孕，但對於代孕缺乏正式的法律規制，因而該國法律未明文保障實施代孕及子女交付須基於代理孕母的自由意思，在有此種情形的外國實施代孕時，相關外國裁判的承認是否侵害代理孕母的人性尊嚴？就此而言，即使在代孕實施國的法律上缺乏此類制度或規範，仍不宜據此認定外國裁判的承認違背內國公序良俗，而應著重在具體個案中代孕契約及子女交付是否實際上基於代理孕母的自由意思。因為，當審查承認規則上的公序良俗時，外國法院所適用的外國法規範本身並非審查對象，具體個案中承認外國裁判是否產生違背內國公序良俗的結果，才是審查對象[89]。例如，縱使伊拉克法規定男性得與複數女性結

---

[89] 劉鐵錚、陳榮傳，同註80，頁698。涉民法第8條的修法理由亦指出，「關於外國法適用之限制，現行條文係以『其規定』有背於中華民國公共秩序或善良風俗為要件，如純從『其規定』判斷，難免失之過嚴，而限制外國法之正當適用。爰將『其規定』一詞修正為『其適用之結果』，以維持內、外國法律平等之原則，並彰顯本條為例外規定之立法

婚，當該國男性欲與第一個配偶結婚時，並不產生是否違背公序良俗的問題；又如，縱使在奈及利亞法上女性的最低結婚年齡為12歲，當18歲的該國女性欲結婚時，亦不會產生是否違背公序良俗的問題[90]。同理，縱使在代孕實施國的法律上缺乏以確保代理孕母的自由意思為目的的法律機制，仍不得以外國法欠缺應有的法律規範為理由認定違背內國公序良俗，否則將導致以外國法規範本身當作審查對象的不當結果。在公序良俗要件的審查上，應以具體個案中的實際結果為審查對象，因此，若代理孕母在個案中實際上基於自由意思同意實施代孕，且子女出生後主動交付子女者，相關外國裁判的承認並不發生侵害該代理孕母的人性尊嚴之結果。

與此相反，誠如德國聯邦最高法院所言，若實施代孕或子女交付非基於代理孕母的自由意思者，可能構成侵害代理孕母的人性尊嚴。例如，在子女出生後以違背代理孕母意思的方式奪走子女等情形，相關外國裁判的承認可能因侵害代理孕母的人性尊嚴而應拒絕承認[91]。代理孕母在懷孕中或出生後對子女產生感情，而決意自己養育子女時，若允許從代理孕母的手中強制奪走子女，則等於將代理孕母僅視為懷孕生產的工具，其人性尊嚴將受到嚴重侵害。在此種情形，以侵害代理孕母的人性尊嚴為理由拒絕承認外國裁判，應屬正當。

4. 一般預防觀點與子女利益

承認外國裁判違背內國公序良俗的見解認為，應禁止代孕人工生殖的理由，係在防止代孕可能對代理孕母或子女利益所生的危害（例如，懷孕生產過程對代理孕母產生的生命、身體危險，以及子女出生後在代理孕母與委託夫妻間發生爭奪或互推子女等糾紛之可能性），而為確保禁止代孕的有效性，須拒絕承認外國裁判並否定委託夫妻的父母地位，否則內國法上的代孕禁止規範將被架空[92]。

上開見解旨在為預防代孕人工生殖危及代理孕母的生命、身體或子女利益

原意。」

[90] Gerhard Kegel/Klaus Schurig, Internationales Privatrecht, 9 Aufl., 2004, S. 526.

[91] Mayer, a.a.O. (Fn. 87), S. 36.

[92] 早川眞一郎，同註85，頁70。

等「一般預防目的」，而在內國貫徹「分娩者為母」原則，在此意義上，其將親子身分關係的規範方式作為禁止代孕的實效性確保手段。然而，如前所述，若拒絕承認外國裁判，子女將陷於實質上無母親的狀態，且在國際收養成立前，被迫處於極度不安定的法律狀態，因此，拒絕承認外國判決的結果，遭受最大不利益之人，無非是子女。縱使我國禁止代孕，子女既對於透過代孕出生一事並無任何責任，即不應使其承擔不利益的後果[93]。如我國刑法第230條對於近親相姦科予刑罰，但近親相姦所生子女不會因此被剝奪其父母一般，在涉外代孕案件的情形，不得為確保國內禁止代孕的實效性，而迫使子女承擔不利益的後果[94]。若為達到一般預防目的而剝奪子女的法律上父母，等於將子女當作一般預防的手段，將構成侵害子女的人性尊嚴[95]。因此，在子女已經出生的情形，不應以預防代孕可能產生的法益危害為理由拒絕承認外國裁判，亦不應從一般預防的觀點判斷親子身分關係，而應探求對於已出生的該子女而言，符合其利益的最好解決方法為何。

5. 代理孕母與子女具有基因聯繫之情形

德國聯邦最高法院在上開案件中認為，在代理孕母與子女間無基因聯繫的情形，承認外國裁判不違背德國公序良俗，惟就代理孕母與子女具有基因聯繫，即以代理孕母的卵子為代孕人工生殖的情形，承認外國裁判是否違背公序良俗，該院保留其判斷[96]，且保留判斷的理由為何，不甚明確。若在此情形外國法院認定委託妻為法律上的母親者，其承認是否違背我國公序良俗？

在美國，因過去在以代理孕母的卵子實施代孕的案例中，不少代理孕母在

---

[93] Henrich, a.a.O. (Fn. 7), S. 1152; Fritz Sturm, Dürfen Kinder ausländischer Leihmütter zu ihren genetischen Eltern nach Deutschland verbracht werden?, in: Otto Sandrock/Jürgen F. Baur/Boris Scholtka/Amos Shapira (Hrsg.), Festschrift für Gunther Kühne zum 70. Geburtstag, 2009, S. 930 f; Bettina Heiderhoff, Der gewöhnliche Aufenthalt von Säuglingen, IPRax 2012, S. 525 f; Dethloff, a.a.O. (Fn. 2), S. 931; Witzleb, a.a.O. (Fn. 77), S. 238 f; Mayer, a.a.O. (Fn. 21), S. 573 f; 西希代子，同註1，頁47註釋22；戴瑀如，同註15，頁229。

[94] 參照Mayer, a.a.O. (Fn. 21), S. 573 f.

[95] Dethloff, a.a.O. (Fn. 2), S. 926.

[96] Helms, a.a.O. (Fn. 86), S. 246; Bettina Heiderhoff, Anmerkung zu BGH, Beschluss vom 10.12.2014, NJW 2015, S. 485.

子女出生後拒絕交付子女並引起諸多糾紛，故近年來在美國的醫療實務上已開始避免實施此類代孕人工生殖，大多數代孕人工生殖均以委託妻或第三人的卵子實施[97]。假設在公序良俗要件的審查中應重視預防與子女交付有關糾紛的觀點，則因以代理孕母的卵子實施的代孕容易引起此類糾紛，故此類代孕違背公序良俗的程度或許較高。惟如前所述，在公序良俗要件的審查中不應重視一般預防的觀點，而應更重視已出生的子女之具體利益。

那麼，在以代理孕母的卵子實施代孕時，是否應對子女利益為不同評價？就此，在代理孕母既為分娩者又為基因上的母親之情形，代理孕母與子女間確實存在較強的母子關係構成因素。然而，就委託妻與子女間的關係而言，在以第三人捐贈的卵子實施代孕的情形（即上開德國案件的情形），委託妻與子女間存在的母子關係構成因素，僅有委託妻的意思與法院的行為而已。而在以代理孕母的卵子實施代孕的情形，在委託妻與子女間亦同樣存在此二構成因素，因此，就委託妻與子女間的關係而言，兩者情形應無顯著差異。而且，縱使代理孕母與子女間的母子關係構成因素較強，惟外國法院已認定委託夫妻為法律上的父母時，在該國代理孕母確定不是法律上的母親，此時，我國拒絕承認外國裁判將對子女產生的不利益，亦與以委託妻或第三人的卵子實施代孕之情形相同。因此，從子女利益的觀點來看，對以代理孕母的卵子實施代孕的情形，仍無充分理由為不同評價，故此時承認外國裁判，應不違背我國公序良俗。

（二）父子身分關係

如上所述，本文認為外國法院認定委託妻與子女間存在母子身分關係之部分，我國原則上應承認之。那麼，外國法院認定委託夫與子女間存在父子身分關係之部分，是否違背我國公序良俗？就此而言，雖委託妻與子女具有身分關係，但在我國實質法上，子女受婚生推定是以「妻之受胎」與生產為適用前提（民法第1063條第1項），因此，在父子身分關係的思考上，似無法單以我國法上該子女受婚生推定為理由認為外國裁判的承認並不違背我國公序良俗，毋寧應參照認領情形進行探討。於是，本文以下主要參照認領的情形，區分委託

---

[97] 織田有基子，同註14，頁222。

夫與子女具有基因聯繫的情形與無基因聯繫的情形，分別進行探討：

　　首先，若委託夫與子女具有基因聯繫，且代理孕母為未婚者，在我國實質法上，委託夫本得認領該子女或胎兒以建立父子身分關係（民法第1065條第1項），因此，外國裁判的承認結果與我國實質法的適用結果並無二致，其承認自無違背我國公序良俗。其次，就委託夫與子女具有基因聯繫，但代理孕母為已婚的情形而言，在我國實質法上，代理孕母所生子女被推定為其夫之婚生子女（民法第1063條第1項），經婚生否認後，委託夫始得認領該子女。就此而言，外國法院已認定委託夫妻為法律上的父母時，該裁判中同時包含否定代理孕母之夫與子女間的父子身分關係之內容，該部分可評價為具有相當於婚生否認訴訟勝訴判決的功能，因此，在此前提下認定委託夫為法律上的父親，實際上與我國實質法相去不遠，不應認為該外國裁判的承認違背我國公序良俗。此外，即使外國法院於子女出生前已作出相關裁判，仍不應僅以此認為承認該外國裁判與公序良俗不符。

　　再者，就委託夫與子女無基因聯繫，即以第三人捐贈的精子實施代孕的情形而言，應進一步思考我國承認規則上的公序良俗要件所要保護的價值為何。就此，雖然我國實質法上的通說[98]、判例[99]認為無血緣關係的認領為無效，但國際私法上仍不應認為無血緣關係的認領違背我國公序良俗。此乃因為：1.我國民法上，將無血緣關係的認領解為有效之學說見解亦相當有力[100]，近年的最高法院判決亦指出：「在民法上之親子關係未必貫徹血統主義」，「身分法係以人倫秩序之事實為規範對象，如將無效之身分行為，解釋為自始、當然、絕對之無效，將使已建立之人倫秩序，因無法回復原狀而陷於混亂」（最高法院102年度台上字第2301號判決），可見我國法院實務亦正在謀求將血緣關係的意義予以相對化的空間。在這種情況下，國際私法上不應認為血緣關係具有值得以公序良俗條款加以保護之絕對價值；2.從個案中的具體子女利益之觀點來看，在外國以第三人捐贈的精子實施代孕時，子女欲建立與基因父的法律上父

---

[98] 陳棋炎、黃宗樂、郭振恭，民法親屬新論，三民書局，2011年修訂10版，頁302；林秀雄，親屬法講義，自版，2013年，頁242。

[99] 最高法院86年台上字第1908號民事判例。

[100] 戴炎輝、戴東雄、戴瑀如，親屬法，自版，2012年修訂版，頁349-351。

子關係，無論事實上或法律上均極為困難，故若拒絕承認外國裁判，即產生子女終生無法擁有法律上父親的不利益。與此相較，委託夫有養育子女的意願，且於代理孕母交付子女後即開始與子女共同生活，在此情形下，我國透過承認外國裁判以迅速確保法律上的父親，顯然較為符合具體子女利益；3.關於認領準據法，涉民法第53條第1項採用認領人或被認領人本國法的選擇連繫主義，其立法目的在於使親子身分關係容易成立，即擴大認領能有效成立的範圍。惟在我國實質法上，認領的成立要件已相當寬鬆，故得以準據外國法的適用擴大認領成立範圍的情形，主要限於準據外國法認為無血緣關係的認領為有效之情形。然而，若以無血緣關係的認領違背我國公序良俗為理由排除其適用，涉民法第53條第1項將無法達成立法者所期待的目的。涉民法第51條及第53條第1項採用選擇連繫，其立法精神在於儘量使親子身分關係容易成立才能符合子女利益，簡言之，即是「有父親總比沒有父親好」。選法規則所採的此一精神，應同時反映於承認規則中的公序良俗條款之解釋。基於上開理由，本文認為即使委託夫與子女無基因聯繫，外國裁判的承認並不違背我國公序良俗。

綜上所述，就父子身分關係而言，無論代理孕母為未婚或已婚，亦無論委託夫與子女是否有基因聯繫，外國裁判的承認均不違背我國公序良俗[101、102]。

---

[101] 德國、日本學說亦認為，就父子身分關係的部分而言，外國裁判的承認並無違背內國公序良俗之處。參照Dethloff, a.a.O. (Fn. 2), S. 926; Witzleb, a.a.O. (Fn. 77), S. 224 ff; Rainer Frank, Anmerkung zu EuGH, Urteile vom 26.6.2014, FamRZ 2014, S. 1528; Rolf Wagner, Abstammungsfragen bei Leihmutterschaften in internationalen Sachverhalten: Bemühungen der Haager Konvention für Internationales Privatrecht, StAZ 2012, S. 296; 橫溝大，同註81，頁22：大村芳昭，同註85，頁136-137。

[102] 本文認為外國法院認定委託妻為法律上的母親之部分，亦不違反我國公序良俗，因此，我國應承認外國裁判的全部。惟若有論者認為母子身分關係的部分違背我國公序良俗者，即須檢討是否對父子身分關係予以「部分承認」（Teilanerkennung）。一般而言，若外國法院在一個裁判中就不同的訴訟標的同時為裁判時，應針對各訴訟標的分別審查是否具備承認要件，即使該外國裁判就某一訴訟標的部分不符合承認要件，但就其他訴訟標的的部分具備承認要件者，內國僅對後者予以承認。參照Geimer, a.a.O. (Fn. 6), Rn. 3068 ff. 在涉外代孕案件中，外國法院認定委託夫妻為法律上的父母時，父子身分關係與母子身分關係為不同的訴訟標的，即使後者部分違背我國公序良俗，惟如上所述，父子身分關係部分並無違背我國公序良俗之處，故仍可對此予以部分承認。

陸、結論

綜上所述，在涉外代孕案件中，代理孕母基於自由意思簽訂代孕契約而懷孕生產，並於子女出生後自願交付子女時，若外國法院已認定委託夫妻為法律上的父母者，無論代理孕母與子女是否具有基因聯繫，承認該外國裁判均不違背我國公序良俗。在此種情形，外國裁判並不構成侵害代理孕母的人性尊嚴，且透過承認外國裁判，始能保障子女身分的國際安定性，並能迅速確保願意養育該子女且應承擔養育責任之父母。

與代孕人工生殖有關的法律問題，並不限於代孕所生子女的親子身分關係，更有包含是否開放代孕；若予開放，其實施要件應為如何；在尚未開放時，（涉外）代孕契約是否有效（是否違背公序良俗）等，在立法論或解釋論上，仍有許多有待進一步探討之爭議問題。然而，無論對此等諸多問題採取何種結論，在我國不孕夫妻於外國實施代孕而子女已經出生時，應探求對該子女最好的解決方式。就此，在德國，法律明文禁止代孕並對違反其規定者科予刑罰，且立法者為遏制當事人在國外實施代孕，在民法上明文貫徹「分娩者為母」之原則，再者，德國內國法尚未允許登記同性伴侶得成為血緣親子關係法上的共同雙親。惟德國聯邦最高法院不顧這些內國法上的諸多障礙，重視外國裁判承認制度，其旨在避免發生跛行法律關係，並強調若在涉外代孕案件中拒絕承認外國裁判，將發生不符合子女利益且可能侵害子女基本權的跛行法律關係，而認為承認外國裁判不違背德國公序良俗。其對於外國法秩序及裁判的開放與寬容精神，以及盡力保護個案中的子女利益之態度，均頗值我國參考。

參考文獻

一、中文部分

（一）書籍

林秀雄，親屬法講義，自版，2013年。

紀欣，美國家事法，五南圖書，2009年2版。

陳棋炎、黃宗樂、郭振恭，民法親屬新論，三民書局，2011年修訂10版。

劉鐵錚、陳榮傳，國際私法論，三民書局，2010年修訂5版。

戴炎輝、戴東雄、戴瑀如，親屬法，自版，2012年修訂版。

蘇遠成，國際私法，五南圖書，1990年5版。

（二）期刊論文

王海南，人工生殖子女之法律地位，法令月刊第58卷第8期，2007年8月。

邱璿如，近年日本有關代理孕母議題之動向，萬國法律第170期，2010年4月。

紀欣，簡介美國法律對於處理代孕安排的最新發展，律師雜誌第318期，2006年3月。

莊錦秀，代孕人工生殖法草案之芻議，臺灣本土法學雜誌第103期，2008年2月。

蔡華凱，涉外婚姻訴訟事件之國際裁判管轄暨外國離婚裁判之承認，國立中正大學法學集刊第20期，2006年4月。

戴瑀如，從德國立法例論我國新人工生殖法對親屬法之衝擊，法令月刊第58卷第8期，2007年8月。

戴瑀如，由歐洲人權法院裁判再探代孕之禁制與開放，月旦法學雜誌第253期，2016年6月。

二、日文部分

（一）書籍

早川眞一郎，外国における代理出産によって出生した子の出生届，水野紀子、大村敦志編，民法判例百選Ⅲ，有斐閣，2015年。

竹下啓介，生殖補助医療と親子関係—代理母出生子の「母」の決定，櫻田嘉章、道垣内正人編，国際私法判例百選，有斐閣，2012年2版。

野村豊弘，生殖補助医療と法的親子関係に関する一考察，平井宜雄先生古稀記念，民

法学における法と政策，有斐閣，2007年。

（二）期刊論文

三輪和宏，アジア諸国における生殖補助医療の規制，レファレンス，2013年4月。

大村芳昭，渉外的代理母契約に基づく親子關係の成否，ジュリスト第1335期，2007年
　　6月。

中野俊一郎，代理出産に基づく親子關係の成立と外国裁判の承認，ジュリスト第1354
　　期，2008年4月。

水野紀子，生殖補助医療と子の権利，法律時報第79巻第11期，2007年10月。

水野紀子、石井美智、加藤尚武、町野朔、吉村泰典，生殖補助医療を考える，ジュリ
　　スト第1359期，2008年7月。

犬伏由子，夫の精子を用いた代理母による出生子と妻の間の母子關係，私法判例リマ
　　ークス第34期，2007年2月。

矢澤昇治，私の親は、誰ですか（1），專修法学論集第111期，2011年3月。

伊藤弘子，インドにおける生殖補助医療規制をめぐる近年の動向（1），戸籍時報第
　　680期，2012年3月。

伊藤弘子，インドにおける生殖補助医療規制をめぐる近年の動向（2），戸籍時報第
　　681期，2012年4月。

伊藤弘子，インドにおける生殖補助医療規制をめぐる近年の動向（3），戸籍時報第
　　683期，2012年5月。

伊關あすか，代理母出產における法的母子關係に關する考察，九大法学第93期，2006
　　年9月。

早川眞一郎，外国判決の承認における公序要件—外国人代理母が出産した子につき，
　　代理出産を依頼した日本人夫婦が実子としての出生届をすることは認められる
　　か，判例タイムズ第1225期，2007年2月。

西希代子，代理懐胎の是非，ジュリスト第1359期，2008年7月。

佐藤文彦，いわゆる代理母に關する最高裁決定について—公序に關する判示の問題点
　　（2007.3.23最高裁決定），戸籍時報第614期，2007年6月。

床谷文雄，代理懐胎をめぐる親子關係認定の問題，ジュリスト第1359期，2008年7
　　月。

林貴美，代理出產による親子關係の成立と外国裁判の承認，判例タイムズ第1256期，
　　2008年2月。

長田真里，代理母に關する外国判決の効力〜民訴118条の適用に關して—東京高決平
　　成18年9月29日および最決平成19年3月23日をもとに，法律時報第79卷第11期，
　　2007年10月。

厚生科学審議会先端医療技術評価部会生殖補助医療技術に關する専門委員会，「精子
　　・卵子・胚の提供等による生殖補助医療のあり方についての報告書」及び各委員
　　のコメント，ジュリスト第1204期，2001年7月。

棚村政行，生殖補助医療と親子關係（2），法学教室第276期，2003年9月。

幡野弘樹，代理懐胎と親子關係，法律時報第87卷第11期，2015年10月。

橫溝大，代理出產に關し親子關係を確定する外国判決の承認と公序（最決平成
　　19.3.23），戸籍時報第663期，2010年12月。

織田有基子，生殖補助医療とアメリカ法の現状，国際私法年報第6期，2005年5月。

三、德文部分

（一）書籍

Coester, Michael, Ersatzmutterschaft in Europa, in: Heinz P. Mansel/Thomas Pfeiffer/Herbert
　　Kronke/Christian Kohler/Rainer Hausmann (Hrsg.), Festschrift für Erik Jayme, Band 2,
　　2004.

Geimer, Reinhold, Internationales Zivilprozessrecht, 6 Aufl., 2009.

Gernhuber, Joachim/Coester-Waltjen, Dagmar, Familienrecht, 6 Aufl., 2010.

Henrich, Dieter, Das Kind mit zwei Müttern (und zwei Vätern) im internationalen Privatrecht,
　　in: Perspektiven des Familienrechts: Festschrift für Dieter Schwab zum 70. Geburtstag,
　　2005.

Henrich, Dieter, Kollisionsrechtliche Fragen bei medizinisch assistierter Zeugung, in: Tobias
　　Helms/Jens Martin Zeppernick (Hrsg.), Lebendiges Familienrecht: Festschrift für Rainer
　　Frank zum 70. Geburtstag am 14. Juli 2008, 2008.

Kegel, Gerhard/Schurig, Klaus, Internationales Privatrecht, 9 Aufl., 2004.

Münchener Kommentar zum Bürgerlichen Gesetzbuch, Band 8: Familienrecht II, 6 Aufl., 2012.

Muscheler, Karlheinz, Familienrecht, 2 Aufl., 2012.

Palandt, Bürgerliches Gesetzbuch, 73 Aufl., 2014.

Schack, Heimo, Internationales Zivilverfahrensrecht, 5 Aufl., 2010.

Staudinger, J. von, Kommentar zum Bürgerlichen Gesetzbuch mit Einführungsgesetz und Nebengesetzen.

- Buch 1: Allgemeiner Teil, Neubearbeitung 2011.

- Buch 4: Familienrecht § § 1589-1600d, Neubearbeitung 2011.

Sturm, Fritz, Dürfen Kinder ausländischer Leihmütter zu ihren genetischen Eltern nach Deutschland verbracht werden?, in: Otto Sandrock/Jürgen F. Baur/Boris Scholtka/Amos Shapira (Hrsg.), Festschrift für Gunther Kühne zum 70. Geburtstag, 2009.

Witzleb, Normann, „Vater werden ist nicht schwer"? Begründung der inländischen Vaterschaft für Kinder aus ausländischer Leihmutterschaft, in: Normann Witzleb/Reinhard Ellger/Peter Mankowski/Hanno Merkt/Oliver Remien (Hrsg.), Festschrift für Dieter Martiny zum 70. Geburtstag, 2014.

（二）期刊論文

Benicke, Christoph, Kollisionsrechtliche Fragen der Leihmutterschaft, StAZ 2013, S. 101-114.

Coester-Waltjen, Dagmar, Künstliche Fortpflanzung und Zivilrecht, FamRZ 1992, S. 369-373.

Dethloff, Nina, Leihmütter, Wunscheltern und ihre Kinder, JZ 2014, S. 922-932.

Duden, Konrad, Ausländische Leihmutterschaft: Elternschaft durch verfahrensrechtliche Anerkennung, StAZ 2014.

Engel, Martin, Internationale Leihmutterschaft und Kindeswohl, ZEuP 2014.

Frank, Rainer, Anmerkung zu EuGH, Urteile vom 26.6.2014, FamRZ 2014.

Grünenwald, Christoph, Im Ausland durchgeführte Leihmutterschaften: automatische Zuordnung zu den Wunscheltern oder Adoptionserfordernis?, StAZ 2015.

Heiderhoff, Bettina, Der gewöhnliche Aufenthalt von Säuglingen, IPRax 2012.

Heiderhoff, Bettina, Rechtliche Abstammung im Ausland geborener Leihmutterkinder, NJW 2014.

Heiderhoff, Bettina, Anmerkung zu BGH Beschluss vom 10.12.2014, NJW 2015.

Helms, Tobias, Leihmutterschaft - ein rechtsvergleichender Überblick, StAZ 2013.

Helms, Tobias, Anmerkung zu BGH, Beschluss vom 10.12.2014, FamRZ 2015.

Helms, Tobias, Anmerkung zu Schweizerisches Bundesgericht, Urteil vom 14.9.2015, StAZ 2016.

Koutsouradis, Achilles, Die gerichtliche Erlaubnis zur unterstützten Fortpflanzung durch eine Leihmutter in Griechenland, FamRZ 2004.

Luger, Brigitta, Das österreichische IPR bei Leihmutterschaft im Ausland - das Kindeswohl zwischen Anerkennung, europäischen Grundrechten und inländischem Leihmutterschaftsverbot, IPRax 2013.

Mayer, Claudia, Ordre public und Anerkennung der rechtlichen Elternschaft in internationalen Leihmutterschaftsfällen, RabelsZ 2014.

Mayer, Claudia, Verfahrensrechtliche Anerkennung einer ausländischen Abstammungsentscheidung zugunsten eingetragener Lebenspartner im Falle der Leihmutterschaft, StAZ 2015.

Scherpe, Jens M., Elternschaft im Vereinigten Königreich nach dem Human Fertilisation and Embryology Act 2008, FamRZ 2010.

Wagner, Rolf, Abstammungsfragen bei Leihmutterschaften in internationalen Sachverhalten: Bemühungen der Haager Konvention für Internationales Privatrecht, StAZ 2012.

3

臺灣法院涉外商事案件承認與執行之評析[*]

吳盈德

壹、前言

　　就一宗涉外商事爭訟案件，國際裁判管轄的決定，即等同於法庭地國的決定，而法庭地國的決定，即意味著國際私法選法規則的決定。然法庭審理涉外商事案件時，現實上還是必須在國際社會上選擇一內國法院起訴，國際裁判管轄的決定，又同時決定適用法庭地國的程序法。依照臺灣民事訴訟法上「先程序後實體」原則，國際裁判管轄的問題性質上屬於程序問題，為訴訟要件之一，乃法院應依職權調查之事項，不待當事人程序上有所主張或抗辯，法院即應主動調查。訴訟要件若有欠缺，法院的程序即不合法，故不生選擇準據法的問題，亦不應為實體判決。關於選法，臺灣法院就涉外案件之涉外性的判斷，應依職權為之，不問當事人在訴訟上有無主張，法院應針對涉外案件依職權適用涉外民事法律適用法來選擇準據法，此所謂國際私法上的強行性原則，為我國學者的通說所採，亦在最高法院歷次的裁判中重申[1]。又民事訴訟的成效往往取決於對被告責任財產的保全與執行，此點在國內訴訟與國際訴訟並無不同。惟較之國內民事訴訟，國際民事訴訟仍有若干差異，過程中充滿變數。具

---

[*] 原刊登於中華國際法與超國界法評論第13卷第1期，2017年6月，頁151-171。
[1] 最高法院91年台抗字第268號民事裁定，國際裁判管轄之合意，除當事人明示或因其他特別情事得認為具有排他亦即專屬管轄性質者外，通常宜解為僅生該合意所定之管轄法院取得管轄權而已，並不當然具有排他管轄之效力。本件再抗告人為中華民國國民，我國法院對以再抗告人為被告之民事訴訟事件，本有管轄權。其雖於所簽發之票據上記載，其與相對人間就本票據所證明之債務涉訟，願受美國內華達州或聯邦法院之司法管轄等語，但此國際裁判管轄之合意，經核僅係就上開債務表明如相對人在前開美國法院起訴請求再抗告人給付時，再抗告人不得以該美國法院無管轄權相抗辯之意思。兩造既未合意排除我國法院之管轄權，相對人向再抗告人住居所地之我國法院提起本件訴訟，揆諸前揭說明，自非法所不許。

體言之，從決定起訴的法庭地國、在外國為訴狀之送達、證據的蒐集、準據法的決定與適用到外國裁判的承認與執行等。這些事項並不全然為臺灣涉外民事法律適用法及民事訴訟法所完整規範。是故，涉外商事案件裁判的承認與執行制度的落實，即有探討的空間。

綜上，倘若我國法院為涉外案件的受訴法院，從國際裁判管轄之有無到準據法的選擇，皆為法院應依職權為調查與進行之事項，不問當事人在訴訟上有無主張或抗辯。此一國際私法基礎理論上的原理原則，同時適用在涉外財產與涉外身分案件，當然，亦包括涉外商事案件。限於時間與篇幅，本文之目的暫不將外國法制或相關國際規範的介紹與比較納入，所欲探討者，以我國法院裁判實務涉及涉外商事爭訟案件之管轄與選法之方法為主要對象。

貳、承認與執行的關係

一、由比較法上觀察外國法院判決執行之要件

國際間交流愈來愈頻繁，因而外國判決的承認及執行即成為國際往來及內國主權的一項重要問題，此一問題涉及多方利益的衡量，除了當事人的利益外，還包括裁判國與承認國的政治、經濟利益及司法機關的利益等。內國之所以就外國判決予以承認並為執行，主要有為保護訟爭當事人的利益及維持訴訟經濟的目的，可以避免內國法院就同一事件的實體法律關係再為審查，而減輕內國法院的負擔，並可避免發生裁判矛盾而損及司法威信的情形，此即為「實質再審禁止原則」採用法律政策理由。然而，此一原則並非毫無例外，如有內國更值得保護的利益時，仍容許內國法院在一定範圍內重新審查外國法院裁判的妥當與否，此種情形通常是為了維護內國的公序良俗[2]。

執行外國法院判決，須以該判決已受「承認」為前提，但由於並非任何判決均得為「執行名義」，如確認判決、形成判決，只要一經承認，問題即可解

---

[2] 參閱沈冠伶，美國倍數賠償金判決之承認與執行—最高法院九七年台上字第八三五號判決評釋，臺灣法學雜誌第117期，2008年12月，頁45。

決，對於不能或不須為執行名義的外國判決，其承認要件似應作不同規定[3]。即外國法院判決的承認與執行，理論上是不同的層次，給付判決的執行必須以承認為前提，然而確認判決和形成判決均無執行的問題。一般來說，承認外國法院判決的要件較寬，因已被承認的外國法院判決，在內國仍不得逕付執行，必須經內國公權力的參與，例如重審該案而為執行宣告或對外國法院判決再為新判決，或將外國法院判決登記於文書等後，才可執行。此種情形，與其說是因為作成判決的法院受其所屬國主權的限制，不能命令他國執行機關執行其判決，不如認為是因為承認與執行為二階段或雙軌制，可以於第一階段先依法定要件過濾外國法院判決予以審查是否承認，然後於第二階段的執行，則僅判斷與執行直接相關的法律問題[4]。此外，在比較法上，各國承認與執行外國法院判決的條件也並不一致。德國及瑞士對於外國法院判決，均採聲請承認及聲請執行併行的雙軌制，但均應經法院審查符合法定要件，始得為承認其效力的裁判或得付執行的執行判決。而法國法院自1964年後，法國法院即不再審查外國法院判決的內容，僅就非屬身分關係的判決，審查其準據法的適用是否符合法國國際私法的規定。英國法院則認為，外國法院判決具有承認要件者，即為有效的訴因，如原訴訟的一方當事人以外國法院的判決，在英國法院起訴，則其所執行者即非外國法院的原來判決，而是英國法院後來的判決，但因外國法院判決在實體部分有既判力，即使英國法院認其不當，並非如同法國法院對其全盤審查，再拒絕為執行宣告[5]。

二、我國現行的法規範

　　我國關於外國法院判決之承認，規定在民事訴訟法第402條：「外國法院之確定判決，有下列各款情形之一者，不認其效力：一、依中華民國之法律，外國法院無管轄權者。二、敗訴之被告未應訴者。但開始訴訟之通知或命令已

---

[3]　參閱陳長文，外國判決之承認──從歐盟「布魯塞爾判決公約」以及美國「對外法律關係新編」評析民事訴訟法第402條，收於國際私法理論與實踐（一）──劉鐵錚教授六秩華誕祝壽論文集，學林，1998年，頁227。

[4]　參閱劉鐵錚、陳榮傳，國際私法論，三民書局，2010年修訂5版，頁613。

[5]　劉鐵錚、陳榮傳，同註4，頁613-614。

於相當時期在該國合法送達，或依中華民國法律上之協助送達者，不在此限。三、判決之內容或訴訟程序，有背中華民國之公共秩序或善良風俗者。四、無相互之承認者。前項規定，於外國法院之確定裁定準用之。」由本條規定可知，我國民事訴訟法針對外國確定判決僅在具備消極要件時，始拒絕承認，原則上採「自動承認制」，即原則上承認該外國確定判決與我國確定判決相同的效力；但僅於有民事訴訟法第402條各款情況發生時，才例外不承認該外國的確定判決。實務見解認為，按我國法院是否承認外國法院判決之效力，應以該外國法院判決有無民事訴訟法第402條所列各款情形，為認定之標準，並非對同一事件重為審判，故對外國法院認定事實或適用法規是否無瑕，不得再行審認[6]。

　　至於外國判決之執行，規定在強制執行法第4條之1，由本條文可知，外國之確定判決欲聲請承認與執行應具備三要件：（一）外國確定判決；（二）無民事訴訟法第402條規定之事由；（三）經我國法院以判決宣示許可強制執行[7]。

　　因此，具備一定要件之外國確定裁判，其效力為我國法院所自動承認。其中，關於確認判決與形成判決，只要具備承認要件者，不必經過特別的程序，其效力即受到承認。而給付判決，其一定給付的實現係基於國家權力而得，故在外國由外國法院所為之判決不能逕自在內國為強制執行，程序上必須由內國法院就是否具備承認的要件予以個別審查之後，宣示許可執行，始賦予外國確定裁判在我國境內的執行力。

---

[6] 最高法院89年度台上字第1118號民事判決。另外，最高法院97年度台上字第109號民事判決，亦提出「禁止實質再審查」為普世各國對他國法院確定判決之承認程序已然確立之原則，因此，在外國確定判決之承認及許可執行之程序中，原則上不得對外國判決之事實認定及法律適用是否允當，再為實質性之審查，僅在為維護內國之公共及倫理之基本秩序，例外有限度的進行審查，因此民事訴訟法第402條第1項第3款始規定外國法院之確定判決之內容或訴訟程序，有背中華民國之公共秩序或善良風俗者，不認其效力。

[7] 強制執行法第4條之1：「依外國法院確定判決聲請強制執行者，以該判決無民事訴訟法第四百零二條各款情形之一，並經中華民國法院以判決宣示許可其執行者為限，得為強制執行。前項請求許可執行之訴，由債務人住所地之法院管轄。債務人於中華民國無住所者，由執行標的物所在地或應為執行行為地之法院管轄。」

參、必翔案與嘉德案

一、臺灣最高法院100年度台上字第2242號判決（必翔案）

（一）事實

　　英商Days Healthcare U.K. Limited於1996年2月6日與上訴人必翔公司簽訂協議書，由必翔公司授予DHL公司於歐洲地區銷售必翔公司所生產全系列電動代步車（即scooters）之獨家代理權。依約伍必翔及伍蔣清明亦為系爭協議書之當事人，同意承擔必翔公司依系爭協議書應負之義務。系爭協議書之有效期間，自簽署日（1996年2月6日）起算五年，即至2001年2月5日止。系爭協議書第10條及第13條分別約定：「本協議書第一期五年期間屆期時，若DMA（即DHL公司）已履行本協議書規定之義務，且每年銷售量不少於5,000輛時，DMA即有權以本協議書同樣條件續約五年，但第2條約定之每年應付款應為20,000美元。此續約權利應於法律許可期間內以同樣條件每五年續約一次」、「本協議書之準據法律為英國法」，兩造並合意由英國法院管轄。

　　系爭協議書於第一期即2001年2月5日屆期後，兩造就DHL公司是否符合系爭協議書第10條之續約條件，發生歧見。DHL公司遂以必翔公司、伍必翔及伍蔣清明為被告，向英國高等法院提出損害賠償訴訟（案號為2002 Folio 178），主張必翔公司違反系爭協議書之約定，請求必翔公司應支付損害賠償，必翔公司並於同一訴訟程序提出反訴。

　　英國高等法院於2004年1月29年就本案作出判決，認定DHL公司有權於2001年2月6日時續約，亦已續約，且認DHL公司有權取得因必翔公司違約所受之損害賠償金額1,020萬英鎊，並駁回必翔公司之反訴。英國高等法院另於2004年2月16日作成判決，判命：

1. 必翔公司應給付DHL公司1,023萬5,144英鎊，及自2004年1月29日起至清償之日止，按判決利率計算之利息。
2. 必翔公司應給付DHL公司因本訴訟程序支付之所有訴訟費用（含為本訴與反訴釋疑而支付之費用），費用金額為雙方同意之款項，若對金額有異議，

則按基準計算。

3. 必翔公司應支付DHL公司按CPR第44.3(8)規定墊付之200萬英鎊暫付款，最遲須於2004年3月1日星期一前支付。

4. 必翔公司應給付因本訴訟程序支付之費用：

(1)DHL公司有權依CPR 44.3(6)(g)規定，取得雙方同意或計算之訴訟費用之利息，計息期間始於DHL公司於任何時刻支付此等相關費用至2004年1月29日止，利息以高於基準利率1%之利率計算。

(2)自2004年1月29日起算至清償之日止，依判決利率計算之利息。

5. 駁回必翔公司就本判決暫緩執行之聲請。

　　必翔公司就英國高等法院判決不服，提起上訴，經英國上訴法院於2004年6月16日作出准許上訴之裁定，惟該上訴之許可附有條件。嗣英國上訴法院於2004年7月13日就必翔公司之上訴應否附加條件及其理由，暨上訴條件之法律效果，作出判決，上訴應附加之條件為：

1. 必翔公司應支付DHL公司英國高等法院判決所命之裁判金額及利息，並支付200萬英鎊訴訟費用及利息。

2. 必翔公司應支付15萬英鎊作為訴訟費用之擔保。

3. 必翔公司亦應支付該次聲請之訴訟費用，金額另行詳細計算之。

4. 所有費用應自該判決之日起六星期內支付。

　　因必翔公司未支付上開上訴條件之金額，英國上訴法院乃於2004年9月13日裁定駁回必翔公司之上訴，並要求上訴費用應由兩造協商，協商不成，則由法院估算。英國高等法院法官Mr. Justice Langley於2004年10月1日就本案出具證書，證明：DHL公司取得高等法院判定上訴人敗訴之判決，賠償內容為：

1. 賠款1,023萬5,144英鎊，及自2004年1月29日起算至清償之日止，按判決利率計算之利息。

2. 全部訴訟費用，以及雙方同意或計算之利息。利息之計算如下：

(1)自DHL公司支付相關費用當日至2004年1月29日，利率為基準利率加1%。

(2)自2004年1月29日起算，利率為判決利率。

(3)中間費用暫付款200萬英鎊。

　　英商DHL公司嗣以必翔公司及伍必翔、伍蔣清明為被告，向臺灣新竹地

方法院訴請宣告確定判決強制執行，經該院93年度重訴字第142號判決判命：「一、被告等應連帶給付原告英鎊一千零二十三萬五千一百四十四元及自西元二〇〇四年一月二十九日起至清償之日止，按週年利率百分之八計算之利息。二、英鎊兩百萬訴訟費用暫付款及自西元二〇〇四年一月二十九日起至清償日止，按週年利率百分之八計算之利息。」准予在中華民國強制執行。

　　案經被告（即必翔公司等）上訴，臺灣高等法院以95年度重上字第38號判決將原判決關於命准予在中華民國強制執行之範圍：「（一）應連帶給付之『連帶』部分；（二）上訴人應給付之金額『按週年利率百分之八計算之利息』部分均廢棄。上開（一）廢棄部分，被上訴人在第一審請求『連帶』部分駁回。上開（二）廢棄部分，准予在中華民國強制執行應給付之金額應依『判決利率』計算利息。並駁回其餘上訴。」

　　兩造各就其不利部分，提起第三審上訴，經最高法院99年度台上字第1786號判決：「原判決關於駁回被上訴人請求就英國高等法院2004年1月29日、同年2月16日2002 Folio 178號判決及判決、命令所命上訴人負連帶責任及訴訟費用暫付款200萬英鎊自2004年1月29日起逾判決利率計付利息宣示准予制執行部分之訴；駁回上訴人對於被上訴人請求就上開判決及判決、命令所命訴訟費用暫付款200萬英鎊自2004年1月29日起按判決利率計付利息宣示准予強制執行部分之上訴，暨各該訴訟費用部分廢棄，發回臺灣高等法院。兩造其他上訴駁回。」臺灣高等法院99年度重上更（一）字第145號判決將必翔公司之上訴駁回。經必翔公司復上訴至最高法院後，該院以100年度台上字第2242號判決駁回上訴，全案確定。

（二）相關爭點

　　英國法院要求必翔實業股份有限公司先向DHL繳付訴訟標的同額之擔保，始得上訴，有無違反我國民事訴訟法第402條規定外國法院判決執行之要件？本案系爭協議書於第一期即2001年2月5日屆期後，兩造就DHL公司是否符合系爭協議書第10條之續約條件，發生歧見。DHL公司遂以必翔公司、伍必翔及伍蔣清明為被告，向英國高等法院提出損害賠償訴訟（案號為2002 Folio 178），主張必翔公司違反系爭協議書之約定，請求必翔公司應支付損害賠

償，必翔公司並於同一訴訟程序提出反訴。英國高等法院於2004年1月29日判決認定英商DHL公司有權於2001年2月6日時與必翔公司續約，亦已續約，且認英商DHL公司有權取得因必翔公司違約所受之損害賠償金額1,020萬英鎊、200萬英鎊訴訟費用及利息等。必翔公司提起上訴，惟英國法院對其為差別待遇之附加上訴條件，要求必翔公司應先將第一審判決損害賠償金額等給付予英商DHL公司，始准上訴。

(三) 分析

必翔案主要的爭點在於英國法院要求必翔公司先向DHL繳付訴訟標的同額之擔保，始得上訴，有無違反臺灣民事訴訟法第402條規定外國法院判決執行之要件？

必翔公司援引司法院釋字第439號解釋，該理由書略謂：「憲法第十六條規定人民有訴願及訴訟之權利。就訴願而言，係在人民之權益遭受公權力侵害時可循國家依法所設之程序尋求救濟，使作成行政處分之機關或其上級機關經由此一程序自行矯正其違法或不當處分，以維持法規之正確適用，並保障人民之權益。對此項基本權利，依憲法第二十三條規定，須為防止妨礙他人自由、避免緊急危難、維持社會秩序或增進公共利益所必要者，始得以法律限制之。有關課稅或罰鍰之處分，對之提起行政救濟時，以繳納全部或一定比例之稅款、罰鍰或提供擔保為條件之規定，使未能繳納或提供者喪失法律之救濟[8]，係對人民訴訟及訴願權所為不必要之限制，與憲法有所不符，乃本院自

---

[8] 司法院釋字第439號解釋：「海關緝私條例第四十九條：『聲明異議案件，如無扣押物或扣押物不足抵付罰鍰或追徵稅款者，海關得限期於十四日內交納原處分或不足金額二分之一保證金或提供同額擔保，逾期不為交納或提供擔保者，其異議不予受理』之規定，使未能於法定期限內交納保證金或提供同額擔保之聲明異議人喪失行政救濟之機會，係對人民訴願及訴訟權利所為不必要之限制，與憲法第十六條所保障之人民權利意旨抵觸，應不再適用。本院釋字第二一一號解釋相關部分應予變更。」

釋字第二二四號解釋[9]以來一貫之見解（參照本院釋字第288號[10]、第321號解釋[11]）。」

　　然而本案事係涉及私人間違約之損害賠償，是否能等同視之，實有疑義。以民事訴訟法第402條第1項第3款拒絕承認其效力者，乃其判決承認之結果，將牴觸我國法秩序或倫理秩序之基本原則或基本理念時，始例外排除判決在我國之效力。按所謂判決內容違反我國公序良俗，係指外國法院判決之內容係命為我國法律所禁止之行為，如命交付違禁物是；或係我社會觀念上認為違背善良風俗，如承認重婚、賭博者是。系爭外國法院之判決命上訴人就債務不履行及侵權行為負損害賠償責任，給付被上訴人賠償金額，其內容並無何違背我國公共秩序或善良風俗[12]。因此，本件英國上訴法院法官既有權於許可上訴時附加條件，則其附加之上訴條件是否符合英國民事訴訟規則，及附加之理由為何，均屬英國法院法官認定事實、適用法律之範疇，該法律適用有無瑕疵，非我國許可執行法院所得審認[13]。綜上所述，本案歷審參與審判之法官及法院應

9　司法院釋字第224號解釋：「稅捐稽徵法關於申請復查，以繳納一定比例之稅款或提供相當擔保爲條件之規定，使未能繳納或提供相當擔保之人，喪失行政救濟之機會，係對人民訴願及訴訟權所爲不必要之限制，且同法又因而規定，申請復查者，須於行政救濟程序確定後始予強制執行，對於未經行政救濟程序者，亦有欠公平，與憲法第七條、第十六條、第十九條之意旨有所不符，均應自本解釋公布之日起，至遲於屆滿二年時失其效力。在此期間，上開規定應連同稅捐之保全與優先受償等問題，通盤檢討修正，以貫徹憲法保障人民訴願、訴訟權及課稅公平之原則。」

10　司法院釋字第288號解釋：「中華民國79年1月24日修正前之貨物稅條例第二十條第三項：『受處分人提出抗告時，應先向該管稅務稽徵機關提繳應納罰鍰或其沒入貨價之同額保證金，或覓具殷實商保』之規定，使未能依此規定辦理之受處分人喪失抗告之機會，係對人民訴訟權所爲不必要之限制，與憲法第十六條保障人民訴訟權之意旨有所牴觸。」

11　司法院釋字第321號解釋：「民國75年6月29日修正公布之關稅法第二十三條之規定，使納稅義務人未能按海關核定稅款於期限內全數交納或提相當擔保者，喪失行政救濟之機會，有違憲法第十六條保障人民訴訟權之規定。」

12　最高法院84年度台上字第2534號民事判決意旨參照。

13　最高法院85年度台上字第2597號民事判決意旨參照：「我國是否不認外國法院確定判決之效力，應以該外國法院確定判決有無民事訴訟法第四百零二條所列各款情形爲認定標準，並非就同一事件更爲審判，故外國法院認定事實或適用法規是否無瑕，不在審認之範圍。」

無悖於憲法第16條規定及司法院釋字第439號等多號解釋人民訴訟權利應予保障，不得為不必要之限制之意旨，即民事訴訟法第402條第1項第3款規定有背中華民國之公共秩序者。

（四）必翔案大事紀

日期	主要內容
2004.1.29	英國高等法院女王商業法庭作成2002 Folio 178判決。
2004.2.16	英國高等法院女王商業法庭批准判決及命令。
2005.11.25	新竹地院第一審判決（93年重訴字第142號）原告（即英商DHL）勝訴，宣告英國判決准予在臺灣強制執行。
2008.7.23	臺灣高等法院95年重上字第38號判決。
2010.9.30	最高法院99年台上字第1786號判決。
2010.11.30	臺灣高等法院99年重上更（一）字第145號判決確定證明書，證明97年7月23日所為之第二審判決部分已確定。
2010.12.15	新竹地方法院民事執行處收受債權人DHL聲請之執行案件。
2011.1.10	必翔公司收受新竹地方法院民事執行處函，請渠就執行事項之判決利率為何表示意見後，隨即於11日及12日分別向新竹地院及更（一）審之臺灣高等法院（針對所發之確定證明書）聲明異議。 新竹地院100年6月16日作成100年執事聲字第29號裁定駁回異議，裁定理由中敘明該院經審酌相關文件後，亦認為部分判決已確定，執行名義業已成立，本件執行程序完全符合最高法院81年度台抗字第114號判例之意旨。 臺灣高等法院100年1月24日以100年聲字第17號裁定異議駁回。 最高法院100年4月28日以100年台抗字第328號裁定抗告駁回。
2011.7.26	臺灣高等法院99年度重上更（一）字第145號判決。
2011.12.29	最高法院100年度台上字第2242號判決。
2012.11.30	大法官第1397次會議議決必翔公司所提之釋憲聲請案，核與司法院大法官審理案件法第5條第1項第2款規定不合，應不受理。

二、臺灣最高法院101年度台上字第1010號民事裁定（嘉德案）

（一）事實

　　嘉德玻璃事業股份有限公司（下稱嘉德公司）係依我國法設立之股份有限

公司，渠與設籍於香港之嘉威玻璃有限公司（下稱嘉威公司）間，前因買賣貨款及代墊款之爭議，經嘉威公司向香港高等法院起訴，請求嘉德公司給付港幣6,004,903.16元。嘉威公司於香港法院起訴時，書狀中僅寥寥數語請求嘉德公司依發票給付港幣若干並加計利息，此外別無有關債務履行地或管轄之敘述，更未提出任何香港法院具有管轄權之佐證文件。嘉德公司為表達香港法院對於該貨款爭議欠缺管轄權，與對於該債權之存否亦有爭執，除於99年7月12日提出「送達認收書」及「擬抗辯通知書」，明確勾選爭執法律程序與不承認原告尋求支付之款項外，並於同日及99年12月3日兩度由嘉德公司之法定代理人胡德強親簽答辯書函，致送香港高等法院登記處及原告委任之姚黎李律師行，明白抗辯香港法院無管轄權及原告未提證據證明其請求等語。嗣後，香港法院未調查證據，亦未開庭辯論，即於2010年12月28日以「本案被告人並無發出擬抗辯通知書」為由，作成嘉德公司敗訴之判決。

　　嘉德公司另於2011年1月間（香港法院判決後）始收到香港法院司法常務官於2010年12月21日作成之函文，內容略稱：「該院登記處已收到嘉德公司之答辯書函，但因依香港法規，法人團體除可填寫送達認收書外，不得於未經許可下，在訴訟中不經律師代表，而採取進一步法律程序。若欲由一名董事代表，則須向司法常務官提出申請，故退還嘉德公司所遞之答辯書函，隨函並檢附相關法令、申請許可之詳細規則與宣誓書格式供參等語。」

　　嗣嘉威公司即持上開香港判決向臺北地院起訴，請求准予系爭香港判決在臺灣強制執行。嘉德公司主張，因兩造買賣關係之債務履行地係在臺灣，而非香港，是香港高等法院無從取得本件管轄權，且嘉德公司已依香港高等法院規則之規定，合法提出送達認收書及擬抗辯通知書，並兩度呈遞答辯書，均經香港法院收受在案。詎香港法院卻對此恝置不顧，剝奪嘉德公司聽審與辯論機會，是該香港法院所作成之確定判決即有民事訴訟法第402第1項第1款「依中華民國之法律，外國法院無管轄權者」及同條項第3款「判決之內容或訴訟程序，有背中華民國之公共秩序或善良風俗者」之事由，而不應認其效力，並許可執行云云，據以抗辯。

　　詎臺北地院、臺灣高等法院及最高法院等歷審均不採嘉德公司之抗辯，判決准許執行。最高法院於101年7月5日以101年度台上字第1010號民事裁定，以

嘉德公司對於原判決提起上訴，雖以該判決違背法令為由，惟核其上訴理由狀所載內容，係就原審取捨證據、認定事實之職權行使，指摘其為不當，並就原審所為論斷，泛言其論斷矛盾，而未表明該判決所違背之法令及其具體內容，暨依訴訟資料合於該違背法令之具體事實，並具體敘述為從事法之續造、確保裁判之一致性或其他所涉及之法律見解具有原則上重要性之理由，難認其已合法表明上訴理由為由，駁回其上訴，本案爰告確定。

(二) 相關爭點

香港高等法院在未賦予嘉德公司訴訟權充分保障之情況下，作成對嘉德公司不利之一造辯論判決，致該公司喪失聽審及辯論之機會，與我國法秩序之基本原則相違，是否屬訴訟程序違背公序良俗之外國法院判決，依民事訴訟法第402條第1項第3款：「判決之內容或訴訟程序，有背中華民國之公共秩序或善良風俗者。」歷審法院審理本件許可香港地區確定判決於中華民國強制執行事件有無違失？

本件臺灣高等法院確定判決理由說明略謂：「質言之，外國法院確定裁判得以本款拒絕承認其效力者，乃其判決承認之結果將牴觸我國法秩序或倫理秩序之基本原則或基本理念時（最高法院99年台上字第2193號判決要旨參照），始例外地排除其判決在我國之效力，則外國確定判決僅與我國法之任意規定不符者固毋論，縱其違背我國法之強制規定，但未達牴觸上開法秩序之基本原則或理念時，仍不得逕予排斥。且程序法應適用法院地法為國際私法之大原則，基於國際相互承認與禮讓原則，外國法院經合法訴訟程序所為之民事判決，原則上應予尊重，除判決所認定之事實、內容外，尚應包括外國法院之訴訟程序、確定判決等，皆依該國相關之程序規定為斷，不以由我國法院依我國程序相關規定判決賦與為必要。此即普世各國就他國法院確定判決之承認程序已然確立之禁止實質再審原則，因此，在外國確定判決之承認及許可執行之程序中，原則上不得就外國判決之事實認定及法律適用是否允當，再為實質性之審查，僅在為維護內國之公共及倫理之基本秩序，例外有限度的進行審查，此乃民事訴訟法第四百零二條第一項第三款始（所）由設。」

（三）分析

　　按外國法院確定判決在我國之效力，臺北高等行政法院101年訴字第1203號判決要旨：「民事訴訟法第四百零二條規定，我國承認與執行外國法院裁判之要件必須該外國法院有管轄權，且敗訴之被告有應訴之機會，該裁判之內容或程序未背於中華民國之公序良俗，以及該國與我國間有相互承認之事實。通說上認為各機關均可對外國判決為形式上審查以承認之，如有爭執，可由利害關係人訴請法院確認之。我國承認外國法院之判決之目的非在於就同一事件重為審判，故對於外國法院認定之事實或適用法律是否無瑕，我國法院不得再為審認。至於我國和外國有無相互承認，只要事實上有相互承認即可，不以有條約為限。因此在認定外國法院有無管轄權時，不宜過於僵硬，應盡量從寬及主動立於互惠觀點承認其判決。」又香港或澳門之民事確定裁判，其效力、管轄及得為強制執行之要件，準用民事訴訟法第402條及強制執行法第4條之1之規定，香港澳門關係條例第42條第1項定有明文。復參臺灣最高法院102年台上字第1367號民事裁定要旨：「按民事訴訟法第四百零二條第一項各款規定，得不予承認外國判決之效力，所謂應訴，是以被告是否獲得充分之防禦權保障為斷，若可充分準備應訴，不論其是否親收或親自參與言詞辯論程序；所謂有背於公共秩序，係指外國判決結果或其理由依據，違背我國之基本立法政策或法律理念、社會之普遍價值或基本原則而言；所謂相互之承認，係指兩國法院間相互承認判決，非指國際法上國家承認，又外國未明示拒絕承認，且未具有同項第一款到第三款之情形，應從寬承認之。」又臺灣最高法院101年台上字第1360號民事判決要旨：「行為人受外國法院為敗訴判決者，如若其於外國法院應訴時，應可認相關程序權已受保障，原則上應承認該外國法院確定判決於我國之效力；但若未應訴者，必須於開始訴訟之通知或命令已於相當時期在該外國域內對該被告為合法送達，或協助在該外國域外對該被告為送達者，始稱有保障其程序權，進而得承認其判決效力。」

　　職是，本件港商嘉威公司就兩造間貨款及代墊款之爭議向香港高等法院起訴後，嘉德公司兩度由其法定代理人親簽答辯書函，致送香港高等法院及嘉威公司之律師，明白抗辯香港高等法院無管轄權，惟香港高等法院未開庭辯論，

遂作成該公司敗訴之判決。質言之，香港高等法院未依臺灣制定公布之「外國法院委託事件協助法」、「司法協助事件之處理程序」及其他司法互助協定暨作業要點等相關法規送達補正函文，亦不以掛號方式郵寄，而係採任意投遞方式，其訴訟程序並未有違我國民事訴訟法第49條之規定[14]。緣各國之訴訟制度均有不同，自無從期待他國訴訟制度與我國完全相符，因此所謂之「外國判決訴訟程序違背公序良俗」，應僅限於作為該外國判決基礎之訴訟程序顯然違背國際公認之訴訟法基本原則，使判決結果之公平、公正性質受到質疑之情形，例如無正當理由進行秘密審判、未保障審判官獨立、無迴避制度等，不得僅因立法上之差異，即認他國訴訟制度違背我國公序良俗。

綜上，嘉德公司訴訟中主張，香港高等法院審理系爭判決案件未賦予伊訴訟權充分保障，即作成對伊不利之一造辯論判決，致伊喪失聽審及辯論之機會，顯有損伊之程序權一事，本件臺灣高等法院確定判決亦於理由中逐一說明該訴訟程序進行中，業由原告或香港高等法院將傳訊令狀等相關訴訟文書及系爭民事確定判決書合法送達嘉德公司，且該法院所採行訴訟程序及判決方式與香港訴訟制度並無不符，對外國人尚無歧視性規定，核無未賦予嘉德公司聽審或辯論機會，亦未剝奪其訴訟權，自無民事訴訟法第402條第1項第3款規定牴觸臺灣法秩序之基本原則或理念之情形。又該等送達文書中並已記載香港訴訟程序規範之教示條款，惟該公司疏未注意訴訟地之程序法規與我國訴訟法制之差異，致受不利判決，見解殊值贊同。

---

[14] 最高法院80年台上字第1828號民事判例，選定當事人之制，旨在求取訴訟程序之簡化，以達訴訟經濟之目的。其被選定人之資格，固屬當事人之適格事項，而爲法院依職權所應調查者，惟被選定人之資格如有欠缺，依民事訴訟法第50條明文準用同法第48條、第49條追認及補正之規定，於法院定期命其補正不爲補正前，應不得以當事人不適格爲由駁回其訴，且被選定人本身均爲「共同利益人」，苟其與選定人間對於訴訟標的非屬必須合一確定之固有必要共同訴訟，縱其被選定之資格有所欠缺，並於法院命其補正後未爲補正，仍難認就其本人部分，無實施訴訟之權能，法院不得據以駁回該本人之訴。

(四)嘉德案大事記

日期	事件	備註
2010.6.28	嘉威公司（CARTGLASS LIMITED）委由姚黎李律師行向香港高等法院起訴，對被告請求支付積欠之買賣貨款及利息。	
2010.8.11	原告嘉威公司提出修訂傳訊令狀（AMENDED WRIT OF SUMMONS）。	刪除對第二被告胡德強（即嘉德公司之代表人）之請求部分。
2010.7.12	被告嘉德公司向香港高等法院遞交二份（不同被告名義）傳訊令狀之送達認收書，並同時向香港高等法院及原告律師提出答辯書。	送達認收書經香港高等法院登記處於2010年7月13日收受。
2010.12.3	嘉德公司復向香港高等法院及原告律師提出答辯書，表明異議（抗辯）要旨。	此係嘉德公司在接獲由臺北地院轉達香港高等法院登記處寄送之修訂傳訊令狀後所爲；並經香港高等法院登記處於2010年12月16日收受。
2010.12.21	香港高等法院司法常務官作成退還嘉德公司所寄之文件（答辯書）之函文。	嘉德公司係於2011年1月間始收到該函文，因法院已作成判決，故無從補正。
2010.12.28	香港高等法院就本案作成終局判決，判命嘉德公司應支付原告1.港幣6,004,903.16；2.按本金港幣2,489,256.19計算之利息，就2010年6月29日至本日，以年利率8厘計算，其後以判決利率計算，直至付清全額；及3.定額訟費爲港幣11,045.00。	嘉德公司未對該判決提出上訴而告確定。

肆、結論

　　隨著臺灣經貿發展，臺灣與國際間的交往愈來愈頻繁，交易紛爭亦跟著活絡的貿易活動而增加。因此債權人在外國法院取得民事確定判決後，如何強制執行債務人在臺灣之財產即成為重要之課題。欲執行外國民事確定判決，須依強制執行法第4條之1、民事訴訟法第402條之規定先向臺灣法院提起許可強制執行之訴，取得許可執行之判決後，始得向臺灣法院聲請強制執行。臺灣法院

在審理許可強制執行之訴並非就外國民事確定判決之事實作重新認定，亦非審究該確定判決之法律適用是否允當，而是審酌臺灣應否承認該外國民事確定判決之效力。依該規定，凡外國法院之確定判決，有下列各款情形之一者，不認其效力[15]：

一、依中華民國之法律，外國法院無管轄權者

　　所謂外國法院就爭議事件沒有管轄權，學說上有認為若依我國民事訴訟法對於管轄權認定的標準，該外國法院無管轄權，即屬符合。實務上則亦有認定所稱外國法院對爭議事件沒有管轄權，係指我國法院依法對該爭議事件具有專屬管轄，而不得由其他法院（包括其他國家法院）就特定事件進行司法審理之情形。對此，有關專屬管轄的規範，大多定於民事訴訟法中。例如：不動產的分割，僅該不動產所在地的法院有管轄該事件的權限。民事訴訟法第402條之所要會要求該為判決的外國法院，需具有國際審判管轄權，考其目的應在維護內國管轄權不受侵犯，以及防止國際間管轄權的衝突。我國涉外民事法律適用法對於判斷某特定的案件中，何國具有國際管轄權未見規定，然判斷外國法院是否具有國際管轄權，由民事訴訟法第402條可推之，我國法院採取與大陸法系中多數國家相同的「基準同一說」，即假設判決國法院依據我國法院關於國際管轄權之規定判斷，該國是否具有國際管轄權[16]。

　　外國法院有無管轄權乃以法庭地與系爭事件間有無合理之連繫因素作為判斷標準。例如甲為新加坡公司，甲主張兩造所簽訂契約，約定甲授權技術予臺灣公司乙，交付在臺灣的乙進行設計及製造產品，因乙未給付價金而生爭執，兩造因契約涉訟。雙方往來文件及證據資料均以英文繕寫，且系爭契約約定以新加坡法律為準據法，該案證人住所大多在新加坡，因此本件審理無論在時間、勞費、證據調查或新加坡法律適用等方面，新加坡法院都是經濟、迅速與便利之法院，由新加坡法院審理較臺灣法院更具關連性，因此臺灣高等法院認

---

[15] 惟特別法另有規定者，則不在此限，例如，破產法第4條：「和解在外國成立或破產在外國宣告者，對於債務人或破產人在中國之財產，不生效力。」

[16] 在德國則有將此稱之為鏡像原則（Spiegelbildprinzip）。

為新加坡法院為有管轄權之法院[17]。

二、敗訴之被告未應訴者。但開始訴訟之通知或命令已於相當時期在該國合法送達,或依中華民國法律上之協助送達者,不在此限

按外國法院之確定判決,其敗訴之被告未應訴者,不認其效力,但開始訴訟之通知或命令已於相當時期在該國合法送達,或依中華民國法律上之協助送達者,不在此限,民事訴訟法第402條第1項第2款定有明文。此款之目的,乃為了保護我國之被告,以避免其不知外國法院有此一訴訟而未應訴,致遭敗訴之判決。為保護我國人民於訴訟當中,得受到最低限度的聽審請求權保障。於民事訴訟法第402條當中,規定若被訴的一造,為我國人民而為應訴者,為我國法院不應承認該外國法院所為之判決的理由。而所謂「應訴」,應以被告之實質防禦權是否獲得充分保障行使為斷,如當事人於外國訴訟程序中,客觀狀態下可知悉訴訟之開始,可充分準備應訴,可實質行使防禦權,即已符合應訴要件,不以當事人本人是否親收開始訴訟之通知,是否親自參與言詞辯論程序為必要[18]。但是如果開始訴訟的通知或命令,已在該國送達本人或依我國法律上之協助送達之者,不在此限。蓋此時我國之被告,以受到程序保障;已知該訴訟已經在外國開始進行卻為未與該訴訟,因此所生之不利益,當事人自己承受。臺灣最高法院曾有判決認定,在外國為送達,雖不是向當事人親自為之,但向其法定代理人或訴訟代理人送達,亦無不可。但若是以該外國的替代送達辦理,對於當事人之防禦權是否充分保障及充分準備應訴,自應予詳細調查為由,而將該案發回高等法院重新審理[19]。實務上亦曾有臺灣法院以該外國訴訟程序的送達,係由臺灣律師親自交付予訴訟相對人,因而認定該送達不符合民事訴訟法第402條第2款及外國法院委託事件協助法規範的送達方式辦理,而駁回該外國判決承認的聲請之案例[20]。本處所稱之送達,雖未如德國民事訴訟法

---

[17] 臺灣高等法院97年重上字第408號民事判決。

[18] 最高法院103年度台上字第572號民事判決。

[19] 最高法院97年度台上字第109號民事判決。

[20] 臺灣板橋地方法院87年度簡上字第372號民事判決。

第328條第1項第2款要求該送達需合法與及時，在解釋上應參照，即此送達必須臺灣之被告，有充分之時間準備出庭答辯及防禦[21]。

三、判決之內容或訴訟程序，有背中華民國之公共秩序或善良風俗者

對於外國判決承認的聲請案，原則上不可以對該判決的事實認定與法律適用再重為實質審理。但是，為了維護主權國家內公共及倫理之基本秩序，依民事訴訟法第402條第3款規定，可例外對外國確定判決進行有限度的審查，以確保聲請承認的外國判決，不會有違反臺灣社會普世的公共秩序與善良風俗。所謂「公共秩序」與「善良風俗」，依臺灣高等法院95年度重上字第525號民事判決意旨，公共秩序是指立國精神與基本國策之具體表現，而善良風俗則為發源於民間之倫理觀念。外國法院之判決不被承認的理由，常是該外國法院所為之判決，違背我國實體法上之公序良俗。按臺灣高等法院99年度重上更（一）字第145號及95年度重上字第38號民事判決均謂所謂判決內容違反我國公序良俗，係指：「外國法院判決之內容係命為我國法律所禁止之行為，如命交付違禁物是；或係我社會觀念上認為違背善良風俗，如承認重婚、賭博者是。」即本於該判決所認定之事實或適用之法律予以審視，有無違背我國之公共秩序善良風俗，不得以該判決所踐行的訴訟程序或實體法上的審認結果，有異於我國者皆認其違背公共秩序善良風俗。如最高法院95年度台上字第293號民事判決對此認定，律師費用是否納入訴訟費用範圍（以令勝訴一方可向敗訴一方請求），各國規範縱有差異，也無關乎於臺灣法秩序或倫理秩序之基本原則、理念，故不可據以駁回外國判決承認的聲請案。

四、無相互之承認者

稱「相互之承認」，乃指外國與內國，在同等之條件下，對我國法院判決之當否，依外國規定也不須經實質之審查，得受到可被承認之保障。學說在

---

[21] 德國民事訴訟法第328條第1款第2項的規定，開始訴訟之通知未合法且及時送達致使被告未應訴，而不能為適當之攻擊與防禦者。就此規定之翻譯及意義，詳見藍瀛芳，外國判決之承認，法學叢刊第103期，1981年9月，頁48-56。

此傾向採從寬解釋，在避免勝訴當事人之權利保護受到無謂的限制之思考下，以更有能實現外國判決承認制度，此處所謂「承認」係指「司法上之承認」，並非國際法上或政治上之承認[22]。凡實際上承認我國判決之國家，無論該外國與我國之間有無外交上之國家承認關係存在，我國法院皆應承認該外國判決。實務也採從寬認定，只要該外國未明示拒絕承認我國法院之判決效力，即盡量從寬，並基於互惠觀點，承認該國判決之效力。臺灣最高法院93年度台上字第1943號判決：「民事訴訟法第四百零二條第一項第四款所謂相互之承認，係指司法上之承認而言，並非指國際法上或政治上之承認。而司法上之相互承認，基於國際間司法權相互尊重及禮讓之原則，如外國法院已有具體承認我國判決之事實存在，或客觀上可期待其將來承認我國法院之判決，即可認有相互之承認。」又臺灣高等法院臺南分院97年度家抗字第15號裁定：「就我國而言，實務上基於國際間司法權相互尊重及禮讓之原則，如外國法院已有具體承認我國判決之事實存在，或客觀上可期待其將來承認我國法院之判決，即可認有相互之承認，此觀前揭最高法院93年度台上字第1943號判決意旨即明。換言之，只要外國並無積極否認中華民國法院確定判決效力之事實，而外國法院決復無本法第四百零二條第一項第一款至第三款情形，則不妨承認其判決為有效。」即符合上揭學說傾向。

　　最後，國際私法的最主要目標在達成判決一致之理想，今日各國不僅在實體法上存有不同立法例之差異，甚至在相同制度間，其內容之細目規定也未必相同。由本文所論的必翔案與嘉德案可知，從事實務工作者實有加強對各國法律與文化的差異以及外國法認識的必要性，再者我國法院是否承認與執行外國判決、其認定標準為何，確實是相當棘手的問題。由於一國對於涉外案件管轄權之主張，一般認為亦含有本國當事人合法權益與國家利益之意義，從而各國多試圖賦予內國法院較廣之管轄權。因此，個案正義與法律判決一致性的衡平就更顯得重要。

---

[22] 參閱陳榮傳，互惠與外國離婚判決之承認，月旦法學雜誌第10期，1992年6月，頁62。

4

外國民事判決效力之承認及其效力範圍之準據法[*]

賴淳良

壹、前言

　　一個國家法院的民事判決同時具有兩個面向意涵，一個面向是代表國家機關的正式行為，另外一個面向則對予私人之間的交往活動作出規制[1]。是否承認外國判決，以及如何決定外國判決之效力，也同樣涉及尊重外國法院判決及確保當事人實體利益、程序利益的平衡考量。我國民事訴訟法第402條以及臺灣地區與大陸地區人民關係條例（以下簡稱兩岸關係條例）第74條規定，分別規定外國判決承認制度以及中國大陸判決之裁定認可制度，奠立我國國際及區際司法互助之法治基本條件。不過，判決種類繁多，不同的判決發生不同的效力，各國判決的效力，也因為不同的訴訟制度，而有不同的設計。承認外國判決是否指承認外國判決之效力，如果判決國法所規定之判決效力與我國法不同，如何決定判決之效力，仍有進一步討論之必要。本文試圖探討外國判決承認之意涵以及外國判決效力之準據法，進而分析中國大陸判決在臺灣之效力。

　　承認外國判決應有幾項層次的思考，首先在第一層次是是否承認外國判決的政策問題，此有政策形成、司法互助、不同法域間人民往來需求之問題。其次是承認適格的問題，具體之外國判決是否得為承認之適格，此包含是否為民事判決、終局判決、確定判決等問題。第三層次為承認要件之問題，承認外國判決應具備何項要件，此為我國民事訴訟法第402條所列各款事由。第四層

---

[*] 收於二十一世紀法學新思維—賴來焜教授六秩華誕祝壽論文集，法源資訊，2015年12月。
[1] Robert C. Casad, Issue Preclusion and Foreign Country Judgments; Whose Law?, 70 Iowa L. Rev. 53 (1984), p. 59.

次是思考經承認之外國判決，其效力之範圍問題。本文將以第四層次為討論重心，為了能有效釐清第四層次問題，有必要先說明承認外國判決之真正意涵，承認外國判決與外國判決一事不再理效力之間的問題。

貳、外國判決效力之承認

法院代表國家就當事人之私法紛爭作出裁決，在現代主權國家之體系下，具有高度的主權意涵。不過隨著國界日益消融，各國法院判決的相互承認成為避免當事人訟累，節約國家司法資源的必要之舉。既然如此，承認外國判決，是否意味著承認外國判決具有一事不再理的效力，當事人不得就同一事件或爭點，再行起訴或為不同之主張。就此問題之討論，可從簡短回顧歷史片段開始。

英國上議院法官Lord Brougham於1834年針對外國判決是否具有終局性的效力提出解說，他認為「外國判決僅係初步證據（prima facie evidence），並不具有終局性（conclusive）」，認為外國判決僅具有證據之效力。不過在此之後，英國上議院從1844年*Henderson v. Henderson*起之一連串案例中，開始思考不能就外國判決已經決定的事項，再進行本案的審理（re-examine on the merits）。最終，於1870年*Godard v. Gray*一案中，英國法院確認經過承認的外國判決，如果是本案終局性的判決，英國法院不得再就外國判決適用法律、認定事實的問題，再進行審理、審查，等同承認外國判決之效力。此項決定被認為符合傳統的兩項法諺，「訴訟應有終結之日，為一項公眾利益」及「無人應以同一理由被訴兩次」。根據此項原則，英國法院既然不能再對外國判決為審理，等於承認外國判決具有一事不再理之效力，包含訴因與爭點[2]，均具有同等效力。此項普通法原則在1982年之民事管轄及判決法（Civil Jurisdiction and Judgments Act）第34條所再度明白宣示。該條規定之內容為，除外國判決不被英國或威爾斯承認或執行外，當事人不得就已經在大英國協或其他國家取得判

---

[2] Lawrence Collins, Dicey and Morris on the Conflict of Laws, 11th ed., vol. 1, 1987, p. 461.

決之事項，以原當事人或利害關係人為被告再行起訴。英國2009年所成立最高法院之前身即上議院（House of Lord）分別於1993年及1998年兩件*Republic of India v. India Steamship Co., Ltd.*案件中獲得確認此項法律原則[3]。

　　英國學者Trevor C. Hartly也援用一事不再理原說明承認外國判決之作用，他指出在國際關係網絡下，一事不再理原則意味著，除非有正當的理由，否則請求權人應該可以信賴依靠在外國法院取得的判決，如果勝訴者是原告，應該有權利獲得執行，如果是被告勝訴，不應受再行應訴之勞費，無論是哪一種情形，案件均不得再行審理[4]。並認為雖然歐陸法系與英美法系國家，用詞有所不同，但是承認外國判決是指外國判決具有一事不再理的效力，則屬相同。甚至說明，原告在外國起訴敗訴後，又到英國法院起訴，被告抗辯已經有外國判決，此時英國法院可以有兩種理由駁回原告之訴，判決將獲得承認或者該判決具有一事不再理之效力，因此外國判決之承認與外國判決之一事不再理效力，僅一事兩面[5]。

　　回顧英國有關外國判決承認的歷史發展後，再回頭檢視承認外國法院判決之理論。此向來有禮讓說、義務說以及既得權說等各種不同的理論。不過各說均有缺陷，因此另有提出各種政策理由以說明者。諸如外國判決是否具有一事不再理的效力[6]，是否應貫徹「一訴只能審一次」（one trial of an issue is enough）的原則，是否應保障原告之期待，是否應避免使被告一再受到訴訟程序的干擾，是否應確保法院不會因為同一紛爭陷入永無止境的繁重工作中[7]。

---

[3]　James Fawcett & Janeen M. Carruthers, Cheshire, North & Fawcett Private International Law, 14th ed., 2008, pp. 544-546; David McClean & Kirsch Beevers, J. H. C. Morris, The Conflict of Laws, 7th ed., 2009, p. 168.

[4]　Trevor C. Hartly, International Commercial Litigation, 2009, p. 319.

[5]　*Id.* at 376.

[6]　以一事不再理說作為承認外國判決之理論依據，其內容之介紹，請參見賴來焜，國（區）際民事強制執行之司法協助—從臺灣最高法院2008年臺上字第2376號判決談起，收於兩峽兩岸國際私法學術研討會會議資料（上），2009年，頁52以下；黃進，國際私法，法律出版社，2005年2版，頁685以下。

[7]　Eugene F. Scoles, Peter Hay, Patrick J. Borchers & Symeon C. Symeonides, Conflict of Laws, 4th ed., 2004, p. 1258.

美國學者Reese並提出一事不再理效力說，作為承認外國判決之理論。其認為承認外國判決就是因為判決之一事不再理效力，旨在揭示訴訟必須有終結的時候，當事人主張某項爭點，就應該接受最後法院判斷決定的結果，而且經過判決的事項，應該認為在當事人之間永久被確定，不得再加以更改。亦即考慮是否承認外國判決，即在於考慮是否賦予外國判決在內國亦具有一事不再理的效力[8]。此外，Smit教授也認為一事不再理效力是承認外國判決中，唯一合乎邏輯且令人滿意的解釋理由。除了終結訴訟之利益外，Peterson教授更指出承認外國判決在國際關係間所具有的政策利益，因為承認外國判決能更有助於促進各國往來的和諧性，也有助於商業活動，且有利於互惠政策的落實[9]。von Mehren與Trautman認為承認外國判決五點政策理由下，第一點是避免勞費的重複，第二點是保護已經獲得勝訴判決之當事人，第三點是避免任擇法院，第四點是鑑於現代人民活動範圍不再侷限於特定國家範圍內，有必要促進國際秩序的穩定性及一致性，第五點是在若干類型的案例中，尊重具有更適當管轄法院之判決[10]。Casad教授認為承認外國判決係基於五種政策因素，第一是司法資源的經濟性，第二是對當事人的公平性，第三是促進所期待的國際秩序，第四是擴大內國判決的域外效力，第五是鼓勵案件當事人於起訴之初慎選最適當的管轄法院，至於採納何種政策因素仍然取決於各國[11]。美國聯邦最高法院1895年*Hilton v. Guyot*一案，除討論承認外國判決之要件外，主要的關切點即在於承認外國判決後即承認該外國判決具有一如內國判決一事不再理的效力，該案審理時之首席大法官Fuller所提出之意見書中，即主張「一事不再理理論，應同樣適用於內國判決與外國判決，並且是基於相同的公共政策理由即訴訟應有終結之日」即可得知。亦即承認外國判決即等同承認外國判決具有一事不再理的效力[12]。美國法律協會1987年對外關係法第三次整編第481條之註解中，

---

[8] Willis L. M. Reese, Maurice Rosenberg & Peter Hay, Conflict of Laws, 1990, 9th ed., p. 234.

[9] 以上學者見解均參見Robert C. Casad, *supra* note 1, at 61.

[10] Arthur T. von Mehren & Donald T. Trautman, Recongnition of Foreign Adjudication: A Survey and a Suggested Approach, 81 Harv. L. Rev. 1601 (1968), pp. 1604-1605.

[11] Robert C. Casad, *supra* note 1, at 62.

[12] David D. Currie, Herma Hill Kay & Larry Kramer, Conflict of Laws, cases-comments-questions, 2001, pp. 817-828.

註明判決之承認並不僅僅限於當事人聲請准予執行外國判決，於當事人主張對於爭議事項應該遵循先前之判決時，或者應遵循先前就法律、事實所為之決定時，也涉及外國判決之承認。美國聯邦最高法院1963年*Durfee v. Duke*[13]一案中即再明白表示承認外國確定終局判決，最少應承認該判決之一事不再理效力。

　　除了上述英美學者以及司法實務討論承認外國判決與判決一事不再理效力之外，德國學者Kegel教授認為所謂外國判決之承認意指判斷外國法院判決之效力，特別是依照判決國法所規定判決法律效力（Rechtskraft）之主觀及客觀範圍[14]。von Bar教授也採取類似的見解[15]。Geimer認為外國判決之承認與外國判決姣力之範圍，兩者意義並不相同，前者係指是否承認外國判決之效力而言，後者係指判決效力之主客觀範圍而言，Geimer進一步說明只有外國之本案判決方具有承認適格（Anerkennungsfähig），具有被承認之能力，而得為承認之對象者包含判決所有程序上的效力。所謂判決程序上效力包含確定力（Festellungswirkung）又稱實質上的確定力（materielle Rechtkraft）、排除效力（PräKlusionswirkung）、形成力（Gestaltungswirkung）、訴訟告知效力（Streitverkündung）、訴訟參加效力（Interventionswirkung）等[16]，因此承認的客體是外國判決的效力[17]。Schack教授也強調承認外國判決並不是承認外國判決之全體，而是承認外國判決的若干效力，判決諸多效力之中，如果只是針對判決法院本身所發生之效力，例如德國民事訴訟法第318條之判決羈束力，即不生承認之問題[18]。Saeger之民事訴訟法註釋書也載明判決之承認係指承認外國判決，依照該國法所具有之所有程序上效力，延伸至承認國而言[19]。Rauscher教授認為承認係指使裁判在內國發生有如承認國判決相同效力

---

[13] 375 U.S. 106, 109 (1963).

[14] Gerhard Kegel & Schurig Klaus, Internationales Privatrecht, 9 Aulf., 2004, S.1061.

[15] Christian von Bar & Peter Mankowski, Internationales Privatrecht, Band I, Allgemeine Lehren, 2003, S. 430.

[16] Reinhold Geimer, Internationales Zivilprozessrecht, 6 Aufl., 2009, Rz. 2799.

[17] Reinhold Geimer, Internationales Zivilprozessrecht, 6 Aufl., 2009, Rz. 2776.

[18] Heimo Schack, Internationales Zivilverfahrensrecht, 4 Aufl., 2006, Rn. 776.

[19] Ingo Saenger, Zivilprozessordnung, Kommentar, 5 Aufl., 2013, S. 966.

而言[20]。Zöller教授更是明白指出承認外國判決係指承認外國判決效力而言，並指出判決的執行力並非承認的對象，因為執行力的取得必須另行提起許可執行之訴（德國民事訴訟法第722條），此外判決的證據效力也無從成為承認的對象，因為證據效力必須依照證據法則決定之[21]。瑞士教授Sieher也認為判決之承認係指承認外國判決，依照該國法所具有之所有程序上效力，延伸至承認國而言[22]。瑞士學者Walter指出承認外國判決係指是否外國判決具有與承認國法院判決同一的效力[23]。Kostkiekiewcz教授認為有爭執的實體事實或是法律問題，經過外國法院作出判決，且對當事人具有拘束力時，若該外國裁判經過承認，瑞士法院即不得再為重新審理[24]。

我國學者馬漢寶教授認為承認外國判決並非僅僅基於公平正義，亦為共同利益所需，而承認外國判決之實際理由有四點，分別是第一對於爭論已決的事件，求能避免重加審理，以節省時力。第二是防止原告只圖在執行判決之法院起訴，並求能保障被告，免受繼續訴訟之勞費。第三是求能保障勝訴之一造，免受敗訴一造推拖逃避等伎倆之困擾。第四是在某幾種案件，作成判決之法院與承認判決之法院相比，前者為更妥當的裁判所在[25]。劉鐵錚及陳榮傳教授亦採取相同意見[26]。黃裕凱教授也採同一理由，並強調尊重既判力[27]。曾陳明汝教授認為承認外國判決理由之一是使法律關係早日確定，避免一宗案件在一國判決，又在他國反覆審理[28]。陳長文教授指出必須從四方面重新認識外國

---

[20] Thomas Rauscher, Internationales Privatrecht mit internationalem und europäischem Verfahrensrcht, 3 Aufl., 2009, S. 476.

[21] Richard Zöller, Zivilprozessordung, 30 Aufl., 2014, S. 1135f.

[22] Kurt Siehr, Internationales Privatrecht, 2001, S. 526.

[23] Gerhard Walter, Internationales Zivilprozessrecht der Schweiz, 4 Aufl., 2007, S. 375.

[24] Jolanta Kren Kostkiekiewcz, Grundriss des Schweizerischen Internationales Privatrechts, 2012, S. 27.

[25] 馬漢寶，國際私法（總論、各論），2014年3版，頁194以下。

[26] 劉鐵錚、陳榮傳，國際私法，2013年修訂5版，頁682。

[27] 黃裕凱，國際私法，2013年，頁70。

[28] 曾陳明汝，國際私法原理（上集）—總論篇，2003年，頁289。

判決承認與既判力之問題，分別是外國判決之承認應係經驗而非邏輯之產物、
客觀上阻礙判決承認之理由已在減少、外國判決承認制度在追求法之安定性與
一致性、判決既判力功能為外國判決承認制度之基石[29]。李後政律師也認為承
認外國判決有必要性與正當性的因素，在制度設計上必須取捨於終局性的原則
及正當性的原則，其中終局性的原則即為紛爭解決的終局性與確定性，排除同
一紛爭的重複審理[30]。林益山教授亦根據前述美國學者von Mehren與Trautman
認為承認外國判決之理由，除有美國教授所列之幾點理由，並增列尊重外國主
權與尊嚴[31]。張文郁教授認為外國判決的承認主要是針對其實質確定力（既判
力），包括形成力與構成要件效力，其中實質確定力（既判力）即指法院判決
之內容，發生拘束法院及當事人之效力，當事人不得更行起訴[32]。黃國昌教授
也認為「此問題（註：指對於中國大陸判決裁定認可後之效力）乍見之下，或
屬荒謬，蓋在理論上，所謂對另一法域判決之承認，最基本的當然係指承認該
判決的既判力，使得兩造當事人與承認國的法院，均必須尊重該判決所認定或
形成的法律關係，而不得試圖再另為爭執或重新為實質認定」[33]。陳啟垂教授
亦明言「承認外國判決，更具體的說，係承認外國判決的效力」，並主張外國
判決之效力係指訴訟法上的效力，包含實質上確定力、執行力與形成力，至於
形式上確定力、羈束力以及構成要件效力均不包含在內[34]。伍偉華法官則認為
應承認外國判決之理由應求諸禮讓說、既得權說、一事不再理說、義務說、特

---

[29] 陳長文，外國判決之承認—從歐盟「布魯塞爾判決公約」及美國「對外法律關係新編」
評析民事訴訟法第402條，收於國際私法理論與實踐（一）—劉鐵錚教授六秩華誕祝壽論
文集，1998年，頁215以下。

[30] 李沅樺（後政），國際民事訴訟法論，2007年，頁294。

[31] 林益山，外國判決之承認與執行，臺灣法學雜誌第236期，2013年6月，頁139。

[32] 張文郁，論大陸判決之承認—兼評最高法院96年度台上第2531號、97年度台上字第2376號
民事判決，月旦法學雜誌第178期，2010年3月，頁250。

[33] 黃國昌，一個美麗的錯誤：裁定認可之中國大陸判決有無既判力—評最高法院九十六年
度台上字第二五三一號判決，月旦法學雜誌第167期，2009年4月，頁190。

[34] 陳啟垂，外國判決的承認與執行，月旦法學雜誌第75期，2001年8月，頁148。陳啟垂教授
就中國大陸判決是否有既判力，仍有疑慮。

別說法、互惠說，綜合得之，並主張因此外國判決具有既判力[35]。

　　由以上所整理之文獻及學說之見解可知，承認外國判決，係指承認外國判決的效力。而且承認外國判決之政策理由，固有多種理論，不過實用之政策理由則係基於避免造成當事人程序上的勞費，兼顧本國法院資源之有限性，因此在符合條約或法律所規定之條件下，承認外國判決之效力，不再使法院就同一事件再重複審理，也不允許同一當事人就同一事件提起新訴。此不因承認外國判決採取自動生效制或裁定認可制，而所有不同。雖有學者認為中國大陸判決經裁定認可後，仍不具有既判力，理由是我國強制執行法所定之執行名義並不限於有既判力之判決、大陸地區非我國法權所及、認可程序係非訟程序、中國大陸判決並非外國判決、並無學說主張中國大陸判決經認可後即有既判力等[36]。但如果經過承認的外國或中國大陸判決，當事人仍得重新起訴、法院仍必須重新審理、重新判決，則承認該外國判決或中國大陸判決，即失其應有的制度效用。論者或謂承認外國判決之效力，可僅承認外國判決之執行力，而不承認外國判決之其他效力。不過承認外國判決，係以承認外國判決之效力為先，特別是一事不再理之效力，也因為承認此項效力後，外國判決已經取得不被任意推翻，具有穩定當事人法律關係之作用，因此承認國法院願意進而由國家機關強制執行之。如果反其道而行，僅承認外國判決之執行力，而不承認一事不再理等其他判決效力，不啻本國機關執行一項隨時可能被推翻的外國判決，與承認外國判決旨在節省當事人訴訟勞費，節約司法資源之政策理由，不免背道而馳。

　　至於目前歐盟各國間，為了更迅速處理跨國人民之民事糾紛，擴大簡速程序，並且強化裁判之自由流通效力，致力於建構一套簡易、迅速、減低成本的歐洲支付命令制度（European order of payment），使得無實體爭議的跨國金錢債務，能夠迅速獲得裁決，並能在歐盟各國自由流通獲得執行。歐盟於2006

---

[35] 伍偉華，經臺灣法院裁定認可確定之大陸民事確定裁判與仲裁判斷是否有既判力—最高法院96年度臺上第2531號、97年度臺上字第2376號判決之分析，臺大法學論叢第38卷第4期，2008年12月，頁401以下。

[36] 吳光陸，從案例研究大陸地區判決在臺灣地區強制執行之救濟，法令月刊第61卷第7期，2010年7月，頁96以下。

年通過歐洲支付命令程序規約（Regulation (EC) No 1896/2006 of the European Parliament and of the Council of 12 December 2006 creating a European order for payment procedure），並定於2008年12月12日起施行。債權人可以向有管轄權之國家所屬法院聲請核發支付命令，聲請核發支付命令僅限於債權財產事件，如果是身分事件、夫妻財產事件、物權事件均不得聲請核發。債權人提出聲請之後，法院審查債權人所提出之資料，認為需要補充者，可以命補提資料。法院於債權人補充資料後，認為僅能核發部分金額的支付命令，可以通知債權人，由債權人表示意見（規約第10條），如果債權人同意，法院必須在三十日作出決定（規約第12條），如果債權人不同意，法院可以駁回聲請（規約第11條）。債務人收到支付命令之後，可以不具理由於三十日內提出異議（statement of opposition）。債務人異議後，法院可以依通常程序審理之（規約第17條），不過債權人也可以聲請終止審判程序。債務人受合法通知後，未表示異議，支付命令即得執行之。該支付命令在其他國家均具有執行力，而且不需要再有其他承認之裁定程序。此外還有2004年「無爭議請求執行命令規約」（Regulation (EC) No 805/2004 of the European Parliament and of the Council of 21 April 2004 creating a European Enforcement Order for uncontested claims）、2009年1月1日開始施行「小額請求訴訟程序規約」（Regulation (EC) No 861/2007 of the European Parliament and of the Council of 11 July 2007 establishing a European Small Claims Procedure）等程序，擴大外國裁判取得執行力之範圍。不過此類程序均限於小額或是較無爭議之案件，我國是否承認此類裁判之效力，是否屬於民事訴訟法第402條第2項所謂之裁定，需要再進一步討論。並不宜依據此種國際間尚在發展的新制度，遽而將外國判決等同於此類無爭議之裁判，而認為外國判決僅具有執行力，而無其他效力。

因此，我國民事訴訟法第402條第1項雖僅規定承認外國判決之要件，但從承認外國判決之政策理由，可知承認外國判決目的即在於承認外國判決之效力，也包含一事不再理效力。至於香港澳門判決，依照香港澳門關係條例第42條第1項之規定，既準用民事訴訟法第402條，自應為同一之解釋。另外中國大陸判決，依照兩岸關係條例第74條第1項之規定，雖然必須經過裁定認可，但仍屬承認制度之一種，仍應為同一之解釋，亦即經裁定認可之中國大陸判決，

亦具有效力，包含一事不再理效力。至於外國判決實體法效力以及程序法效力之主、客觀範圍，則另有準據法選擇問題，本文於下二節討論之。

應再次強調者，是否承認外國判決代表著是否承認外國判決之效力，此應屬於前述第一個層次的問題，至於承認之後，其判決效力之內容及範圍乃屬於前述第四個層次的問題。諸如我國是否承認美國加州法院裁判之效力，屬於第一個層次之問題。而美國加州裁判之效力是否拘束當事人以外之利害關係人，是否及於判決中之爭點等問題，則屬於第四[37]個層次之問題[38]。第一個層次是否承認外國判決效力，係承認國根據其政策理由，依照法律或條約定之，不發生準據法之問題，唯一考慮的是承認國本身法律即我國法。第二個層次即經承認之外國判決，是否發生實體法上效力、是否發生程序法上效力、判決一事不再理效力之主客觀範圍，方有應適用判決國法或承認國法之問題。兩個層次的問題，有不同的考慮因素，適用的法律也不相同，不宜混淆。

總而言之，承認外國判決應有幾個層次、階段上的區別，首先在立法政策上是否承認該外國判決，其次由我國立法者透過法律或條約設定承認外國判決之要件，包含承認適格之外國判決以及承認之要件，再而由法院依照承認要件決定是否承認外國判決之效力，最後再依照判決國法決定該外國判決一事不再理效力之主觀及客觀範圍。第一個層次階段是立法政策的問題，第二、三層次是我國法律適用之問題，第四層次則可能必須適用判決之外國法。每個階段可能均有訴訟權等基本人權保障之問題，但仍應分別考慮，不宜混淆。

參、外國判決之實體法效力

判決除了發生一事不再理（既判力、爭點效）、形成力等程序法上之效力外，也因為某些實體法之規定，以判決為發生法律效果之構成要件之一，因此

---

[37] Robert C. Casad & Kevin M. Clermont, Res Judicata, 2001, p. 213.

[38] Reinhold Geimer, Internationales Zivilprozessrecht, 6 Aufl., 2009, Rz. 2776; Richard Zöller, Zivilprozessordnung, 30 Aufl., 2014, S. 1135.

發生「構成要件效力」（Tatbestandswirkung）[39]。例如我國民法第137條第3項規定確定判決具有時效重行起算之效力、民法第750條第1項第4款所規定保證人因主債務人受確定判決而得請求除去保證責任。外國判決是否亦具有上述民法規定之效力，此即外國判決之實體法效力。

外國判決是否具有實體法效力，因屬實體法之問題，而非程序法問題，自應依照選法規則選定之準據法定之，即應依本案準據法決定之[40]。例如外國判決是否具有重新起算時效之效力，必須依照涉外民法第36條之規定，以該請求權所應適用之準據法決定之，如果請求權屬於侵權行為，即須依照涉外民法第25條以下之選法規則，選定準據法以判斷之。我國學者李後政律師認為此問題之討論應視實體法所規定之構成要件，是否包含外國法院判決而定[41]，似採取本案準據法說，之後再度為文申述之，似仍採本案準據法說[42]。陳啟垂教授肯認應採本案準據法決定之[43]。既然外國判決之構成事實效力屬於實體法事項，本文亦贊同應依本案準據法決定之。

又外國判決之構成要件效力，既屬實體法問題，而非程序法問題，因此並非承認適格之判決效力。亦即我國民事訴訟法第402條所規定之外國判決效力，並不包含構成要件效力。德國學者稱之為「不具承認適格之判決效力」（Nicht anerkennungsfähige Urteilswirkung），認為外國判決之執行力、羈束力、證據效力等均非承認適格之判決效力，而構成要件效力，亦屬之[44]。

---

[39] 有稱之為確定判決所生法律要件之效力、事實效者，見邱聯恭，口述民事訴訟法講義（三），2012年，頁269。有稱之為構成要件事實效力，見陳榮宗、林慶苗，民事訴訟法（中），2011年，頁625；姜世明，民事訴訟法（上），2013年，頁269。

[40] Christian von Bar & Peter Mankowski, Internationales Privatrecht, Band I, Allgemeine Lehren, 2003, S. 433; Jan Kropholler, Internationales Privatrecht, 2004, 5 Aufl., S. 661; Heinrich Nagel & Peter Gottwald, Internationales Zivilprozessrecht, 6 Aufl., 2007, S. 570; Heimo Schack, Internationales Zivilverfahrensrecht, 4 Aufl., 2006, Rn. 780; Reinhold Geimer, Internationales Zivilprozessrecht, 6 Aufl., 2009, Rz. 2826.

[41] 李沅樺，同註30，頁317。

[42] 李後政，經臺灣地區認可之大陸地區裁判之效力與債務人異議之訴，收於2009年第五屆海峽兩岸國際私法學術研討會會議資料（上），頁113。

[43] 陳啓垂，同註34，頁148。

[44] Reinhold Geimer, Internationales Zivilprozessrecht, 6 Aufl., 2009, Rz. 2824-2826.

同此，港澳關係條例第42條第1項所規定香港澳門作成民事確定裁判之「效力」，也不包含構成要件效力。依此推之，兩岸關係條例第74條第1項雖未規定中國大陸判決之效力，仍應認為中國大陸判決之構成要件效力，必須依照涉外民法、兩岸關係條例所定之選法規則定之。

肆、外國判決程序法效力

一、判決之程序法效力

判決之程序法效力，包含一事不再理效力、形成力與執行力[45]，學者稱為判決之固有效力[46]。以一事不再理效力最為重要，最具爭論[47]，各國制度也有相當差異。一事不再理之客觀範圍是否僅限於主文（結論），或是包含理由（爭點）。在主觀範圍上是否限於同一當事人，或者及於利害關係人等。各國基於不同之程序理念，而有不同的制度設計。

有些國家承認爭點具有一事不再理效力，例如英國、美國各州。英國法上，根據禁反言（estoppel）之原則，認為判決具有一事不再理之效力（res judicata）。在早期，一事不再理效力是一項證據法則（a rule of evidence），係指當有管轄權之法院終局判決或是符合特定條件下之外國判決，已經對當事人以及主要事項（subject-matter）宣示，當事人即不得於後訴訟中，再就已經為本案判決（on the merits）之事項再事爭執或提出質疑[48]。在英國法上，無論是針對訴因或是爭點，凡是經由判決確認者，均不允許當事人在後訴另為相反的主張，無論是勝訴或敗訴之當事人均同。如果是訴因，即被稱之為訴因之禁

---

[45] 陳啓垂，同註34，頁148；Reinhold Geimer, Internationales Zivilprozessrecht, 6 Aufl., 2009, Rz. 2799.

[46] 陳榮宗、林慶苗，同註39，頁664以下；姜世明，民事訴訟法（下），2014年，頁296以下。

[47] Heimo Schack, Internationales Zivilverfahrensrecht, 4 Aufl., 2006, Rn. 777.

[48] George Spencer Bower, The Doctrine of res judicata, 1924, reproduction from Yale Law School Library, Gale MOML print edition, p. 3.

反言（cause of action estoppel），如果是爭點，則稱之為爭點之禁反言（issue estoppel）[49]。所謂爭點係指決定訴因所必要先行決定之數個不同爭點，而且爭點之一事不再理效力，並不以先後兩訴之訴因相同為必要，縱使訴因不同，仍可發生爭點之一事不再理效力。此外英國爭點之一事不再理效力，範圍也與美國許多州的法律不同，前者除了已經成為爭執的爭點並且經過裁判者之外，還擴及作成判決所必要的爭點，無論是明示或是默示[50]。

美國法上，前判決對於後判決當事人或利害關係人所能發生禁止再為爭執的效力，通常也以res judicata稱之，我國學者有譯為判決之拘束力者[51]。美國判決之一事不再理效力，包含請求（claim）以及爭點（issue），Res Judicata一詞無論在學說上或司法實務上，有兼指兩者，亦有僅限於請求之一事不再理效力。不過美國法律協會進行第二次整編時，已經分別採用「請求排除效」（claim preclusion）以及「爭點排除效」（issue preclusion）稱之[52]。學者也指出美國法上之請求排除效相當於我國之既判力，爭點排除效相當於爭點效[53]。由此可知，在美國法上，判決發生禁止當事人在後訴再事爭執之客觀範圍，並不僅限於當事人之請求，也包含經過法院判決之爭點。雖然請求之排除效比較嚴謹清楚，爭點之排除效比較彈性，視個案情形而定，且具有比較多的例外[54]。不過可以確定美國判決，不但是針對請求發生終局決定以及禁止再事爭執的效力，也對爭點發生同樣效力。

二次大戰前之日本民事訴訟法繼受德國法，僅限於在判決主文之訴訟標的才具有一事不再理的效力，判決理由並不具有一事不再理效力。不過二次世界大戰後，受到美國法的影響，也逐步將一事不再理效力之範圍擴及爭點。提倡爭點效理論的學者新堂幸司即稱爭點效之觀念來自於英美法上之爭點排除效

---

[49] James Fawcett & Janeen M. Carruthers, *supra* note 3, at 546-547; Robert C. Casad, *supra* note 1, at 63.

[50] Robert C. Casad, *supra* note 1, at 63.

[51] 黃國昌，民事訴訟理論之新開展，2005年，頁425。

[52] Robert C. Casad & Kevin M. Clermont, *supra* note 37, at 9.

[53] 黃國昌，同註51，頁425。

[54] Robert C. Casad & Kevin M. Clermont, *supra* note 37, at 44.

（collateral estoppel）[55]。日本實務上，地方法院以及高等法院有比較多的判決支持判決理由之爭點效，最高法院於昭和44年6月24日、48年10月4日的兩項判決中表示否認爭點效的見解[56]。學者之間也有不同意見[57]。反對爭點效，最有力的理由是日本民事訴訟法中有中間確認之訴（interlocutory confirmation action），當事人可以要求法院就前提事實作出判決，可以明確地發生終局判決之效力，將爭點效轉成為既判力[58]。

　　有些國家限於判決之主文（結論）才具有一事不再理效力，爭點並不具有該等效力，歐陸國家與英美法國家有相當大的差異[59]。法國法限於法院判決的結論，方具有一事不再理之效力。法國最高法院也強調只有法院已經表示准駁的事項方具有一事不再理的效力，亦即法國法院之判決只有解決紛爭之部分（dispositive part）才具有一事不再理的效力，當事人聲請動議（motives）的事項並沒有相同效力。例如當事人起訴主張某項權利存在，或者對於某物擁有權利，因此法院應為如何如何之裁判，法院審理後在裁判中表明判決之結論，此部分即屬紛爭解決之部分，就該部分即具有一事不再理的效力。而且法國法之一事不再理效力之範圍，必須先後兩訴具有相同當事人（same party）、相同客體（same object）、相同原因（same cause）三項要素。相同當事人也包含利害關係人，認定上比較容易，但是相同客體或相同原因，在法國學者之間有許多的文獻討論，有學者嘗試提出較具普遍化的原則，不過都未能有效解決相同客體或相同原因判斷上的困難。又一事不再理之效力，並不限於由原告所提出而判決之部分，被告也可以提起反訴並要求作出判決結論，此時也發生一事不再理之效力，但如果被告只有提出相反的主張，並沒有要求法院就該主張

---

[55] 新堂幸司著，林劍鋒譯，新民事訴訟法，20088，頁493。

[56] 新堂幸司著，林劍鋒譯，同註55，頁494。

[57] 新堂幸司著，林劍鋒譯，同註55，頁494；高橋宏志著，林劍鋒譯，民事訴訟法—制度與理論的深層分析，2003年，頁529以下。

[58] Robert C. Casad, *supra* note 1, at 66-67.

[59] John D. Brumnett Jr., The Preclusive Effect of Foreign Country Judgments in the United States and Federal Choice of Law: the Role of Erie Doctrine Reassessed, 33 N.Y. L. Sch. L. Rev. 83 (1988), pp. 94-95.

作出判決結論，該主張並不發生一事不再理之效力[60]。

　　德國法上，判決之確定力是規定在民事訴訟法第322條，在立法之初，除了主文之外，判決理由判斷之先決法律關係是否具有確定力，頗有爭論，Savigny主張應賦予確定力，不過最後立法者決定採取法國之立法利，限於判決主文方具有確定力。之後雖然有學者提倡參酌英美之爭點排除效，但始終並未取得多數學者之贊同，司法實務上也未採取[61]。因此在德國法上，僅限於主文所為之判斷才具有一事不再理的效力，如果不是主文之判斷，縱使是作為判決基礎的事實，也不發生一事不再理的效力[62]。而法院主文之判斷即指法院判決之客體（Urteilsgegenstand），而判決之客體係以法院就當事人所提出之訴訟上請求（prozessuale Anspruch）亦即訴訟標的（Streitsgegenstand）所為判斷而言[63]。德國對於判決確定力之範圍，雖然限制在狹窄的主文範圍內，不過當事人仍然可以透過民事訴訟法第256條第2款規定之中間確認之訴，使原本之爭點轉成為訴訟標的，而具有確定力[64]。

　　瑞典民事訴訟法採取與德國相同的法例，判決之拘束力（rattskraft）僅限於判決結論（domslutt），並不包含判決之理由（domskal）。不過瑞典民事訴訟制度上，可以某個法律關係之前提事實作為爭點提起確認之訴，並藉此取得判決。例如債權人主張對於債務人擁有分期給付之債權，但清償期限尚未屆至，債權人或債務人均可以提起確認法律關係存在或不存在之訴，法院於判決後，就該法律關係是否存在即具有一事不再理之效力。反之，如果當事人並未提起確認之訴，而僅在請求付款的訴訟中，作為爭論的議題、判決的前提，此時即不發生一事不再理之效力。不過瑞典法與德國法也略有不同，瑞典法之一

---

[60] Robert C. Casad, *supra* note 1, at 64-66.

[61] 沈冠伶，民事判決之既判力客觀範圍與爭點效，收於民事訴訟法之研討（十七），2009年，頁19以下。

[62] Richard Zöller, Zivilprozessordnung, Kommentar, 2014, 30. neubearbeitete Aufl., S. 1084; Ingo Saenger, Zivilprozessordnung, Handkommentar, 2013, 5 Aufl., S. 926; Robert C. Casad, *supra* note 1, at 66.

[63] Hans Prütting & Markus Gehrlein, ZPO Kommentar, 5 Aufl., 2013, S. 1016.

[64] Hans Musielak著，周翠譯，德國民事訴訟法基礎教程，2005年，頁326。

事不再理效力，並不限於同一事件[65]。

　　阿根廷民法雖然沒有明文規定，但仍採取類似法國的制度，一事不再理的效力必須是先後兩訴間當事人、審理客體與原因相同。不過實際運作上，卻比法國法廣泛的多，除了判決結論之外，也包含沒有在判決中明白表示的部分，甚至不在紛爭解決的部分外，也有學者認為具有一事不再理之效力[66]。

　　中南美洲的墨西哥是聯邦國家，各邦有自己民事訴訟法，不容易以一般原則描述墨西哥民事訴訟法。墨西哥與歐洲大陸國家相同，一事不再理效力必須先後兩訴具有相同當事人、相同客體以及相同原因的要件，而且僅限於判決結論（resolutivo）才具有一事不再理的效力。不過墨西哥法律有確認之訴（declarative action），可以藉由確認之訴取得一事不再理的效力。無論是特定法律關係存在與否的確認、法律交往所產生的權利均得提起確認之訴，甚至在例外情形下，就法律事實存否也可以提起確認之訴。由此當事人可以經由訴訟確認權利、物權、特定事實、契約的有效與否、契約條款的解釋、身分地位等事項，進而取得一事不再理的效力[67]。

　　從以上所介紹之各國法例可知，判決縱然具有一事不再理之效力，但是效力的範圍，各國制度仍有不同。

二、外國判決程序法效力之準據法

　　既然各國判決效力之制度不同，外國判決經承認之後，應該依照哪一個國家之法律決定判決效力，不免爭議，學者分別提出不同之理論。

　　學說上有效力延伸說（Lehre von der Wirkungserstreckung）、效力等值說（Wirkungsgleichstellungstheorie）以及累積說（Kumulationstheorie）之爭。效力延伸說認為外國判決之效力應由判決國延伸至承認國，因此稱為效力延伸說，又稱之為判決國（Ursprungsstaat）說。而效力等值說認為外國法院判決之效力，與承認國法院判決之效力同值，其效力應依照承認國法律之規定，又

---

[65] Robert C. Casad, *supra* note 1, at 68-69.

[66] Robert C. Casad, *supra* note 1, at 66-67.

[67] Robert C. Casad, *supra* note 1, at 69-70.

稱為承認國法（Anerkennendes staat）說。此外尚有認為外國判決之效力必須同時依照判決國以及承認國之法律判斷之，當判決國法律所承認法律之效力小於承認國時，只能適用判決國法律，反之，若大於承認國時，只能適用承認國法，因此又被稱為累積說[68]。

　　支持效力延伸說有幾點理由，第一點理由是當先訴與後訴法院之法律，對於判決之爭點效規定不同，先訴訟國家之法律允許就爭點再行起訴，而後訴訟國家則不許再行起訴，先訴訟判決之後，當事人就爭點於後訴訟法院再行起訴，後訴訟法院如果認為依照該國法律，該爭點已經不得再行起訴，因此駁回原告之訴，無異以自己的法律變更先訴訟判決的效力。反之，如果先訴訟國家法院不允許再行起訴，後訴訟法院則允許之，如果當事人就同一爭點再行起訴，後訴訟法院卻允許之，無異再度實質審查先訴訟之判決。第二點理由是平衡判決國與承認國之利益，最佳的方式即為尊重他國的司法行為，並且使他國之判決在任何國家都具有相同的意涵。第三點理由是基於公平的觀點，當事人在先訴訟中進行訴訟行為，應當知道何種事項是重要必須處理，也應當知道判決之意義以及判決在他國之作用等。第四點理由是一事不再理效力是一項關於哪些事項已經法院判決，哪些事項未經法院判決事項的法則，一事不再理效力界定判決的範圍，而該範圍已經內化於個別判決中，尊重承認判決，應當指尊重承認該判決所界定的判決範圍[69]。第五點理由是採取效力等值說，可能使判決產生預料之外的效力，當事人在判決國進行訴訟程序，並取得確定判決，卻因為承認國法律之不同規定，使判決產生預料之外的效力，既超乎預期也可能造成國際不平等的結果。第六點理由是採取效力等值說，使得外國判決之效力必須一個國家一個國家地判斷，也可能同一個判決在不同的國家發生不同的效

[68] 陳啓垂，同註34，頁148；沈冠伶，中國大陸人民法院民事判決效力之承認與憲法之訴訟權保障（發言紀錄），收於民事訴訟法之研討（十九），2013年，頁43。沈冠伶教授分別稱為效力擴張說、等同效力說、重疊考量說。Heinrich Nagel & Peter Gottwald, Internationales Zivilprozessrecht, 6 Aufl., 2007, S. 565; Heimo Schack, Internationales Zivilverfahrensrecht, 4 Aufl., 2006, Rn. 791; Ingo Saenger, Zivilprozessordnung, Handkommentar, 2013, 5 Aufl., S. 966; Richard Zöller, Zivilprozessordung, 30 Aufl., 2014, S. 1135.

[69] Robert C. Casad & Kevin M. Clermont, *supra* note 37, at 214-215. 不過以上所述理由均屬美國各州相互承認判決之情形。

力，均不適宜[70]。

　　採取效力等值說者，認為當外國判決合於承認國法上基本公平（fundamental fairness）等承認要件後，基於訴訟經濟的要求，似乎沒有再縮小該外國判決效力之必要，而應依照承認國法，承認外國判決具有與內國判決完全相同之效力。因為當事人經過一定程序取得外國判決，勝訴者的利益當然是避免再有任何訟累，而敗訴者既然已經參與程序，接受判決結果，並受判決之拘束，也稱公平之事。亦即從公平的概念而言，判決一事不再理效力，無論是既判力或爭點效，均係基於當事人已經有公平機會參與程序的基本要求[71]。因此如果承認國法有爭點一事不再理效力，縱然判決國法並沒有類似規定，仍然應該承認判決之爭點一事不再理效力。此外採取承認國法說，有省卻審查判決效力範圍勞費的益處[72]。

　　主張應採取重疊說者，認為外國判決一事不再理效力範圍之大小，如果是在該國之內，基於程序法上權益保障之觀點而言，並不會產生使當事人或利害關係程序保障利益遭到不法侵害之虞，固無問題，但如果到外國尋求承認，應注意承認國民事訴訟法或其他法律關於程序法地位與權能之保障規定，如果判決國所定之一事不再理範圍大於承認國法，則承認國法程序保障之相關規定即無法落實，因此不能完全適用判決國關於一事不再理效力範圍之規定[73]。

　　歐盟法中，布魯塞爾第一規約僅於第36條規定「不得以任何理由實質審查外國判決」。並未明文規定外國判決之效力，也未規定外國判決效力之準據法。不過規約第34條第3款卻規定如果當事人就爭議事項已經有可承認之判決時，法院得拒絕承認系爭外國判決。歐洲法院2002年*Italian Leather SpA v. WECO Polstermöbil GmbH & Co.*一案中，認為援用該款規定拒絕承認外國判決，必須該外國判決與先前之判決間有法律效果（legal consquences）互相排斥（mutually conclusive）的關係，而且無論是實體裁判（substantive issue）或

---

[70] Heinrich Nagel & Peter Gottwald, Internationales Zivilprozessrecht, 6 Aufl., 2007, S. 565.

[71] Robert C. Casad, *supra* note 1, at 73.

[72] Jan Kropholler, Internationales Privatrecht, 2004, 5 Aufl., S. 660.

[73] 李後政，同註42，頁111以下。

是暫時處分（interim relief）均可適用該款。該案是一家義大利公司在德國聲請法院核發保全處分，禁止相對人之德國公司在德國販售特定產品，德國法院駁回該聲請。而在德國法院裁定之前，義大利公司又在義大利法院聲請禁止德國公司在德國等各個國家，使用商標名稱。義大利法院准許保全處分後，原告公司持以聲請執行，德國法院援引布魯塞爾第一規約第34條第3款之規定拒絕承認。歐洲法院最後以上述理由肯定德國法院之見解[74]。

　　雖然有以上實例，歐盟各國除英國外，對於外國判決之效力均採取效力延伸說，亦即依照判決國法，縱然判決國法律所規定之判決效力與承認國法律規定者不同，仍然依照判決國法[75]，其中也包含實質上確定力[76]。比利時、荷蘭以及德國的法律規定，也都明白採取判決國法說。德國學者Zöller、Geimer也認為應採取判決國法說，不過Geimer認為必須由於不同的判決有不同的效力，因此外國判決的效力也必須依德國相類似判決之效力定之[77]。

　　不同於歐陸國家，英國認為判決效力屬於程序法則，應適用法院地法。也由於歐盟法令並未規定外國判決之效力，因此英國一直採取普通法上適用法院地法之原則[78]。就英國的制定法而言，由於英國曾經擁有眾多殖民地，各個殖民地與英國本島之關係不同，法律體系不同，各地判決在英國本島之效力也不相同。屬於英國即聯合王國[79]領域內國家所為之判決，英國直接在1982年「民事管轄與判決法」（Civil jurisdiction and Judgment Act 1982）規定外國判決具有一事不再理效力，該法第34條規定「當事人不得就曾經在聯合王國其他領域或國家法院所獲得之有利判決，再於英國、威爾斯或北愛爾蘭法院，對同一當事人或利害關係人起訴，但該判決在英國、威爾斯或在某些情形下之

---

[74] Jonathan Hill & Adeline Chong, International Commercial Dispute, 4th ed., 2010, p. 468.

[75] Jan Kropholler, Internationales Privatrecht, 2004, 5 Aufl., S. 659; Michael Bogdan, Concise Introduction to EU Private International Law, 2006, p. 74.

[76] Heinrich Nagel & Peter Gottwald, Internationales Zivilprozessrecht, 6 Aufl., 2007, S. 536.

[77] Richard Zöller, Zivilprozessordung, 30 Aufl., 2014, S. 1137; Reinhold Geimer, Internationales Zivilprozessrecht, 6 Aufl., 2009, S. 969.

[78] Trevor C. Hartly, *supra* note 4, at 380-381.

[79] 包含英國、威爾斯、北愛爾蘭、蘇格蘭以及其他島嶼。

北愛爾蘭無法執行或獲得承認者，不在此限」。而對於其他可獲得英國承認之外國判決，也同樣具有一事不再理之效力[80]。英國也已經有判例認為外國判決具有爭點一事不再理效力，此於1967年*Carl Zeiss Stiftung v. Rayner and Keeler Ltd.*一案中即被上議院之多數法官接受。上議院1985年*The Sennar (No.2)*一案中，再度明白承認荷蘭之外國判決具有爭點一事不再理效力。該案是一位蘇丹貨主Malik公司託運一批落花生（groundnuts; peanuts），從非洲蘇丹國之蘇丹港運送至荷蘭王國的鹿特丹，船舶所有人是蘇丹籍的蘇丹船運公司（Sudan Shipping Line Ltd.），載貨證券之日期為1973年8月30日，運送契約約定由蘇丹法院管轄，並適用蘇丹法律。Malike公司隨即將該批落花生出售給瑞士Pagco公司，再轉售給德國之GFG公司，再轉售給英國之European Grain and Shipping Line公司。載貨證券均隨之交付，並均約定在1973年7月或8月交運。1973年9月時，蘇丹的落花生價格急遽跌落，該批落花生實際上在1973年9月才交運，載貨證券上之記載經證實為虛偽，英國E公司隨即解除（rescission）與德國GFG公司之合約，德國GFG公司隨即退還貨款，並解除與瑞士P公司之合約，瑞士P公司已經破產，德國公司必須承擔損失。不過德國公司隨即以在荷蘭扣押該船舶為理由，在荷蘭以蘇丹船運公司為被告，提起訴訟。起訴之請求權為侵權行為，原因事實是蘇丹船運公司簽發不實載貨證券，致該公司受有損害。荷蘭法院認為德國GFG公司僅得主張契約之請求權，必須依照載貨證券約定之管轄，因此認定荷蘭法院無管轄權。隨後德國公司再度在英國扣押蘇丹船運公司的另一艘船舶Sennar，並在英國提起侵權行為損害賠償訴訟。蘇丹船運公司提出已經有荷蘭判決確認應由契約約定之法院管轄，原告不得再為不同主張為由，聲請停止訴訟程序。英國上訴法院核發停止訴訟之命令，該案抗告至英國上議院，維持原停止訴訟程序之命令。該判決中Lord Diplock表示在此案中，外國判決具有爭點禁反言效力是無庸置疑的，甚至直言「以理論發展之階段而言，現在才承認外國判決具有爭點一事不再理效力，已經遠遠太遲了」[81]。因此在英國，無論判決國法律是否承認判決之爭點一事不再理效力，經承認之外

---

[80] J. G. Collier, Conflict of Laws, 3rd ed., 2008, p. 128.

[81] James Fawcett & Janeen M. Carruthers, *supra* note 3, at 546-547.

國判決均具有爭點一事不再理效力[82]。

美國是聯邦國家，聯邦權限受聯邦憲法限制，外國判決之承認屬於各州事務，除非涉及聯邦事項，否則仍應適用各州法律之規定。雖然一再有主張外國判決承認應屬於聯邦事務，不過目前仍然未被採納[83]。判決之承認在美國分為各州判決之相互承認以及對於外國判決之承認兩類。前者必須受到聯邦憲法「充分善意及信任條款」（Full Faith and Credit Clause）之規範，後者由於屬於外國判決，自然不受美國聯邦憲法之拘束，而由各州依其法律決定如何承認外國判決以及承認外國判決後之效力[84]。美國國際私法第二次整編第94條以及第95條分別規定外國判決一事不再理效力之主觀範圍與客觀範圍，均應依照判決國法決定之。明白地採取判決國法說。此外美國法律協會於1987年公布對外關係法第三次整編（Restatement of Foreign Relations Law），第481條規定外國之金錢給付、人之身分地位的建立與確認（establishing or confirming the status of a person）、物上利益（interests in property）之判決除有第482條所列各款情形外，於當事人具有最終性，並且能在美國獲得承認。在該條文的註解中，註明外國法院判決經承認後，在美國通常不具有比該判決國法律更強的效力。但是並沒有法律規定限制美國法院賦與外國法院比該判決國法律更強的效力。例如在外國所進行有關空難事件的判決，如果認定航空公司對於事故發生有過失，第三人在美國法院起訴時，雖然判決國規定法院判決只有在同一當事人間才發生一事不再理效力，美國法院仍然可以賦予該外國判決就該事項具有一事不再理效力。美國學者幾乎一致認為承認外國終局確定判決既意味著承認外國判決一事不再理效力，外國判決獲得承認後，其效力不應低於判決國之法律。至於是否應依照承認國法賦予外國判決較強的效力，則意見不一，有學者持肯定見解，多數學者仍認為應完全依照判決國法律定之[85]。在美國法院實務上，

---

[82] Trevor C. Hartly, *supra* note 4, at 376.

[83] Robert C. Casad & Kevin M. Clermont, *supra* note 37, at 229.

[84] Russell J. Weintraub, Commentary on the Conflict of Laws, 5th ed., 2006, pp. 746-747. 美國法律協會1987年對外關係法第三次整編的註解中，也註明外國判決之承認，除非涉及美國聯邦憲法所規定之聯邦事項，否則仍屬於各州權限，必須適用州法。

[85] Robert C. Casad & Kevin M. Clermont, *supra* note 37, at 213-214, 229.

也有法院賦與外國法院較原判決國法律更強的判決效力[86]。

三、外國判決在我國之程序法效力

　　我國民事訴訟法第402條僅規定承認外國判決之要件，兩岸關係條例第74條僅規定承認大陸地區判決之要件，均未規定承認後，判決之效力如何認定。臺灣學者包含陳榮傳教授、李後政律師、姜世明教授均認為應採取效力延伸說者[87]。黃國昌教授則認為通說均肯認原則上應以判決國法界定該判決所應具備之效力[88]。伍偉華法官認為外國判決效力之主觀範圍與客觀範圍仍應依外國法定之[89]，似採取效力延伸說。

　　此外亦有學者主張採重疊說者。陳啟垂教授認為兼顧內國司法制度與訴訟當事人之利益，宜明文規定採取累積說，即以國內判決之效力，作為外國判決效力之上限[90]。許士宦教授在民事訴訟法研究的發言表示不應採取等值說，應考慮「重疊說是以效力擴張說為出發點，但是以我國法院裁判效力之範圍作為界限，……是不是要從這些理論來加以仔細討論」[91]。沈冠伶教授同一項研究會的發言表示比較贊同累積說，認為是一種利益衡量說，避免兩種極端，以求兼顧個案的實體利益與程序利益，是否承認判決理由具有既判力，應從個案程序上正義的觀點，不應一概沒有承認餘地，而應保留一定彈性，以兼顧當事人之利益[92]。陳毓秀法官也主張應採取重疊說[93]。

　　我國司法實務上，最高法院92年5月15日92年度台上字第985號判決，雖然

---

[86] John D. Brumnett Jr., *supra* note 59, at 98.

[87] 劉鐵錚、陳榮傳，同註26，頁688；李沅樺，同註30，頁316；李後政，同註42，頁112；姜世明，同註46，頁305。姜世明教授稱為效力擴張說。

[88] 黃國昌，同註33，頁193。

[89] 伍偉華，同註35，頁397。

[90] 陳啟垂，同註34，頁148。

[91] 許士宦，中國大陸人民法院民事判決效力之承認與憲法之訴訟權保障（發言紀錄），收於民事訴訟法之研討（十九），2013年，頁46。

[92] 沈冠伶，同註68，頁43。

[93] 陳毓秀，中國大陸人民法院民事判決效力之承認與憲法之訴訟權保障（發言紀錄），收於民事訴訟法之研討（十九），2013年，頁58。

曾在判決詞中談到「至於該外國法院確定判決之確定力，仍應依該國相關之程序規定為斷，不以由我國法院依我國程序相關規定判決賦與為必要。本件系爭英國判決既於西元1994年（民國83年）11月8日宣示，依該國相關程序規定，該判決因上訴人未提起上訴，已告確定」，約略注意到外國確定判決之效力問題，不過該段判詞係處理「原審據以認定上訴人之清算程序尚未終結，其法人人格並未消滅，於法即無不合。且系爭英國判決未經送達於上訴人而告確定，既無背於該國相關程序規定而未侵害上訴人之訴訟權利，尤難謂原審認定與公序良俗無關一節有何可議之處。」是否足以肯定該判決就外國判決效力採取效力延伸說，尚待最高法院更進一步闡述。

　　外國判決效力範圍之爭論，我國學者各有支持的理論，拙見以幾點理由認為應採效力延伸說，以判決國法界定外國判決效力之範圍。第一點理由從實定法之規定而言，我國民事訴訟法第402條規定「其」效力，當係指外國而言，而非我國而言。至於民事訴訟法第400條、第401條規定既判力之主客觀範圍，均係指我國法院之判決，而不是外國法院，自不應以後兩項規定界定外國判決之效力範圍。第二點從比較法之觀點而言，與我國承認外國判決制度相近之德國，通說採效力延伸說，而與我國往來密切之美國，因為其判決效力較廣，文獻因此討論是否賦予外國判決較強之效力，也是以判決國法為基礎。至於英國，則係由於一事不再理原則為證據法則，因此認為外國判決效力範圍應適用法院地法，有其法制上背景因素，我國法制既不同於英國，應不必採取相同立場。第三點從承認外國判決制度之機能而言，承認外國判決制度，旨在藉由判決之相互承認，建構適合兩國人民往來的法治環境，則尊重他國訴訟制度之不同，承認判決國司法行為之效力，不進行實質審查，乃為鋪墊兩國人民往來信賴關係之重要根基。第四點從程序保障而言，當事人已在外國法院盡其攻防之能事，取得判決，我國法院經由民事訴訟法第402條各款之檢視，認為外國判決符合程序保障等承認要件，應認為程序保障已經周到，縱使是判決理由所列爭點，也已經充分保障程序參與，自應使當事人受到判決之拘束，否則將形成對於當事人之突襲，加重當事人無謂之勞費。

　　至於重疊說，固然兼顧判決國與承認國之法律制度，惟判決效力範圍之大小，雖然可以從文獻分析角度比較，但在具體之訴訟中，卻僅有本案請求或某

特定爭點，是否受前案拘束之問題，並無大小程度差異問題。該外國判決是否具有一事不再理之效力，係因當事人另外在我國提起訴訟，當事人就其中之本案請求或某項爭點，爭執已經有前案判決，法院於認定上，僅得判斷是否受外國判決拘束，而無比較範圍大小之問題。重疊說以外國判決效力範圍廣，因此主張以承認國法律限制之，實際上係採取承認國法說。因此重疊說亦如有如承認國法說，理論有不周之處。

伍、結論

外國判決種類繁多，並非所有的外國裁判都具有被承認的適格，僅有必須在承認國內可能發生裁判效力的外國判決才有加以承認的必要，因此只有可能發生判決效力的裁判，才具有承認之適格，才能成為得承認之外國判決。

外國判決經承認之後，自應發生判決所應具備的效力，包含一事不再理效力、執行力等。如果外國判決經承認之後，卻又否認其效力，則承認外國判決自無意義可言，徒然增加當事人訟累並加重承認國法院之負擔。

至於外國判決承認之後，其效力範圍多廣，因為判決國與承認國之法律制度不同，可能有不同的設計，必須選擇其一以決定外國判決效力之範圍。例如外國判決一事不再理效力之主觀範圍、客觀範圍、時間點等，也包含爭點是否具有一事不再理效力、是否發生訴訟告知效力、訴訟參加效力等。目前歐盟各國已採取判決國法說，亦為多數學者所贊同。本文也採判決國法說。

中國大陸之判決經依兩岸關係條例第74條之規定認可之後，是否發生既判力，我國學說多有爭論。不過，如前所述，既然已經承認中國大陸之判決，顯見該判決具有承認之適格，我國法院承認該判決之效力，即應以該判決有在我國發生效力為前提，其中除了執行力之外，也包含一事不再理效力。否則經承認之後，又謂判決不具一事不再理效力，既有損當事人程序利益，亦無端加重本國法院之負擔，更與承認之基本要旨有違。至於中國大陸判決一事不再理效力之主觀範圍、客觀範圍等問題，自應依照中國大陸之民事訴訟法決定之，而非依我國法律判斷之。

5

外國確定裁判之許可執行[*]

賴淳良

壹、前言

在我國人民與世界各國人民往來日益頻繁緊密[1]的今日，企圖透過以民族國家為中心，並藉此解決各國人民之間相互往來所產生之問題的模式，顯得愈來愈乏力，但是維持著一定的秩序卻是順暢人類彼此之間往來所不可或缺的基礎[2]，因此有學者倡言所謂的全球民主治理[3]。而當我們把維繫或促進國際往來的焦點從國家主權移轉到每一個私人／公民身上[4]，國際私法正可能可以為建構或維持這種秩序提供有效的途徑，這其中建構合乎國際間人民往來所需要的司法制度也是一項必須努力的方向，而在建構司法制度時，當然我們必須考慮判決執行的問題。

由於目前各國普遍仍把司法作用包含法院管轄權以及對於外國判決承認與執行的問題當作是國家主權最重要的一環，因此對於外國判決的承認與執行基本上仍然是站在區別內外國法院判決的基準上，而不完全站在訴訟當事人基本

---

[*] 原刊登於仲裁第85期，2008年5月，頁91-111。

[1] 中國時報在民國97年1月19日E8版刊出一篇署名邱傑的作者所寫的文章，描寫女兒在加拿大認識巴基斯坦的先生，決定共結連理，而結婚的舉行時間正值巴基斯坦政治動盪，雙方家庭為了舉行婚禮付出種種心血的過程，有趣的是，這位住在伊斯蘭教地區的巴基斯坦人，卻是篤信基督教的家庭。

[2] 德國當代的法律社會學家Gunther Teubner在1997年編輯出版的Global Law Without a State中就分別從法律多元主義、商事習慣法、多國籍企業、勞動法、人權保障等觀點來討論民族國家的法律體系與全球化之間的關係。

[3] David Held, Democracy and Global Order, 1995.

[4] 德國學者Beck提出「跨國公民社會」的觀念，請參見Ulrich Beck著，孫治本譯，全球化危機，1999年，頁90以下。

人權保障的觀點來決定承認以及執行外國法院的判決，儘管如此，在許多地區例如歐盟地區，正在為了建立「判決通用」的制度而努力，而美國各州之間也一直因為有聯邦憲法所規定的「正當程序」以及「充分信任」條款相當程度地從當事人訴訟權保障的觀點來決定是否承認執行其他州的判決，正可以顯示出判決的承認與執行正從國家主權的巨靈轉向高舉當事人訴訟權保障的火炬[5]。

而在94年間，長榮國際儲運股份有限公司對於浙江省紡織品進出口集團有限公司提出債務人異議之訴，該案是浙江紡織公司委託長榮公司運送一批校服到伊拉克，雙方發生糾紛，先在大陸地區上海海事法院起訴，判決長榮公司敗訴，上海市高級人民法院又駁回長榮公司之上訴。浙江紡織公司於是拿著大陸地區法院的判決書向臺灣地區法院聲請裁定認可，經認可之後，長榮公司提起本件債務人異議之訴，長榮公司主張的主要理由是本件強制執行的執行名義是臺灣地區法院的認可裁定，因此應該適用強制執行法第14條第2項，法院應該審查執行名義成立前所有的異議事由[6]。這個爭點所引發有關大陸地區判決承認以及執行的制度，非常值得我們進一步地從學理上來探討大陸地區判決的效力問題、臺灣地區法院對於大陸地區判決承認所應審查的事項、程序、範圍等問題，也值得我們思考對於大陸地區判決承認與執行制度在兩岸商務往來以及人民婚姻繼承等不斷增加的民事交往活動中應扮演的角色以及功能。

本文將把討論的焦點放在許可外國判決執行之訴的討論上，先從介紹我國許可執行之訴的法律制度著手，接著進一步介紹我國實務上操作的實況，進而從國際間對於執行外國判決所存在的規範以及發展檢討我國許可判決執行制度，再提出法律解釋以及立法上可以改進之處。希望藉著這樣的討論能有助於我們思考正確建構對於外國判決承認以及執行、對於大陸地區判決承認與執行的制度。

對於外國確定判決的執行，絕對不會只是一個國家主權如何展現的問題而已，而是顯示出一個國家融入國際社會的努力程度，而從確保當事人基本人權

---

[5] 歐洲人權法院在許多裁判中提到人民有「適當期間接受裁判權」，可以作為此處人民訴訟權保障的重要標誌，請參見吳志光，適當期間接受裁判權之實踐，收於林鈺雄、顏厥安主編，人權之跨國性司法實踐—歐洲人權裁判研究（一），2007年，頁3以下。

[6] 桃園地方法院94年度重訴字第208號判決以及臺灣高等法院96年度重上字第175號判決。

切入，建立起華人社會中符合人類共同期待的紛爭解決制度應該也是我們可以努力的目標。

貳、我國判決許可執行之法律制度

對於外國確定判決，我國民事訴訟法第402條規定了承認其效力的要件，但是並沒有規定必須經過法院裁定承認才發生效力，也就是說，我國對於外國確定判決採取自動承認的制度[7]，而當外國法院判決的內容必須依賴債務人的行為才能夠完成時，債權人如果希望能在我國經由法院要求債務人履行債務時，就必須依我國強制執行法在第4條之1之規定提起許可執行之訴，這樣的規定，基本上與其他各國承認外國判決的制度相吻合[8]。不過我國這樣的規定，顯得十分地簡陋。在適用上會有如下諸多問題有待進一步明確規範或由學說、實務見解加以補充。

一、許可執行之執行名義的範圍

首先由於強制執行法第4條之1規定，許可執行的外國判決必須以該外國判決符合民事訴訟法第402條之條件為前提，乍看之下，似乎許可執行的外國判決與承認外國判決的範圍是一致的，或者許可執行的外國判決必須以完全符

---

[7]　有關各國承認外國法院判決的制度介紹，請參見賴來焜，強制執行法總論，2007年，頁744。

[8]　德國與我國相同，都是採取自動生效的制度，這種制度無法避免地會產生各個不同的機關對於外國判決是否符合承認要件在認定上的困難與歧異，在德國，如果當事人對於外國法院判決是否生效產生爭議而具有確認的利益時，可以根據民事訴訟法第256條提起確認之訴，這包含積極確認之訴以及消極確認之訴，不過依據歐盟法院管轄以及判決執行公約以及Lugano法院管轄以及判決執行公約卻僅允許提起積極確認之訴。這種訴訟的進行以簡化的程序為之，類如許可執行之訴。請參見Harmut Linke, Internationales ZivilProzeßrecht, 2001, S. 177f。我國學者也認為應該採取類似的見解，請參見陳啓垂，外國判決的承認與執行，月旦法學雜誌第75期，2001年8月，頁158。這應該是值得期待的做法，不過這個問題除了牽涉我國民事訴訟法第247條規定之闡述外，還牽涉確認之訴與許可制行之訴彼此之間的關係、外國判決的效力問題，有待作更進一步的釐清。

合民事訴訟法第402條之所有規定為前提，包含必須是外國確定判決等要件，但實際上，外國判決的承認與執行固然有緊密的相關性，但是承認判決的範圍與可許可在我國成為執行名義的範圍未必一致，有些可以承認的外國判決，並不需要經過許可執行，例如通說所提到離婚判決，並不需要經過許可執行，就可以直接在我國發生離婚的效力。相反的，有些在外國具有執行名義資格的裁判或者是公文書，並不需要取得如確定判決的效力，但卻有必要在我國取得可為執行名義的資格，例如沒有經過判決程序的各種扶養費或者是對於勞工生活補償的法院裁判或者是和解、調解等。也就是說判決的承認與外國執行名義取得在我國可為執行名義的資格無論在概念上或者是要件的判斷上都必須加以區別[9]。

就外國判決是否可以許可執行而言，除了我國通說所談到必須限於給付判決之外，事實上還有一個問題必須討論，外國法院許可執行的判決（Exequatursurteil）[10]是否可以在我國法院聲請許可執行，對於這個問題，有所謂「禁止重複許可原則」（Verbot des Doppelexequatur）[11]，採用這個原則的理由是各國是否許可執行外國法院的判決應該由各國自己決定。因此如果債權人拿著已經獲得承認的執行判決以及第三國的判決請求法院地許可執行時，法院地所應考慮的仍然是該第三國判決是否符合法院地許可執行的要件，而不去考慮作出許可執行判決的外國判決是否符合法院地許可執行之要件。例如債權人取得英國法院的給付判決，在美國獲得紐約州許可執行的判決，該債權人向我國法院聲請許可執行美國紐約州的判決，我國法院仍然應該針對英國法院

---

[9] Harmut Linke, Internationales ZivilProzeßrecht, 2001, S. 144f; Heimo Schack, Internationales Zivilverfahrenrecht, 2006, 4 Aufl., S. Rdnr. 930. 我國學者在討論多半有都認為判決的承認與執行係屬兩事，不可一概而論，不過本文必須更強調由於作為執行名義並不只判決一種，仲裁判斷、和解、調解、裁定等都可以作為執行名義，而這些執行名義如果是外國機關所作成的，是否可以成為在我國有效合法的執行名義，必須有詳細的考慮。有關學者的見解，請參見劉鐵錚、陳榮傳，國際私法論，2006年修訂3版，頁618；陳長文，外國判決之承認，收於國際私法理論與實踐（一）—劉鐵錚教授六秩華誕紀念論文集，1998年，頁228。

[10] 授與外國法院判決執行力的程序用法文的術語就被稱之為Exequatur。

[11] Heimo Schack, Internationales Zivilverfahrenrecht, 2006, 4 Aufl., S. 320.

判決是否符合我國強制執行法第4條之1的規定而定，而不去考慮美國紐約州法院許可執行的判決。這項原則立意上也是為了避免產生「執行名義漂白」（Titelschwemme）的情形[12]。

　　我國法律的規定上，就判決的承認與執行分別有前述的規定，另外於2003年修正民事訴訟法時，在第402條增訂第2項規定「前項規定，於外國法院之裁定準用之」，在2005年修正非訟事件法時，在第49條規定承認外國確定之非訟事件裁定之要件，但是強制執行法第4條之1並沒有作出相應的修正，而無論是民事訴訟法或者是非訟事件法對於承認外國法院非訟裁定之程序也都缺乏明文規定，導致適用上無論是承認外國非訟裁判之範圍或者是法院裁定之程序都有疑問。就承認裁定的範圍而言，依照民事訴訟法第402條修訂之立法理由以及我國學者之見解[13]，包含命扶養或監護子女的保全處分之裁定[14]、確定訴訟費用的裁定以及父母對於未成年子女權利義務行使或負擔等事項所為之裁定[15]，

---

[12] Heimo Schack, Internationales Zivilverfahrenrecht, 2006, 4 Aufl., S. 321.

[13] 賴來焜，同註7，頁742；劉鐵錚、陳榮傳，同註9，頁624。

[14] 依我國非訟事件法第124條之規定，法院在夫妻離婚後對於子女權利義務之行使以及負擔進行裁定時，得依聲請命為必要之保全處分，例如命先行給付一定金額之扶養費或者為了學籍的問題先辦理戶籍登記手續等。除了非訟事件法之規定外，民事訴訟法第579條特別針對在離婚訴訟程序中所提起之附帶請求，也可以先裁定為假處分，此外民事訴訟法第538條有關定暫時狀態之假處分也可以成為有關子女權利義務行使與負擔先進行裁定程序的依據。

[15] 外國法院針對未成年子女權利義務之行使以及負擔所為之裁判，目前各國雖然在承認其執行力上，較不具爭議，但是當事人可否在內國另外提起變更未成年子女監護內容的訴訟，則頗有討論之餘地，這當然牽涉到外國裁判確定力的問題，不過這類裁判經常會因為裁判後情勢變更，例如未成年子女就學環境改變，原本有監護權之一方事後失業導致無法繼續有效行使監護權等狀況，因此允許法院隨著情勢而對於監護權行使的內容方法加以變更，確有必要，但如果毫無限制地允許當事人隨意起訴變更原本已經確定的監護權行使內容與方法，勢必又會使子女監護權持續處於不穩定的狀態中，我國民法第1055條第3項、非訟事件法第127條、兒童及少年福利法第49條也都明文允許對於監護權的內容方法加以變更，這在美國各州之間也形成重大的法律衝突問題，聯邦最高法院在1933年的*Yarborough v. Yarborough*一案就表示意見，該案是一位女兒因為就讀大學後需要比較高的學費，因此在所居住就讀的南卡羅來納州起訴請求其父親給付扶養費用，父親則以扶養費用的請求已經在之前由共同居住的維吉尼亞州法院判決給付的金額，而維吉尼亞州法院針對女兒扶養費用的判決有記載禁止嗣後再行變更，因為在判決文中明白記載

但不包含外國法院於訴訟程序中所為指揮訴訟之裁定、非針對訴訟標的所為之中間判決以及不具終局性的保全裁定包含假扣押或假處分之裁定等。

　　前述2003年民事訴訟法第402條第2項修正之立法理由，在司法院所組成的涉外民事法律適用法研究修正委員會在草擬有關修正草案中也曾經提出討論，在90年5月18日所提出討論的草案中，第14條規定「被告本國法院就涉外身分事件所為之民事確定裁判，中華民國法院應予承認，不適用民事訴訟法第四百零二條第一款、第四款之規定」，第15條第1項則規定「外國法院之確定裁判，應向一中華民國法律規定有管轄權之中華民國法院聲請承認，在中華民國始為有效」[16]，草案理由中再度強調必須避免身分關係有跛行現象。該草案幾經討論之後，在90年9月14日的討論中，提出一如現行法的修正草案，立法理由也改為現行立法理由，並且從涉外民事法律適用法的修正草案單獨改為民

這項判決的給付是屬於「永久扶養費」（permanent alimony），但是南卡羅來納州法院卻拒絕認可維吉尼亞州法院判決有關永久扶養費記載的效力，美國聯邦最高法院在由Braindes大法官主筆的多數意見廢棄了卡羅來納州法院的判決，認為依照聯邦憲法中充任信任條款的規定，各州法院的判決如果具有排除法則的話，其他州的法院就不能再任意加以變更，也就是當各州法院並不允許針對子女監護權的裁判事後以後訴法院的裁判加以變更，那麼其他州也不能再以事後提起的訴訟裁判加以變更。另外美國為了解決這個問題，先後通過兩個統一法，一項是「1979統一子女監護管轄權法」（Uniform Child Custody Jurisdiction Act），一項是「聯邦子女避免雙親綁架法」（federal Parental Kidnapping Prevention Act），前者企圖透過將管轄權固定在子女住所地法院的方式解決這項問題，後一項法案則是在某種程度上讓原判決法院具有比較強的效力，不讓其他法院任意進行調整。不過，這兩項法案的文字仍然不夠清楚，因此仍然無法有效地防止此類問題。請參見Lea Brilmayer, Conflict of Laws, 2nd ed., 1995, pp. 322-324. 此外由於「歐盟婚姻監護裁判管轄權、承認以及執行公約」（EueheVO）對於歐盟會員國有優先適用的效力，該公約認為個人身分在各國間必須有統一的確定地位，德國1962年於是修正家族法，規定了判決承認的程序，由地區司法行政機關（Landjustizverwaltung）依照法律所規定的要件去審查外國法院的裁判，可以由上訴法院（Oberlandgericht）作進一步的審查。地區司法行政機關有管轄的規定，也就是讓外國法院裁判的承認程序由一個有管轄權的機關作出統一的決定，同時這個機關所審查的外國判決僅僅限於離婚判決而已，對於其他因為離婚所產生的其他附帶事項例如扶養、監護等裁判則不在審查承認的範圍內，只是這些附帶事項的裁判將來在執行的時候通常都會受到離婚裁判承認的影響，請參見Harmut Linke, Internationales ZivilProzeßrecht, 2001, S. 178f.

[16] 參見司法院涉外民事法律適用法研究修正資料彙編（一），2002年11月，頁405。

事訴訟法修正草案[17]。從這個立法過程觀察，在一開始的草案中雖然刻意地將承認外國裁判的範圍擴張到所有的裁判，而不限於判決，也似乎提出了有關身分關係以及其他法院裁判而有不同承認要件的處理，但在最後的草案中僅僅將承認外國法院裁判的範圍擴及裁定，不再區分是否為身分關係的裁判，而且在草案的擬訂過程中似乎都沒有考慮對於外國裁定的範圍作出限制，則把民事訴訟法第402條第2項所規定之裁定限定在一定的範圍內，並且認為原則上不承認外國法院裁定之效力，似乎與立法的原意有所違背。而且從承認外國法院之判決實際上就是承認外國司法行為的觀點來看，我們真正應該考慮的是到底哪些司法行為應該承認在我國具有效力？並為了同時兼顧我國人民融入國際社會以及權利保障之利益，依照各個類型的裁判設定承認的條件，或者是透過與其他國家對話協商的方式為承認他國裁判設定條件，應該是必須努力的方向，則民事訴訟法第402條第2項之規定以及非訟事件法第49條的規定應該是正確的立法方向。至於可以承認之外國裁判，應將屬於實體性的裁定均包含在內[18]，因此除了對於子女權利義務行使以及負擔，例如扶養費用的裁判外，包含針對外國法院對於親權行使所核發的假處分、暫時保護措施等裁定或者是由於勞動契約所產生定暫時狀態之假處分[19]例如命雇主在一定期間內給付工資[20]等裁定都應該列入可以承認的裁定，只是承認的條件必須特別考慮到當事人程序權的保障[21]。

---

[17] 同註16，頁575。

[18] Jan Kropholler, Internationales Privatrecht, 2004, 5 Aufl., S. 644.

[19] 定暫時狀態的假處分往往會涉及智慧財產權的爭端，也會影響到一個國家的產業發展以及文化事業，依照Trips協定第44條規定各會員國必須賦予司法機關簽發類似假處分的禁制令，以命令侵害智慧財產的人停止侵害行為，則對於外國核發的禁制令是否可以要求我國承認，可能可以從承認的要件上重新慎重考慮。請參見羅昌發，國際貿易法，1999年，頁750。

[20] 有關子女監護權之保護所涉及文化認同以及跨國勞工流動所涉及的問題，請參見賴淳良，文化認同與國際私法，收於法律哲理與制度（國際私法）——馬漢寶教授八秩華誕紀念論文集，2006年1月，頁470以下。

[21] 有關承認外國裁判時，對於當事人程序權保障之問題，請參見賴淳良，大陸地區民事確定判決之認可，臺灣高等法院花蓮分院91年度研究報告，頁95以下。

二、許可執行之訴的程序

我國強制執行法第4條之1規定了許可執行之訴[22]，由於並沒有針對許可執行之訴作出其他的特別規定，因此一如強制執行法第14條所規定的債務人異議之訴以及第15條所規定之的第三人異議之訴，均應適用民事訴訟法所規定的訴訟程序。不過民事訴訟法上的基本原則例如處分權主義、辯論原則等是否可以完全適用在外國裁判之許可執行之訴上，似乎應有討論的餘地。

首先，就法院管轄而言，強制執行法第4條之1第2項規定由債務人住所地法院管轄，如果債務人在中華民國沒有住所，則以執行標的物或應為執行行為地為管轄法院，由於法條雖然沒有明文規定屬於專屬管轄，但是由於法條規定是以債務人住所地法院為管轄法院，並不允許其他法院管轄許可執行之訴，在實際適用上會產生與專屬管轄的相同效果，以債務人住所地作為唯一的管轄法院，一方面避免許可執行判決的歧異，也增加查證上的便利，應屬正確的立法。至於債務人是法人的情形，參照民事訴訟法第2條之規定，自應以其主事務所或主營業所所在地為管轄法院。另外由於債務人並不限於中華民國國民，也可能是外國人或者是外國公司、法人，因為強制執行法第4條之1已經有明文規定，則如果外國人在中華民國沒有住所，即應以執行標的物或應為執行行為地為管轄法院，而不能適用民事訴訟法第1條第2項之規定。至於對於大陸地區民事裁判、仲裁判斷之承認，依臺灣地區與大陸地區人民關係條例第74條之規定必須先經過法院的裁定才承認其效力，但是對於裁定的管轄法院則缺乏明文，解釋上應依照非訟事件法第2條之規定，以債務人住所地或者是法人主事務所或營業所為管轄法院[23]。香港及澳門地區法院之裁判，依照香港澳門關係條例第43條第1項之規定準用強制執行法第4條之1，因此許可執行之訴也應以債務人住所地或是法人主事務所、營業所為管轄法院。外國仲裁判斷，依照仲裁法第47條第2項之規定必須經過我國法院裁定後才可以為執行名義，香港

---

[22] 強制執行法第14條之1規定債權人對於債務人是否為執行名義效力所及有爭議，經執行法院裁定駁回異議時，也可以提起許可執行之訴。

[23] 由於臺灣地區與大陸地區人民關係條例對於裁定的管轄法院缺乏明文，但解釋上仍應以債務人住所地為管轄法院，請參見賴淳良，同註21，頁80以下。

澳門地區的仲裁判斷，依照香港澳門關係條例第43條第2項也是準用仲裁法的規定，裁定承認的法院也應該適用非訟事件法，以債務人住所地或法人主事務所、主營業所為管轄法院。

　　得在我國法院提起外國裁判許可執行之訴的當事人，除了外國裁判記載的債權人之外，其他第三人可否提起訴訟，是否具有當事人適格，涉及外國判決既判力效力主觀範圍的問題。我國最高法院88年台上字第3073號民事判決認為應依照判決國法律判斷既判力效力主觀範圍，採取判決國法說，其見解應值贊同。該案是一家美國保險公司持美國猶他州的法院確定判決，請求臺灣嘉義地方法院許可對臺灣的一家公司強制執行。該保險公司起訴主張美國猶它州聯邦地方法院於民國81年2月25日判決臺灣的一家公司應給付訴外人美國沙德蘭公司美金26萬7,001.16元及利息，該判決業已確定，保險公司依保險代位及債權讓與之法律關係，取得沙德蘭公司對臺灣一家公司判決上之權利許可強制執行。由於該案之債權人為沙蘭德公司，而起訴許可執行之訴者為保險公司，臺灣的公司抗辯既判力主觀效力以及起訴當事人適格之問題，最高法院認為「美國猶它州條款31A-21-108（1986）及猶它州民事訴訟法規則第十七條中有關代位條款規定：任何訴訟將以實質利害關係人名義提起，一造依據法條授權得以他人名義提起訴訟而不必參加訴訟，即使本訴訟將為其利益提起等語，故除非法律有其他例外規定外，必須以實質利害關係當事人之名義提起訴訟，而代位請求權可由保險公司以被保險人名義提起，亦可以保險公司名義提起，……查系爭外國判決之原告雖為沙德蘭公司，但被上訴人為承保沙德蘭公司因產品瑕疵所致客戶傷害或其他損害所生之損害賠償責任之保險人，依上開美國猶它州法律規定，既得以沙德蘭公司名義對上訴人提起訴訟，請求損害賠償，則系爭外國確定判決之效力自及於被上訴人（美國保險公司）。為該案發回臺南高分院更審後，臺南高分院89年重上更（一）字第6號民事判決並未依照最高法院之指示，而是引用程序依法院地法原則，認為應依照臺灣民事訴訟法的規定，判斷判決效力的主觀範圍以及當事人適格，其判詞指出『被上訴人於本件民事訴訟是否具備當事人適格之要件，揆諸前揭訴訟程序應依法庭地法實為國際民事訴訟之基本原則，及我國涉外民事法律適用法第三十條之規定，自應以我國民事訴訟法有關之規定為其準據法。而我國民事訴訟法第四百零一條第一項規

定……，且所謂「當事人適格」，係指對於具體之訴訟，具備為當事人（即原告與被告）之資格，因而得受本件判決者；亦即當事人是否適格，應就為訴訟標的之法律關係，審究其有無實施訴訟之權能；……』。兩項判決結論相同，均肯定美國保險公司可以提起許可執行之訴。該案再上訴到最高法院，最高法院以92年台上字第2032號民事判決再次發回更審，判決理由指出『……惟原審僅依美國普通法第三百二十三條規定，認對被上訴人發生債權讓與之效力，至於其效力為何，並未查明；又原審認定該代位求償契約係沙德蘭公司將其對於被上訴人於該判決中所享有之全部權利讓與上訴人，並約定得由上訴人代位請求、執行及收取，則依其契約內容，是否僅生債權讓與之效力，亦非無疑。是上訴人與沙德蘭公司訂立上述內容之代位求償契約，依美國法律，究生何效力，上訴人是否因而為該判決效力所及之人，得以自己名義請求准予強制執行，自待研求。』臺南高分院92年重上更（二）字第24號民事判決仍然駁回臺灣公司的上訴，肯定美國保險公司得提起本件許可強制執行之訴，判決理由中指出『又我國民事訴訟法第402條所謂「認其效力」者，乃認其與本國法院之判決有同一之效力，諸凡既判力、執行力及形成力均與本國之判決無異，至其效力客觀的及主觀的範圍，仍應從該外國法定之，即有關本件系爭美國法院判決之客觀的及主觀的效力範圍，應依美國有關法律之規定而加以解釋及適用。又美國係英美法系國家，除既有之成文法外，美國法院尚以判決先例、立法理由及學說解釋等不成文法作為判決基礎，並形成拘束力。……』以外國判決效力應依照判決國法的基本理論，推論導出本案美國保險公司得提起許可執行之訴，並詳細論述美國聯邦民事訴訟法中債權移轉對於訴訟當事人效力的影響。該案雖再上訴最高法院，最高法院以94年度台上字第1090號民事裁定以上訴程序不符合要件為理由，駁回上訴而確定。」

再就許可執行之訴的訴訟標的而言，由於我國許可執行之訴的制度是仿效德國，德國在1879年建立承認執行外國判決制度之時是採取英國法上所謂對於「外國判決之訴訟」（action upon the foreign judgement; actio iudicati）制度，利用訴訟程序確認債務人負有給付的義務。但是時至今日，許可執行之訴的訴訟標的不再是實體法的請求權，而是外國判決或是外國執行名義的可執行

性（Vollstreckbarkeit）[24]，我國強制執行法第4條之1既然也是規定許可外國判決，也應該是以外國判決的執行力為許可執行之訴的訴訟標的，而不是以實體法上的法律關係為訴訟標的[25]。

　　既然許可執行之訴，是以外國判決是否有執行力為訴訟標的，而外國判決只有在符合法律所規定的條件下才具有執行力，那麼許可執行之訴，在訴訟上的性質，學說上雖然有給付之訴、確認之訴以及形成之訴說，我國學者有採取確認之訴說[26]，也有學者採取形成之訴說[27]，陳啟垂教授認為由於我國許可執行之訴的制度，是仿效自德國民事訴訟法第722條以下之規定，而德國許可執行之訴有如前述之歷史上發展，在一開始的時候是對於債權實體請求權的確認，因此具有確認訴訟的性質，但之後發展成為賦予外國判決的執行力，性質上應該屬於形成之訴，我國強制執行法所規定的許可執行之訴，也應該作同一解釋，性質上為形成之訴[28]。德國學說上也是以形成之訴說為多數說[29]。不過，由於許可執行之訴，並沒有一個實體法上的形成權存在為前提，而只是針對外國判決是否在國內具有執行力一事加以判斷，因此乃是一種「程序上的形成之訴」（prozessuale Gestaltungsklage）[30]，與以實體法上形成權存在為主張所提起的形成之訴仍有所不同，而比較接近以判決具有再審事由為理由提起之

---

[24] Heimo Schack, Internationales Zivilverfahrenrecht, 2006, 4 Aufl., S. 322.

[25] 我國學者陳計男、陳啓垂採取同一見解，請參見陳計男，強制執行法釋論，2002年，頁116；陳啓垂，同註8，頁162。

[26] 陳榮宗，強制執行法，2002年，頁101；楊與齡，強制執行法論，1999年9月修訂10版，頁109。

[27] 張登科，強制執行法，2001年9月修訂版，頁56；陳計男，同註25，頁116。我國學者採取形成之訴說，理論說明上多認為是因為強制執行法第4條之1既然規定外國法院的判決必須經過我國許可判決之後，才可以在我國具有執行名義的效力，也可以具有執行力，因此我國法院許可執行之訴的判決是讓原本不具執行力的外國判決取得執行力，具有形成的效力，性質上為形成判決。

[28] 陳啓垂，同註8，頁162。

[29] Heimo Schack, Internationales Zivilverfahrenrecht, 2006, 4 Aufl., S. 322; Jan Kropholler, Internationales Privatrecht, 2004, 5 Aufl., S. 663.

[30] Heimo Schack, Internationales Zivilverfahrenrecht, 2006, 4 Aufl., Rdnr. 941.

再審之訴[31]。

　　既然許可執行之訴，屬於訴訟上之形成之訴，審理的主要事項就應該是外國判決是否具有許可執行之要件，又由於外國判決之許可執行與承認在我國法上是一致的，並不區別，則外國判決是否具有可執行性，自然也應該採取與承認外國判決同樣的審查標準，對此由於討論的文獻很多，不再贅述[32]。在此處必須討論的問題是債務人可否在許可執行之訴的審理程序中，提出外國判決確定後新發生足以消滅債權存在的實體法上抗辯的事由，並據以主張排除該外國判決的執行力？我國學者有認為由於許可執行判決性質上屬於確認之訴，法院僅能就外國判決是否具有執行力為審理，而不得對於實體上的關係為判斷，因此採取否定見解[33]，也有學者認為以肯定說為當[34]。由於許可執行之訴一如再審之訴，性質上屬於訴訟上形成之訴，許可執行之訴的訴訟標的是外國判決的可執行性，審查的事項依照法律之規定只有外國判決是否具備承認的要件，則在該訴訟程序中，即無從再針對其他事項進行審理，債務人如果有實體上抗辯事由，應該循債務人異議之訴的程序主張，就比較法上，德國法上認為債權人可以提起許可執行之訴，債務人則可以提起執行異議之訴（Vollstreckungsabwehrklag），提起執行異議之訴的理由，除了以外國法院判決不具有許可執行的要件之外，也包含外國法院的判決已經被判決國法院所廢棄。至於可否以實體法上的理由，例如已經清償履行為理由，提起執行異議之訴，則必須視準據法國而定，也就是必須以判決所適用的實體法而定[35]。

　　另外，許可執行之訴，由於我國法律明文規定屬於一種訴訟，因此似乎提

---

[31] 我國學者認為訴訟上形成之訴還包含有如民事訴訟法第416條第2項之撤銷調解之訴，仲裁法第40所規定之撤銷仲裁判斷之訴等。請參見陳榮宗、林慶苗，民事訴訟法，1996年初版，頁286。德國學者認為形成之訴主要有三種類型，一是家族法上的，二是商事法上的，第三便是強制執行法上的。請參見Othmar Jauering, Zivilprozeßrecht, 2002, 27 Aufl., S. 140.

[32] 請參見劉鐵錚、陳榮傳，同註9，頁626以下；李沅樺，國際民事訴訟法，2007年，頁296以下。

[33] 陳榮宗，同註26，頁101。

[34] 張登科，同註27，頁56。

[35] Heimo Schack, Internationales Zivilverfahrenrecht, 2006, 4 Aufl., S. 323.

起許可執行之訴即應依照民事訴訟法所規定之程序進行，不過，當我們考慮到外國判決乃是一項判決，如果外國判決也是已經經過如我國之嚴格訴訟程序而取得之判決，當需要進行執行的時候，卻還要再進行另外一項審判程序，這對於當事人勢必造成更為嚴重甚或是不必要的程序負擔，因此如後所述，歐盟會員國積極地採取必要的措施，希望能達成判決流通的理想，對於外國判決的承認採取一種簡速的程序，讓各會員國的判決承認以及執行制度可以確保債權人的迅速實現。如果再考慮與許可行之訴具有相同性質之再審之訴，依照民事訴訟法第502條第2項，如果顯無再審理由，可以不經言詞辯論為之，則對於許可執行之訴，如果我國在條件許可下，與其他國家或地區進行協商，達成相互以簡速程序承認相互間的判決的程序，對於外國判決的許可執行之訴，採行簡速不經言詞辯論的程序，或者是採取實質互惠的態度，對於已經有充分程序保障制度的外國判決也採取簡速的審判程序，在法院認為適當的情形下例如外國判決並無不應承認的情形時，不經言詞辯論而為判決，似乎是可以考慮的做法。

　　最後一項問題是，如果一個外國法院的判決內容需要進一步地加以確定，受理許可執行之訴法院可否直接加以確認，或者必須由債權人另外提起訴訟加以確定，這在德國被稱之為「開放性執行名義」（offene Auslandstitel），例如在斯堪地那維亞國家，長期以來都允許法院作出需要引致的扶養義務判決，要求扶養義務的具體內容隨著生活環境的改變而作出調整，瑞士也有類似的制度，或者是對於法定利息給付的判決等，對於這種還需要進一步確認內容的外國判決，德國通說認為，受理許可執行的法院應該在許可執行的判決中確認具體的內容。當然不同意見認為受理許可執行的法院只能夠針對外國判決是否符合許可執行的條件加以認定，不能再就判決的內容作出闡示[36]。

三、許可執行之訴的執行名義

　　債權人在取得我國許可外國法院判決執行的判決之後，依照強制執行法第4條第6款之規定，即具有合法的執行名義，自可聲請我國法院強制執行，但是究竟合法的執行名義是指我國法院許可執行的判決或者是指外國法院的判決而

---

[36] Heimo Schack, Internationales Zivilverfahrenrecht, 2006, 4 Aufl., S. 321.

言，在學說上有所爭論，可以有三種不同的學說，即所謂執行判決說、外國判決說以及結合說，執行判決說認為應以我國法院之許可執行判決為執行名義，外國判決說認為單獨以外國法院判決為執行名義，結合說則認為必須結合外國法院判決以及我國法院許可執行之判決為執行名義，我國學者有認為由於許可執行判決只是確認之訴，確認外國法院具有執行力，因此必須以外國法院判決為執行名義[37]，有學者則認為必須結合外國法院判決以及我國法院許可執行判決為執行名義[38]。由於許可執行之判決的內容，內容繁多，有僅僅是確認外國法院的判決符合承認的要件，因此可以執行，有的許可執行判決，因為債權人只針對其中一部分聲請許可執行，因此許可執行的判決也僅針對該部分為判決，也有些許可執行的判決，准許一部分，卻駁回另外一部分，因此單純以外國法院的判決作為執行名義，勢必產生執行內容難以確定的困難。相同地，認為單純以內國法院許可執行判決為執行名義，也會有相同的困境。因此應認為外國法院的判決與我國許可執行判決合而成為執行名義。

對於前述問題，連帶著會產生一項困難的問題，亦即依照我國強制執行法第14條債務人得提起異議之訴的事由，原則上限於執行名義成立後之事由方得提起債務人異議之訴，但如果執行名義無確定判決同一之效力者，於執行名義成立前的事由也可以提起債務人之訴，其立法原意是為了避免例如以本票裁定為執行名義，在法院裁定准予強制執行之前，債務人已經清償票款，法院卻因為本票裁定事件屬於非訟事件，在沒有通知債務人的情形下逕行裁定，導致本票持票人有機會利用這種空隙，對於債務人之財產再度強制執行，而債務人卻無法提起異議之訴的法律漏洞。那麼如果適用在外國裁判的情形，則應以外國裁判本身的性質來加以決定，換言之，如果外國裁判屬於享有與我國判決同一效力之裁判[39]，無論我國法院許可執行是用判決或者裁定為之，都應該適用強

---

[37] 陳榮宗，同註26，頁101。

[38] 張登科，同註27，頁57；陳啓垂，同註8，頁165。

[39] 外國判決的效力，除了本文所討論的執行力之外，還有既判力以及所謂判決的構成要件效力（即實體上法律關係的效力），甚至包含所謂判決理由之效力等問題，實有待進一步深入探討，請參見李沇樺，同註32，頁314以下；陳啓垂，同註8，頁158以下。筆者此處所稱與我國判決有同一效力，是指稱外國法院的裁判必須如我國民事訴訟法對於判決

制執行法第14條第1項[40]，而如果外國裁判並不具有與我國判決同一效力之裁判，則應該適用我國強制執行法第14條第2項規定。因此外國裁判屬於判決，則因為執行名義必須與我國許可執行判決結合，則這種執行名義應該屬於與確定判決有同一效力之執行名義當無疑問。

四、其他執行名義的執行：大陸地區之判決以及外國仲裁判斷

如前所述，我國承認以及執行各種外國的執行名義，無論在是否承認或執行、承認執行的要件上、承認執行的程序上都採取不同的方式，有些甚至還

所要求一定程序的完整性，主要就是當事人的程序權保障。

[40] 此處的討論省略了外國裁判可否提起債務人異議之訴的問題，這個討論會圍繞在外國判決的效力法則以及對於外國判決的實質審查標準這二個重大問題，同時也是訴訟制度上擺盪在實體正確性以及終局性兩項利益的衝突以及調整之中，訴訟的基本目的當然是希望能夠得到實體的正義，但是對於實體正義不厭其煩的追求，導致當事人之間的紛爭始終無法落幕，也不是憲法保障人民訴訟權的基本目的，因此在一定的程度下，讓當事人之間紛爭透過訴訟而平息，也應該是討論判決效力的另外一項必須考慮的基本目的，所以我們可以說，追求實體正義固然是訴訟的目的，但這並不是唯一的目的，讓當事人之間的紛爭能夠解決也是訴訟另外一項與追求實體正義同樣重要的目的。

在此同時，我們也必須了解，幾乎所有國家的訴訟制度都不會完全禁止因為裁判錯誤而必須進行的改正程序，既然允許改正錯誤的判決，那麼要為排除判決制定適當的標準，問題就在於符合哪一種要件下要允許重新進行訴訟，以及是否也要有適當的時間限制。在一個國家中，對於自己國家內法院的判決也都存在著不同的改正錯誤判決的程序，顯示出法院作出的判決並不具有絕對的效力，在某些情形之下，判決的效力會被排除，既然內國判決會被排除，外國法院判決的效力也應該會在一定的條件下被排除。

至於在哪些條件之下，外國法院判決的效力可以被排除，排除的標準可以簡單地說只有兩種，即判決國法或是法院地法，判決國法說主張外國判決效力的排除應該亦照判決國法來加以決定，因為當事人的權利既然已經經由判決確認，那麼就有關判決效力的所有事項包含判決效力的範圍、案情的內容、判決的結果等也都應該由判決國的法律來加以決定，法院判決效力的排除也一樣，因為只有判決國法院才知道該判決可能存在的問題，也才容易進一步判斷在哪一種情形之下，應該允許排除判決的效力，此說可以被稱之為既得權理論模式，因為此說論證的理由與既得權理論十分相近。

另外一種說法認為外國法院判決效力的排除應該依照法院地法，因為真正執行的是法院，一項判決是否適合執行，只有執行地法院才能真正了解，而且執行地法院對於所有請求執行的判決是否加以排除應該採取同一的標準，不應該對於不同國家的判決採取不同的標準，此說可以被稱之為「禁止歧視理論模式」（nondiscrimination model），請參見 Lea Brilmayer, *supra* note 15, at 303-304.

沒有明確的規定。其中對於外國法院判決的承認與執行，是採取自動承認，再加上以判決許可執行的相結合制度，但是對於大陸地區之判決，依照臺灣地區與大陸地區人民關係條例第74條之規定，臺灣地區是以法院裁定認可後才發生效力，而經過裁定認可之後，就可以以此為執行名義，聲請強制執行，並不需要提起許可執行之訴，那麼如果對於以大陸地區的判決為執行名義聲請強制執行，債務人要提起債務人異議之訴時，究竟應該適用強制執行法第14條第1項或第2項？從對外國法院的討論中，應該認為只要大陸地區的裁判是與我國判決有同一效力者，也應該適用強制執行法第14條第1項，而不能適用同法第14條第2項。

至於外國仲裁判斷之執行，依照仲裁法第47條第2項規定，只要經過我國法院裁定承認後，即得為執行名義。並不需要經過以判決承認的程序，此與國際間的立法趨勢相符[41]。既然外國仲裁判斷經過我國法院承認之後即可為執行名義，則按照前述說明，當債權人持外國仲裁判斷與我國承認之裁定執行時，為了便於確認經過承認之仲裁判斷的範圍，應認為執行名義仍然是外國仲裁判斷以及我國法院的承認裁定。而且由於仲裁法第37條明文規定，仲裁判斷與確定判決有同一之效力，因此外國仲裁判斷經過我國法院承認之後，也與確定判決具有同一之效力，如果債務人對於該執行名義提起債務人異議之訴，也應該適用我國強制行法第14條第1項之規定，而不是同法第2項。當然在適用上也必須注意仲裁法第51條有關撤銷外國仲裁判斷的特別規定。

參、我國判決許可執行之實務運作

我國法院所受理外國法院判決許可執行之訴，就筆者在司法院網站所查得之資料，2000年後資料明顯增多[42]，例如在2000年之前，只有1995年最高法

---

[41] 有關外國仲裁判斷的承認與執行，請參見吳光明，商事爭議之仲裁，1999年，頁195以下；杜新麗，國際私法實務中的法律問題，2005年，頁312以下。

[42] 以案例研究的方法來追尋法律，似乎是我們可以努力的一個方面，除了可以如李念祖教授所說的為法學研究帶入人的氣息之外，也可以如法律社會學家Ehrlich把法律的發展放

院84年度台上字第2534號判決一件，但是在2000年之後，共計有七件，密度顯然增加許多，在這八件案件聲請許可執行的外國判決，包含英國（二件）、香港、美國加州（五件），其中二件是有關子女監護權的判決，其餘六件都是有關商務往來所產生之損害賠償。其中有一件以美國加州法院的判決沒有合法送達我國國民為理由，駁回債權人許可執行之聲請，有一件部分駁回，其餘均許可外國法院判決之執行。

　　在這八件許可執行之訴訟中，我國法院均進行十分嚴謹的言詞辯論程序，事實上，早在民國73年、74年以及78年間[43]，分別有三次的臺灣高等法院法律座談會都針對許可執行之訴是否需要進行言詞辯論程序有所討論，討論後的結論都是認為必須經過言詞辯論程序，理由都是因為我國民事訴訟法第221條第1項有明文規定，判決必須本於當事人的言詞辯論為之。認為許可執行之訴由於屬於判決，因此必須以言詞辯論程序為之，不過由於許可執行之訴在性質上屬於訴訟上形成之訴，是否必須所有的案件都已言詞辯論為之，仍有可考慮的空間，理由詳如前述。

　　就各個案件中，當事人所爭執的問題內容，以臺灣新竹地方法院所受理93年度重訴字第142號案件為例，當事人主張的爭點主要集中在英國法院的判決是否已經確定，英國法院的判決是否有違反公序良俗之情形，而就該判決是否已經確定這個問題，雙方當事人論證的重點在於英國法院在判決之後，其他法院法官是否有權限再度變更判決內容[44]。而就是否有違反公序良俗這個爭點，雙方則是論證英國法院判決中利息的記載[45]、判決附加條件以及英國法院的判決是否違反了歐盟條約的規則等。

　　臺灣高雄地方法院86年度重訴字第724號所受理許可英國法院判決執行的案件，兩造爭執的重點在於英國法院的判決是否已經確定、所命給付的內容是

在社會本身。請參見李念祖編著，案例憲法Ⅰ，2002年；Eugen Ehrlich著，趙名怡、袁震譯，法律社會學基本原理，2007年。

[43] 分別收集在臺灣高等法院歷年法律座談會彙編（中冊），頁536以下；民事法律問題研究彙編第四輯，頁462；民事法律問題研究彙編第七輯，頁678。

[44] 請參見註14有關子女扶養費用給付裁判之變更。

[45] 請參見前述有關開放性執行名義的說明。

否違反我國公序良俗，以及英國法院與我國之間有無相互之承認。不過，被告在審理期間所提出的答辯還包含了判決確定是否必須送達以及契約是否合法成立等抗辯，該案地方法院在90年間作出判決，認為英國法院的判決並無民事訴訟法第402條所列之各款情形，因此判決許可執行，經上訴到臺灣高等法院高雄分院，以90年度重上字第25號案件受理，高雄高分院在90年5月間駁回債務人之上訴，再上訴到最高法院，最高法院在92年5月以92年度台上字第985號判決駁回上訴，全案因而確定。

臺灣桃園地方法院90年度訴字第824號案所受理許可美國加州法院判決執行之案件，由於被告對於美國加州法院的判決表示完全沒有意見，只是主張由於經濟能力有限，希望能分期給付美國加州法院所判命之扶養費用。桃園地院審理後認為美國加州法院判決符合民事訴訟法第402條之規定，因此在90年8月判准執行。

臺灣桃園地方法院92年度重訴字第280號所受理許可美國加州法院判決執行之案件，該案是有關公司股東詐欺之行為造成公司損害之賠償事件，由於被告在接受合法通知之後，並沒有到庭抗辯，桃園地院於是審理認為美國加州法院符合民事訴訟法第402條之規定，因此在94年10月判准執行。

臺灣臺北地方法院90年重訴字第455號案受理許可美國加州法院判決執行之案件，兩造之爭點在於美國加州法院是否有合法通知被告出庭應訊，臺北地院審理結果以美國加州法院沒有合法通知被告出庭為理由，在91年1月駁回原告請求許可執行之訴。在此案中，值得注意的是，原告除了提起許可執行之判決外，另外以我國民法侵權行為以及不當得利請求權之法律關係請求被告賠償損害、返還不當得利，並且以預備之訴的方式提起兩件訴訟，先位請求許可執行外國法院判決，備位請求損害賠償，臺北地院除了駁回許可執行之訴外，也駁回損害賠償的備位之訴。上訴後，臺灣高等法院以91年度重上字第80號案件受理後，於91年7月駁回上訴，再上訴最高法院，以91年度台上字第1924號判決駁回原告先位請求許可執行之上訴，但是將備位請求損害賠償之訴廢棄發回臺灣高等法院，臺灣高等法院以91年度重上更（一）字第134號判決仍維持之前的判決，駁回原告備位之訴的上訴，最高法院再以93年度台上字第288號判決廢棄發回。

　　臺灣士林地方法院87年度重訴字第137號受理許可美國加州法院判決執行之案件，兩造之爭點主要集中該美國加州法院之判決是否為確定之判決、本案被告是否違加州法院判決效力所及之當事人、加州判決未記載的利息部分是否在判決之內，可否據以強制執行、美國加州法院是否有我國民事訴訟法第402條各款所列之情形，士林地院審理之後，認為本案被告是加州判決效力所及之當事人，利息部分也在判決效力範圍內，並且確認是確定判決而且沒有民事訴訟法第402條所列之各款情形，因此於91年2月判准許可執行，上訴後，臺灣高等法院以91年度重上字第130號案件，認為我國法院僅能就判決內容所命給付決定是否許可執行，利息部分既然不在判決中，而是以其他法典為依據，我國法院不能許可該部分之執行，因此在91年11月該將部分廢棄，改駁回該部分許可執行之聲請，上訴後，最高法院93年度台上字第2082號判決基本維持臺灣高等法院之判決，只是因為第一審判決主文中，除了許可執行之外，另外又記載「承認」該美國加州法院之判決，最高法院就承認之部分認為我國民事訴訟法第402條對於外國判決之承認並不須以判決為之，原告起訴請求承認外國判決並無訴之利益，應該駁回，而不應允許。

　　從以上所列的判決，可以看出，我國法院目前對於外國判決之許可執行，仍然採取訴訟型態的方式來處理，而且也都是經過言詞辯論程序，兩造辯論的內容雖然在多數的情形都集中在外國法院判決有無民事訴訟法第402條所列之情形，但是也有溢出各款情形之外，提出其他實體異議的事項，甚至在許可執行之訴中，合併提起其他訴訟，也都導致許可執行之訴的進行有些微遲滯的現象，以前述訴訟觀之，就許可執行之訴從起訴到判決確定，在雙方當事人有爭執的情形，似乎都需要一至二年的時間，甚至更長。

肆、歐盟判決許可執行制度之發展

　　由於許可執行之訴，耗時費力，各國之間努力地希望透過條約簽訂的方式，用比較快速而簡易的方式進行外國判決許可執行的程序，除了條約的簽訂之外，各國也透過單方面制定法律的方式來簡化許可執行的程序，這在歐

盟各國之間特別明顯，例如歐盟在2000所發布的「關於在民商事案件中法院裁判管轄與執行法令」，在德國也為了能有效地執行該項歐盟法令，也制定了「關於執行兩國之間條約以及歐盟關於在民商事案件中法院裁判管轄與執行法令之法律」（AVAG; Gesetz zur Ausführung zwischenstaatlicher Verträge und zur Durchführung von Verordnung der EG auf dem Gebiet der Anerkennung und Vollstreckung in Zivil und Handelssachen），其他比較重要的條約例如「1968歐洲經濟共同體有關民商事案件法院管轄以及判決執行公約」（GVÜ; EWG-Übereinkommen vom 27.9.1968 über die gerichtliche Zuständigkeit und die Vollstreckung gerichtlicher Entscheidung in Zivil- und Handelssachen），1988年盧加洛公約（LugÜ; Luganer Übereinkommen über die gerichtliche Zuständigkeit und die Vollstreckung gerichtlicher Entscheidung in Zivil- und Handelssachen），1973年海牙有關子女扶養義務裁判承認與執行公約（UVÜ1958/1973; Übereinkommen vom 15.4.1958 über die Anerkennung und Volstreckung von Entscheidung auf dem Gebiet der Unterhaltspflicht gegenüber Kindernern bzw）等。

這些規定主要是在EuGVO第38條到第42條，在德國主要就是AVAG第3到10條，主要的內容大約可以分為兩個部分，第一個部分是許可執行的程序，在這個程序中債務人並不能提出異議，債務人只能在EuGVO第43條以下所規定聲明異議程序（Rechtbehelfsverfahren）異議。另外就是某些對於債務人保護的規定，在許可執行的程序中，債務人也無法主張，因為依照EuGVO第41條之規定，審理執行許可的法院並沒有義務去審酌這些保護債務人的規定，因為在這類許可執行的程序中，並不需要經過言詞辯論程序[46]。

EuGVO第39條規定許可執行的程序由債務人住所地的法院或是應為執行行為的法院管轄，債權人也可以拿判決同時在不同國家取得執行的許可[47]，不

---

[46] Heimo Schack, Internationales Zivilverfahrenrecht, 2006, 4 Aufl., Rdnr. 949.

[47] 依照我國強制執行法第6條第1項第1款之規定，如果是以確定之終局判決為執行名義聲請執行，必須提出執行名義之正本，同條項第6款則規定，依強制執行法第1項第6款之規定聲請強制執行，必須提出得為執行名義之證明文件，由於外國法院判決並不屬於強制執行法第6條第1項第1款所規定之執行名義，所以似乎只要提出得為執行名義的證明文件即

過債務人可以對於債務的清償聲明異議。

　　與其他的條約規定不同，EuGVO規定在審查外國法院判決的聲請許可執行時，審查法院並不審查判決是否已經具備承認的要件，而只是審查是否存在有公務機關所製作完成的執行名義即可，至於判決不具備承認的要件則由債務人在之後所提起的聲明異議程序中加以處理。依照EuGVO第43條的規定，債務人對於許可執行的決定可以在一個月內聲明異議，聲明異議的程序在德國由高等法院裁定，對於高等法院裁定不服，可以向最高法院抗告。在聲明異議期間或者是法院尚未裁定前，執行法院僅能進行必要的保全措施，至於保全措施的範圍，前述的法律規定並沒有明文，不過，由於債權人聲請強制執行，理論上不應該最終受到無法執行的不利益，因此保全措施的範圍對於債權的實現確實有重要的影響。似乎可以參照德國民事訴訟法第928條以下有關假扣押程序的規定。這種保全程序依照EuGVO第47條之規定，可以依照原來聲請執行的外國法院即可，並不需要另外一個執行名義。

　　執行名義效力所及的債務人範圍有多廣，依照AVAG第7條之規定，依照判決國法院的法律來決定。至於判決所產生實體法上的效力，則必須依照選法規則所選擇的實體準據法來決定[48]。

　　強制執行的聲請人除了必須提出適當的文件之外，依照EuGVO第42條第2項規定，還必須在法院所在地選定一個住所，或者是依照第43條的規定委任一位代理人。

　　可以說，歐盟採行的是一種比較快速的許可執行外國判決的程序。同時也設置了一定異議的程序，讓債務人有機會對於外國判決的執行有重新檢視的機會。

可，當然這必須提出外國法院的判決，不過如果要允許債權人在不同的國家聲請強制執行，要求債權人一定得提起外國判決的正本，勢將使債權人事實上無法在不同的國家聲請執行，因此應認為只要債權人提出外國法院的複印本也可以在我國聲請強制執行，當然這還是需要先向我國法院聲請許可。那麼在我國法院聲請許可時，似乎也不應該要求必須提出外國法院判決的正本。

[48] Heimo Schack, Internationales Zivilverfahrenrecht, 2006, 4 Aufl., Rdnr. 950-952.

伍、結論

　　我國對於外國法院裁判的強制執行，基本採取與其他國家相當一致的方式，對於裁判採取自動承認的制度，在有強制執行之必要時才規定必須提起許可執行之訴，不過我國法律對於許可強制執行的訴訟並沒有作更詳細的規定，而且目前以必須經過言詞辯論的方式，似乎也會造成外國法院判決在許可執行上的遲緩，當然由於外國法院判決的類型甚多，外國法院判決對於當事人程序權的保障是否應該有起碼的水準等，都是造成我國對於外國法院判決的許可執行抱持十分審慎態度的原因。不過既然拿著外國法院的判決到我國來聲請許可執行的案件日多，我國法院必須及早對於許可外國法院判決執行的制度作出檢討，一方面確實實現當事人之間已經被確定的法律關係，一方面也能保障當事人的基本權利。而鑑於對於外國法院裁判採取自動生效的制度，如果對於外國法院之裁判沒有充分的了解，勢必產生承認上的困難，也容易使各機關有歧異的見解，因此採取由特定機關例如法院作出承認與否的宣告似乎是有必要的。而又由於承認外國法院的裁判，基本上乃是外國法院的裁判行為，應具有相當高度的可信賴性，因此在承認其效力的程序上應採取比較簡速的方式，縱然要經過一定的辯論程序，也應該將辯論的爭點集中在承認與否要件的審查上，而不應擴及其他實體上的爭議，也不應允許債務人在承認外國判決的程序上合併提起他項訴訟。而如果債務人對於外國法院之裁判有異議或者其他實體上的爭議，則可仿效歐盟的法令，在一定的條件以及時間的限制下允許債務人提起訴訟以解決爭議。這樣的制度設計，也能與我國承認外國仲裁判斷的程序以及承認大陸地區裁判的程序一致，以避免多軌方式，導致適用上的困擾。當然除了我國片面的法律制度設計之外，能透過判決承認等司法協助事項的討論與其他國家或地區進行必要的協商，以期更了解其他國家或地區的法律制度，進而有助於我國人民融入國際或區域社會，似乎也是應該積極進行的努力。

6

間接管轄問題
——外國懲罰性賠償金判決之承認*

林恩瑋

壹、前言

　　所謂懲罰性賠償金（punitive damages），一般性的定義是指當不法行為發生，加損害於他人時，被害人除可以向加害人請求賠償其所遭受之實質損害外，尚可由法院判令加害人額外支付被害人一筆賠償金額，以懲罰加害人不法行為之惡性，並且嚇阻其再犯類似之加害行為。易言之，懲罰性賠償金係在傳統侵權行為損害賠償制度以外，對於被害人賠償的另一種制度，其賠償數額不受被害人實際損害範圍之限制，而是著重於懲罰加害人之行為惡性，與嚇阻或預防相類似不法行為之再次發生。

　　懲罰性賠償金起源最早可回溯自1763年英國的 *Wilkes v. Wood* 案，該案法官首次昭示損害賠償制度不僅在滿足被害人，且具有懲罰其罪刑並嚇阻未來類似程序之發生，並彰顯陪審團對於該行為本身之厭惡[1]。其後懲罰性賠償制度自英國擴及於其他普通法系（Common law）國家，其中以美國運用此一制度最具有代表性。除少數州外[2]，原則上美國法院准許並運用懲罰性賠償金之判決，以圖達到其特定之法律政策目的。通常這種懲罰性賠償金的判決多鑑於故意加害行為的案件中，亦有過失行為如具備特定要件時，法院亦可對之判決懲

---

* 原刊登於法學叢刊第56卷第3期，2011年7月，頁137-160。

[1] 陳聰富，美國法上之懲罰性賠償金制度，收於美國懲罰性賠償金判決之承認及執行，學林，2004年，頁11以下。

[2] 例如密西根州，其州法院向來僅承認exemplary damages，而未承認punitive damages。相關判決可見Yamaha Motor Corp. v. Tri-City Motors and Sports, Inc., 429 N.W.2d 871 (Mich. Ct. App. 1988)或Gregory v. Cincinnati Inc., 538 N.W.2d 325 (Mich. 1995)。

罰性賠償金[3]。

　　普通法系法院之所以判決懲罰性賠償金，其基本理由無非基於報復與嚇阻之考慮。此與賠償係基於填補損害之理念大相逕庭，故而從功能上觀察，懲罰性賠償金實具有相當之刑事懲戒意味。另一方面，懲罰性賠償金亦有鼓勵私人追訴不法行為之功能，藉此強化執法機制，以有效達成法律政策目的。不過與刑事罰的罰金不同之處在於，懲罰性賠償金的受領人並非為國家，而是民事案件中的被告，故在外觀上應認懲罰性賠償金判決屬於民事判決。

　　由於傳統上一國之法院對於外國刑事判決並無執行之義務，故對於外國刑事判決自不生承認或執行之問題[4]。形式上一般認為懲罰性賠償金制度仍屬於民事法律規範性質，而非為刑罰法規，故在國際私法理論上，對於外國懲罰性賠償金判決承認與執行之問題，亦通常被認為與對外國刑事判決之承認與執行之問題應有所區別。易言之，既然吾人認為懲罰性賠償金判決在形式上仍屬民事判決，則關於外國懲罰性賠償金判決問題之處理，即應與我國法院承認及執行外國法院民事判決之程序一致。因此當勝訴之一方持外國懲罰性賠償金判決到我國聲請法院承認並執行該外國判決時，我國法院應依照強制執行法第4條之1規定，就系爭外國民事判決進行形式上審理，以決定是否承認及執行該外國懲罰性賠償金判決。

　　無論如何，在國際私法上，懲罰性賠償金所涉及的問題至少有二：其一，在選法問題上，如果涉外民事案件依照衝突法則指示應適用外國法，而該外國法中有懲罰性賠償，或該國判例法中允許法院就該類型案件判決懲罰性賠償金時，我國法院是否亦應予原告懲罰性賠償金之救濟？就此一問題，涉及到國際

---

[3] 例如被告行為具有「重大過失」（gross negligent）、「有意且魯莽的不法行為」或「輕率不顧他人安全」、對於潛在損害態度冷漠（attitude callousness）對社會構成重大威脅而有懲罰或嚇阻之必要等情形時，法院均可判以懲罰性賠償金，以昭迥戒。陳聰富，同註1，頁39-41。

[4] 由我國刑法第9條規定「同一行為雖經外國確定裁判，仍得依本法處斷。但在外國已受刑之全部或一部執行者，得免其之全部或一部之執行」。可知，原則上外國刑事裁判對我國法院並無拘束力，僅是在於避免一罪二罰的考慮下，賦予法官裁量是否執行被告全部或一部刑罰之權力。**國家刑罰權的行使應該以國家之領域範圍為原則，而英美法院亦一向拒絕強制執行外國刑罰法規**。陳隆修，比較國際私法，五南圖書，1989年，頁127以下參照。

私法上對於損害賠償之債，其損害賠償範圍之認定，應當認為係程序法或是實體法性質之問題[5]，於此本文不擬深論，宜另行撰文評述之。其二，在國際裁判管轄權問題上，如果外國法院判決被告應支付原告懲罰性賠償金，就此一判決我國法院是否應予以承認並加以執行？如果不予承認，所持據之標準或理由應當為何？如果予以承認，是否毫無保留之接受該外國懲罰性賠償金判決？抑或應該為「有限度」之接受？我國法院對外國懲罰性賠償金判決之立場，究應為何？上開問題均有拓深研究之必要，即成本文所關切之重點。

目前我國法院實務於審查外國懲罰性賠償金判決之效力時，均係依照民事訴訟法第402條各款規定，就該外國判決逐一為形式之審查，並且在拒絕承認外國懲罰性賠償金判決之理由構成上，亦均以民事訴訟法第402條第1項第3款「判決之內容或訴訟程序，有背中華民國之公共秩序或善良風俗者」為其主要依據。有鑑於此，本文擬以我國臺灣高等法院97年度上更（一）字第81號民事判決為中心[6]，就歷審法院判決見解歸納我國法院對於外國懲罰性賠償金判決之立場（貳、案例內容摘要），進一步拓深研究公序良俗概念在是否承認外國懲罰性賠償金判決上之實際作用（參、公序良俗排除懲罰性賠償金判決效力），期能透過判決分析之方式，為我國法院在衡量是否承認或執行外國懲罰性賠償金判決問題上提供可行之參考意見（肆、判決評析）。

貳、案例內容摘要

關於外國懲罰性賠償金判決究應採取承認或是否認其效力的立場，我國法院實務歷來看法不一，地方法院[7]與高等法院[8]的判決中，均不乏採肯定外國懲

---

[5]　參照陳隆修，同註4，頁162-163。

[6]　本號判決嗣經最高法院99年度台上字第2193號判決廢棄，惟其判決內容仍有許多值得探究之處，故仍以該判決為例，作為本文研究開展之主題，特此敘明。

[7]　例如臺灣臺北地方法院91年度重訴字第2754號民事判決：「按民事訴訟法第四百零二條第三款所稱之公共秩序及善良風俗，係指我國國家社會一般利益及道德觀念而言。經查，我國就一般民事侵權行為及債務不履行事件雖無關於懲罰性賠償金之規範，然諸如消費

罰性賠償金判決效力者。至於最高法院的態度則顯得較為曖昧，舉例而言，在最高法院最近的判決中，即明白指出「查民法第二百十六條第一項規定：損害賠償，除法律另有規定或契約另有訂定外，應以填補債權人所受損害及所失利益為限。上訴人抗辯：系爭美國法院確定判決命伊給付之懲罰性賠償金六百萬元，具有刑事懲罰性質等語（見原審更字卷第四一、一二四頁）。則該確定判決所命給付之懲罰性賠償金，如僅具處罰或嚇阻目的，似有違我國法律秩序之基本原則。果爾，該部分之美國法院確定判決能否謂未違反我國之公共秩序或善良風俗而得予承認其效力，即非無疑[9]。」顯然就是否承認外國懲罰性賠償金判決之問題上，採取了否定立場。然而，在稍早的另一判決中，最高法院卻就此一問題表示「查我國一般民事侵權行為及債務不履行事件雖無懲罰性賠償金之規定，然諸如消費者保護法第五十一條、公平交易法第三十二條第一項等規定，已有損害額三倍懲罰性賠償金之明文規定，則外國法院所定在損害額三倍以下懲罰性賠償金之判決，該事件事實如該當於我國已經由特別法規定有懲罰性賠償金規定之要件事實時，是否仍然違反我國之公共秩序，即非無進一步推求餘地。[10]」

　　最高法院的曖昧立場，因此引出了臺灣高等法院就此一問題的繼續拓深。在臺灣高等法院97年度上更（一）字第81號民事判決中，法院就外國懲罰性賠償金判決效力問題作了更細膩的解釋，為我國近年來少見針對懲罰性賠償金性質與我國公序良俗間之關係深入探討之判決，以下即將此一判決之各審法院意

者保護法第五十一條、公平交易法第三十二條第一項之規定均定有懲罰性賠償金，此涉及我國立法政策之考量，不得因此遽認外國判決有關懲罰性賠償金之判決違反我國之法律，而為我國公共秩序及善良風俗所不許。故本件加州中部地院第二修正判決並無民事訴訟法第四百零二條第三款所定『有背於公共秩序或善良風俗』之情形。」

8　例如臺灣高等法院97年度上易字第935號民事判決：「查系爭確定判決判命上訴人應給付30,000元補償性賠償金、10,000元『懲罰性賠償金』（punitive damages）及2,075.64元利息暨150元成本（訴訟費用），除『懲罰性賠償金』外，餘依該判決內容，固難謂有何悖於我國公序良俗情事。至美國『懲罰性賠償金』是否承認各國法例及學說紛紜尚無定論，允宜就具體個案審酌是否與公序良俗有違，尚難單以『懲罰性賠償金』一詞即遽認與我國公序良俗有違。」

9　最高法院99年度台上字第964號民事判決。

10　最高法院97年度台上字第835號民事判決。

見，依序整理如後。

一、案例事實與所涉及之主要爭點

　　本案為涉及於美國發生之一起移民投資詐欺案件，原告在美國加州洛杉磯就杜湖公司之詐欺案對其成立共同侵權行為，向美國加州洛杉磯郡高等法院（下稱加州法院）提起損害賠償訴訟，經該院作成民事判決，判定訴外人劉志立及香港鈺祥貿易有限公司（下稱鈺祥公司）對原告負擔應予補償損害360萬美金之3倍賠償金，及負責原告50%之律師費用及其他可資證明之費用。之後加州法院於2003年4月25日依據美國加州民事訴訟法第187條，修正增加被告三人為對鈺祥公司整體敗訴判決之判定債務人，就鈺祥公司整體敗訴判決應負連帶責任，復於2003年8月5日再次修正判決，判令被告三人應連帶給付原告美金13,366,363元（含損害賠償及費用），及自判決宣判之日起至清償日止，依年利率10%計算之利息。

　　本案涉及懲罰性賠償金部分之主要爭點有二：

（一）該加州法院判決命被告三人給付原告之費用，屬於何種性質？

（二）如上開費用性質屬於懲罰性賠償金，我國法院是否承認該加州法院判決
　　　之效力？

二、法院意見

（一）臺北地方法院見解

　　認為系爭判決命原告給付被告之費用為懲罰性賠償金性質，**並採肯定該外國懲罰性賠償金判決效力之見解**，法官所持之理由為：「系爭美國判決就被告成立侵權行為，判令被告應給付補償損害金及懲罰性賠償金等，係依美國加州法律定之，我國法院本應予以尊重，其適當與否，自非我國法院所得推翻。況且，我國亦有懲罰性賠償金之立法例，雖我國就一般民事侵權行為事件無有關於懲罰性賠償金之規定，然諸如**消費者保護法第51條、公平交易法第32條第1項等均有懲罰性賠償金之規定**，此涉及我國立法政策之考量，不得因此遽認外國判決有關懲罰性賠償金之判決違反我國之法律，而為我國公共秩序及善良風

俗所不許。[11]」

（二）臺灣高等法院見解

本案經當事人提起上訴，二審臺灣高等法院亦認為系爭判決命原告給付被告之費用屬於懲罰性賠償金性質，但卻**採取否定系爭外國判決效力之見解，**其理由略為：「我國民事訴訟法第402條第1項第3款規定外國法院確定判決之內容，有背中華民國之公共秩序或善良俗者，不認其效力。公序良俗之審查在外國判決之承認及執行上具有雙重機能，其一乃維持實質正義之基本要求，其二乃貫徹國家之主權利益。美國法院鉅額懲罰性賠償之判決，其承認與執行，攸關債務人之生存權之威脅，學者迭有質疑（參見一審卷第306頁證九）。**基本上，將損害賠償法體系之基本機制置於填補損害之我國，基於處罰及嚇阻為目的之懲罰性賠償判決，顯與現行民法基本原則有所扞格，難以承認。**……經查，依我民法第18條及第195條規定，一般侵權行為侵害財產法益，並無得請求非財產上之精神上損害之規定。又被上訴人上引證券交易法等民事特別法雖有懲罰性倍數賠償之立法，**然特別法乃針對特別事件之性質目的而為立法，本件系爭判決乃定性為移民投資詐欺之侵害財產法益之一般侵權行為，性質上不宜類推適用特別法之規定，自無從將懲罰性賠償解為包括非財產上之精神損害，或類推適用上引特別法之規定，得為倍數賠償之依據。[12]」**

（三）最高法院見解

二審當事人對判決結果不服，向第三審法院上訴後，最高法院又表示不同意見，將原審判決廢棄發回臺灣高等法院，其理由略為：惟依系爭判決（見原判決附件）第3頁記載，關於100萬元懲罰性賠償金（Punitive damages）**係美國加州法院陪審團所作出之裁決，**另實際損害360萬元之3倍補償金（Compensatory damages）係加州法院依據「加州商業及專業法案（California Business and Professions Code）第22444條及第22446.5條規定所為判決。該懲

---

[11] 臺灣臺北地方法院92年訴字3791號民事判決。

[12] 臺灣高等法院94年上字1008號民事判決。

罰性賠償金與補償金之裁判，既分由陪審團及法官作成，其性質似有不同。原審未說明所憑依據，逕認補償金之性質屬懲罰性賠償，而為不利丙○○等人之認定，已有判決不備理由之違法。又外國法院之確定判決內容，有背中華民國之公共秩序或善良風俗者，不認其效力，民事訴訟法第402條第1項第3款定有明文。所謂有背於公共秩序者，係指外國法院所宣告之法律上效果或宣告法律效果所依據之原因，違反我國之基本立法政策或法律理念、社會之普遍價值或基本原則而言。查我國一般民事侵權行為及債務不履行事件雖無懲罰性賠償金之規定，然諸如消費者保護法第51條、公平交易法第32條第1項等規定，已有損害額三倍懲罰性賠償金之明文規定，**則外國法院所定在損害額三倍以下懲罰性賠償金之判決，該事件事實如該當於我國已經由特別法規定有懲罰性賠償金規定之要件事實時，是否仍然違反我國之公共秩序，即非無進一步推求餘地。**丙○○等人上訴論旨，指摘原判決不利於己部分為不當，求予廢棄，非無理由。而加州商業及專業法案第22446.5條規定：移民顧問事業如有違反本法案情事者，法院應令其負擔實際損害額及相當於實際損害額三倍之補償金。其立法目的為何？有無違反我國基本立法政策或法律理念等公共秩序，攸關系爭判決應否承認而得強制執行，案經發回，宜請注意研究。[13]」故第二審就關於實際損害360萬元及律師費用等合計516萬6363元本息部分予以維持（此部分後經確定），就100萬元懲罰性賠償金及720萬元倍數賠償金所為被上訴人敗訴判決部分，則廢棄發回臺灣高等法院更審。

（四）更審臺灣高等法院見解

　　本案發回臺灣高等法院後，法官針對系爭判決命原告給付被告之費用之性質詳細分析，作成以下意見[14]：

　　系爭判決中**由陪審團裁決命給付100萬元懲罰性賠償金部分**，由於「係因被上訴人主張上訴人有違反加州民法詐欺等不法侵害行為為原因事實。而**我國民法就詐欺之被害人並無如加州民法第3294條(a)項規定得請求懲罰性賠償金**

---

[13] 最高法院97年度台上字第835號民事判決。

[14] 臺灣高等法院97年度上更（一）字第81號民事判決。

之規定；是此懲罰性賠償金，乃被害人已證明之實際損害以外之賠償，……自與我國民法損害賠償之法制以填補被害人損害為宗旨之基本理念有所牴觸。況且上揭加州民法第3294條(a)項規定（原文同上）被害人得請求之懲罰性賠償金並無『上限』之規定，一任陪審團酌定，而陪審團亦無須解釋其做成懲罰性賠償之理由，此在美國固有其為民眾接受之法制形成之背景與理想；但此在我國，既非我國固有基本法律理念或基本立法政策（法務部未擬於民法增訂懲罰性賠償詳見前引網路新聞一紙可知），亦未經我國立法機關審議認同，殊難為民眾所能預期，自有背於我國公共秩序。」故「系爭判決依加州商業暨專業法按實際損害酌定三倍賠償金結果後，復加算陪審團裁決之100萬元懲罰性賠償金，衡諸我國規定無異實質上一事兩罰」。

　　而就加州法院法官判決之實際損害之賠償金1,080萬元（即實際損害360萬元之3倍賠償金）部分言，法院認為：「**倍數賠償金（treble damages）是否等同懲罰性賠償金，此為回應探討者。**」在檢討我國相關法律規定以及立法目的後，法院作了如下的結論：「『倍數賠償金』之立法目的若係為避免損害之舉證困難，則其與我國損害賠償之法制以填補損害為基本法律精神，尚無二致，尚可認同。若其為懲罰性賠償金，因其與我國民法損害賠償之法制以填補被害人損害為宗旨之基本理論尚有所牴觸，除少數特別法立法例外引進外，我國民法迄今未擬增訂懲罰性賠償之規定，此有網路新聞一紙可參……，仍有可議。則外國判決為懲罰性賠償金者，除與我國少數特別法之懲罰性賠償金規定相容者外，即難謂與我國基本法律理念或基本立法政策無違。」

　　高等法院進一步指出：「民事訴訟法第402條第1項第3款所謂有背於公共秩序者，係指外國法院所宣告之法律上效果或宣告法律效果所依據之原因，違反我國之基本立法政策或法律理念、社會之普遍價值或基本原則而言。則**系爭判決外國法院所宣告之法律上效果其所依據之原因為何，即非無認識之必要。**」故而推論「系爭判決命給付實際損害額三倍賠償金，係因被上訴人主張上訴人等非法、不當執行移民顧問業務，違反加州商業及專業法案為原因事實。……移民業務尚非不可能屬於消費行為。……則移民與移民業務機構就移民業務所生糾紛，似非無消費者保護法適用之餘地。我國消費者保護法第51條……明文容許消費者得請求懲罰性賠償金。則**系爭判決以違反加州商業及專**

業法案命給付實際損害額三倍賠償金部分，應與我國基本法律理念或基本立法政策無違。」

　　最後，法院之結論為：「系爭判決（除確定部分外）判命上訴人應連帶給付被上訴人美金100萬元懲罰性賠償金及利息部分，有違背我國之公序良俗，應不認其效力，不許可其強制執行；其餘依據加州商業暨專業法案第22446.5條規定判命應連帶給付美金720萬元賠償金本息部分，則無民事訴訟法第402條第1項各款情形，應承認其效力而許可強制執行。」

參、公序良俗排除外國懲罰性賠償金判決效力

　　綜合上開我國法院見解，應可認定我國法院在外國懲罰性賠償金判決的效力承認問題上，**原則上以該外國判決所宣告之法律上效果，因為與我國之基本立法政策或法律理念、社會之普遍價值或基本原則相違，故而採取否認該外國懲罰性賠償金判決效力之立場**。易言之，法院所持的理由，係以民事訴訟法第402條第1項第3款之「公序良俗」概念作為排除外國判決效力的標準。然而此處所謂公序良俗之內涵究竟為何？又此一公序良俗概念如何能成為排除外國法院判決效力之理由？均有進一步深入研究之必要。

一、國際私法上公序良俗概念之運用

　　在我國立法上，涉外民事牽涉公序良俗之法律規定，主要有三個條文。第一個條文是民事訴訟法第402條第1項第3款，外國法院如有「判決之內容或訴訟程序，有背**中華民國之公共秩序或善良風俗者**」，我國法院將拒絕承認其效力；其次則是涉外民事法律適用法第8條，「依本法適用外國法時，如其適用之結果有背於**中華民國公共秩序或善良風俗者，不適用之**」[15]；以及非訟事件法第49條「外國法院之確定非訟事件之裁判，有下列各款情形之一者，不認其效力：三、外國法院之裁判，有背**公共秩序或善良風俗**者」。從法條文義看，

---

[15] 舊法為第25條，條文內容為「依本法適用外國法時，**如其規定**有背於中華民國公共秩序或善良風俗者，不適用之。」（粗體字為筆者自加）

三者似略有不同，前二者所謂「公序良俗」明文為「中華民國之公共秩序或善良風俗」，非訟事件法第49條卻無此限制。是以三者所指稱之公序良俗，究竟是否同為一事？國際私法上關於公序良俗之概念究竟應當為何？又如何以公序良俗排除外國判決之效力或外國法適用之結果？上開問題均值研究。

（一）國際公序的概念

毫無疑問地，所謂「公共秩序或善良風俗」本身為一種不確定的法律概念[16]，屬於立法者所希望的法律漏洞，其內容與價值有待法官在個案中補充，將其具體化，使法官因此負擔立法之任務，以因應變動之社會事實[17]。在世界各國的國際私法中，幾乎都能看到公序良俗條款的存在。作為維護一國之法律體系之基礎原則，在涉外民事案件法律適用的問題上，公序良俗條款扮演著猶如衝突法則煞車般的角色，其功能主要在於排除外國法適用，或是用以避免當事人間不公平之情事發生[18]。因此從功能的角度看來，在立法的設計上，公序良俗條款的標準本即應當具有相當的彈性，方便法官運用調整個案衝突法則之適用方式，以因應各種複雜的涉外民事問題。

然而，即使公序良俗的概念具有如此的不確定性，國際私法學者仍然普遍希望能夠盡量將這個概念控制在可被預測的範圍，至少需要確定的是，如何在合理的範圍內操作公序良俗條款這項機制，讓法官不至於濫用法庭地公序良俗的概念，造成對於當事人既得權可能的侵害。也因此，跳脫純粹內國法上立場思考公序良俗條款的角色與功能，便有相當之必要。在國際私法理論上，國際公序（l'ordre public international）概念的提出[19]，或許可以稍助於法官思考操

---

[16] 英美法上就公序良俗條款用語，通常以public policy稱之，而大陸法系國家如法國則稱之以ordre public，前者或可翻譯成「公共政策」，後者則為「公共秩序」，實則二者內涵、指涉與功能時常一致，均有相通之處。柯澤東，國際私法，元照，2010年修訂4版，頁158參照。

[17] 參考大法官會議釋字第586號解釋，楊仁壽大法官不同意見書中對於不確定法律概念之闡述。

[18] 劉鐵錚、陳榮傳，國際私法論，三民書局，2010年修訂5版，頁220以下參照。

[19] 國際公序之概念由瑞士學者Charles Brocher所提出，此一概念常為大陸法系國家所接受，在法國，最早可溯自19世紀末，法國國際私法學者Bartin即已接受「內國公序」（l'ordre

作公序良俗條款時，應謹守謹慎原則，將公序良俗條款當成例外條款的適用，避免過度干擾既成的法律秩序[20]。

　　國際公序理論將內國公序良俗條款的概念二分化，基本上仍是從法庭地公序良俗的立場上立論。首先，其將純粹規範內國法律行為的強行規則，例如對於人之行為能力的規定，認為是內國公序，僅具有對內**排除該法律行為在內國生效**之作用；其次，其再將在涉外民事法律關係中某一特定之內國公序，認為是國際公序，例如重婚之禁止規定，具有**絕對排除外國法適用**的效力。然而，即使理論形式上我們可以將公序良俗區分為內國公序與國際公序兩種類型，實質上對於何謂國際公序這個問題卻始終無法提出一個具體而滿意的答案[21]。例如關於賭債的問題，究竟應該列為國際公序或是內國公序的範疇去處理，實在無法說得清楚：一方面我國在刑法上有賭博罪的明文規定，一方面在風俗上我們的社會卻對於節慶時餘興的賭博行為往往採取較為寬容的態度，那麼到底賭博這種行為是不是違反善良風俗？因賭博行為而生的賭債是不是應該一律論以違反公共秩序而歸於無效[22]？一直是困擾著私法學者的一個難題[23]。

---

public interne）與「國際公序」的區分。許耀明，國際私法新議題與歐盟國際私法，元照，2009年，頁315以下參照；另參考馬漢寶，國際私法，自版，2004年，頁238以下。

[20] 李後政，涉外民事法律適用法，五南圖書，2010年，頁94以下參照。

[21] 我國國際私法學者大多均指出這種以公安分類為依據，解釋公安之意義，表面上看起來似乎是很清楚，但究竟何謂國際公安，其概念範圍仍不確定，有待探討。參考劉鐵錚、陳榮傳，同註18，頁220；柯澤東，同註16，頁154。

[22] 學者有認為如賭博在外國依當地法律合法進行，當事人在我國法院對我國國民請求清償賭債時，仍得適用認定賭博為合法活動之外國法，但對於當事人依外國法合法成立之賭博預約，請求在我國境內進行或續行未完成之賭博活動者，則應排除該外國法之適用。陳榮傳，國際私法上賭債之問題，月旦法學雜誌第2期，1995年6月，頁52-53參照。

[23] 就這個問題，我國國際私法學者向來沒有直接回答其在實體法上所採取的立場究竟為何，相反地卻將之導向另外一個問題，亦即「**公序良俗條款的排除對象**」上去討論。所謂公序良俗條款的排除對象，係指法院究竟是就外國法之內容為排除，或是就外國法適用之效果為排除。就此一問題，我國國際私法學者通說認為排除的對象應係「**外國法適用之效果**」，而非外國法本身。以多妻制問題為例，如外國人之本國法認許一夫多妻制，其第二妻之子對於該外國人死後遺留我國之財產主張繼承時，我國法院應適用該認許多妻制之外國法，以判定其子究竟有無繼承權，因為解釋上此時適用外國法之效果對於我國公序良俗並無違反之虞。但如果第二妻在我國境內要求履行同居義務，則適用

　　除了上開理論模糊性的缺陷外，國際公序理論尚面臨著其他的挑戰，那就是「普遍公共秩序」（ordre public universel）概念的提出，一般稱之為「國際法之強行規則、法庭地之國際承諾或國際法律社群共同承認之正義要求」[24]。此一概念之提出使得公序良俗問題已不限於考慮內國公序良俗的適用範圍，而應當一併注意如何維護既存的普遍公共秩序[25]。而無論如何，國際公序理論目前仍為我國大多數國際私法學者所支持，此一理論不但影響法律衝突上如何選擇案件準據法，並且還進一步地影響管轄衝突上是否承認外國法院判決效力之立場。

(二) 公序良俗概念在國際私法上的角色

　　鑑於公序良俗條款本身概念的模糊性，以及避免擴張法庭地法適用範圍造成武斷，在涉外民事法律適用的問題上，我國國際私法學者一向將公序良俗條款之適用視為例外。依照不同的立法規定，公序良俗條款在我國至少存在兩種不同的功能。首先是在法律衝突的問題上，公序良俗條款具有調和及維護內外國法律制度衝突的功能，在涉外民事法律關係案件中，為法官保留法律適用的裁量權利；其次則是在管轄衝突的問題上，公序良俗條款作為對於外國法院判決效力承認採取「形式審查原則」的一項例外，賦予法官適度地依照各外國判決之具體情形，進行實質的審查，以避免該外國判決之承認產生衝擊內國法律體系之結果。關於後者，有必要為進一步之說明。

　　所謂形式審查原則，係指內國法院對於外國法院確定裁判之承認與執行問題採取終局性原則，基本上信任外國法院確定裁判之正當性，僅在一定情形下

外國法結果將有背於我國公序良俗（因為婚姻將合法有效，該外國人即須履行同居義務）。參考馬漢寶，同註19，頁242；徐慧怡，同姓婚姻與公序良俗，收於國私法理論與實踐（一）—劉鐵錚教授六秩華祝壽論文集，學林，1998年9月1版，頁69。然而，本文認為這種切割方式仍然是有問題的：難道在前一種情形，適用外國法的效果不也等於是承認了重婚之後婚為有效之婚姻？這種重婚效力的承認果真沒有違反我國之公序良俗？實在值得再事斟酌。

[24] 許耀明，同註19，頁323參照。

[25] 柯澤東，同註16，頁175-179參照。

不承認外國法院之確定裁判[26]。是以在採行形式審查原則的前提下，通常內國法院法官僅針對一定之消極性要件對外國法院之確定裁判進行審查，我國民事訴訟法第402條第1項所列各款，以負面表列方式判斷對外國法院確定判決之效力，即可謂為形式審查原則之表徵[27]。

然而，採用形式審查原則並不表示完全禁止內國法院就外國法院的裁判的實質內容進行審查。正如法國學者Mayer所闡釋，禁止再審查並非對於外國法院裁判本身內容再為檢驗，而是表達法院不得僅以外國法官見解與法國法官觀點不同時，制度性地拒絕承認該外國法院裁判之效力[28]。是以，如果內國法官嗣後地針對明顯不適當的外國法院裁判內容予以審查時，仍應認為這種審查是合法有效的。

當內國法院法官以公序良俗條款作為否認外國法院確定裁判效力之理由時，事實上就是在針對外國法院確定裁判之內容進行實質之審查。民事訴訟法第402條授權我國法官對於外國法院確定裁判，得就其「內容」與「訴訟程序」進行是否違反我國公序良俗之審查，此意味著外國法院之確定裁判在實體法律關係的認定與訴訟程序的進行上，均必須至少與我國法律系統及立法政策趨向呈現相當程度的一致性，始得承認其效力。故解釋上而言，外國裁判之主文、事實及理由部分均得作為我國法院法官審查之對象[29]，在外國法院確定給付判決中，我國法官不但得就該外國法院判決中命被告提出如何之給付為是否違反我國公序良俗之實質上審查，對於判命被告給付之實體上與程序上之事實

---

[26] 在法國，稱為「禁止實質再審查原則」（le principe de l'interdiction de la révision au fond），自1964年的 *Munzer* 案後，法國法院實務即採行此一原則。

[27] 李沅樺，國際民事訴訟法論，五南圖書，2007年2版，頁295-296參照；李後政，外國法院確定裁判之承認要件及效力之問題，收於國際私法論文集，五南圖書，1996年，頁177-178。另有學者將承認外國判決之程序採實質審查制、形式審查制與自動承認制三分說者，認為我國所採取者為自動審查制。陳啓垂，外國判決的承認與執行，月旦法學雜誌第75期，2001年8月，頁147-170，特別在第156頁。本文認為就上開制度內涵而論，形式審查原則實與自動承認制相去不遠，似無特別區別之必要，就外國法院確定裁判之承認與執行問題，我國立法以形式審查為原則，洵堪認定。

[28] V. Heuzé et P. Mayer, droit international privé, 8e éd., 2004, Montchrestien, p. 262 sui.

[29] 李沅樺，同註27，頁306-307。

及理由，我國法官亦得斟酌判斷其中是否有違我國公序良俗之情事存在。

基本上，民事訴訟法第402條與涉外民事法律適用法第8條中所稱之「中華民國公共秩序或善良風俗」概念，應屬同一，亦即同指我國學者一般所稱之「國際公序」者。故如我國法官欲以公序良俗為由拒絕承認外國法院確定裁判之效力，必須具體說明該外國法院確定裁判之內容或訴訟程序有如何違反國際公序之情事，並謹守形式審查原則精神：尊重既得權，以及推定外國法院確定裁判之合法性[30]。

綜上所述，在判斷是否承認外國懲罰性賠償金判決效力問題上，應探討之重心即為該外國懲罰金賠償判決之相關內容及訴訟程序是否有悖於我國國際公序之問題。

二、排除外國懲罰性賠償金判決效力的理由

（一）懲罰性賠償金判決的性質

懲罰性賠償金在美國普通法上的用語，有以punitive damages（懲罰性賠償）稱之，亦有以exemplary damages（警示性賠償）稱之，不過在大多數的情形下，這兩種稱呼經常是並用的[31]，主要是針對被告侵權行為人之行為如有惡意、詐欺、侮辱或放肆與魯莽，不顧原告被害人權利之情形（malice, fraud,

---

[30] 陳忠五，美國懲罰性賠償金判決在法國之承認及執行，收於美國懲罰性賠償金判決之承認及執行，學林，2004年，頁116以下。尊重既得權通常將導致公序良俗條款效力產生萎縮效果，在法國稱之為「公序之緩和效力」（effet attenué de l'ordre public）。另參考柯澤東，同註16，頁164-165。

[31] 例外如Michigan州，該州法院認為exemplary damages與punitive damages不同，前者仍係出於賠償性質，是源於損害的賠償責任，並非出於懲罰的目的。參考 *Yamaha Motor Corp. v. Tri-City Motors & Sports, Inc.*, 171 Mich. App. 260, at 281 (Generally, exemplary damages are recoverable in damage actions which are based upon tortious acts involving malice, fraud, insult, or wanton and reckless disregard of the plaintiff's rights. Such damages are compensatory, not punitive, in nature.); *Rinaldi v. Rinaldi*, 122 Mich. App. 391, at 396 (Exemplary damages are compensatory in nature, not punitive, since they are actually an element of actual damages.); *McLaren v. Zeilinger*, 103 Mich. App. 22, at 25 (In *Wronski v Sun Oil Co.*, 1 we said that exemplary damages are compensatory in nature and not punitive, since they are properly an element of actual damages.).

insult, or wanton and reckless disregard of plaintiff's rights），法院得不依照原告之損害情形，判處被告超過實際損害額相當數目的賠償金，以示懲戒，並預防原告未來再發生相類似的侵權行為。因此懲罰性賠償金制度主要是著重在於行為人的行為惡性，強調高額賠償的預防與嚇阻之功能[32]，與損害賠償制度原則上不論加害人加害情節輕重或行為惡性程度，僅就是否客觀上有損害，以及如何填補損害範圍之觀念有著極為顯著之區別[33]。

　　例如在 *Cooper Indus. v. Leatherman Tool* 案中，John Paul Steven法官即表示：「儘管損害賠償與懲罰性賠償通常是同時由同一個決斷者作成，但上開兩種制度的目的各有不同。前者係對於原告因為被告的不法行為所受到的具體損害提供救濟，後者，有稱之為『準犯罪』者，是以『私罰金』的方式運作，意指處罰被告並制止未來不法行為的發生。陪審團評估原告的受損害範圍基本上係就實際損害而為決定，然而懲罰性賠償金的課徵卻是就一種道德譴責的表現。[34]」又如在 *Grimshaw v. Ford Motor Co.* 案中，被告出產的汽車具有瑕疵，導致汽車爆炸，車上小孩嚴重燒傷，陪審團認為被告運用成本效益分析，將被害人視為一種價格而非人的尊嚴，其不法行為嚴重蔑視被害人的價值，顯示被告行為的不道德性，在於只重金錢，罔顧消費者性命，而判決金錢賠償1億2,500萬美元作為懲罰[35]。類似案件均反映出懲罰性賠償金的制度特質：**這是一種針對被告行為主觀上的惡意，不論其行為造成之實際損害範圍大小，為懲罰**

---

[32] 陳聰富，同註1，頁18-31。

[33] 陳忠五，同註30，頁116以下，特別在第76頁。

[34] *Cooper Indus. v. Leatherman Tool Group*, 532 U.S. 424. (Although compensatory damages an punitive damages are typically awarded at the same time by the same decisionmaker, they serve distinc purposes. The former are intended to redress the concrete loss that the plaintiff has suffred by reason of the defendant's wrongful conduct. Tha latter, which have been described as "quasi-criminal," operated as "private fines" intended to punish the defendant and to deter future wrongdoing. A jury's assessment of the extent of a plantiff's injury is essentially a factual determination, determination, whereas it's imposition of punitive damages is an expression of its moral condemnation.)

[35] 陳聰富，同註1，頁28-29。

被告之惡行所設計之一種報應、處罰或嚇阻的制度[36]。

然而，即使懲罰性賠償金制度具有上開接近刑罰制度的性質，在一般情況下，仍應當認為懲罰性賠償金規範屬於民事規範，而非刑事規範。易言之，懲罰性賠償金判決之性質仍屬民事判決性質，而非刑事判決。此一問題極為重要，因為如果認定懲罰性賠償金規範屬於刑事規範，則由於涉及到國家主權行使刑罰權之問題，任何國家法院對於他國之刑事規範均不得任意援用。以英國法院為例，傳統上英國法院不論是直接或間接，均表明其拒絕適用外國刑法之意願。各國的刑事法規應嚴守屬地原則，僅在其領土上發生效力，拘束在其各自領土上之人民，而無域外之效果。也因此，英國Lord Denning MR在 *SA Consortium General Textiles v. Sun and Sand Agencies Ltd.*案中即明白指出[37]，在外國法院判決效力承認的場合，對於外國警示性賠償判決應認為屬於民事判決，而非為刑事處罰，以承認該外國判決之效果。也因此，如果外國法規中有警示性賠償的規定，因此一規定被定性為「非刑事規範」，故法官仍得適用之。然而，對於其他「外加的賠償」（multiple damages），例如美國反托辣斯法中之倍數賠償金規定，因屬於刑事法規性質，故法官不得加以適用[38]。

本文同意上開英國法院見解，並認為在外國懲罰性賠償金確定判決承認問題上，亦應當考慮該外國判決之作成所根據之法規性質，究竟為刑事法規，抑或屬於民事法規。如係前者，則我國法院法官應得逕行否認該外國確定判決之效力，無須進一步考慮該懲罰性賠償金數額是否適當之問題。如為後者，則須進一步考慮是否該外國確定判決與我國公序良俗觀念有所違背，即該判決是否與我國私法上損害賠償制度有所違背之問題。

---

[36] 就損害的部分，一般認為，即使被告所造成之損害結果甚微，只要原告對被告提起之訴訟以符合訴因（cause of action）之要件，即可支持法院為懲罰性賠償金之判決，易言之，原告得為「名義上的損害賠償」，要屬法院為懲罰性賠償金判決之前提要件。參考林德瑞，懲罰性賠償金適用之法律爭議問題，月旦法學雜誌第110期，2004年7月，頁40-54，特別在第42頁。

[37] *SA Consortium General Textiles v. Sun and Sand Agencies Ltd.* [1978] QB 279, at 299-300.

[38] Cheshire & North, Private International Law, Oxford, 13ᵉ ed., 2004, p. 111.

（二）與損害賠償制度的衝突

　　我國民法上現行損害賠償制度由責任成立及責任效果二個部分所構成，在責任效果的部分，其基本目的在於填補被害人所受之財產上損害，制度設計以被害人作為規範對象。至於加害人主觀上究竟出於故意或過失，對於損害賠償的內容或範圍的認定均不生影響，僅著重於客觀上損害發生範圍之事實，令加害人負填補該損害範圍之責任，此即所謂「損害填補原則」。此一原則主要見於民法第213條第1項之規定：「負損害賠償責任者，除法律另有規定或契約另訂定外，應回復他方損害發生前之原狀。」以及民法第216條：「損害賠償，除法律另有規定或契約另有訂定外，應以填補債權人所受損害及所失利益為限。」同時賦予被害人各種彈性之填補損害方法，以方便其實踐損害填補之目的[39]。

　　一般而言，損害賠償制度的功能在於使被害人取得該被侵害權益的價值內容，以該權益客觀上交易價值作為最低基準，並以「獲利禁止原則」為輔，防止被害人有不當得利之情事發生[40]。我國民法第216條之1「基於同一原因事實受有損害並受有利益者，其請求之賠償金額，應扣除所受之利益」關於損益相抵之規定，即為此一原則之表現。從我國所繼受大陸法系之民事責任原理而言，對於即使出於相同倫理根源之不法行為，在我國法律制度下仍將之區別民事責任與刑事責任，而為分別不同之處理。在民事責任上，無損害即無賠償[41]，與刑事責任仍有未遂之處罰，著重行為人與其行為之惡性者不同。並且民事責任亦不講求預防與處罰，並非如刑事責任以制裁為中心，亦無刑法謙抑性之考慮，然而懲罰性賠償金之規定，卻正違背了上開民事損害賠償制度之基

---

[39] 除要求債務人回復原狀與金錢賠償外，其他方式如民法第213條第3項「債權人得請求支付回復原狀所必要之費用，以代回復原狀。」、民法第196條「不法毀損他人之物者，被害人得請求賠償其物因毀損所減少之價額。」等，均為著例。參考王澤鑑，損害賠償法之目的：損害填補、損害預防、懲罰制裁，月旦法學雜誌第123期，2005年，頁207-219，特別在第208頁。

[40] R. Saint-Esteben, Pour ou contre les dommages et intérêt punitif, Petit affiches, 20 jan. 2005, n°14, p. 53.

[41] 此亦與美國侵權行為法的原理有所不同，美國法所承認之侵權行為類型中，即使無實際損害，亦可構成侵權行為，例如非法侵入（trespass）。

本原則。

　　以賠償無確定標準之角度觀之，懲罰性賠償金似與慰撫金之情形相似。是以論者或謂如果我國民法能夠接受未定有具體標準，亦非基於實際損害範圍之非財產上損害賠償制度，則又何以不能接受懲罰性賠償金制度[42]？誠然，在財產上的損害賠償部分，因為損害範圍可得具體確定，故堅守損害填補原則似較無疑問，然而非財產上損害賠償，雖然往往無法衡量被害人具體確定之損害範圍程度，但仍不得據此而論慰撫金之給予與懲罰性賠償金之判決同為一事。我國民法未就慰撫金的給予標準明確規定其計算之方式，法院一般將慰撫金之量定認為屬於法官之裁量權範圍。其所依據量定之標準，或為以「被害人之身分地位與加害人經濟狀況等關係定之」[43]，或為斟酌「雙方身分資力與加害程度，及其他各種情形核定相當之數額」[44]。但無論如何，慰撫金的給予並非基於對於加害人之懲罰或是制裁而生，是否給予慰撫金亦不以加害人是否有故意或過失，其行為是否惡性重大為考量依據[45]，其目的在於慰藉被害人之痛苦，故應認為慰撫金仍寓有損害填補之性質[46]，而與懲罰性賠償金有別。

---

[42] 我國實務上有判決將非財產上損害賠償與懲罰性賠償金相混者，例如臺灣高等法院97年度上易字第935號民事判決：「我國一般侵權行為損害賠償訴訟，雖無『懲罰性賠償金』之規定。然於人格權被侵害受有非財產上（即精神上）損害賠償時，其核給之標準固與財產上損害之計算不同，然非不可斟酌雙方身分資力與加害程度，及其他各種情形核定相當之數額以賠償依據，此經最高法院51年度台上字第223號著有判例可參。本件被上訴人在美國法院請求損害賠償之法律依據係美國內華達州修正法第41章第337條（見原審卷第26頁），而該條規定：『如發生依據第336條應予彌補之情形，但加害人未於20日內透過報紙或廣播以相當方式聲明其行為誹謗，原告得證明上開應彌補而未彌補之情形並請求一般及特別之賠償。此外，若原告得證明被告係出於真實惡意而以報紙或廣播散播言論時，原告得請求「懲罰性賠償金」（exemplary damages）。真實惡意不應出自報紙或廣播中之假設或臆測（本院卷第298頁）。』可知該條所稱『懲罰性賠償金』無非係就加害人出於真實惡意而以報紙或廣播散播誹謗言論時之賠償方法，實與我國人格權被侵害請求精神上損害賠償時，所應審酌的加害手段與加害程度者無殊。是系爭確定判決判命上訴人給付『懲罰性賠償金』10,000元部分，尚難遽認與我國公序良俗有違。」

[43] 最高法院47年台上字第1221號判例參照。

[44] 最高法院51年台上字第223號判例參照。

[45] 王澤鑑，同註39，頁217。

[46] 詹森林，非財產上損害與懲罰性賠償金，月旦裁判時報第5期，2010年10月，頁32-39，特別在第38頁。

　　懲罰性賠償金直接對於我國民事損害賠償制度之衝擊，大致上有二個層面。其一，懲罰性賠償金極有可能混淆我國向來區分民事賠償責任與刑事責任的民刑分立原則，使得我國法院有可能因承認外國懲罰性賠償金確定判決，而踰越了國家刑罰權行使的分際，間接地傷害本國主權。並且，在某些案件中，有可能造成一事二罰的結果[47]。其二，與損害不相稱的懲罰性賠償金基本上違反了損害填補原則，不但使得損害與賠償之相當性失去意義，並將造成被害人因此不當得利。

　　在第一個層面上，涉及到外國懲罰性賠償金是否具有刑罰性質之問題。如果答案為肯定，則毫無疑問法院應否認該外國懲罰性賠償金判決之效力。主要理由為各國均無義務去執行或承認一個涉及外國主權行使的刑事判決，一國之刑事判決應嚴守僅在其領土範圍內有其效力之原則，絕無域外之效力。而在第二個層面上，則涉及到外國不相稱的懲罰性賠償金判決，是否違反法庭地國之國際公序問題。

　　本文認為，原則上外國確定判決所依據之懲罰性賠償金制度，如其目的非專為懲罰或制裁被告而設，則我國法院原則上似仍應承認該外國懲罰性賠償金確定判決之效力為宜。惟在該外國確定判決所判處之懲罰性賠償金數額部分，我國法院應根據比例原則審查該懲罰性賠償金數額與被害人間實際損害有無顯不相當之情形。如發現懲罰性賠償金數額有顯不相當於被害人實際所受損害之情形，應認該外國懲罰性賠償金確定判決屬違反我國公共秩序與善良風俗，而拒絕承認其判決之效力。上開見解，主要鑑於：

1. **在損害賠償訴訟中，實際損害並非唯一考慮之要件**：易言之，即便是難以證明實際損害之非財產上之損害賠償，我國損害賠償制度亦承認原告得據此為慰撫金之請求。故如欲以懲罰性賠償金之判給不符實際損害填補之原則而拒絕該外國法院懲罰性賠償金確定判決之效力，其說服力似仍有欠缺。

2. **以行為人不法行為主觀要件為考量之制裁性賠償，在我國法律制度中並非少見**：例如公平交易法第32條第1項：「法院因前條被害人之請求，如為事業

---

[47] 例如在違反公平競爭的案件中，行為人的同一個違反公平競爭行為可能同時受到民事、刑事與行政責任之制裁，對於行為人而言是否公平，承認此一併罰之判決是否妥當，均值懷疑。

之故意行為，得依侵害情節，酌定損害額以上之賠償。但不得超過已證明損
害額之三倍。」、專利法第85條第3項：「依前二項規定，侵害行為如屬故
意，法院得依侵害情節，酌定損害額以上之賠償。但不得超過損害額之三
倍。」、消費者保護法第51條：「依本法所提之訴訟，因企業經營者之故意
所致之損害，消費者得請求損害額三倍以下之懲罰性賠償金；但因過失所致
之損害，得請求損害額一倍以下之懲罰性賠償金。」等，皆為著例。故至少
於同類型案件，我國法律體系並不排斥懲罰性賠償金制度之適用，亦難認該
同類型案件之外國法院確定判決有違反我國國際公序之情事。

3. 從國際趨勢上而論，比較法上與我國同為大陸法系，以損害填補制度為民
   事責任體系之基本原則的法國，其最高法院（Cour de cassation）新近在
   *La societe Foutaine Pajot*案中[48]，明白表示懲罰性賠償金判處原則並不違背
   法國之公共秩序，僅在懲罰性賠償金數額顯然與被害人所受損害不成比例
   （disproportionne）時，始否認其效力，對於懲罰性賠償金制度採取原則承
   認，例外否認之立場，可資參照。

---

[48] Cass. civ., n°1090 du 1 déc. 2010. 該案為住在美國之美國籍原告，為個人及家庭用途，向
法國Foutaine Pajot公司購買一艘雙體船，因法國公司隱瞞該船具有重大瑕疵，致原告受
有損害，該案經美國加州最高法院作成確定判決後，原告持該判決至法國對被告聲請
法院發執行命令（l'exequatur）。法院判決原文為："Mais attendu que si le principe d'une
condamnation à des dommages intérêts punitifs, n'est pas, en soi, contraire à l'ordre public, il
en est autrement lorsque le montant alloué est disproportionné au regard du préjudice subi et
des manquements aux obligations contractuelles du débiteur; qu'en l'espèce, l'arrêt relève que
la décision étrangère a accordé à l'acquéreur, en plus du remboursement du prix du bateau et du
montant des réparations, une indemnité qui dépasse très largement cette somme; que la cour d'appel
a pu en déduire que le montant des dommages intérêts était manifestement disproportionné au
regard du préjudice subi et du manquement aux obligations contractuelles de sorte que le jugement
étranger ne pouvait être reconnu en France; que le moyen ne peut être accueilli."

肆、判決評析

一、判決意旨回顧

　　整理系爭高等法院判決，法院之原則略為：

（一）首先，法院將系爭判決中之被告應給付之賠償金類型，區分為**懲罰性賠償金與倍數賠償金**（treble damages）二類。

（二）在懲罰性賠償金部分，法院認為，如係被害人已證明之實際損害以外之賠償，即與我國民法損害賠償之法制以填補被害人損害為宗旨之基本理念有所牴觸。故「系爭判決依加州商業暨專業法按實際損害酌定三倍賠償金結果後，復加算陪審團裁決之100萬元懲罰性賠償金，衡諸我國規定無異實質上一事兩罰。」而不應承認此部分判決之效力。

（三）在倍數賠償金部分，法院認為倍數賠償金似非等同懲罰性賠償金，其立法目的主要係為避免損害之舉證困難，與我國損害賠償之法制以填補損害為基本法律精神，尚無二致，與我國基本法律理念或基本立法政策無違。

（四）是以，法院最後判決結果為：懲罰性賠償金及利息部分，因有違背我國之公序良俗，故不認其效力，不許可其強制執行；至於倍數賠償金部分，則應承認其效力而許可強制執行。

二、評析

　　從歷審判決中，可以觀察到我國法院對於外國懲罰性賠償金制度，均採取違反我國基本法律理念與立法政策，而拒絕承認系爭外國法院懲罰性賠償金確定判決效力之立場。臺北地方法院雖然以「消費者保護法第51條、公平交易法第32條第1項等均有懲罰性賠償金之規定，此涉及我國立法政策之考量，不得因此遽認外國判決有關懲罰性賠償金之判決違反我國之法律，而為我國公共秩序及善良風俗所不許」為理由，承認該外國法院懲罰性賠償金確定判決效力，但此一理由顯然並不充分，亦未為臺灣高等法院所接受。

　　在外國法院懲罰性賠償金確定判決效力的立場上，高等法院始終一致，認為「基本上，將損害賠償法體系之基本機制置於填補損害之我國，基於處罰及嚇阻為目的之懲罰性賠償判決，顯與現行民法基本原則有所扞格，難以承認。」但對於如何認定系爭外國判決命被告給付者為懲罰性賠償金這個問題上，推論顯然不夠細緻，這也就是最高法院嗣後指正高等法院判決的部分。最高法院認為，系爭外國確定判決「懲罰性賠償金與補償金之裁判，既分由陪審團及法官作成，其性質似有不同。原審未說明所憑依據，逕認補償金之性質屬懲罰性賠償，而為不利丙○○等人之認定，已有判決不備理由之違法。」故認為高等法院應該將系爭外國確定判決中關於懲罰性賠償金與補償金之類型部分說明清楚。此外，最高法院並提出與臺北地方法院同樣的質疑，認為「我國一般民事侵權行為及債務不履行事件雖無懲罰性賠償金之規定，然諸如消費者保護法第51條、公平交易法第32條第1項等規定，已有損害額三倍懲罰性賠償金之明文規定，則外國法院所定在損害額三倍以下懲罰性賠償金之判決，該事件事實如該當於我國已經由特別法規定有懲罰性賠償金規定之要件事實時，是否仍然違反我國之公共秩序，即非無進一步推求餘地。」似可認定最高法院有意將與我國特別法上所規定得適用懲罰性賠償金之同類型案件為相同之看待，認為此際並無違反我國公共秩序之問題。

　　惟觀諸歷審判決內容，**我國法院均未引用國際公序理論，以作為排除外國法院懲罰性賠償金確定判決效力之標準，亦未就何謂我國基本法律理念或基本立法政策為具體之認定與說明**，在論述層次上略顯不夠細緻，是為可惜之處。然而，在探討懲罰性賠償金的性質問題上，臺灣高等法院在其更審判決中強調**「系爭判決外國法院所宣告之法律上效果其所依據之原因為何，即非無認識之必要」**。顯見我國法院已經意識到，就外國法院懲罰性賠償金確定判決效力之審查，非可單純以法律上文義規定作為判斷標準，而應從整體法律體系之基本原則與價值精神為考量[49]，實屬可貴，其理念殊值肯定。

---

[49] 沈冠伶，美國倍數賠償金判決之承認與執行，臺灣法學雜誌第117期，2008年12月，頁41-54。筆者認為美國倍數賠償金是否違背我國公序良俗，宜視美國法上之特別規定及其立法意旨而定，難以一概而論，如外國法規定目的仍係損害賠償，而非具懲罰性，則可謂與我國損害賠償法制相符，此種倍數賠償金型態即難謂有違我國之公序良俗。

伍、結論

綜上而論，本文以為我國法院在面對外國法院懲罰性賠償金確定判決效力問題時，似應為如下之考慮：

一、當外國法院懲罰性賠償金確定判決明顯目的在於懲罰或制裁被告，或是該外國法院懲罰性賠償金確定判決之性質可認為屬於刑事判決時，我國法院應以該判決有違我國國際公序，依據民事訴訟法第402條第1項第3款規定，全面拒絕承認該外國確定判決之效力。

二、當外國法院懲罰性賠償金確定判決之性質為民事判決，且該案件類型於我國法律制度上亦有相同之懲罰性賠償規定者，我國法院應承認該外國確定判決之效力。

三、即使我國法院原則上承認該外國法院懲罰性賠償金確定判決之效力，當該外國確定判決所判處之懲罰性賠償金數額明顯過高，不成比例時，我國法院仍得以該外國確定判決之內容違反我國國際公序為由，拒絕承認其效力。

參考文獻

一、中文部分

王澤鑑，損害賠償法之目的：損害填補、損害預防、懲罰制裁，月旦法學雜誌第123期，2005年8月。

李沅樺，國際民事訴訟法論，五南圖書，2007年2版。

李後政，外國法院確定裁判之承認要件及效力之問題，收於國際私法論文集，五南圖書，1996年。

李後政，涉外民事法律適用法，五南圖書，2010年版。

沈冠伶，美國倍數賠償金判決之承認與執行，臺灣法學雜誌第117期，2008年12月。

林德瑞，懲罰性賠償金適用之法律爭議問題，月旦法學雜誌第110期，2004年7月。

柯澤東，國際私法，元照，2010年修訂4版。

徐慧怡，同姓婚姻與公序良俗，收於國私法理論與實踐（一）—劉鐵錚教授六秩華誕祝壽論文集，學林，1998年9月1版。

馬漢寶，國際私法，自版，2004年版。

許耀明，國際私法新議題與歐盟國際私法，元照，2009年。

陳忠五，美國懲罰性賠償金判決在法國之承認及執行，收於美國懲罰性賠償金判決之承認及執行，學林，2004年。

陳啟垂，外國判決的承認與執行，月旦法學雜誌第75期，2001年8月。

陳隆修，比較國際私法，五南圖書，1989年。

陳榮傳，國際私法上賭債之問題，月旦法學雜誌第2期，1995年6月。

陳聰富，美國法上之懲罰性賠償金制度，收於美國懲罰性賠償金判決之承認及執行，學林，2004年。

詹森林，非財產上損害與懲罰性賠償金，月旦裁判時報第5期，2010年10月。

劉鐵錚、陳榮傳，國際私法論，三民書局，2010年修訂5版。

二、外文部分

Cheshire & North, Private International Law, Oxford, 13ᵉ ed., 2004.

R. Saint-Esteben, Pour ou contre les dommages et intéerêt punitif, Petit affiches, 20 jan. 2005, n°14.

V. Heuze et P. Mayer, droit international privé, 8ᵉ éd., Montchrestien, 2004.